O LIVRO DA SEGUNDA GUERRA MUNDIAL

O LIVRO DA SEGUNDA GUERRA MUNDIAL

GLOBOLIVROS

DK LONDRES

EDITOR DE ARTE SÊNIOR
Nicola Rodway

EDITORAS SENIORES
Stephanie Farrow, Julie Ferris,
Victoria Heyworth-Dunne, Laura Sandford

EDITORES
John Andrews, Richard Gilbert,
Tim Harris, Dorothy Stannard,
Rachel Warren Chadd, Ed Wilson

ILUSTRADOR
James Graham

TEXTO ADICIONAL
Leia D, Kingshuk Ghoshal, Mireille Harper,
Bianca Hezekiah, Yuka Maeno, Rupa Rao

DESIGNER DE CAPA
Stephanie Cheng Hui Tan

DESIGN DE CAPA DEVELOPMENT MANAGER
Sophia MTT

EDITOR DE PRODUÇÃO
Jacqueline Street-Elkayam

CONTROLADOR DE PRODUÇÃO SÊNIOR
Rachel Ng

EDITOR DE ARTE-CHEFE SÊNIOR
Lee Griffiths

EDITOR-CHEFE
Gareth Jones

DIRETOR EDITORIAL ASSOCIADO
Liz Wheeler

DIRETORA DE ARTE
Karen Self

DIRETOR DE DESIGN
Philip Ormerod

DIRETOR EDITORIAL
Jonathan Metcalf

GLOBO LIVROS

EDITOR RESPONSÁVEL
Guilherme Samora

EDITOR-ASSISTENTE
Renan Castro

TRADUÇÃO
Maria da Anunciação Rodrigues

CONSULTORIA TÉCNICA
Ivan Araújo

PREPARAÇÃO DE TEXTO
Francine Oliveira

REVISÃO DE TEXTO
Vanessa Raposo

DIAGRAMAÇÃO
Douglas Watanabe

Publicado originalmente na Grã-Bretanha em 2022
por Dorling Kindersley Limited, 20 Vauxhall Bridge
Road, London, SW1V 2SA.

Copyright © 2022, Dorling Kindersley Limited,
parte da Penguin Random House

Copyright © 2024, Editora Globo S/A

Todos os direitos reservados. Nenhuma parte
desta edição pode ser utilizada ou reproduzida
– em qualquer meio ou forma, seja mecânico ou
eletrônico, fotocópia, gravação etc. – nem
apropriado ou estocada em sistema de banco de
dados sem a expressa autorização da editora.

1ª edição, 2024 — 1ª reimpressão, 2025
Impressão e acabamento: COAN.

For the curious
www.dk.com

For the curious
www.dk.com

CIP-BRASIL. CATALOGAÇÃO NA PUBLICAÇÃO
SINDICATO NACIONAL DOS EDITORES DE LIVROS, RJ

L762

O livro da Segunda Guerra Mundial / [Adrian Gilbert ... [et al.] ; tradução Maria da
Anunciação Rodrigues]. - 1. ed. - Rio de Janeiro : Globo Livros, 2024.
  336 p. (As grandes ideias de todos os tempos)

  Tradução de: *The world war II book*
  Inclui índice
  ISBN 978-65-5987-177-3

1. Guerra Mundial, 1939-1945. I. Gilbert, Adrian. II. Rodrigues, Maria
  da Anunciação. III. Título. IV. Série.

24-93971   CDD: 940.53
           CDU: 94(100)"1939/1945"

Gabriela Faray Ferreira Lopes - Bibliotecária - CRB-7/6643

COLABORADORES

ADRIAN GILBERT

Adrian Gilbert é escritor e consultor militar e escreveu amplamente sobre a Segunda Guerra Mundial. Entre suas publicações estão os best-sellers *Sniper One-on-One*; *Germany's Lightning War: From Poland to El Alamein*; *Pow: Allied Prisoners in Europe 1939-1945* e *The Imperial War Museum Book of the Desert War*. Este último foi um dos vencedores da Medalha Duque de Westminster de Literatura Militar.

SIMON ADAMS

Simon Adams é autor e colaborador de vários títulos da editora DK, para adultos e crianças, em especial da coleção best-seller *Eyewitness*. Ele é especialista em história moderna, guerras e política, e escreveu recentemente partes de *World War II by Map* (DK, 2019).

JOHN FARNDON

John Farndon é autor de muitos livros sobre história política e história das ideias, entre eles *Modern History: 365*; *China Rises*; *India Booms* e *Iran*. Ele também foi indicado cinco vezes ao Prêmio de Livro Científico Juvenil da Royal Society. Como tradutor, foi um dos agraciados com o prêmio literário de 2019 do Banco Europeu e finalista do prêmio de tradução de 2020 do US PEN.

JACOB F. FIELD

Jacob F. Field é escritor e historiador e vive em Londres. Ele escreveu livros sobre uma gama de temas ligados à história militar, como os desembarques do Dia D e a vida de Winston Churchill. Seu PhD trata do impacto do Grande Incêndio de Londres. Atualmente, trabalha como pesquisador associado de história econômica na Universidade de Cambridge.

R. G. GRANT

R. G. Grant escreveu amplamente sobre história militar. Ele publicou cerca de quarenta livros, entre eles *Battle* (2005), *Soldier* (2007) e *World War I: The Definitive Visual Guide* (2013). Atuou como editor consultor em *O livro da história* (Globo Livros, 2017).

JOEL LEVY

Joel Levy é escritor especializado em história e história da ciência. É também autor de muitos livros, entre eles *History's Worst Battles*; *50 Weapons that Changed the World*; *Meltdown: Stories of Nuclear Disaster and the Human Cost of Going Critical*; e *Gothic Science: The Era of Ingenuity & the Making of Frankenstein*.

OLIVIA SMITH

Olivia Smith é historiadora e divulgadora, e trabalha em séries documentais e de realidade na tv. Tem mestrado em história e trabalhou em documentários sobre a Segunda Guerra Mundial de Sky History, Channel 5, Yesterday e Smithsonian Channel.

CHRISTOPHER WESTHORP

Christopher Westhorp é editor, gerente de projetos e escritor. Seus projetos recentes incluem *A History of the Second World War in 100 Maps* e *Sailor Song: The Shanties and Ballads of the High Seas* (ambos da British Library, 2020).

SUMÁRIO

10 INTRODUÇÃO

AS SEMENTES DA GUERRA
1914-1939

- **18** A guerra para acabar com todas as guerras
  A Grande Guerra

- **20** Uma paz construída sobre areia movediça
  Paz imperfeita

- **22** A democracia é bela em teoria
  A Itália e a emergência do fascismo

- **24** A crueldade impõe respeito
  Ascensão dos nazistas

- **30** Heil Hitler
  Criação do Estado nazista

- **34** A culminância da alienação
  Ditadores e democracias frágeis na Europa

- **40** Não haverá comunismo
  A Guerra Civil Espanhola

- **42** Para tornar a nação livre, temos de sacrificar a liberdade
  Tumulto na China

- **44** A expansão é o destino do povo japonês
  O Japão em marcha

- **46** Exigimos terras e território
  A expansão alemã

- **48** A selvageria triunfante
  A Noite dos Cristais

- **50** Hoje somos nós. Amanhã serão vocês
  Fracasso da Liga das Nações

- **51** Paz para nosso tempo
  Apaziguando Hitler

A EUROPA VAI À GUERRA
1939-1940

- **56** Um ponto de virada na história da Europa
  A Europa à beira do abismo

- **58** Nunca emergirão do domínio alemão
  A destruição da Polônia

- **64** Há um silêncio por toda a Europa
  A Guerra Falsa

- **66** Homens… aguentem firme
  Preparação para a guerra

- **67** Ataquem de uma vez, de dia ou à noite
  A Batalha do Rio da Prata

- **68** Os lobos vão comer bem este inverno
  A Guerra de Inverno na Finlândia

- **69** Aviões alemães nos bombardearam e metralharam
  A invasão da Dinamarca e da Noruega

- **70** Se os tanques tiverem sucesso, a vitória é certa
  A Blitzkrieg

- **76** Um resgate milagroso
  Dunquerque

- **80** Esmagados pelas forças lançadas contra nós
  A queda da França

88 **Só preciso de alguns milhares de mortos** A Itália entra na guerra	109 **Submergiu com suas cores tremulando** O *Bismarck* é afundado	
90 **Defesa da pátria** Laços coloniais	110 **Um torpedo, um navio** A guerra de submarinos se acirra	
94 **Nunca tantos deveram tanto a tão poucos** A Batalha da Grã-Bretanha	114 **Nunca vi desafiarem tanto a morte** Guerra nos Bálcãs	
98 **Fustigados por grandes incêndios, sacudidos por explosões** A Blitz	118 **O deserto é um lugar que Deus esqueceu** Norte da África e Mediterrâneo	
100 **Nunca nos renderemos** A Grã-Bretanha se prepara para a guerra total	122 **Dar as mãos à Rússia através do Irã** Controle do Oriente Médio	159 **A disputa no Pacífico** Defesa da Austrália
	124 **O mundo vai prender a respiração** Operação Barbarossa	160 **Uma vitória histórica está em andamento** A Batalha de Midway
# A GUERRA SE ALASTRA ## 1941-1942	132 **Lute pela pátria e pela vitória!** A Grande Guerra Patriótica	166 **Uma saga do norte com heroísmo, coragem e resistência** Ataques a comboios do Ártico
108 **Precisamos ser o grande arsenal da democracia** O fim da neutralidade dos EUA	136 **O Holocausto por armas de fogo** Massacres nazistas	167 **O lugar mais bombardeado na Terra** O cerco de Malta
	137 **Isso significa guerra contra os EUA** O dilema do Japão	168 **A lei do mais forte** A Europa nazista
	138 **Uma data marcada pela infâmia** O ataque japonês a Pearl Harbor	172 **A Solução Final** O Holocausto
		178 **Temos de defender a cidade ou morrer tentando** A Batalha de Stalingrado
	146 **Só aceite a vitória como resultado** Os EUA na guerra	184 **Não éramos só prisioneiros, mas escravos** Prisioneiros de guerra
	154 **Só morrerei pelo imperador** Avanços japoneses	188 **A cruel realidade** A Alemanha e a guerra real
	158 **O que a Índia ganha [...] com a guerra da Grã-Bretanha?** A Índia na Segunda Guerra	192 **O fim do início** De Gazala a El Alamein

8

196 Estamos afinal a caminho
A Operação Tocha

198 Os gansos que puseram ovos de ouro e nunca grasnaram
A guerra secreta

VIRADA DA MARÉ
1943-1944

208 Eles estão acabados
Vitória no deserto

210 O inimigo é desumano, esperto e impiedoso
A invasão da Itália

212 O cemitério do exército japonês
A batalha pelas Ilhas Salomão e Nova Guiné

214 O inimigo, com novos dispositivos de localização, torna a luta impossível
Um confronto final no Atlântico

220 Uma poderosa tempestade de fogo corria pelas ruas
Bombardeio da Alemanha

224 Precisamos usar todos os nossos recursos
Indústria de guerra alemã

225 Amigos de fato, em espírito e metas
As cúpulas dos Aliados

226 Acordem e lutem!
Movimentos de resistência

232 Eles estavam ao redor, em cima e entre nós
A Batalha de Kursk

236 Línguas soltas podem afundar navios
Propaganda

242 A magnífica luta heroica
O Levante do Gueto de Varsóvia

244 Todo homem deve dar o máximo de si
O Pacífico Oeste

250 Matem todos, queimem tudo, saqueiem tudo
China e Japão na guerra

254 Roma é mais que um objetivo militar
A queda de Roma

255 Bem pagos demais, com libido demais e bem aqui
Tropas dos EUA na Grã-Bretanha

256 A maré virou
Os desembarques do Dia D

264 O amanhecer não trouxe alívio; nem a nuvem, conforto
Armas-v

266 O caminho da vingança!
Operação Bagration

270 É hora de fazer alguma coisa
O complô para matar Hitler

271 Varsóvia deve ser arrasada
A revolta de Varsóvia

272 Comboios sem escalas de caminhões de todo tipo e tamanho
Os Aliados se espalham rumo ao leste

274 Penso que é uma operação suicida
Operação Market Garden

275 É só questão de cruzar o Reno
A Batalhas na fronteira

276 Temos de ser sobre-humanos para vencer a guerra
A Batalha do Golfo de Leyte

277 O dever diário [...] é morrer
Pilotos kamikazes

278 Cem milhões de corações batendo como um só
A frente doméstica japonesa

280 Uma incursão violenta e cara
A Batalha das Ardenas

FIM DE JOGO
1945

286 A derrota final do inimigo comum
Os Aliados invadem o Reich

287 Agora eles vão colher a tempestade
A destruição de cidades alemãs

288 A Frente Oriental é um castelo de cartas
Os soviéticos avançam na Alemanha

290 Tomem Rangum antes das monções
Os Aliados contra-atacam na Birmânia

294 Nenhum ser humano poderia conceber então [...] o que vimos
Liberação dos campos de extermínio

296 Lutamos por uma causa e não para conquistar
A última resistência na Itália

298 O mundo tem de saber o que houve e nunca esquecer
Vitória na Europa

304 Devemos defender esta ilha [...] até o fim
O Japão sitiado

308 Meu Deus, o que fizemos?
O bombardeio de Hiroshima e Nagasaki

312 Os céus não mandam mais a morte
O Japão se rende

314 Para seu amanhã, demos nosso hoje
O custo da guerra

318 A civilização não pode tolerar que tais erros se repitam
Os Tribunais de Nuremberg e a desnazificação

320 Preservem na paz o que conquistamos na guerra
Consequências

328 ÍNDICE

335 CRÉDITOS DAS CITAÇÕES

336 AGRADECIMENTOS

INTRODU

ÇÃO

A Segunda Guerra Mundial foi o maior e mais terrível conflito da história, uma disputa ideológica que viu dois lados opostos – o Eixo e os Aliados – envolvidos num conflito que só poderia terminar numa destruição do outro. O caráter amargo da disputa se refletiu nas listas de vítimas: mais de 50 milhões de pessoas mortas e milhões de outras feridas física e mentalmente. A guerra culminou no lançamento da bomba atômica sobre o Japão: uma horripilante nova arma que poderia erradicar a própria humanidade.

Ambições compartilhadas

As origens da guerra estão em dois conflitos aparentemente separados, em partes opostas do mundo. No Extremo Oriente, começou com a invasão da província chinesa da Manchúria pelo Japão em 1931, que redundou numa ofensiva total contra a China seis anos depois. Na Europa, a guerra iniciada com a invasão da Polônia pela Alemanha em 1939 foi, sob muitos aspectos, uma retomada da disputa da Primeira Guerra Mundial pelo domínio europeu. O que ligou ambos foi a ambição partilhada de Alemanha e Japão por acumular territórios em vasta escala e criar uma "nova ordem" para rivalizar com os velhos impérios das potências europeias e, então, suplantá-los.

A Itália, o terceiro membro da coalizão do Eixo, também se engajou em criar um império, primeiro no leste da África e depois no Mediterrâneo. Para os três países do Eixo, a guerra não era considerada uma aberração em relação à norma diplomática, mas um instrumento essencial de política externa.

A pressão criada por essas iniciativas militares separadas acabaria explodindo na guerra mundial. A invasão da Rússia pela Alemanha em junho de 1941 incluiu a URSS no conflito, o que encorajou o ataque do Japão no Pacífico e, então, a declaração de guerra de Hitler contra os EUA. No fim de 1941, o conflito já era global. Os países do Eixo eram os agressores declarados. Eles apostavam na ideia de que seu "espírito marcial superior" seria de algum modo suficiente para vencer as "decadentes", ainda que materialmente mais poderosas, nações Aliadas.

Forças relativas

Apesar das pretensões imperiais da Itália terem sido logo frustradas, a Alemanha e o Japão obtiveram uma série de significativas vitórias militares nos primeiros estágios da guerra, que pareciam indicar que atingiriam suas metas. Mas eles subestimaram seus oponentes que, após os reveses iniciais, reorganizaram suas forças com bastante habilidade e atacaram, tornando a vitória dos Aliados inevitável.

As Forças Armadas da Alemanha e do Japão eram bem equipadas e bem lideradas no campo de batalha. Além disso, sua determinação foi um fator notável, que prolongou bastante o conflito.

No escalão mais alto, a liderança Aliada era superior à mostrada pelas potências do Eixo. Winston Churchill, Franklin D. Roosevelt e Josef Stalin partilhavam uma perspectiva global e

Uma pessoa com saúde e vigor não vê nada de errado na conquista territorial, mas algo muito em sintonia com a natureza.
Adolf Hitler, 1928

INTRODUÇÃO 13

estavam prontos para trabalhar juntos, a fim de alcançarem os objetivos previamente combinados. Em contraste, o governo militar japonês era minado por um sectarismo crônico e tinha pouca visão afora a simples ampliação territorial. Para Hitler, não havia nada além de sua obsessão por ganhar *Lebensraum* ("espaço vital") na Europa oriental. Mussolini era apenas um vão fantasista. Nenhum dos governos do Eixo fez alguma tentativa séria de cooperar com seus aparentes parceiros.

As nações Aliadas tinham maior acesso a recursos materiais e os usaram com mais eficácia que o Eixo. Os EUA e a URSS eram mestres na produção em massa e a Grã-Bretanha também deu sua importante contribuição à força econômica e militar necessárias. Enquanto os Aliados fabricaram bem mais de 4 milhões de tanques e outros veículos de guerra, o Eixo só produziu 670 mil. Boas fontes de petróleo também eram vitais e, no final de 1944, o Eixo mal conseguia operar as armas mecanizadas que ainda tinham, devido à falta de combustível.

Os Aliados também se provaram mais capazes que o Eixo no campo da inteligência militar – incluindo a quebra dos principais códigos secretos da Alemanha e do Japão – e ao utilizar civis para desenvolver novas tecnologias. A Alemanha, antes uma potência científica, viu-se ultrapassada pelos Aliados ocidentais. Ela liderou nos campos de aviação a jato e propulsão de foguetes, mas os avanços vieram tarde demais para mudar o resultado da guerra.

Sociedades em mudança

A Segunda Guerra Mundial foi mais que uma disputa militar. Além da experiência dolorosa de muitas dezenas de milhões de pessoas, ela ofereceu novas experiências e oportunidades, que criaram expectativas políticas e sociais. As mulheres, por exemplo, foram recrutadas em massa pelo mundo do trabalho. Embora muitas tenham voltado aos papéis tradicionais femininos após os conflitos, a dimensão de sua contribuição ao esforço de guerra não pôde ser ignorada. Nos EUA, milhões de trabalhadores negros do sul rural foram atraídos para os grandes centros industriais da Califórnia e do norte, uma mudança demográfica profunda que transformou a paisagem racial do país.

Na Ásia e em algumas áreas da África, povos colonizados viram seus senhores europeus humilhados pelos japoneses e alemães, abrindo a perspectiva de poderem governar a si mesmos – um primeiro passo para o "fim do império". A guerra sublinhou o declínio da Europa como grande agente mundial e acelerou a emergência dos EUA e da URSS como duas grandes superpotências do planeta.

Este livro

O objetivo de *O livro da Segunda Guerra Mundial* é refletir sobre como a guerra começou, observar como os Aliados derrotaram o Eixo e examinar resultados e consequências dessa grande conflagração. Não resta dúvidas de que o conflito teve efeitos duradouros, muitos dos quais continuam até hoje. Também esperamos dar ao leitor uma ideia de como foi viver ao longo desses extraordinários seis anos da história da humanidade. ■

Hitler está atacando com toda a força sob seu comando. Ele é um jogador desesperado e a aposta não é nada menos que o domínio de toda a raça humana.
Winston Churchill, 1940

AS SEME DA GUER
1914-1939

NTES
RA

INTRODUÇÃO

O **Tratado de Versalhes** é concluído em junho, marcando o fim da Primeira Guerra Mundial. A Alemanha perde território e suas Forças Armadas são drasticamente reduzidas.

1919 ↑

A **agitação política** na Alemanha estimula **Hitler a armar um golpe** para **tomar o poder** na Baviera. Ele falha e é preso por um breve período.

1923 ↑

O marechal de campo **Paul von Hindenburg** se torna **presidente da Alemanha**. Ele é considerado uma influência política estabilizadora.

1925 ↑

A Bolsa de Valores de Nova York **quebra**, deflagrando uma **depressão econômica** mundial.

1929 ↑

1922 ↓

Na Itália, **o partido fascista de Mussolini** realiza a "Marcha sobre Roma" como parte de **um golpe** que **derruba** o legítimo **governo italiano**.

1924 ↓

O **Plano Dawes** reorganiza os **pagamentos de reparação** alemães e ajuda a estabilizar o **sistema financeiro da Alemanha**.

1928 ↓

Grã-Bretanha, EUA, França, Itália, Alemanha e Japão assinam o **Pacto Kellogg-Briand, renunciando à guerra de agressão**.

1931 ↓

Tropas japonesas **ocupam** grande parte da **Manchúria**, no nordeste da China.

A Segunda Guerra Mundial teve origem nos acordos do Tratado de Versalhes, assinado em junho de 1919 para marcar o fim da Primeira Guerra Mundial. O tratado era uma tentativa dos países vitoriosos – Grã-Bretanha, França, Itália e EUA – de prevenir a repetição do conflito recente, porém, mais criou problemas do que resolveu. Combinado às crises econômicas que irromperam na Europa do pós-guerra, ele plantou as sementes da nova guerra mundial – ainda mais mortal que a anterior.

Novas fronteiras

O Tratado de Versalhes remodelou a estrutura da Europa central. O Império Austro-Húngaro foi desmantelado, com a Áustria tornando-se um estado pequeno e fraco e a Hungria cedendo território para a Romênia. Novas nações – Tchecoslováquia e Iugoslávia – foram criadas. A Alemanha perdeu terras para a Tchecoslováquia e o renascido Estado da Polônia.

Embora tenha sido um dos princípios norteadores de Versalhes, o conceito de autodeterminação dos povos fracassou em resolver ambições nacionais contrárias na Europa central. Antagonismos latentes entre as nações continuaram como causa potencial de conflitos. Mais problemática ainda foi a criação de minorias substanciais falantes do alemão na Tchecoslováquia e na Polônia – uma situação que os nacionalistas alemães exploraram depois.

Os termos do Tratado de Versalhes também enfraqueceram política, econômica e militarmente a Alemanha. A França recuperou a Alsácia-Lorena e ocupou a região industrial do Sarre; reparações substanciais por danos de guerra foram extraídas pelos vitoriosos; o Império Ultramarino Alemão foi desmembrado e suas Forças Armadas reduzidas a 100 mil homens. O tratado humilhou o povo alemão, causando ressentimento e desejo de vingança.

Para evitar futuras guerras, foi criada a Liga das Nações para resolver disputas por meio de discussão ou ações coletivas. Porém, a Liga não tinha apoio militar e os países mais poderosos, EUA e URSS, não se tornaram membros, limitando seu poder. A Liga fracassou em impedir um Japão militarista de invadir a Manchúria, em 1931, e a conquista da Etiópia pela Itália, quatro anos depois.

A ascensão de Hitler

Os problemas econômicos do pós-guerra levaram, em muitas nações,

AS SEMENTES DA GUERRA

Os **nazistas se tornam o maior partido** do parlamento alemão, mas não têm maioria absoluta.

Hitler mata muitos de seus inimigos e rivais na **"Noite das Facas Longas"** (de 30 de junho a 2 de julho).

A **Itália** anexa formalmente a Abissínia (Etiópia) após a **ocupação de Adis Abeba**.

A **Grã-Bretanha** negocia um acordo entre a **Alemanha** e a **Tchecoslováquia** que força os tchecos a **cederem territórios de fronteira** aos nazistas.

1932   **1934**   **1936**   **1938**

1933   **1935**   **1937**   **1938**

Adolf Hitler usa de manobras para vencer seus **rivais conservadores** e se torna **chanceler da Alemanha**.

Hitler **reintroduz o alistamento militar** e anuncia o início do **rearmamento em massa**. O **decreto de Nuremberg** aumenta a **perseguição aos judeus**.

O **Japão** lança uma **guerra** total **contra a China**, tomando Xangai e avançando sobre Nanquim.

Nazistas **atacam judeus e propriedades judaicas** na Alemanha e na Áustria nas noites de 9 a 10 de novembro: um episódio conhecido como Noite dos Cristais.

---

ao crescimento de partidos políticos de direita, que chegaram ao poder no Japão, na Itália e na Alemanha. O sucesso do Partido Nazista de Adolf Hitler nas eleições alemãs de 1933 foi o fator mais importante para levar a Europa à guerra. Após ser nomeado chanceler, Hitler imediatamente decidiu destruir as instituições democráticas por meio das quais chegara ao poder. Introduziu, então, novas leis para suprimir sindicatos, partidos de oposição, judeus e outros "não arianos". A Alemanha logo se tornou uma ditadura totalitária.

Hitler também buscava recuperar os territórios que a Alemanha perdera após a Primeira Guerra e reafirmar seu papel na política mundial. Embora uma tentativa de tomar o poder na Áustria em 1934 tenha sido impedida, as intenções de longo prazo de Hitler eram claras. Contrariando os termos do Tratado de Versalhes, ele iniciou o rearmamento, concentrando-se em instrumentos de guerra como tanques, aviões bombardeiros e submarinos.

Agressão não controlada

Hitler estava pronto para expandir as fronteiras da Alemanha e reclamar seu território anterior. Em março de 1936, tropas alemãs reocuparam a Renânia sem enfrentar oposição da Grã-Bretanha ou França. Encorajado, Hitler apoiou os nacionalistas do general Franco na Guerra Civil Espanhola (1936-1939), usando o conflito para testar as novas armas e táticas militares das Forças Armadas alemãs. Com a Luftwaffe demonstrando sua capacidade ao bombardear cidades espanholas, outros países europeus passaram a temer pela segurança de suas populações. Despreparados para a guerra, adotaram a política de apaziguamento em relação à Alemanha.

A Grã-Bretanha e a França não fizeram nada para evitar a tomada da Áustria pelos nazistas em março de 1938. Ambas até sancionaram o desmembramento da Tchecoslováquia na Conferência de Munique seis meses depois, quando Hitler reivindicou incorporar os Sudetos de língua alemã à Alemanha.

Só quando a Alemanha invadiu o resto da Tchecoslováquia, em março de 1939, os Aliados se prepararam para uma guerra inevitável. Quando Hitler exigiu a devolução do Corredor Polonês (uma estreita faixa de terras que dava à Polônia acesso ao mar Báltico), o apaziguamento deu lugar a uma ação mais firme. ∎

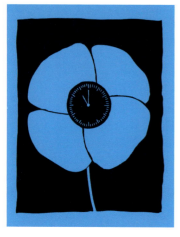

A GUERRA PARA ACABAR COM TODAS AS GUERRAS
A GRANDE GUERRA (1914-1918)

EM CONTEXTO

FOCO
Uma paz tensa

ANTES
1881 A Alemanha forma a Tríplice Aliança com a Áustria-Hungria e a Itália.

1897 A Alemanha começa a construir uma frota de alto-mar, deflagrando uma corrida armamentista naval com a Grã-Bretanha.

1907 Grã-Bretanha, França e Rússia formam a Tríplice Entente.

1912-1913 Após duas Guerras dos Bálcãs, a Sérvia emerge como Estado forte e ambicioso.

DEPOIS
1 dez 1918 A Iugoslávia é proclamada uma nação soberana independente.

14 fev 1919 Na Conferência de Paz de Paris, as nações Aliadas propõem uma Liga das Nações para promover a cooperação internacional.

1923 A economia alemã, em dificuldades, vive uma debilitante hiperinflação.

Poucas semanas após a eclosão da Primeira Guerra Mundial, o escritor H. G. Wells escreveu um artigo intitulado "A guerra para acabar com todas as guerras". Essa se tornou a expressão mais icônica e irônica do conflito. Em 1918, já tinha se espalhado pela Europa, como sinônimo de esperança por um futuro melhor.

Mas as causas dessa esperança se justificavam?

Entre 1914 e 1918, mais de trinta nações declararam guerra. A maioria se uniu aos Aliados, como Sérvia, Rússia, França, Grã-Bretanha, Itália e Estados Unidos. Eles se opunham a Alemanha, Áustria-Hungria, Bulgária e Império Otomano. O que começou como um conflito relativamente

---

Muitos políticos estão **decididos a assegurar que a devastação** causada pela **Primeira Guerra Mundial nunca mais aconteça**.

Os **líderes Aliados** tentam alcançar isso através da **negociação de tratados de paz** e **acordos de limitação de armas**.

Líderes nacionalistas das nações derrotadas **prometem se vingar** desses tratados e **exploram a instabilidade política e econômica**.

A Primeira Guerra Mundial não é a guerra para acabar com todas as guerras.

AS SEMENTES DA GUERRA

Ver também: Paz imperfeita 20-21 ▪ Ascensão dos nazistas 24-29 ▪ Ditadores e democracias frágeis na Europa 34-39 ▪ A expansão alemã 46-47 ▪ Fracasso da Liga das Nações 50 ▪ Apaziguando Hitler 51

Tropas francesas numa trincheira na Segunda Batalha do Aisne, uma tentativa franco-britânica altamente custosa de expulsar o exército alemão da França em 1917.

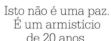

> Isto não é uma paz.
> É um armistício
> de 20 anos.
> **Ferdinand Foch**
> General francês

pequeno no sudeste da Europa tornou-se uma guerra entre impérios europeus. Os confrontos ocorreram não só na Frente Ocidental como no leste e sudeste da Europa, na África e no Oriente Médio. A guerra afetou a vida no front doméstico, em campos e fábricas.

Um profundo impacto

Essa foi uma guerra "total" e altamente destrutiva, deixando 17 milhões de mortos e 20 milhões de feridos. Apesar disso, houve outras consequências. Ela foi indiretamente responsável por avanços na medicina, a exemplo de membros artificiais, transfusões de sangue, antissépticos e cirurgia plástica. As atitudes políticas e sociais mudaram, com a extensão do direito ao voto, sindicatos viraram organizações de massa e milhões de mulheres entraram no mercado de trabalho. Houve também novos desenvolvimentos na tecnologia de guerra, com aviões, submarinos e tanques desempenhando papéis-chave pela primeira vez. Tais mudanças asseguravam que não haveria retorno ao *status quo* anterior.

A guerra colapsou quatro impérios: o alemão, o otomano e o austro-húngaro caíram e, em 1917, os bolcheviques destronaram o czar Nicolau II, da secular dinastia russa dos Romanov. Os alemães pensavam que a volta de Vladimir Lênin à Rússia para fomentar a agitação civil afastaria o país da guerra, atuando em seu favor. Embora a Revolução Bolchevique tenha mesmo tirado a Rússia da guerra, também criou um estado cujas ideias políticas radicais desafiariam governos no mundo todo.

Mudança de territórios

Os impérios estavam no âmago da guerra. Dezenas de milhões de não europeus lutaram por seus colonizadores europeus e sacrificaram suas vidas. Como resultado, os impérios dos Aliados foram assegurados ou aumentados. O Japão, antes um pequeno império, obteve possessões coloniais alemãs na Ásia e rotas marítimas no Pacífico, que inflamaram suas próprias ambições imperiais na Ásia. O fim de velhos impérios deixou um vácuo para a formação de novos estados como Polônia, Iugoslávia e Tchecoslováquia, mas as fronteiras deles logo foram contestadas.

O Tratado de Versalhes viu a redução de tamanho da Alemanha, despojada de suas colônias, e forçou-a a pagar reparações substanciais. O kaiser foi para o exílio e a Alemanha mergulhou num caos político e econômico – abrindo caminho para Adolf Hitler. O clima na Alemanha foi prenunciado pelo jornal *Deutsche Zeitung*, que prometia: "Nunca vamos parar, até obter de volta o que merecemos."

No fim da guerra, em 1918, disputas territoriais, a competição por colônias e as tensões nacionais continuavam e foram agravadas pela instabilidade política, social e econômica. A esperança que viera com a ideia da "guerra para acabar com todas as guerras" era prematura. ▪

Adolf Hitler (dir.) serve no 16º Regimento de Reserva Bávaro na Primeira Guerra Mundial. Como mensageiro, foi ferido duas vezes e agraciado com a Cruz de Ferro de Primeira Classe em 1918.

UMA PAZ CONSTRUÍDA SOBRE AREIA MOVEDIÇA
PAZ IMPERFEITA (1919)

EM CONTEXTO

FOCO
Tratados de paz

ANTES
1648 A Paz de Westfália encerra a Guerra dos Trinta Anos europeia e estabelece a inviolabilidade dos Estados soberanos.

1814-1815 Acordos fechados no Congresso de Viena terminam as Guerras Napoleônicas e redesenham as fronteiras da Europa para manter a paz pelo equilíbrio de poder.

DEPOIS
1945 O Acordo de Potsdam implementa a ocupação militar da Alemanha e a divisão do território europeu.

1945 Cinquenta países assinam a carta de fundação das Nações Unidas, um novo fórum para manter a paz internacional.

1947 Os Tratados de Paz de Paris incluem reparações de guerra, direitos de minorias e grandes mudanças territoriais.

Delegados discutem os termos de paz no Palácio de Versalhes. Cerca de trinta países foram representados nos debates, mas os líderes de EUA, Grã-Bretanha, França e Itália dominaram.

Quando os combates da Primeira Guerra Mundial finalmente cessaram, em novembro de 1918, os termos da paz tiveram de ser acertados antes que os exércitos pudessem ir para casa. Em 18 de janeiro de 1919, líderes dos países vitoriosos se reuniram na Conferência de Paz de Paris, no Palácio de Versalhes. Após mais de cinco meses, tinham debatido à exaustão o Tratado de Versalhes, descrito pela maioria dos historiadores como "uma paz imperfeita", porque continha as sementes de conflito que levariam à Segunda Guerra Mundial.

Delegados de muitos países participaram da conferência, mas os detalhes foram decididos pelos

AS SEMENTES DA GUERRA 21

Ver também: A Grande Guerra 18-19 ▪ Fracasso da Liga das Nações 50 ▪ Apaziguando Hitler 51 ▪ As cúpulas dos Aliados 225 ▪ Vitória na Europa 298-303 ▪ Consequências 320-27

Teremos de lutar outra guerra novamente daqui a 25 anos.
David Lloyd George

líderes das principais potências Aliadas, conhecidos como os Quatro Grandes – o presidente dos EUA, Woodrow Wilson, e os primeiros-ministros David Lloyd George, da Grã-Bretanha, Georges Clemenceau, da França, e Vittorio Orlando, da Itália. A Rússia, ocupada com a guerra civil, não participou, e as nações derrotadas foram excluídas.

Uma paz dos vitoriosos
O predomínio dos Quatro Grandes foi tanto a força quanto a fraqueza do tratado. Ele deu a essas nações poderosas um forte interesse em respeitar seus termos, mas também deixou os países excluídos cheios de ressentimento.

Wilson foi à conferência munido de um plano de catorze pontos para alcançar uma paz duradoura, entre eles o fim de tratados secretos, a garantia de livre comércio, justiça para povos colonizados e propostas de fixar fronteiras e criar novas nações pelo princípio da autodeterminação; permitindo a pessoas com identidade étnica comum formarem seu próprio Estado. O último ponto – crucial para Wilson – era a criação da Liga das Nações, um organismo internacional que protegeria do mesmo modo nações grandes e pequenas de agressão externa. Os britânicos e, em especial, os franceses, cujo país havia sido em parte invadido pelas forças alemãs, queriam que a Alemanha pagasse pela catástrofe da guerra e fosse impedida de atacar no futuro.

Em troca de britânicos e franceses concordarem com a Liga das Nações, Wilson aceitou uma cláusula de "culpa da guerra", atribuída aos alemães. A Alemanha foi punida com grandes reparações financeiras e a França tomou o controle de uma importante região industrial no Sarre. O exército alemão foi reduzido e a Renânia, desmilitarizada.

Efeitos do tratado
Os novos líderes da Alemanha, eleitos após a abdicação do kaiser, não tiveram opção senão aceitar o tratado, mas muitos alemães os culparam pelo desastre econômico que tomou o país em seguida. As dificuldades resultantes ajudaram a abrir caminho para a ascensão de Hitler.

Apesar de ser uma bomba-relógio, o Tratado de Versalhes teve alguns aspectos positivos, permitindo às pessoas retomar a vida em paz. Alguns novos Estados foram criados, como a Tchecoslováquia, buscando refletir a autodeterminação nacional, mas o Oriente Médio e a África foram depois retalhados entre as grandes potências, que desconsideravam o desejo dos respectivos povos, deixando um legado de conflitos ainda hoje violentos.

A Liga das Nações criou uma estrutura para lidar com tensões internacionais, mas não tinha nenhum apoio militar. Um organismo efetivo para resolução de conflitos só emergiria com as Nações Unidas, após a Segunda Guerra Mundial. ∎

Os **vencedores da Primeira Guerra Mundial** se reúnem para ajustar os termos do tratado de paz com a Alemanha, mas **têm demandas diferentes**.

↓ ↓

O presidente dos EUA quer uma **paz justa** e a criação de uma **Liga das Nações** para manter a **paz mundial**.

A Grã-Bretanha e a França querem impor **termos de punição** à Alemanha.

↓ ↓

Um **acordo é alcançado**. Os EUA concordam com os termos punitivos em troca da criação da Liga das Nações.

↓

A Alemanha se ressente dos termos do tratado e a nova Liga das Nações é falha.

A DEMOCRACIA É BELA EM TEORIA
A ITÁLIA E A EMERGÊNCIA DO FASCISMO (1922-1939)

EM CONTEXTO

FOCO
Totalitarismo

ANTES
1914 Mussolini abandona o Partido Socialista Italiano pelo nacionalismo radical, adotando uma ideologia militarista e racista.

1915 Os termos do Tratado de Londres dão ganhos territoriais futuros à Itália em troca de sua entrada na Primeira Guerra Mundial.

1919 Os nacionalistas italianos tomam Fiume, um porto de fala italiana na Croácia.

DEPOIS
1943 Após a invasão da Itália pelos Aliados, Mussolini é deposto e preso. É depois resgatado por comandos alemães.

1945 Mussolini é capturado tentando fugir para a Suíça e é morto por partisans.

1948 Nas primeiras eleições livres desde 1921, o *Movimento Sociale Italiano*, neofascista, recebe só 2% dos votos.

A transição da Itália para o fascismo, após a Primeira Guerra Mundial, foi brutal e surpreendentemente rápida. Em 1925, antes mesmo de Hitler concluir *Mein Kampf*, Benito Mussolini declarou-se ditador da nação, exigindo ser chamado *Il Duce* ("o Líder"). De muitos modos, ele inspirou Hitler.

A Itália foi um dos vencedores da Primeira Guerra, mas isso custara muitas vidas e dinheiro, e os esperados ganhos territoriais não se concretizaram. O primeiro-ministro da época da guerra, Vittorio Orlando, foi responsabilizado. Quando a economia entrou em queda, as pessoas começaram a buscar

AS SEMENTES DA GUERRA

Ver também: Paz imperfeita 20-21 ▪ Ascensão dos nazistas 24-29 ▪ Ditadores e democracias frágeis na Europa 34-39 ▪ A Guerra Civil Espanhola 40-41 ▪ A Itália entra na guerra 88-89

A Marcha sobre Roma dos camisas-negras inspirou o fracassado levante de Hitler em novembro de 1923, o Putsch da Cervejaria de Munique.

alternativas à democracia liberal. Milhões de operários e camponeses se voltaram para o socialismo, exigindo a coletivização de fábricas e fazendas. Mas os assustados donos de terras e a classe média se aproximaram dos *Fasci di combattimento*, liderados pelo ex-oficial Mussolini, que insistia que o exército tinha sido traído. Os fascistas, como logo ficaram conhecidos, tiraram seu nome dos *fasces* da Roma antiga, feixes de ramos de bétula usados como emblema de unidade e força.

Desmonte da democracia

Mussolini acreditava que a democracia era um sistema falho. Ele proclamava que a liberdade era uma balela e que o poder do Estado era o único capaz de tornar as pessoas realmente livres, elevando a nação acima da consciência de classe. Segundo ele, qualquer coisa que se opusesse à unidade nacional era um perigo a ser erradicado, se preciso, com violência. "Vamos pôr uma

Tudo dentro do Estado, nada fora do Estado, nada contra o Estado.
Benito Mussolini

adaga entre os dentes, uma bomba nas mãos e um desprezo infinito em nosso coração", Mussolini declamava.

Pouco depois, bandos fascistas chamados de *camicie nere* ("camisas-negras") lançavam ataques brutais a seus oponentes, em especial socialistas. Em outubro de 1922, um exército de 50 mil camisas-negras marchou sobre Roma e tomou o poder. Mussolini foi nomeado primeiro-ministro.

Líder supremo

Os socialistas tentaram resistir, mas foram brutalmente reprimidos, e o assassinato de seu líder, Giacomo Matteoti, em 1924, silenciou uma oposição séria. Mussolini instituiu um Estado de partido único e tomou as rédeas como líder supremo da Itália, posto que manteve até sua queda em 1943.

Ele criou de modo deliberado um culto à liderança, fazendo discursos poderosos e emocionantes, durante os quais as multidões eram estimuladas a gritar: "Creia, obedeça, lute" e "Il

Duce está sempre certo". Tudo era voltado à ideia de que a nação era suprema e que Mussolini a levaria à vitória militar. Buscando isso, ele reestruturou a economia, organizando a agricultura, a indústria e os empregadores em "corporações" de controle estatal. Quem se opusesse enfrentava grande perigo. Porém, só nos anos 1930 os fascistas italianos adotaram a política hitlerista de agressão explícita aos judeus.

Para desviar a atenção de contínuos problemas no país, Mussolini iniciou uma campanha para obter colônias e territórios estrangeiros, invadindo a Abissínia (Etiópia) em 1935. No ano seguinte, apoiou os fascistas de Franco na Espanha e assinou o fatídico pacto do Eixo Roma-Berlim com Hitler, que prometia dividir a Europa em esferas de influência que Alemanha e Itália controlariam igualmente. Em maio de 1939, Hitler e Mussolini assinaram o Pacto de Aço, uma aliança militar e política que foi parte crucial de sua preparação para a guerra. ▪

A CRUELDADE IMPÕE RESPEITO

ASCENSÃO DOS NAZISTAS (1923-1933)

ASCENSÃO DOS NAZISTAS

EM CONTEXTO

FOCO
Política alemã

ANTES
1919 O Levante Espartaquista, greve geral em Berlim liderada por comunistas, é debelado por membros dos Freikorps paramilitares.

1920 As facções nacionalista e monarquista alemãs organizam um golpe em Berlim. Wolfgang Kapp, um dos líderes, que tinha se declarado chanceler, foge após o fracasso do golpe.

1922 Sob o Tratado de Rapallo, a Alemanha e a URSS negam pedidos de reparação, expandem o comércio soviético-alemão e concluem acordos secretos para que forças alemãs treinem com o Exército Vermelho.

DEPOIS
1933 O incêndio do Reichstag fornece o pretexto para que Hitler assuma controle total sobre a democracia alemã.

1934 Hitler elimina rivais e oponentes do Partido Nazista na Noite das Facas Longas.

1935 As ambições territoriais nazistas se evidenciam quando Hitler exige a parte ocidental do Sarre, governado pela França desde 1920.

1936 Ao eclodir a Guerra Civil Espanhola, Hitler envia unidades blindadas e aéreas em apoio ao general Franco.

1940 Sob o Pacto Tripartite, assinado em Berlim, Itália, Alemanha e Japão se tornam aliados, logo acompanhados da Hungria.

Hitler acreditava que o Tratado de Versalhes **traíra o povo alemão**, forçando-o a aceitar a culpa total pela Primeira Guerra Mundial e a perda de sua terra natal alemã.

Ele considerava que a raiz dos problemas da Alemanha eram **judeus, marxistas e os democratas desleais** que haviam assinado o tratado.

Os nazistas, ele dizia, **levariam um grande líder ao poder** para reverter o tratado, expulsar judeus e marxistas e acabar com a tirania das massas.

Os nazistas iriam **rearmar e regenerar a Alemanha**, expandi-la para dar à raça ariana o espaço de que precisava para viver, e trazer um novo futuro brilhante.

Em 1923, a República de Weimar da Alemanha mergulhou numa crise econômica e política que nos dez anos seguintes levaria a seu controle por Hitler e pelos nazistas. As relações com os Aliados vitoriosos tinham se rompido devido às reparações da Primeira Guerra Mundial, e violentos choques entre extremistas de esquerda e direita causavam instabilidade doméstica.

O ressentimento é cultivado

Os Aliados haviam fixado reparações de 132 bilhões de marcos de ouro, especificando a moeda-ouro que a Alemanha tinha abandonado em 1914, para evitar o pagamento no *Papiermark* (marco de papel) flutuante do pós-guerra. Os Aliados ignoraram os pedidos de clemência do presidente alemão, o social-democrata Friedrich Ebert, e mais e mais marcos de papel foram impressos para comprar moeda estrangeira para fazer os pagamentos, causando hiperinflação conforme o marco se depreciava. Em 1922, o país já não podia mais pagar suas dívidas.

Em janeiro de 1923, tropas francesas e belgas ocuparam o coração industrial do vale do Ruhr alemão, buscando tomar mercadorias no lugar das reparações. O governo de Weimar reagiu encorajando os operários a se engajar em resistência passiva. Em greves e protestos posteriores, 130 civis alemães foram mortos, gerando mais rancor.

Com a hiperinflação disparando, os negócios faliam e os mais pobres passavam fome. Em onze meses, o preço de um pão passou de 250 marcos

AS SEMENTES DA GUERRA

Ver também: A Grande Guerra 18-19 ▪ Paz imperfeita 20-21 ▪ A Itália e a emergência do fascismo 22-23 ▪ Criação do Estado nazista 30-33 ▪ Ditadores e democracias frágeis na Europa 34-39 ▪ A expansão alemã 46-47

O início de Hitler

Nascido em abril de 1889 em Braunau, na Áustria, Adolf Hitler não foi um estudante talentoso e, quando jovem, não conseguiu se firmar como artista em Viena. Embora declarado, de início, inapto para o serviço militar, uma petição bem-sucedida ao rei da Baváriа, Luís III, assegurou-lhe um lugar no exército bávaro na Primeira Guerra Mundial. Ao encontrar a disciplina e o senso de missão que sua vida pedia, ele se distinguiu e recebeu duas vezes a Cruz de Ferro por bravura.

Em 1919, Hitler aderiu ao Partido dos Trabalhadores Alemães (depois Partido Nazista) e foi encarregado da propaganda. Seu talento como orador poderoso e a habilidade de explorar temas emotivos impeliram a ascensão do partido, angariando apoio em várias classes, dos industriais que odiavam os comunistas aos muitos que buscavam bodes expiatórios para os males da nação. O carisma de Hitler também atraiu devotos, como Goebbels e Rudolf Hess.

A crença inabalável de Hitler em si mesmo como salvador da raça alemã e a busca implacável por seus objetivos acabaram levando aos horrores da Segunda Guerra e a seu suicídio em Berlim, em 1945.

a 200 bilhões de marcos. Em novembro de 1923, um dólar dos EUA já valia 4,2 trilhões de marcos.

Ascensão dos nacional-socialistas

O apoio à República de Weimar despencou, em favor de partidos de extrema esquerda e extrema direita. Entre os grupos de direita estava o novato Partido Nacional Socialista dos Trabalhadores Alemães (Partido Nazista), fundado em 1919 como o Partido dos Trabalhadores Alemães em Munique, a maior cidade da Baváriа e um centro do extremismo. No outono de 1919, Adolf Hitler, agente político do Reichswehr (exército da República de Weimar) encarregado de estimular o anticomunismo e o nacionalismo, foi designado a infiltrar-se no partido. Concordando com seus princípios, em vez disso aderiu ao partido e, em 1920, anunciou um plano básico de 25 pontos

que incluía cancelar o Tratado de Versalhes e apoiar a autodeterminação alemã, além de declarar, de forma sinistra, que só alemães podiam ser cidadãos, excluindo especificamente os de origem judaica.

O antissemitismo, a violência nas ruas e a intimidação foram traços iniciais e duradouros do Partido Nazista. Em 1920, Hitler fundou a *Sturmabteilung* (SA), cujos membros logo foram chamados de camisas-pardas devido ao uniforme. Recrutados entre jovens desempregados e ex-soldados renegados, faziam a segurança de reuniões e manifestações nazistas e periodicamente espancavam esquerdistas e outros oponentes políticos. »

Os membros do Partido Nazista eram uma presença que já ostentava braçadeiras e bandeiras com a suástica no comício de Hitler em Nuremberg no Dia do Congresso Alemão, em 1923.

ASCENSÃO DOS NAZISTAS

Brigas entre facções políticas rivais eram frequentes nos anos 1920. Aqui, membros da Aliança dos Combatentes da Frente Vermelha – com frequência visados pelos camisas-pardas – enfrentam a polícia de Berlim, em 1927.

O Putsch da Cervejaria

Em 1923, Hitler – então líder do Partido Nazista – fez discursos tempestuosos na Baviera, culpando o governo de Berlim e seus supostos aliados – banqueiros judeus e subversivos comunistas – pelos problemas da nação. Em meio à miséria da falência alemã, eles atraíam audiências de milhares de pessoas.

Calculando mal a força de seu apoio, porém, em 8 de novembro Hitler tentou dar um golpe. Com centenas de camisas-pardas, invadiu uma grande cervejaria em Munique, onde o comissário de Estado bávaro, Gustav von Kahr, devia falar a uma multidão. A meta de Hitler era convencer von Kahr a apoiar uma marcha sobre Berlim para derrubar a República de Weimar. De início, Hitler conquistou a reunião, mas a polícia militar da cidade impediu as tentativas dos camisas-pardas de tomar edifícios do governo e, no dia seguinte, policiais do Estado bloquearam uma marcha nazista, matando 16 membros do partido. Hitler fugiu, mas foi preso depois.

Configurando o Partido Nazista

Acusado de alta traição, Hitler reagiu com discursos inflamados em sua própria defesa, que foram muito divulgados e lhe valeram mais apoio. Apesar da sentença inicial de cinco anos de prisão, foi solto após dez meses, durante os quais compôs *Mein Kampf*, que se tornou a "bíblia" nazista.

Ao ser liberado, Hitler assegurou que os 16 nazistas mortos no Putsch recebessem honras de mártires. Uma bandeira manchada com seu sangue se tornou a *Blütfahne* ("bandeira de sangue"), uma relíquia sagrada exposta nos principais eventos nazistas. O Putsch atraiu atenção nacional, mas seu fracasso também convenceu Hitler de que a rebelião violenta aberta não era o meio de avançar. Em vez disso, resolveu continuar a busca pelo poder por meio do sistema político democrático da Alemanha.

Construção de apoios

Proibido de falar em público até 1927, Hitler dedicou suas energias a fortalecer e expandir os nazistas como um partido político nacional, comandado por ele. Para atrair apoio entre os jovens, criou a Liga dos Estudantes Alemães Nacional-Socialistas e a Ordem das Mulheres Alemãs (fundidas na Liga das Mulheres Nacional-Socialistas em 1931). Ele nomeou *Gauleiter* ("líderes regionais") por toda a república, com oficiais de menor escalão abaixo deles, tentando ganhar representação política mais ampla. Em Berlim, seu *Gauleiter* era o talentoso Joseph Goebbels, publicista habilidoso, que usava toda oportunidade possível para tornar o partido notado. A saudação nazista – braço direito levantado – tornou-se obrigatória a todos os membros do partido.

Hitler também reformou suas forças de segurança, endureceu a disciplina entre os camisas-pardas

Só há duas possibilidades: a vitória dos arianos ou a aniquilação dos arianos e a vitória dos judeus.
Adolf Hitler, 1922

AS SEMENTES DA GUERRA

Um cartaz eleitoral do Partido Nazista de 1932 mostrava as massas (*Das Volk*) enxameando rumo à suástica nazista, com o número 1 denotando a posição buscada pelo partido na Alemanha.

e criou a Schutzstaffel (ss) como um pequeno corpo de guarda pessoal que, em 1930, já tinha 3 mil pessoas, liderado pelo violento antissemita Heinrich Himmler.

O ponto de virada

Entre 1925 e 1929, os nazistas passaram de 25 mil a cerca de 180 mil, mas logo somariam milhões. Em 1927, Hitler voltou a falar em público e iniciou uma campanha eleitoral. No ano seguinte, o Partido Nazista ganhou os primeiros doze assentos no Reichstag (parlamento), embora os moderados social-democratas tivessem obtido 153, aumentando sua liderança para 22.

Os graves eventos de 1929 mudaram a paisagem política. Em outubro, os preços das ações na bolsa de valores de Wall Street despencaram, com efeitos desastrosos para a Alemanha. Sem os empréstimos dos EUA, as indústrias faliram. O desemprego atingiu 2 milhões de pessoas em um ano e disparou para 6 milhões em 1934.

Contra a vontade do Reichstag, em julho de 1930 o presidente alemão, Paul von Hindenburg, usou um decreto de emergência para forçar cortes de gastos do governo, como salários e auxílio-desemprego, aconselhado por Heinrich Brüning, seu novo chanceler. Enfurecidos, membros do Reichstag rejeitaram o decreto e acionaram novas eleições.

Com menos confiança no governo de Weimar, o povo alemão se voltou de novo para partidos extremistas. Hitler aproveitou a chance para se retratar como potencial salvador da "raça" alemã, espalhando virulenta propaganda antijudaica e anticomunista. Nas eleições de setembro de 1930, os partidos democráticos sofreram enormes perdas e o Partido Nazista obteve 107 assentos, apenas 36 a menos que os social-democratas e 30 a mais que o Partido Comunista Alemão, então em terceiro lugar. Industriais poderosos começaram a apoiar Hitler, temendo que novos ganhos comunistas pudessem lhes custar sua riqueza.

Pensando erroneamente que poderia manipular Hitler, Alfred Hugenberg, magnata da mídia e líder do Partido Popular Nacional, uniu forças com o Partido Nazista, formando a Frente Harzburg em 1931, numa tentativa de derrubar o governo do chanceler Brüning. Hitler e Goebbels exploraram o acesso a maior publicidade nos jornais de Hugenberg, mas os dois partidos políticos nunca formaram uma frente unificada.

Hitler no limiar

Nascido na Áustria, Hitler adotou em fevereiro de 1932 a cidadania alemã para competir nas eleições presidenciais de março e ficou em segundo lugar, após Hindenburg, conquistando 37% dos votos. Com o governo em caos, Hindenburg demitiu Brüning e o novo chanceler, Franz von Papen, eliminou uma proibição temporária aos paramilitares camisas-pardas, para ganhar apoio dos nazistas.

Nas eleições de julho, o Partido Nazista, aproveitando que os camisas-pardas intimidavam o eleitorado, este uma instituição política em desintegração, e a agitação geral, tornou-se o maior partido do Reichstag, ao obter 230 dos 608 assentos. Hitler recusou o posto de vice-chanceler, e tornou-se chanceler em janeiro de 1933. O cenário estava pronto para que ele assumisse o poder absoluto. ∎

Mein Kampf

Publicado em dois volumes em 1925 e 1927, *Mein Kampf* ("Minha luta"), de Hitler, era um manifesto político poderoso e sinistro. O primeiro volume, composto quando Hitler cumpria sentença na prisão em 1924, fala sobre sua juventude, a Primeira Guerra e a "traição" à Alemanha em Versalhes, que ele atribuía ao governo de Weimar, judeus "parasitas" e marxistas: seus alvos políticos de longo prazo. Ele também exalta os arianos como a raça superior que devia buscar o espaço vital (*Lebensraum*) que merecia e expandir-se para os territórios eslavos e soviéticos. O segundo volume apresentava como o Partido Nazista deveria obter e manter o poder, usando o terror se necessário.

Apesar do estilo pobre, as vociferações demagógicas nacionalistas, anticomunistas e racistas de *Mein Kampf* encontraram uma audiência pronta entre a elite alemã e o público geral. Em 1939, já traduzido para onze línguas, suas vendas superaram 5 milhões de exemplares.

HEIL HITLER
CRIAÇÃO DO ESTADO NAZISTA (1933-1934)

EM CONTEXTO

FOCO
Regime totalitário

ANTES
1923 Hitler executa o Putsch da Cervejaria de Munique, um golpe frustrado que lhe traz atenção pública.

1928 Políticos nazistas são eleitos pela primeira vez para o Reichstag.

1931 Bancos quebram na Áustria e na Alemanha devido à Depressão e ao fim dos empréstimos americanos.

DEPOIS
1938 Hitler anexa a Áustria e manipula um referendo para mostrar aprovação austríaca.

1939 A Alemanha invade a Polônia, iniciando a Segunda Guerra Mundial.

Em 1932, com o governo da República de Weimar em desordem e a Alemanha em profunda depressão econômica, o Partido Nazista de Hitler tinha atraído crescente apoio público e se tornado o maior no Reichstag (parlamento). Apesar do predomínio do Partido Nazista, quando o chanceler Franz von Papen, que tinha pouco apoio do Reichstag, foi forçado a renunciar, o presidente Paul von Hindenburg não ofereceu o posto a Hitler, por desprezo e desconfiança. Em vez dele, escolheu um aliado próximo, o general Kurt von Schleicher.

Schleicher buscou garantir o apoio do Partido Nazista, mas fracassou e renunciou no fim de janeiro de 1933. Durante o breve mandato, sua principal realização foi o estímulo a um enorme programa de construção de estradas, canais e ferrovias – mais tarde erroneamente

AS SEMENTES DA GUERRA   31

Ver também: Paz imperfeita 20-21 ▪ Ascensão dos nazistas 24-29 ▪ A expansão alemã 46-47 ▪ A Europa nazista 168-71 ▪ A Alemanha e a guerra real 188-91 ▪ Indústria de guerra alemã 224

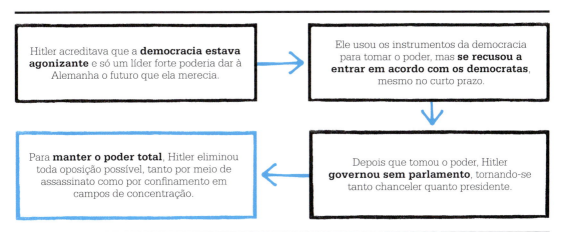

atribuído a Hitler. Em 30 de janeiro de 1933, Hindenburg foi afinal convencido a oferecer a Hitler o posto de chanceler. Os apoiadores do Partido Nazista marcharam em triunfo pelas ruas de Berlim.

Cerco orquestrado

Em 27 de fevereiro, irrompeu um incêndio no Reichstag. O comunista holandês Marinus van der Lubbe foi preso como instigador do que Hitler chamou de complô comunista. Embora

Esse homem [Hitler] chanceler? Farei dele um agente postal e ele vai poder lamber os selos estampados com minha cabeça.
Paul von Hindenburg, 1932

um tribunal depois tenha determinado que van der Lubbe agira sozinho, na época os nazistas já tinham usado o incidente como pretexto para controlar totalmente o governo.

Poucas semanas antes, o gabinete de Hitler promulgara um decreto temporário que restringia a liberdade de imprensa e bania o direito de reunião. No dia após o incêndio, o gabinete estendeu a resolução com o Decreto para a Proteção do Povo e do Estado (também chamado Decreto do Incêndio do Reichstag) e declarou estado de emergência. O Partido Comunista foi excluído do Reichstag e a *Schutzstaffel* (ss) prendeu milhares de opositores ao Partido Nazista, despachando-os para os primeiros campos de concentração, entre eles Dachau, perto de Munique.

Tomada do poder

Em 23 de março de 1933, uma quinzena após mais uma eleição geral em que o Partido Nazista ainda não obtivera maioria governamental, Hitler conseguiu submeter ao processo parlamentar a Lei de Concessão de Plenos Poderes. A lei habilitava o gabinete alemão e

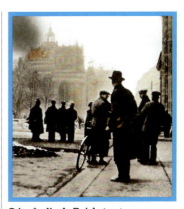

O incêndio do Reichstag irrompeu por volta das 21 horas e destruiu a bela cúpula de aço e vidro e o hall principal do edifício. Testemunhas contaram ter ouvido o som de vidro quebrado antes do fogo. Van der Lubbe foi preso depois perto dali.

Hitler, como chanceler, a criar e fazer cumprir leis sem consultar o Reichstag ou o presidente. Dois meses antes, o *Frankfurter Zeitung* tinha declarado que a democracia alemã era forte demais para que uma ditadura vencesse. O jornal judaico alemão *Jüdische Rundschau* também estava convencido de que »

Milhares de livros queimam em Berlim em 10 de maio de 1933, num expurgo, liderado por estudantes, de obras "não alemãs" julgadas incompatíveis com a ideologia nazista. Tais eventos marcaram o início da censura austera às artes.

a nação sempre resistiria a "uma política bárbara antijudaica". Ambos estavam errados, e a democracia de Weimar estava, de fato, no fim.

Em 1º de abril de 1933, o Partido Nazista orquestrou um boicote nacional aos negócios judaicos, numa nova tentativa de demonizar os judeus, há muito tornados bodes expiatórios dos males econômicos da Alemanha. Guardas uniformizados assediavam clientes para que saíssem das lojas judaicas, dissuadindo-os de comprar bens. Muitos dos negócios judaicos que não faliram devido ao assédio foram comprados por nazistas por bem menos que seu real valor.

Em 7 de abril, o novo regime nazista aprovou uma lei que revisava a composição do serviço público alemão, forçando funcionários públicos de ascendência não ariana a se demitirem. Isso incluía todos os professores e membros do Judiciário, com umas poucas exceções daqueles com extensos serviços ou parentes mortos na Primeira Guerra Mundial. O objetivo do expurgo era organizar a sociedade alemã de modo a se alinhar com as crenças políticas do Partido Nazista, entre elas a exaltada ideologia antissemita.

Controle total
Com a Concordata, em 1933, Hitler buscou a aprovação de seu regime pela Igreja Católica. Ele prometeu não se imiscuir na influência da Igreja em troca da aprovação a suas políticas (embora padres tenham sido martirizados depois por seus protestos). Lemas nazistas como *Kinder, Küche, Kirche* ("crianças, cozinha, igreja"), destinados a estimular as mulheres casadas a não trabalhar, mas ficar em casa e criar grandes famílias, alinhavam-se claramente à ênfase da Igreja Católica na maternidade.

Em julho de 1933, Hitler aboliu todos os partidos políticos, exceto o próprio. Com a oposição extinta, 92% do eleitorado votou no Partido Nazista ou em seus "convidados" nas eleições de novembro. Em apenas sete meses, uma democracia se tornara um Estado totalitário.

Expurgo político
No início de 1934, Ernst Röhm, chefe de cerca de 2 milhões de camisas-pardas – a *Sturmabteilung* (SA), braço paramilitar do Partido Nazista –, sugeriu que suas forças integrassem a nova Wehrmacht que Hitler desenvolvia em segredo para substituir o Reichswehr (exército alemão), limitado com rigor pelos termos do Tratado de Versalhes de 1919. Suspeitando da ambição de Röhm e não querendo antagonizar os generais do Reichswehr, de cujo apoio precisava e que se opunham com firmeza ao envolvimento dos camisas--pardas, Hitler decidiu eliminar Röhm. A pretexto de que conspirava contra ele, Hitler mandou prendê-lo e fuzilá-lo em 30 de junho de 1934. Na mesma noite, mandou a SS e a *Geheime Staatspolizei* (Gestapo) matarem dezenas de membros da SA e outras figuras percebidas como ameaça,

A disciplina nacional governa nossa vida!
Slogan nazista, fevereiro de 1933

AS SEMENTES DA GUERRA

A máquina de propaganda nazista

A manipulação da informação foi central para o sucesso político do Partido Nazista. Ela foi planejada por Joseph Goebbels, orador talentoso e diretor de propaganda do partido a partir de 1928.

Goebbels criou slogans evocativos e ajudou a construir o culto a Hitler como redentor do futuro da Alemanha. A suástica, antes um símbolo de boa sorte, foi sequestrada para passar uma ideia de antiga linhagem ariana. Goebbels sabia como usar a mídia, panfletos, manifestações de massa e encontros sociais de modo eficaz para espalhar a mensagem nazista e obter lealdade cega em uma época em que a maioria dos alemães não tinha acesso a outras fontes de informação.

Albert Speer, aliado próximo de Hitler, observou certa vez, cinicamente, que uma distinção essencial do Terceiro Reich era sua capacidade de usar a comunicação para se sustentar e "destituir seus alvos do poder do pensamento independente".

entre elas Schleicher, o ex-chanceler. O expurgo, depois chamado "Noite das Facas Longas", foi publicamente justificado como uma medida antirrevolucionária essencial.

Perseguir e deter qualquer um que fosse julgado uma ameaça aos nazistas se tornaria uma função central da Gestapo. Formada um ano antes pelo líder nazista Hermann Göring com seções da polícia prussiana, ela evoluiu para uma força policial secreta que operava dentro da Alemanha nazista. Alimentada por indicações de informantes e espiões, rastreou opositores políticos e, posteriormente, judeus, ciganos e homossexuais – enviando a maioria para campos de concentração e trabalhos forçados.

A Alemanha remodelada

Em agosto de 1934, a morte natural do presidente Hindenburg removeu o obstáculo final para o poder absoluto de Hitler. Unindo os papéis de presidente e chanceler, ele se intitulou Führer ("líder") e começou a planejar a ressurreição da Alemanha no palco mundial. Delegou a gerência dos negócios domésticos a subordinados de confiança, mas – para manter as ambições sob controle – prudentemente se assegurou de que as funções se sobrepusessem. O governo local era gerido por oficiais nazistas, os sindicatos foram proibidos e cortes especiais funcionavam num sistema legal que eliminava qualquer oposição.

Hjalmar Schacht, presidente do Reichsbank em 1933 e nomeado ministro da Economia em 1934, aumentou os gastos do governo para financiar um vasto programa de infraestrutura com construção de casas, estradas e hidrovias que derrubou os números oficiais de desemprego. Isso não levava em conta os judeus do serviço público forçados a deixar seu emprego e que em 1935, sob as Leis Raciais de Nuremberg, perderiam os direitos de cidadania.

Patriotismo e poder

A propaganda patriótica – mais visível em manifestações políticas – serviu como lavagem cerebral entre o público geral. Influências judaicas e de outros "não alemães" foram extirpadas das artes, remodeladas para destacar o patriotismo, o poder militar e as capacidades físicas dos alemães.

Com a recuperação da economia, impulsionada pelas fábricas de munições, o Führer podia começar a criar estratégias de expansão territorial. ■

A saudação nazista no Reichstag marca o apoio unânime a Hitler (quarto na primeira bancada à esq.) após seu discurso justificando as mortes de "inimigos do Estado" na Noite das Facas Longas.

A CULMINÂNCIA DA ALIENAÇÃO

DITADORES E DEMOCRACIAS FRÁGEIS NA EUROPA (1922-1939)

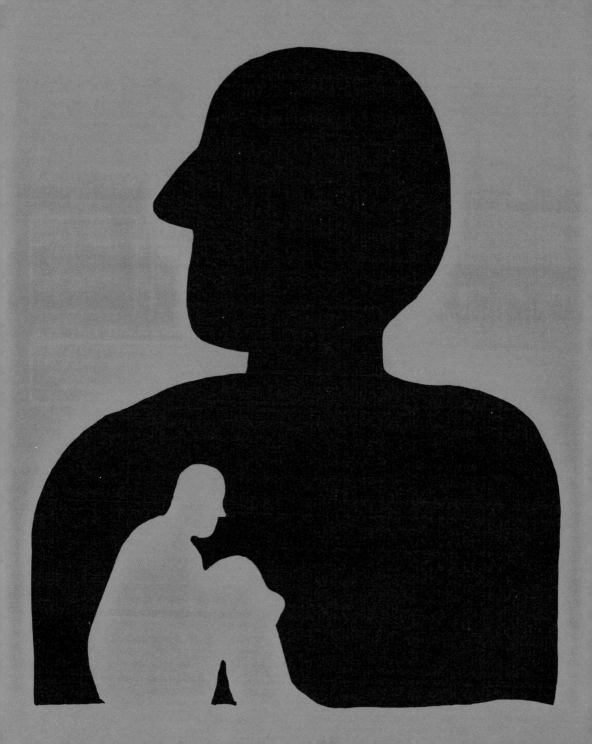

DITADORES E DEMOCRACIAS FRÁGEIS NA EUROPA

EM CONTEXTO

FOCO
Democracia sitiada

ANTES

1799 Napoleão Bonaparte toma o poder na França.

1871 Otto von Bismarck se torna autonomeado chanceler da Alemanha.

1919 O Tratado de Versalhes desmonta o Império Alemão.

1922 O político fascista Benito Mussolini se torna líder da Itália.

DEPOIS

1974 A junta militar do coronel Georgios Papadopoulos, que governou a Grécia por sete anos, cai após a invasão de Chipre pela Turquia.

1980 Josip Tito morre, livrando a Iugoslávia da ditadura.

1989 A ditadura de Nicolae Ceaușescu na Romênia termina diante de um pelotão de fuzilamento.

O desmembramento de impérios após a Primeira Guerra Mundial – e o fracasso da democracia em impedi-lo – deixa as pessoas perdidas; o fascismo e o nacionalismo **prometem restaurar a identidade dos indivíduos**.

⬇

Por que o fascismo se torna popular?

⬇ ⬇ ⬇

Apela **aos que perderam muito** na Depressão e **aos com muito a perder** para o comunismo.

Oferece **explicações simples a questões complexas**. O uso de bodes expiatórios é prática comum.

Promete soluções rápidas por meio de **liderança forte e poder militar**.

⬇ ⬇ ⬇

A Primeira Guerra Mundial **deixou um terreno fértil para que as ideologias fascistas e nacionalistas** criassem raízes e uma reserva enorme de militares **prontos a fazer o fascismo acontecer**.

Embora a ascensão ao poder de Hitler na Alemanha e a de Mussolini na Itália se destaquem, o fascismo cresceu com força em muitos outros lugares na Europa nos anos 1920 e 1930. Havia poucos locais totalmente intocados por ideias muito similares às expressadas por Hitler, e diversos países europeus caíram nas mãos de ditadores fascistas.

A onda do fascismo foi mais forte na Europa oriental e central, uma região espremida entre a ameaça da Rússia comunista de Stalin e o Ocidente capitalista. Mas houve também considerável apoio ao fascismo na França, na Grã-Bretanha e nos EUA. Mais ainda, entre os soldados de todas as nações que experimentaram o comando na Primeira Guerra Mundial havia muitos dispostos a tomar as rédeas do poder.

O apelo do fascismo

Parte da atração pelo fascismo se devia à sua reação audaz à ameaça do comunismo, em especial entre aqueles com algo a perder. Em todo país havia grupos comunistas, e a difusão ao redor do mundo era essencial ao comunismo russo. Assim, não é difícil imaginar essa ideologia como uma ameaça.

Outro apelo do fascismo residia no desencanto com a democracia que, dizia-se, tinha falhado em impedir o horror da Primeira Guerra Mundial, um conflito travado entre nações democráticas. A democracia também estava falhando em deter o desastre econômico que varria o mundo no pós-guerra, trazendo a Grande Depressão e enormes dificuldades a muitas pessoas, em especial nas camadas econômicas mais baixas. A democracia podia ser bem-intencionada, os fascistas diziam, mas era fatalmente lenta para agir – e, mais importante, não conseguira impedir os ricos de explorarem os pobres. Não é de surpreender que muitas pessoas se voltassem para uma ideologia que oferecia ação decidida e solução rápida.

Com as identidades nacionais fraturadas e incertas após o desmembramento dos impérios da Alemanha e da Áustria-Hungria, as pessoas se sentiam vulneráveis – o

AS SEMENTES DA GUERRA

Ver também: Paz imperfeita 20-21 ▪ A Itália e a emergência do fascismo 22-23 ▪ Ascensão dos nazistas 24-29 ▪ A Guerra Civil Espanhola 40-41 ▪ A expansão alemã 46-47 ▪ O custo da guerra 314-17 ▪ Consequências 320-27

A Grande Depressão atingiu duramente o povo europeu nos anos 1930, deixando mentes faminatas vulneráveis às soluções rápidas nacionalistas e racistas oferecidas pelo fascismo.

nacionalismo e o racismo forneciam gritos de guerra potentes e uma afirmação de identidade. Os historiadores também identificaram aspectos mais sutis no apelo do fascismo. Os fascistas enfatizavam o excitante individualismo, a paixão e o instinto – não o manto aborrecido da ciência e da razão. Prometiam uma volta confortante aos valores tradicionais para aqueles que se sentiam alienados pelo mundo moderno rápido e cruel. E ofereciam significado aos milhões de soldados que tinham achado camaradagem e um propósito nos campos de batalha da Primeira Guerra e que agora estavam perdidos e sem identidade no mundo da paz.

Democracias derrubadas
Os fascistas eram minoria na maior parte dos países, mas eram brutais e determinados e muitas vezes enfrentavam partidos de oposição que invariavelmente estavam divididos. Um país após o outro caiu nas mãos de governantes ditatoriais. Mussolini abriu o caminho na Itália, logo seguido por Miguel Primo de Rivera na Espanha, que se nomeou ditador em setembro de 1923. Um nacionalista autoritário que via como sua missão salvar a Espanha dos velhos políticos e preparar pessoalmente o terreno para um governo tomado por patriotas "limpos", ele dispensou as Cortes (o parlamento espanhol), despachou os dissidentes para as Ilhas Canárias e lidou com mão pesada com os catalães que defendiam autonomia.

No vizinho Portugal, António de Oliveira Salazar assumiu o controle em 1926 após um golpe militar e se tornou primeiro-ministro de um Estado de partido único após eleições em 1932. Os historiadores discutem se Salazar era um fascista ou um simples autoritário, mas sua tomada

A liderança de António de Oliveira Salazar em Portugal tipifica o casamento de governo autoritário e força marcial, comum na Europa dos anos 1920 e 1930.

do poder refletiu o padrão dominante dos golpes militares de direita.

Poder militar
No mesmo ano em que Salazar subiu ao poder, outro oficial do exército decidiu tomar a situação em suas mãos. Na Polônia, o marechal Józef Piłsudski marchou sobre Varsóvia à frente de um exército, exigindo um governo mais decidido. Uma eleição lhe deu um mandato extraordinário, mas ele recusou a presidência, julgando que o cargo tinha poder insuficiente. Cinco meses depois, nomeou-se primeiro-ministro e governou como ditador pelos nove anos seguintes. Na Lituânia, enquanto isso, um golpe militar derrubou o governo eleito e pôs o partido de direita União Nacionalista Lituana – liderado por Antanas Smetona – no poder. O pretexto foi um complô bolchevique, e Smetona imediatamente prendeu 350 comunistas. Evidências do complô nunca foram achadas, mas Smetona permaneceu no poder, banindo todos os outros partidos políticos por »

catorze anos. A URSS invadiu então a Lituânia, alegando estar salvando-a dos fascistas, embora o governo de Smetona fosse mais autoritário que totalitário. Na Letônia, a democracia quase não sobreviveu a uma crise similar à de sua vizinha báltica.

Dois anos depois, os terremotos do fascismo e do nacionalismo começaram a se abater no coração do continente, na Europa central. No Reino dos Sérvios, Croatas e Eslovenos – uma nação criada em 1918, com o príncipe sérvio Alexander como rei desde 1921 –, uma tentativa foi feita para superar as rivalidades nacionais e étnicas. Divisões amargas entre os sérvios e croatas chegaram ao auge em 1928, quando o líder da oposição croata, Stjepan Radić, foi alvejado e morto no parlamento em Belgrado durante uma discussão inflamada. Com o país caindo no caos, Alexander se nomeou governante único em 6 de janeiro de 1929. No que seria chamado de "Ditadura do 6 de Janeiro", Alexander declarou as nacionalidades irrelevantes, dividiu o país em nove regiões e mudou seu nome para Iugoslávia – como ficou até o colapso do país nos anos 1990.

Mais ao sul, a Grécia democrática oscilou com dificuldades entre ditadura, república e monarquia, sucumbindo, por fim, à liderança totalitária do general Ioannis Metaxas em 1936.

Nazismo e antissemitismo

Para ajudar a economia em crise de seu país, o chanceler austríaco Johannes Schober buscou com sucesso um corte nas reparações devidas à Tchecoslováquia e à Iugoslávia por terem sido exploradas pelo Império dos Habsburgo. Pouco depois, em setembro de 1930, a Heimwehr – uma milícia de direita que espelhava os camisas-pardas da Alemanha – tomou o governo e começou a reprimir toda oposição. Nas eleições de novembro daquele ano, embora os eleitores austríacos tenham rejeitado a Heimwehr e levado os socialistas ao poder, isso só representou um alívio temporário para os democratas. Quando Hitler

> Fascismo, nazismo e stalinismo são a culminância da alienação.
> **Erich Fromm**
> Filósofo nascido na Alemanha
> (1900-1980)

subiu ao poder na Alemanha, os nazistas ganharam crescente influência na Áustria. No verão de 1933, a suástica, que tinha sido banida, flamejou livre em Viena e os simpatizantes do nazismo marcharam pelas ruas. Em 1938, a Áustria já se tornara parte da Alemanha nazista.

Enquanto isso – instigadas, sem dúvida, pelo nazismo e pela onda geral de racismo –, ideias antissemitas ganharam popularidade em países como Hungria e Romênia, onde a Guarda de Ferro foi criada pelo carismático político fascista Corneliu Codreanu. Embora ainda fosse um partido minoritário em 1930, a violência da Guarda de Ferro contra os judeus era extrema. Em meados dos anos 1930, unida a outros partidos de ultradireita, exigiu a eliminação dos judeus e húngaros da vida pública romena. De modo similar, aqueles com ideias comunistas foram presos.

Na Grã-Bretanha, Sir Oswald Mosley – apoiado pelo barão da

A saudação fascista – baseada num suposto costume romano – foi adotada pelos partidos de extrema-direita europeus, como na Romênia totalitária, aqui em foto de 1938.

AS SEMENTES DA GUERRA

O Exército Vermelho desfila em 1º de maio de 1938 na Praça Vermelha em Moscou, mostrando o poderio do comunismo, tão temido pelos políticos europeus.

imprensa Lorde Rothermere – formou a União Britânica de Fascistas e sua força uniformizada, os camisas-negras. Mas apesar de alguma simpatia do sistema pelo fascismo e da admiração por Hitler, havia séria oposição pública. Em outubro de 1936, manifestantes antifascistas – sindicalistas, comunistas, anarquistas, judeus britânicos, doqueiros irlandeses e socialistas – se chocaram com a polícia em uma marcha fascista em Londres. A Batalha de Cable Street foi vista como a derrota do fascismo britânico; o uso de uniformes políticos em público logo foi proibido.

Repressão comunista

O fascismo se revelou apenas um lado da política extremista que prosperou entre as guerras. Na Rússia, Josef Stalin consolidou seu poder criando um sistema comunista que era tão violento e totalitário quanto o de Hitler. Usando a *Cheka* – agência de segurança bolchevique – e a NKVD (polícia secreta), Stalin não só eliminou de modo brutal seus opositores, muitos deles mandados para gulags, executados ou simplesmente assassinados, como conduziu uma das mais horríveis campanhas de repressão da história.

Em 1929, Stalin lançou a deskulakização, um programa que envolvia a remoção de *kulaks* ("camponeses") prósperos do campo para abrir espaço para fazendas coletivas. Os *kulaks* eram fuzilados ou presos pela polícia política secreta local, mandados para a Sibéria, o norte, os Urais ou o Cazaquistão após o confisco de seus bens, ou expulsos de suas casas e usados em colônias de trabalho em seu próprio distrito. Essa repressão brutal é hoje vista como genocídio; devido a ela, acredita-se que mais de 5 milhões de cidadãos soviéticos tenham morrido.

Enquanto a guerra espreitava no fim dos anos 1930, a democracia pendia por um fio sobre o mundo, atacada pelo fascismo, pelo comunismo e outras formas de política extremista. ∎

Charles Lindbergh

O simpático herói americano Charles Lindbergh (1902-1974) ficou famoso em 1927 ao fazer o primeiro voo solo sem paradas através do Atlântico, entre Nova York e Paris. Sua fama aumentou, tragicamente, quando seu filho de dois anos foi raptado e assassinado, cinco anos depois.

Em 1938, o governo dos EUA pediu a Lindbergh que desse uma volta pela Alemanha para inspecionar sua crescente frota aérea. Lá, ele caiu sob o feitiço do nazismo. Apenas algumas semanas antes da Noite dos Cristais ele recebeu uma medalha especial de Hermann Göring. Depois disso, tornou-se defensor de Hitler, afirmando que ele "obtivera resultados (bons, além de ruins) que dificilmente poderiam ser alcançados sem algum fanatismo".

Lindbergh tornou-se profundamente antissemita e, em 1941, atacou com fervor o programa Empréstimo-Arrendamento de ajuda dos EUA aos Aliados. Ele afirmava que a guerra era culpa dos judeus e que "o maior perigo [para os EUA] está em serem deles ou estarem sob sua influência grande parte de nosso cinema, nossa imprensa, nosso rádio e nosso governo".

NÃO HAVERÁ COMUNISMO
A GUERRA CIVIL ESPANHOLA (1936-1939)

EM CONTEXTO

FOCO
Totalitarismo

ANTES
1922 Mussolini ganha poder na Itália. Ele descreve seu Estado fascista como totalitário – onde as liberdades individuais são subordinadas ao Estado.

1923-1930 O general Miguel Primo de Rivera se torna o primeiro ditador espanhol, apoiado pelos militares e pelo rei.

1928 Na URSS, Stalin implanta o controle do Estado sobre agricultura e indústria, no primeiro de seus planos quinquenais.

DEPOIS
1975 Franco morre. Seu sucessor, o rei Juan Carlos I, lidera a transição para a democracia na Espanha.

1989 Cai o Muro de Berlim, entre Berlim Oriental e Ocidental, levando ao colapso do totalitarismo na Europa oriental.

A Guerra Civil Espanhola começou em 18 de julho de 1936, quando oficiais militares de direita se sublevaram para derrubar o governo republicano espanhol, uma coalizão de tendência esquerdista chamada Frente Popular. Um dos rebeldes, o general Francisco Franco, em transmissão das Ilhas Canárias, convocou todos os oficiais do exército a se unirem a essa rebelião "nacionalista". Começando no Marrocos, com o "Exército da África", os nacionalistas logo tomaram grande parte do norte da Espanha e algumas cidades do sul, entre elas Sevilha. Franco afirmava que o golpe era uma luta contra o comunismo.

Na eleição geral espanhola de 1931, a maioria da população votara

Combatentes voluntários marcham em defesa da República Espanhola em 1936. Mais de mil mulheres lutaram em milícias e milhares serviram em funções de apoio.

AS SEMENTES DA GUERRA

Ver também: A Itália e a emergência do fascismo 22-23 ▪ Ascensão dos nazistas 24-29 ▪ Ditadores e democracias frágeis na Europa 34-39 ▪ Fracasso da Liga das Nações 50 ▪ A Blitz 98-99

---

pela abolição da monarquia e criação de uma república liberal, mas o novo governo de esquerda logo teve problemas. Seu ambicioso programa de reformas decepcionou não só a elite tradicional, que temia o comunismo, como todas as pessoas dos redutos conservadores, muitas das quais rejeitavam os ataques do governo à Igreja Católica. O impacto da Grande Depressão também tornou inviáveis as reformas propostas.

Novas eleições em 1933 devolveram o poder à direita. Dois anos depois, após esmagar uma revolta socialista no norte da Espanha, Franco foi nomeado chefe do exército. Outras eleições, em 1936, reinstalaram a coalizão republicana Frente Popular, levando a um golpe militar cinco meses depois.

An international civil war

Franco unificou a direita sob a Falange, o partido fascista espanhol, e recebeu apoio militar de Mussolini e Hitler, que ofereceram os serviços da Legião Condor, uma unidade da Luftwaffe (Força Aérea alemã). Enquanto os nacionalistas se uniam e avançavam pela Espanha, os republicanos começaram a se dividir em facções, de liberais moderados a comunistas e anarquistas, com conflitos armados irrompendo entre eles. Em Barcelona, trabalhadores anarquistas lançaram até sua própria revolução, convertendo o Hotel Ritz em uma cantina de operários.

Os republicanos foram ajudados pela URSS, que mandou armas, e milhares de idealistas de muitos países se uniram na Brigada Internacional, pelo lado republicano, entre eles o escritor britânico George Orwell. Outros, como o escritor americano Ernest Hemingway, forneceram poderosos testemunhos como correspondentes estrangeiros.

Centenas de milhares de civis morreram nessa guerra, em geral executados ou em ataques a bomba, como os bombardeios de saturação, uma nova técnica em teste pela Legião Condor. Quando Picasso foi incumbido de criar uma obra de arte para a Feira Mundial de 1937 em Paris, pintou *Guernica*, mostrando a cidade basca destruída naquele ano, na primeira campanha de bombardeio aéreo sobre civis na Europa.

A queda de Madri

Madri resistiu aos primeiros ataques dos nacionalistas, ajudada pela Brigada Internacional. Porém, um cerco de 28 meses desde outubro de 1936 fez a cidade congelar, ficar sem alimentos e praticamente sem defesas. Em 28 de março de 1939, 200 mil soldados nacionalistas marcharam sobre a cidade. O governo republicano já tinha fugido para a França, mas milhares de apoiadores republicanos que tinham ficado na capital foram executados. Franco triunfou e se tornou o governante absoluto da Espanha pelos 36 anos seguintes. ■

> A guerra civil irrompe entre **republicanos de esquerda** e **nacionalistas de direita**.

> Os republicanos se **dividem em diversas facções**, com interesses conflitantes e sem um líder geral.

> Franco **une os interesses da direita** sob a bandeira comum do fascismo.

> A URSS fornece **armas inferiores**.

> Outros regimes fascistas mandam ajuda militar, inclusive **poder aéreo**.

> **Os nacionalistas vencem a guerra e o fascismo se fortalece na Europa.**

Nos empenhamos em formar uma só frente nacional [...] contra Moscou e as sociedades marxistas.
Francisco Franco

PARA TORNAR A NAÇÃO LIVRE, TEMOS DE SACRIFICAR A LIBERDADE
TUMULTO NA CHINA (1919-1937)

EM CONTEXTO

FOCO
Facções em conflito na China

ANTES
1899 A Revolta dos Boxers busca, por dois anos, livrar a China da influência estrangeira.

1912 Um levante força o último imperador da China, Puyi, de seis anos, a abdicar. Sun Yat-sen se torna o primeiro presidente chinês, mas é obrigado a ceder lugar ao general Yuan.

DEPOIS
1949 Chiang Kai-shek é exilado em Taiwan e Mao Tse-tung assume como líder da comunista República Popular da China.

1966-1976 A Revolução Cultural de Mao elimina elementos contrarrevolucionários, forçando capitalistas e intelectuais a se tornarem trabalhadores braçais.

1976 Morre Mao Tse-tung.

Depois que o último imperador da China, Puyi, abdicou, em 1912, uma divisão profunda se criou no país entre republicanos liderados por Sun Yat-sen e seu Kuomintang (KMT ou "Partido Nacionalista") e a facção militar chefiada pelo general Yuan Shikai. Essas diferenças internas foram exploradas pelos japoneses, que aproveitaram a preocupação do Ocidente com a Primeira Guerra Mundial para dominar a China e praticamente torná-la um protetorado.

Esperanças frustradas
Quando o general Yuan morreu em 1919, muitos jovens chineses

Se o imperialismo não for banido do país, a China sucumbirá como nação.
Chiang Kai-shek

esperavam que o Ocidente, redesenhando o mundo na Conferência de Paz de Paris após a Primeira Guerra, pressionasse o Japão a abandonar o controle da China. Em vez disso, a França e os EUA retiraram seu apoio da China, tendo já assinado pactos com o Japão. Motivados por sentimentos de traição, 3 mil estudantes da Universidade de Pequim tomaram as ruas em protesto, em 4 de maio de 1919. As autoridades de Pequim reprimiram os manifestantes, causando uma onda de mais protestos pelo país.

Inspirados nos eventos revolucionários na Rússia, alguns jovens dissidentes – entre eles, Mao Tse-tung e Zhou Enlai – uniram-se para criar o Partido Comunista Chinês (PCCH), em 1921. Mas antes que uma revolução das massas pudesse ocorrer, o PCCH teria de derrotar os senhores da guerra, militares do norte que seguiam o general Yuan e, para isso, juntou-se a Sun Yat-sen e ao KMT. Quando Sun Yat-sen morreu, em 1925, foi sucedido por seu cunhado, o jovem chefe militar Chiang Kai-shek.

Comunismo em marcha
Em 1928, os senhores da guerra já tinham sido derrotados e Chiang se

AS SEMENTES DA GUERRA

Ver também: Paz imperfeita 20-21 ▪ O Japão em marcha 44-45 ▪ Fracasso da Liga das Nações 50 ▪ O dilema do Japão 137 ▪ China e Japão na guerra 250-53

A República Chinesa é **controlada** pelo general Yuan Shikai com o apoio de **senhores da guerra**.

⬇

Após a morte de Yuan, o KMT e o PCCH **se aliam** para derrotar os senhores da guerra.

⬇

Após a vitória conjunta, o KMT e o PCCH **lutam um contra o outro**.

⬇

O forte ataque do KMT força o PCCH a fazer a **Longa Marcha** em 1934-1935.

⬇

O PCCH foge para a segurança, depois se alia ao KMT de novo para combater o Japão numa malsucedida **"Frente Unida"**.

O Japão imperial é um **inimigo constante** da China.

⬇

O Japão lança uma **nova ofensiva** contra a China em 1937.

Mao Tse-tung (dir.) e membros do Exército Vermelho empreendem a Longa Marcha. Cerca de 80 mil comunistas fizeram a árdua jornada de 368 dias.

ponto fraco nas linhas do KMT, o Exército Vermelho iniciou uma jornada de 9.500 km pelas montanhas – uma façanha que seria chamada de Longa Marcha. Quando alcançou sua base no norte, em Shaanxi, um ano depois, o Exército Vermelho tinha perdido três quartos de suas forças por frio, fome e deserções. Mas o feito heroico valeu ao PCCH o respeito de muitos chineses e tornou Mao o indiscutível líder dos comunistas.

O Japão intervém

Mais uma vez os japoneses aproveitaram as divisões chinesas e atacaram Pequim em julho de 1937. Chiang insistia que a prioridade era derrotar os comunistas, mas seus subordinados discordaram e o forçaram a se aliar ao PCCH, em uma "Frente Unida" contra o Japão. Mas mesmo essa coalizão não era páreo para as Forças Armadas japonesas, que logo tomaram o leste da China, deixando a Frente Unida em frangalhos. ∎

---

instalara como líder da república, um posto que ocupou até 1975 – primeiro na China e depois em Taiwan, onde viveu no exílio a partir de 1949. Desde o início, Chiang se chocou com o PCCH, que julgava o KMT elitista. Mesmo antes de ele ser presidente, uma greve fabril organizada pelo PCCH em Xangai, em 1927, foi reprimida com tanta violência pelas tropas de Chiang, que 5 mil operários e comunistas morreram, no evento conhecido como Massacre de Xangai. Mao se retirou no campo para mobilizar os camponeses, que sentia serem essenciais à revolução. Ele criou o Exército Vermelho de camponeses na província de Jiangxi, no leste chinês, e fazia ataques de guerrilha a partir da fortaleza das montanhas.

Em 1934, o exército do KMT de Chiang sitiou o mal equipado Exército Vermelho nas montanhas Jianggang Shan. Rompendo um

A EXPANSÃO É O DESTINO DO POVO JAPONÊS
O JAPÃO EM MARCHA (1931-1941)

EM CONTEXTO

FOCO
Expansão japonesa

ANTES
1895 O Japão derrota a China na Primeira Guerra Sino-Japonesa.

1904-1905 O Japão derrota a Rússia em terra e no mar: a primeira vitória asiática sobre uma potência europeia nos tempos modernos.

1919 Na Conferência de Paz de Paris, os EUA vetam a proposta japonesa de reconhecimento internacional do princípio de igualdade racial.

1933 O Japão deixa a Liga das Nações após ser condenado como agressor por ocupar a Manchúria.

DEPOIS
Julho de 1941 A França de Vichy permite a tropas japonesas ocupar o sul da Indochina.

7-8 dez 1941 Forças japonesas atacam a base dos EUA em Pearl Harbor e invadem o sudeste asiático.

No século XIX, o Japão adotou a organização militar e a tecnologia ocidentais, preservando ou reinventando tradições japonesas como o culto ao imperador e a ética guerreira samurai. Na Primeira Guerra, já era uma potência regional dominante, governando a Coreia e Formosa (Taiwan) como posses coloniais. Mas os nacionalistas japoneses militantes não estavam satisfeitos com um lugar subalterno num mundo dominado por brancos. Aspiravam a criar um império asiático que fosse reconhecido como igual pelo Ocidente.

As condições caóticas na China deram aos nacionalistas do exército japonês a chance de agir. Em 1931, uma explosão, supostamente detonada por nacionalistas chineses, destruiu parte de uma ferrovia dos japoneses na cidade de Mukden, na Manchúria, no nordeste da China. Em reação ao "Incidente de Mukden", tropas japonesas ocuparam a região.

Essa ocupação não foi ordenada pelo governo civil do Japão, mas por oficiais nacionalistas extremistas do exército, que ao longo dos anos 1930 cometeram uma série de assassinatos e tentativas de golpe em Tóquio, os

---

Os nacionalistas japoneses **buscam criar um império** na Ásia. → A **China está desunida** e desorganizada.

A **colônias europeias** na Ásia estão enfraquecidas. ← Tropas japonesas **invadem a China**.

O Japão planeja se expandir para o sudeste asiático.

AS SEMENTES DA GUERRA

Ver também: O dilema do Japão 137 ▪ O ataque japonês a Pearl Harbor 138-45 ▪ Avanços japoneses 154-57 ▪ China e Japão na guerra 250-53

O corpo de um menininho [...] tinha quatro golpes de baioneta [...]. Um homem não pode se calar ante esse tipo de crueldade!
John Rabe
Testemunha do massacre de Nanquim

quais dissuadiram a resistência civil de suas ambições expansionistas.

Ambição crescente

O exército do Japão continuou a invadir terras chinesas até um confronto militar perto de Pequim, em julho de 1937, fornecer o pretexto para uma invasão total e para a Segunda Guerra Sino-Japonesa. Após lutas encarniçadas em Xangai, o governo chinês e as forças comunistas, que tinham posto de lado sua própria guerra civil para formar uma Frente Unida, tiveram de recuar. Após a queda de Nanquim, capital da China, em dezembro, ocorreram semanas de massacres e estupros em que milhares de civis chineses morreram. Relatos de missionários americanos colocaram a opinião dos EUA contra o Japão.

As forças japonesas tomaram controle de grande parte do leste da China e as forças chinesas recuaram para o sudoeste. Líderes militares

japoneses, como o general Tojo Hideki, planejavam uma expansão maior. Incursões no norte da Ásia foram bloqueadas quando forças soviéticas derrotaram os japoneses na Mongólia no verão de 1939, mas colônias britânicas, francesas e holandesas no sudeste asiático estavam vulneráveis ao ataque. Ricas em recursos, podiam fornecer matérias-primas industriais, alimentos e combustíveis de que o Japão precisava para autossuficiência.

Em junho de 1940, o Japão anunciou a meta de criar uma Esfera de Coprosperidade da Grande Ásia Oriental que uniria as nações asiáticas, livres do imperialismo ocidental, sob sua liderança. Em setembro daquele ano, tropas japonesas invadiram o norte da Indochina Francesa e o Japão assinou um pacto com a Alemanha nazista e a Itália fascista, afastando mais os EUA, que já apoiavam abertamente a China.

Os EUA responderam à pressão japonesa no sudeste asiático com restrições comerciais. Na primavera de 1941, porém, os dois países estavam envolvidos em negociações não oficiais para evitar o risco crescente de guerra. ∎

Soldados japoneses escalam um muro do porto do distrito de Hongkou, na Batalha de Xangai, em 1937 – um dos eventos mais violentos da guerra contra a China.

General Tojo Hideki

Tojo Hideki nasceu em uma família de samurais de baixo escalão em 1884. Esforçado e competente, fez carreira na burocracia militar do Japão, subindo ao posto de general em 1934. Tojo não se alinhava com os nacionalistas extremistas que se opunham ao governo civil e ajudou a reprimir um levante de oficiais descontentes em Tóquio, em 1936. Porém, acreditava com ardor na criação de um império japonês na Ásia.

Nomeado ministro da guerra em julho de 1940, Tojo apoiou a aliança com a Alemanha nazista e, como primeiro-ministro a partir de outubro de 1941, levou o Japão à guerra contra os EUA.

Em 1942, Tojo exercia poder quase ditatorial como chefe do governo e do exército, antes de uma série de derrotas japonesas o desacreditarem. Em julho de 1944, foi demitido das funções.

No fim da guerra, Tojo foi preso pelos americanos e julgado por crimes de guerra pelo Tribunal Militar Internacional para o Extremo Oriente. Após a rendição do Japão em 1945 tentou, sem sucesso, se matar com um tiro, e foi enforcado como criminoso de guerra em 1948.

EXIGIMOS TERRAS E TERRITÓRIO
A EXPANSÃO ALEMÃ (1935-1939)

EM CONTEXTO

FOCO
Grande Alemanha

ANTES
1742 O rei da Prússia, Frederico, o Grande, anexa grande parte da Polônia, onde instala famílias alemãs e veta o uso da língua polonesa.

1919 Sob o Tratado de Versalhes, a Alemanha é forçada a ceder a Alsácia-Lorena, o Sarre e outros territórios a seus vizinhos.

1925 Em seu manifesto político *Mein Kampf*, Hitler delineia sua doutrina de *Lebensraum* e os planos de expansão alemã.

DEPOIS
1939 A Alemanha invade a Polônia. Grã-Bretanha e França declaram guerra à Alemanha.

1945 Na Conferência de Potsdam, a Alemanha é reduzida às atuais fronteiras e dividida em duas partes: Oriental e Ocidental.

Quando Hitler chegou ao poder em 1933, estava decidido a recuperar todo o território que a Alemanha tinha perdido pelo Tratado de Versalhes. Ele queria unir todos os povos falantes de alemão sob um estado-nação chamado *Grossdeutschland* ("Grande Alemanha") e expandir a Alemanha para leste, para dar a seu povo *Lebensraum* ("espaço vital"). A doutrina de *Lebensraum* de Hitler se baseava em sua crença de que "raças inferiores" – como os eslavos da Europa oriental, a quem ele desprezava como preguiçosos – deviam dar lugar a "raças superiores".

Uma vez instalado como líder alemão, Hitler iniciou a expansão da Alemanha com velocidade espantosa. Após rearmar o país e reintroduzir o alistamento militar, violando o Tratado de Versalhes, Hitler ocupou a desmilitarizada Renânia em 1936 e manipulou um referendo para legitimar a ocupação. Outro referendo, poucos meses antes, havia também reunido a

Soldados alemães cruzam o rio Reno em direção à cidade de Mainz, na desmilitarizada Renânia. Em uma direta afronta ao Tratado de Versalhes, 32.000 tropas entraram na região.

AS SEMENTES DA GUERRA

Ver também: Paz imperfeita 20-21 ▪ Fracasso da Liga das Nações 50 ▪ Apaziguando Hitler 51 ▪ A Europa à beira do abismo 56-57 ▪ A destruição da Polônia 58-63 ▪ A Europa nazista 168-71 ▪ A Alemanha e a guerra real 188-91

Os que têm o mesmo sangue pertencem ao mesmo Reich.
Adolf Hitler
Faixa no Loos Haus,
um edifício público em Viena

Alemanha com a região do Sarre controlada pela França. A Grã-Bretanha e a França condenaram a Alemanha, mas políticos britânicos, preocupados com o perigo crescente de guerra, foram contra a intervenção armada e adotaram uma política de apaziguamento.

O *Anschluss*
Dois anos depois, Hitler reverteu outra parte do Tratado de Versalhes ao anexar a Áustria, no que chamou de *Anschluss* – unificação de Alemanha e Áustria. Ele começou fazendo exigências de longo alcance ao chanceler austríaco, Kurt von Schuschnigg: que todos os nazistas austríacos fossem libertados da prisão; que dois dos principais nazistas austríacos se tornassem ministros do Interior e da Defesa; e que a Alemanha absorvesse a economia da Áustria.

Quando Schuschnigg convocou um referendo sobre a união com a Alemanha, tropas alemãs marcharam sobre a Áustria e tomaram o país. Um segundo referendo foi manipulado pelos nazistas para mostrar que mais de 99% dos austríacos eram a favor do *Anschluss*. Sem o apoio de uma Liga das Nações eficaz, a organização criada após a Primeira Guerra para manter a paz global, a França e a Grã-Bretanha pouco podiam fazer além de protestar debilmente.

Ocupação forçada
Fortalecido, Hitler se voltou para a Tchecoslováquia. Aproveitando o fato de que os Sudetos, na Tchecoslováquia, tinham uma considerável população alemã, Hitler coagiu os Aliados ocidentais a aceitarem a tomada dessa região sob o Acordo de Munique, de setembro de 1938, sem a participação dos tchecos. Seis meses depois, tropas alemãs ocuparam toda a Tchecoslováquia, estabelecendo o "Protetorado da Boêmia e Morávia" e tornando a Eslováquia um satélite alemão. Também avançaram sobre Memel, na Lituânia, que a Alemanha perdera em Versalhes. De novo, os lituanos não tiveram opção senão aceitar.

Ficou claro, afinal, que o apaziguamento não funcionaria e os britânicos concordaram em proteger a Polônia da agressão alemã. Os dados estavam lançados para a Segunda Guerra Mundial. ∎

A SELVAGERIA TRIUNFANTE
A NOITE DOS CRISTAIS (1938)

EM CONTEXTO

FOCO
Antissemitismo

ANTES
1348-51 Judeus em toda a Europa são acusados de causar a Peste Negra envenenando poços; milhares são mortos.

1881-1884 Pogroms obrigam 2 milhões de judeus a migrarem de suas casas no sul da Rússia.

1935-1936 Judeus alemães são despojados de sua cidadania, negócios e bens.

DEPOIS
1939 Mais de metade dos judeus da Alemanha fogem do país antes da eclosão da Segunda Guerra Mundial.

1950 A Lei do Retorno permite a judeus de qualquer país morar no recém-criado Estado de Israel.

1952 Treze escritores, poetas, atores e outros intelectuais judeus são mortos na "Noite dos Poetas Assassinados", na prisão de Lubianka, em Moscou.

Na noite de 9 para 10 de novembro de 1938, apoiadores do nazismo atacaram pessoas judias e suas propriedades na Alemanha e na Áustria, em uma onda de destruição desenfreada. O evento foi chamado de Noite dos Cristais (*Kristallnacht*, em alemão), devido aos montes de vidro espalhados pelas ruas – as janelas estilhaçadas de milhares de sinagogas e lojas judaicas.

Ataques a pessoas judias vinham escalando desde que Hitler chegara ao poder, em 1933, e seus direitos foram gradualmente sendo erodidos. Os judeus foram despojados da cidadania; não podiam ser funcionários públicos nem se casar ou ter relações sexuais com alemães considerados arianos. Mas a Noite dos Cristais foi o primeiro ataque nazista organizado.

O pretexto para o ataque foi a morte a tiros do diplomata alemão

---

O **antissemitismo** tem uma **longa história** na Europa.

Hitler **obtém apoio popular culpando os judeus alemães** pelos males da República de Weimar.

Os apoiadores do nazismo **atacam a população judaica**, destruindo vidas e propriedades.

Os nazistas **culpam as pessoas judias** pela perseguição delas mesmas.

AS SEMENTES DA GUERRA

Ver também: Ascensão dos nazistas 24-29 ▪ Massacres nazistas 136 ▪ O Holocausto 172-77 ▪ Movimentos de resistência 226-31 ▪ O Levante do Gueto de Varsóvia 242-43 ▪ Os Tribunais de Nuremberg e a desnazificação 318-19

Ernst von Rath pelo estudante judeu polonês Herschel Grynszpan, de 17 anos, em Paris, em 7 de novembro. O jovem estava se vingando da expulsão de seus pais de Hanover para a Polônia. Aproveitando para inflamar os ânimos dos apoiadores do nazismo, Joseph Goebbels, ministro da Propaganda e Esclarecimento Público de Hitler, conclamou as pessoas a agirem com represálias contra o povo judeu. A ordem foi emitida de Munique, onde ele e Hitler celebravam o aniversário do Putsch da Cervejaria de Munique de 1923, golpe fracassado de Hitler contra a República de Weimar.

Violência desenfreada

A violência orquestrada foi apresentada como "atos espontâneos de indignação", mas o chefe da Gestapo tinha dito à polícia que não interferisse e as brigadas de incêndio haviam sido avisadas para não responder a menos que propriedades de arianos fossem ameaçadas. Por quase dois dias e noites, em cidades por toda a Alemanha, mais de mil sinagogas foram queimadas, mais de 7 mil negócios judaicos arrasados e muitas centenas de casas e escolas saqueadas. Quase cem judeus foram assassinados.

Não houve punições ou represálias contra os agressores. Em vez disso, a Gestapo prendeu 30 mil homens e meninos judeus e teve de ampliar os campos de concentração para acomodá-los. As autoridades culparam os próprios judeus pelos danos, e multaram a comunidade judaica em 1 bilhão de marcos do Reich (mais de 7 bilhões de dólares hoje), a serem pagos por todos os contribuintes judeus em prestações trimestrais.

Perseguição persistente

Alguns dias após a Noite dos Cristais, os judeus foram banidos das escolas e, em um mês, de todos os espaços públicos. Vários outros decretos e leis antijudaicos entraram em vigor. Apesar de centenas terem morrido, a maioria dos presos em campos de concentração logo foi liberada – sob condição de deixar a

Chamas envolvem uma sinagoga em Munique na Noite dos Cristais. Após esse evento, ficou quase impossível aos judeus realizarem cerimônias religiosas em público.

Alemanha de imediato. A maioria dos judeus com passaporte já estava saindo do país, percebendo que tinha pouco futuro ali.

A Noite dos Cristais provocou indignação no mundo todo, mas o presidente Roosevelt foi o único a retirar seu embaixador da Alemanha. Alguns países começaram a receber refugiados judeus. Na Grã-Bretanha, o esquema do Kindertransport resgatou da Alemanha e de territórios anexados por ela, entre 1938 e 1940, milhares de crianças judias desacompanhadas. Embora o horror que se desenrolava na Alemanha estivesse à vista, a maioria dos judeus no país foi deixada a seu destino – a chocante "Solução Final" que Hitler estava concebendo. ∎

Nunca pensamos que os alemães apoiariam e não fariam nada a respeito daquilo.
Margot Friedlander (nascida Bendheim)
Testemunha judaica

HOJE SOMOS NÓS. AMANHÃ SERÃO VOCÊS
FRACASSO DA LIGA DAS NAÇÕES (ANOS 1930)

EM CONTEXTO

FOCO
Cooperação internacional

ANTES
1899 É instalada em Haia a Corte Permanente de Arbitragem, o primeiro organismo multilateral para tratar de disputas internacionais e definir condutas na guerra.

1919 Na Conferência de Paz de Paris, as potências vitoriosas na Primeira Guerra criam a Liga das Nações.

1920 A Liga das Nações instala a Corte Permanente de Justiça Internacional (CPJI).

DEPOIS
1944 Na Conferência de Bretton Woods, nos EUA, os Aliados propõem a criação do Fundo Monetário Internacional (FMI) e do Banco Mundial.

1945 Os Aliados instituem as Nações Unidas, que substitui a Liga das Nações em 1946.

Uma prioridade do Tratado de Versalhes de 1919 era evitar que uma guerra global ocorresse de novo. A Liga das Nações foi criada para "promover a cooperação internacional e alcançar a paz e a segurança". Ela resolveria disputas entre países antes que irrompessem em guerra aberta.

Gestos ineficazes
Embora a proposta da Liga das Nações tenha sido liderada pelo presidente americano Woodrow Wilson, o Congresso dos EUA, vinculado a um ideal isolacionista do século XIX, recusou-se a votar pela participação do país. Sem os EUA, as resoluções da Liga pareciam ser apenas gestos simbólicos. Mais ainda, a Liga não tinha Forças Armadas para dar eficácia às suas decisões.

De início, a Liga teve algum sucesso, como ao intervir nas disputas entre Polônia e Lituânia nos anos 1920, mas quando ditaduras criadoras de impérios surgiram nos anos 1930, sua fraqueza ficou exposta. Hitler retirou a Alemanha da Liga em 1932 e o Japão saiu no ano seguinte, após a Liga se opor à invasão da Manchúria, na China. A Liga também foi contra a invasão da Etiópia por Mussolini em 1935, mas franceses e britânicos já tinham concordado em segredo com ela.

Quando Hitler ameaçou, em 1938, invadir os Sudetos, uma região de etnia alemã na Tchecoslováquia, a Liga foi incapaz de interferir devido à política britânica e francesa de apaziguamento. ■

O imperador Haile Selassie da Etiópia (de barba; segundo à esq.) participa de reunião da Liga das Nações em 1936 para protestar contra o seu fracasso em proteger o país da invasão pela Itália.

Ver também: Paz imperfeita 20-21 ■ A Itália e a emergência do fascismo 22-23 ■ Ditadores e democracias frágeis na Europa 34-39 ■ A expansão alemã 46-47

AS SEMENTES DA GUERRA

PAZ PARA NOSSO TEMPO
APAZIGUANDO HITLER (1938-39)

EM CONTEXTO

FOCO
Prelúdio à guerra

ANTES
1620 Após a Batalha da Montanha Branca, a Boêmia ocidental, depois chamada Sudetos, é submetida ao Império Austríaco e colonizada por falantes de alemão.

1919 O Tratado de Saint-Germain coloca os Sudetos sob domínio tchecoslovaco.

1936 Tropas de Hitler invadem a Renânia, violando o Tratado de Versalhes.

DEPOIS
1945 A Tchecoslováquia se torna parte do Bloco Oriental – grupo de Estados comunistas sob controle da URSS.

1989 A Revolução de Veludo, em Praga, encerra o domínio comunista.

1993 A Tchecoslováquia se divide nos Estados independentes da República Tcheca e da Eslováquia.

Em 1938, o primeiro-ministro britânico Neville Chamberlain fez três viagens para se reunir com Hitler na tentativa de definir o destino dos Sudetos, na Tchecoslováquia. Hitler queria incorporar ao Reich essa região, que contava com 3 milhões de pessoas de etnia alemã, e ameaçou invadir a Tchecoslováquia se suas exigências não fossem atendidas. O primeiro-ministro tcheco Edvard Benes buscou proteção para seu país entre britânicos e franceses, mas a política deles era apaziguar Hitler para evitar a guerra. Chamberlain e o premier francês Edouard Daladier cederam às demandas de Hitler e prometeram pressionar os tchecos a aceitar.

Em 30 de setembro, multidões foram ao desembarque de Chamberlain de sua terceira viagem a Munique. Agitando um pedaço de papel, ele declarou: "Hoje de manhã tive outra conversa com o chanceler alemão, Herr Hitler, e eis o papel com sua assinatura." O acordo, ele disse, traria "paz para nosso tempo". No dia seguinte, tropas nazistas ocuparam os Sudetos. Logo ficou claro que o sacrifício dos Sudetos não contivera a expansão alemã, mas algumas pessoas ainda defendiam o apaziguamento. Em maio de 1939, Joseph P. Kennedy, embaixador dos EUA em Londres, tentou mediar um acordo com oficiais alemães, oferecendo empréstimos de ouro em troca de pactos de não agressão. Washington logo vetou o plano e ninguém sabe se Hitler chegou a saber dele. ■

Se vocês sacrificaram minha nação para preservar a paz do mundo, serei o primeiro a aplaudi-los. Mas se não, senhores, Deus ajude suas almas.
Jan Masaryk
Ministro do Exterior tcheco

Ver também: Paz imperfeita 20-21 ■ Ascensão dos nazistas 24-29 ■ Criação do Estado nazista 30-33 ■ A expansão alemã 46-47 ■ A Europa à beira do abismo 56-57

A EUROP GUERRA
1939-40

A VAI À

INTRODUÇÃO

23 AGO 1939 ↑ Alemanha e URSS assinam um **pacto de não agressão** secreto e ajustam a **partilha da Polônia** entre eles.

14 OUT 1939 ↑ O **encouraçado britânico** HMS *Royal Oak* é afundado por um U-Boot (submarino) alemão em sua base em **Scapa Flow**, na Escócia – um golpe para o prestígio naval britânico.

17 DEZ 1939 ↑ O capitão alemão Hans Langsdorff, comandante do *Graf Spee*, **afunda** seu barco em vez de **travar uma batalha** contra o que acredita serem **forças superiores britânicas**.

13 ABR 1940 ↑ **Navios de guerra da Marinha Real Britânica** afundam oito **destróieres alemães** no fiorde de Narvik, na Noruega – um dos poucos sucessos Aliados na campanha norueguesa.

1 SET 1939 ↓ A **Alemanha invade a Polônia**. Dois dias depois, **Grã-Bretanha e França**, que têm um pacto de defesa com a Polônia, **declaram guerra à Alemanha**.

30 NOV 1939 ↓ O **Exército Vermelho** da URSS **invade a Finlândia**, mas seu avanço é lento contra as posições defensivas finlandesas. Helsinki é bombardeada pela Força Aérea Vermelha.

16 FEV 1940 ↓ Violando a lei internacional, o destróier britânico HMS *Cossack* adentra águas norueguesas e liberta **299 prisioneiros britânicos** do navio-tanque alemão *Altmark*.

10 MAI 1940 ↓ As **Forças Armadas alemãs** lançam sua grande **ofensiva no oeste**, encabeçada por dez divisões mecanizadas do exército alemão.

Nos dois primeiros anos, a Segunda Guerra Mundial não foi um conflito global. Para muitos historiadores, foi uma continuação da Primeira Guerra, a culminação da luta do século XIX "pelo domínio da Europa". Nessa fase da guerra, a Alemanha estava em ascensão, com os Aliados, liderados por Grã-Bretanha e França, sofrendo repetidos reveses políticos e militares.

Primeiros dias

Em 1º de setembro de 1939, Hitler invadiu a Polônia, e a Grã-Bretanha e a França declararam guerra à Alemanha. A rapidez da conquista da Polônia por Hitler tomou o mundo de surpresa. Em menos de um mês, o exército polonês foi destruído e, sob os termos do pacto nazi-soviético assinado em agosto, a Polônia foi dividida entre Alemanha e URSS.

Após a queda da Polônia, houve uma longa calmaria na atividade militar, popularmente chamada de Guerra Falsa. França e Grã-Bretanha tomaram posições ao longo da fronteira franco-alemã, mas ficaram na defensiva.

Nesse período, os exércitos opostos ficaram parados nas trincheiras, o que lembrava o conflito de 1914-1918. No ar, a atividade se restringia a ocasionais incursões de bombardeio e lançamento em massa de folhetos de propaganda. Apenas no mar havia guerra de fato. A Marinha Real Britânica cercou e destruiu navios mercantes e militares alemães, enquanto a Kriegsmarine lançava uma campanha com submarinos (os U-Boots) contra barcos britânicos.

Sob os termos de seus acordos secretos com a Alemanha nazista, a URSS não só ganhou o controle sobre o leste da Polônia como sobre os Estados bálticos da Estônia, Letônia e Lituânia. Stalin também queria que a Finlândia cedesse territórios perto de Leningrado (São Petersburgo). Com a recusa, a URSS invadiu a Finlândia. Na guerra que se seguiu, a URSS obteve a vitória antes que os Aliados pudessem socorrer a Finlândia.

Em abril de 1940, as forças alemãs tomaram a Dinamarca e depois invadiram a Noruega. Embora britânicos e franceses tenham mandado tropas para apoiar os noruegueses, não conseguiram evitar a conquista alemã.

Queda da Europa continental

Enquanto estava em curso o conflito na Noruega, Hitler lançou sua grande ofensiva no oeste. Em 10 de maio de

A EUROPA VAI À GUERRA

Forças Aliadas **concluem a evacuação** de mais de 300 mil soldados **de Dunquerque**.

Os **franceses se rendem**. O norte e o oeste francês ficam sob domínio direto alemão; o restante é regido por um **governo fantoche** instalado na cidade de **Vichy**.

A **Luftwaffe** faz um esforço final de grande escala para **derrotar a RAF** na **Batalha da Grã-Bretanha**.

A **Grã-Bretanha anuncia** que fez uma **primeira encomenda a estaleiros dos EUA** para a construção de 60 navios mercantes.

4 JUN 1940 — **22 JUN 1940** — **15 SET 1940** — **3 DEZ 1940**

10 JUN 1940 — **19 JUL 1940** — **14 NOV 1940** — **JAN 1941**

Mussolini declara **guerra à França e à Grã-Bretanha**. Dez dias depois, seu exército é forçado a recuar por tropas francesas na fronteira franco-italiana.

Em **discurso no Reichstag**, Hitler emite seu "apelo final ao bom senso", **instando a Grã-Bretanha a fazer paz**. O apelo é rejeitado três dias depois.

A **Luftwaffe** realiza um devastador **bombardeio** sobre a cidade britânica de Coventry. Fábricas e edifícios históricos são destruídos.

Em um só mês, os **Aliados perdem 76 navios**, totalizando 320 mil toneladas, principalmente devido à **ação de U-Boots**.

1940, tropas alemãs entraram na Holanda e na Bélgica. Despreparados para a guerra móvel, os holandeses logo foram esmagados e forçados a aceitar termos de rendição. Enquanto isso, as divisões de blindados (Panzer) alemãs abriam caminho pelas Ardenas, na Bélgica, para esmagar as defesas francesas no rio Mosa. Dali, rumaram para o canal da Mancha, onde abriram um corredor que dividiu os exércitos Aliados em dois.

Flanqueados pelo inimigo e antevendo um desastre, os britânicos voltaram rumo ao porto de Dunquerque para preparar a evacuação, deixando os franceses numa posição cada vez mais desesperada, agravada pela rendição dos belgas em 28 de maio.

Os alemães se voltaram então para o sul, para lidar com o resto do exército francês, que tentava montar uma nova linha para proteger Paris e o interior do país. Em 5 de junho, os alemães cortaram as defesas francesas: Paris caiu no dia 14 e, no dia 22, o marechal Philippe Pétain, recém-instalado como primeiro-ministro francês, assinou um armistício com os alemães. Em seis semanas, Hitler tinha derrotado a França e forçado o exército britânico a recuar para a Inglaterra.

Ataques na Grã-Bretanha

Hitler presumiu que a Grã-Bretanha aceitaria um acordo com a Alemanha. Quando suas ofertas de paz foram recusadas, ele disse a seus generais que se preparassem para invadir a Grã-Bretanha. A prioridade era ganhar a supremacia aérea sobre o sul inglês.

Entre julho e setembro de 1940, a Força Aérea Britânica derrotou a Luftwaffe em uma série de combates aéreos chamados Batalha da Grã-Bretanha. Sem a supremacia no ar, o plano de invasão de Hitler foi abandonado e a Luftwaffe redirecionou seus aviões para o bombardeio em massa de Londres e outras cidades britânicas. A campanha que se seguiu – apelidada "Blitz" – durou até abril de 1941. Embora tenha causado muitas vítimas entre a população civil britânica, não mudou a situação estratégica geral: a Grã-Bretanha continuou a salvo da ameaça de invasão alemã.

O fracasso em tirar a Grã-Bretanha da guerra voltaria a assombrar Hitler, mas na época ele pôde se consolar com uma série de vitórias surpreendentes que o tornaram senhor da Europa continental. Seus domínios iam do canal da Mancha à fronteira soviética. E a URSS se tornaria seu próximo alvo. ■

UM PONTO DE VIRADA NA HISTÓRIA DA EUROPA
A EUROPA À BEIRA DO ABISMO (1939)

EM CONTEXTO

FOCO
Alianças diplomáticas

ANTES
1935 Alemanha e Grã-Bretanha assinam o Acordo Naval Anglo-Germânico, definindo o tamanho relativo de suas Marinhas. Ele permite à Alemanha exceder a tonelagem especificada no Tratado de Versalhes.

1936 Depois de China e URSS assinarem um acordo de não agressão, Alemanha e Japão negociam o Pacto Anticomintern, para combater o comunismo.

1937 A Itália adere ao Pacto Anticomintern.

DEPOIS
1940 Alemanha, Itália e Japão assinam o Pacto Tripartite, assegurando apoio mútuo.

1941 Hitler lança a Operação Barbarossa, a invasão de territórios soviéticos, que marca o fim do pacto de não agressão Alemanha-URSS.

Hitler quer **invadir a Polônia**, mas sabe que a URSS **interferirá**.

↓

A Alemanha e a URSS assinam um **pacto de não agressão** que define a **partilha da Polônia entre ambos**.

↓

Após a invasão da Tchecoslováquia por Hitler, a Grã-Bretanha e a França **abandonam a política de apaziguar** a Alemanha.

↓

Grã-Bretanha e França declaram que as **potências ocidentais defenderão a Polônia** se for atacada.

↓

A Alemanha agora está livre para atacar a Polônia, enquanto a Grã-Bretanha e a França são obrigadas a defendê-la.

Espelhando a construção da guerra em 1914, os países europeus em 1939 se apressavam em formar alianças. Separados por rivalidades e receio mútuo, precisavam saber quem interviria em alguma disputa e no apoio de quem poderiam confiar em caso de ataque.

O Acordo de Munique de setembro de 1938, fechado entre Grã-Bretanha, França e Itália para apaziguar a Alemanha, aceitando sua anexação dos Sudetos na Tchecoslováquia, desencadeou paranoia na URSS, que tinha ficado de fora do pacto e pensava que a Grã-Bretanha e a França estavam encorajando a Alemanha nazista a avançar para o leste. Porém, em 15 de março de 1939, seis meses depois, portanto, a Alemanha nazista tinha

A EUROPA VAI À GUERRA

Ver também: A expansão alemã 46-47 ▪ Apaziguando Hitler 51 ▪ A destruição da Polônia 58-63 ▪ A invasão da Dinamarca e da Noruega 69 ▪ A queda da França 80-87 ▪ O fim da neutralidade dos EUA 108 ▪ Operação Barbarossa 124-31

Joachim von Ribbentrop

Nascido em uma família de militares na Prússia em 1893, Joachim von Ribbentrop serviu em ambas as Frentes, Oriental e Ocidental, na Primeira Guerra. Após o conflito, tornou-se comerciante de vinhos e casou-se com uma rica herdeira.

Um encontro com Hitler em 1932 levou-o a aderir ao Partido Nacional-Socialista. Em um ano, tornou-se coronel da SS e membro do Reichstag.

Em 1934, já era o principal agente de Hitler no exterior, negociando com Grã-Bretanha, França, Itália, China e Japão. Tornou-se ministro do Exterior da Alemanha em 1938.

Liderou as negociações que levaram ao Acordo de Munique naquele ano e ao pacto de não agressão nazi-soviético de 1939, que abriu caminho para a invasão da Polônia. Ribbentrop continuou como ministro do Exterior por toda a Segunda Guerra, mas sua influência declinou no fim de 1944, quando Hitler passou a confiar mais nos aliados nazistas que em seu gabinete.

Após a guerra, Ribbentrop foi julgado por crimes de guerra, contra a paz e contra a humanidade e por conspiração. Condenado, foi enforcado em 1946.

---

invadido o resto da Tchecoslováquia, violando o Acordo de Munique. Na tentativa de impedir Hitler de avançar sobre a Polônia, a Grã-Bretanha e a França se comprometeram no fim de março a garantir a segurança e a independência daquele país. No fim de maio, a Alemanha já tinha assinado o Pacto de Aço com a Itália, para apoio militar mútuo.

Um pacto secreto

Hitler não queria lutar em dois fronts, como ocorrera na Primeira Guerra. Ele percebeu que, para evitar isso e continuar ganhando terras no leste, precisava engolir a raiva ao comunismo e fazer uma aliança com Stalin. Ele sabia que a URSS reagiria se ele tentasse ocupar a Polônia – um avanço que tornaria Alemanha e URSS vizinhos. Sabia também que devia destruir as tentativas de Grã-Bretanha e França de alinhar a URSS contra a Alemanha.

Em agosto de 1939, o ministro do exterior alemão, Joachim von Ribbentrop, voou a Moscou para se encontrar com Stalin e o ministro do exterior soviético, Viatcheslav Molotov, para formar uma aliança, conhecida como Pacto Molotov-Ribbentrop.

Hitler propôs que o pacto durasse cem anos. Stalin concordou com dez. Ele estipulava que nenhum dos países ajudaria um terceiro que atacasse um dos signatários, neutralizando, assim, um pacto de defesa existente entre URSS e França. Ele também continha um protocolo secreto que especificava as respectivas esferas de influência dos signatários na Europa oriental depois que Hitler conquistasse a Polônia. A URSS receberia a parte leste da Polônia, além de Lituânia, Estônia e Letônia. O pacto deu a Hitler o sinal verde para atacar a Polônia. Grã-Bretanha e França, sabendo que o acordo nazi-soviético estava pendente, reagiram formalizando seu compromisso com a Polônia, declarando que ambos iriam à luta em defesa do país se ele fosse atacado. ∎

Josef Stalin (dir.) brinda à assinatura do pacto de não agressão nazi-soviético com o ministro do Exterior soviético, Viatcheslav Molotov (ao lado de Stalin) e o fotógrafo alemão Heinrich Hoffmann (esq.) em agosto de 1939.

NUNCA EMERGIRÃO DO DOMÍNIO ALEMÃO

A DESTRUIÇÃO DA POLÔNIA (SETEMBRO DE 1939)

A DESTRUIÇÃO DA POLÔNIA

EM CONTEXTO

FOCO
Invasão da Polônia

ANTES
1918 A República da Polônia é criada, com o Corredor Polonês – dando acesso ao mar Báltico – separando a Prússia Oriental da Alemanha.

31 mar 1939 A Grã-Bretanha promete apoio total à independência polonesa.

23 ago 1939 O Pacto Nazi-Soviético (Molotov-Ribbentrop) é concluído em Moscou.

DEPOIS
Outono de 1939 Nazistas e soviéticos partilham a Polônia e sistematicamente praticam abusos, exploração, deportação e assassinato de poloneses, matando mais de 5 milhões deles.

Abr-mai de 1943 Judeus se insurgem contra a opressão nazista no Gueto de Varsóvia.

Ago-out 1944 Acontece o Levante do Gueto de Varsóvia.

1945 É estabelecido um governo fantoche comunista no Estado polonês recriado.

Ao vencedor não perguntarão se disse a verdade.
Adolf Hitler

Logo após a meia-noite de 26 de agosto de 1939, a Segunda Guerra Mundial quase começou antes – por engano. A Alemanha se preparava havia muito para invadir a Polônia e o plano *Fall Weiss* ("Caso Branco") determinou que pequenos grupos de comandos da Abwehr (inteligência do exército alemão) se infiltrassem nas fronteiras e tomassem pontos estratégicos. Hitler definira o dia 26 de agosto para a invasão, mas desistiu horas antes ao saber que o apoio de Mussolini oscilava. Uma unidade da Abwehr, porém, não foi informada e, às 00h30, o tenente Herzner e seus homens cruzaram a fronteira, tomaram uma estação de trem e iniciaram um tiroteio contra defensores poloneses. Quando superiores contataram Herzner para ordenar que recuasse, já havia um morto de cada lado. De volta ao território alemão, Herzner solicitou pagamento por trabalho noturno, já que tecnicamente ainda estavam em período de paz.

Após esse falso início, que deveria ter dado aos poloneses amplo aviso do que estava por vir, Hitler recebeu garantias de Mussolini e remarcou a data de invasão da

A EUROPA VAI À GUERRA

Ver também: Paz imperfeita 20-21 ▪ Ditadores e democracias frágeis na Europa 34-39 ▪ A Europa à beira do abismo 56-57 ▪ A Guerra Falsa 64-65 ▪ O Levante do Gueto de Varsóvia 242-43 ▪ A Revolta de Varsóvia 271 ▪ Consequências 320-27

Polônia para 1º de setembro. Os nazistas precisavam de um *casus belli* e, assim, conceberam a Operação Himmler, um estratagema de propaganda absurdo, mas cínico. Ele envolvia a Gestapo levar um prisioneiro de um campo de concentração alemão a uma estação de rádio perto da fronteira com a Polônia, ao lado de Gleiwitx, na noite antes da invasão planejada. O prisioneiro, vestido com um uniforme do exército polonês, era baleado, e os nazistas imediatamente gritavam que haviam impedido um ataque polonês, estando, assim, justificados para invadir a Polônia em autodefesa. Pode-se dizer que o homem não identificado foi a primeira vítima oficial da Segunda Guerra Mundial. Haveria mais de 50 milhões de outras nos anos seguintes.

Rápida espoliação de terras

Na fronteira, as forças alemãs se amontoaram para lançar uma operação devastadora que mostraria a seus atordoados inimigos que, embora preparados para lutar de novo a guerra anterior, Hitler e seus generais estavam prontos para um tipo mais moderno de conflito. A experiência pessoal de Hitler na Primeira Guerra dava suporte aos princípios de guerra moderna abraçados pelos militares alemães sob sua liderança pessoal. Enfatizavam, em especial, a importância da surpresa tática e das forças blindadas móveis. Mais amplamente, Hitler tinha absorvido outra dura lição da Primeira Guerra:

Preparando-se para ataques, civis escavam trincheiras para abrigar-se dos aviões nazistas. As defesas polonesas eram extremamente inadequadas, e mais de 100 mil civis morreram na invasão.

a Alemanha faria bem em não ir à guerra nas duas Frentes, Oriental e Ocidental, ao mesmo tempo.

Apesar de ter assegurado um pacto de não agressão com os soviéticos – uma traição colossal aos pretensos princípios ideológicos de ambas as partes –, Hitler sabia que estava fazendo uma aposta ao invadir a Polônia enquanto a França e a Grã-Bretanha supostamente se mobilizavam na Frente Ocidental. Mas ele confiava que a nova doutrina de Blitzkrieg ("guerra-relâmpago") da Wehrmacht resultaria numa vitória tão rápida que franceses e britânicos apenas cederiam, como tinham feito tantas vezes nos quatro anos anteriores de apaziguamento. Hitler conquistaria seu objetivo estratégico de tomar grandes porções da Polônia e reunir a Alemanha com a Prússia Oriental. E os nazistas também obteriam vastos domínios novos – o chamado *Lebensraum* ("espaço vital") –, com os quais levariam adiante suas fantasias de superioridade e destino ariano.

> O exército polonês jamais vai se livrar do abraço alemão.
> **Hermann Göring**
> Comandante em chefe da Luftwaffe alemã

Os alemães reuniram 60 divisões no total, entre elas cinco Panzer com 1.500 tanques, outras divisões motorizadas, 3.600 aeronaves e grande parte da Kriegsmarine (Marinha alemã). Consta que sua estratégia de invasão foi moldada nas táticas de Aníbal na antiga Batalha de Canas, com um centro relativamente fraco e flancos fortes, que lutariam com energia e se moveriam rápido, atravessando as linhas de defesa polonesas, »

A DESTRUIÇÃO DA POLÔNIA

> Varsóvia será defendida até o último suspiro.
> **Wacław Lipiński**
> Tenente-coronel do exército polonês

separando as de apoio e cercando uma grande massa de defensores. O Grupo de Exércitos Norte, com o coronel-general Fedor von Bock chefiando 630 mil homens, foi incumbido de atravessar o assim chamado Corredor Polonês (a faixa de terra que separava a Alemanha da Prússia Oriental) para se juntar ao III Exército Alemão na Prússia Oriental, antes de se voltar para o sul, caindo sobre Varsóvia. O Grupo de Exércitos Sul, com o coronel-general Gerd von Rundstedt liderando 886 mil homens, atacaria pelo leste por todo o caminho até Lviv e também se uniria às forças de Bock para tomar Varsóvia.

Uma escolha desoladora

Opondo-se a essa imensa força, os poloneses enfrentaram vários desafios. Apesar de a Polônia ter quase 1 milhão de homens armados, eram menos numerosos e em quase todas as frentes foram sobrepujados. Só tinham tanques leves e médios, e apenas 300 deles. Sua Marinha contava com meros quatro destróieres modernos e cinco submarinos. E de seus 400 aviões de combate só 36 eram modelos modernos capazes de enfrentar a Luftwaffe (Força Aérea alemã). Os poloneses começaram a mobilizar seus reservistas, mas tarde demais. O comandante em chefe polonês, marechal Edward Śmigły-Rydz, enfrentou uma escolha desoladora entre estender demais suas forças tentando cobrir todo o front ou recuar para trás de barreiras naturais. A segunda opção implicaria abandonar territórios-chave, cidades e cidadãos, então ele escolheu bravamente a primeira – mas, ao fazer isso, condenou seu exército.

Poloneses sem saída

Ao amanhecer de 1º de setembro, Hitler lançou sua Blitzkrieg na Polônia. Bombardeiros leves e pesados cruzaram os céus poloneses, destruindo a maior parte da Força Aérea do país e assegurando a primazia no ar. Bombardeiros Stuka com sirenes ensurdecedoras especiais ajudaram a empurrar grande número de civis para as estradas mesmo enquanto ferrovias, rodovias e outros alvos estratégicos eram atingidos. O Corredor Polonês foi cortado em poucos dias e em 6 de setembro os dois grupos do exército alemão se uniram em Łódź, no centro da Polônia, dividindo o país em dois e encurralando a maior parte do exército polonês contra a fronteira ocidental. Divisões Panzer conduziram as forças polonesas para bolsões isolados e as bombardearam até a rendição. Em 8 de setembro já havia tanques alemães nas cercanias de Varsóvia e, dois dias depois, todas as forças polonesas restantes receberam ordens de voltar ao leste e esperar a ajuda de uma ofensiva franco-britânica maior na Frente Ocidental alemã – algo que nunca ocorreu.

Um mito popular sobre os poloneses, espalhado pelas propagandas alemã e italiana, era que a cavalaria polonesa se engajara em ataques fúteis com lanças a tanques. Embora seja verdade que os poloneses tinham regimentos de cavalaria, estes só foram usados (com algum sucesso) contra infantaria, e jamais atacaram tanques. Mas, como observou com muita propriedade o major-general Frederick von Mellenthin, um chefe da inteligência alemã na campanha da Polônia, "todo o ímpeto e a bravura que os poloneses com frequência mostraram não poderiam compensar a falta de armas modernas e treinamento tático sério".

Bombardeiros de mergulho Stuka alemães em ação. Entre os explosivos que lançaram sobre a Polônia havia bombas de fragmentação, que causaram terríveis ferimentos em soldados e civis.

A EUROPA VAI À GUERRA

Uma unidade antiaérea polonesa faz mira em bombardeiros alemães durante o Cerco de Varsóvia. Em 10 de setembro (Domingo Sangrento) ocorreram 17 ataques consecutivos sobre a cidade.

A máquina de guerra alemã era moderna, eficiente, poderosa e bem gerida demais para os poloneses, como ficaria ainda mais evidente depois, para inimigos mais poderosos.

Uma política de terror

Em 15 de setembro, Varsóvia foi cercada por forças alemãs e dois dias depois os soviéticos invadiram o país pelo leste. Pressionada por todos os lados e sem esperança de ajuda, Varsóvia foi atingida sem parar por granadas e bombas por dezoito dias e acabou se rendendo em 27 de setembro. Em quatro semanas, 8.082 alemães foram mortos e 27.278 feridos, contra 70 mil soldados e 25 mil civis poloneses mortos, além de 130 mil soldados feridos. Em 5 de outubro, Hitler entrou em Varsóvia em triunfo.

Os alemães fizeram 693 mil soldados poloneses prisioneiros e os soviéticos capturaram 217 mil (suas forças de segurança detiveram mais 100 mil e os mandaram para campos de concentração, onde quase nenhum sobreviveu).

Os líderes alemão e soviético logo acertaram a divisão do território tomado, e os soviéticos começaram a deter e massacrar milhares de poloneses. Horrores ainda maiores foram perpetrados nas áreas capturadas pelos alemães, pois seu plano era eliminar os eslavos e, em especial, os judeus das partes mais a oeste da Polônia, para abrir caminho para a colonização de etnia alemã. A parte leste do território tomado foi usada como colônia de trabalho e repositório de populações deportadas. Os alemães, liderados pelos regimentos da SS Totenkopf ("Crânio"), instituíram uma política de *Schrecklichkeit* ("amedrontamento") que acabaria ajudando a obter a aniquilação de mais de 17% da população polonesa. Os judeus no território foram reunidos em guetos, o maior dos quais seria o de Varsóvia, onde meio milhão de pessoas foram concentradas, em especial para que pudessem posteriormente ser assassinadas.

Cerca de 95 mil soldados e pilotos poloneses conseguiram escapar dos alemães e dos russos, entrando na Lituânia, Hungria e Romênia. Muitos dos soldados foragidos acabaram seguindo para oeste e se juntaram às forças da Polônia Livre no exterior, sob o general Władysław Sikorski, que instalou um governo no exílio, de início em Angers, na França. ∎

O massacre de Katyn

Cerca de 15 mil oficiais entre os prisioneiros de guerra poloneses capturados pelo Exército Vermelho foram separados de seus homens e mandados para campos especiais geridos pela polícia secreta soviética, o NKVD. Em abril e início de maio de 1940, mais de 4 mil deles foram levados para a floresta de Katyn, perto de Smolensk, e baleados na nuca.

O carrasco-chefe do NKVD, Vassili Blokhin, comandou o pelotão de assassinato. Vestido com macacão de couro, avental e luvas para proteger o uniforme, ele usou uma pistola alemã que não emperraria ao superaquecer. Cerca de 22 mil soldados poloneses foram mortos pelos soviéticos em Katyn e outros locais, mas quando os alemães anunciaram a descoberta da vala comum em Katyn, em 1943, os soviéticos alegaram que os nazistas eram os responsáveis. Mesmo após a guerra, os Aliados se conluiaram para manter essa ficção, que só foi desmascarada nos anos 1990.

HÁ UM SILÊNCIO POR TODA A EUROPA
A GUERRA FALSA
(3 DE SETEMBRO DE 1939-ABRIL DE 1940)

EM CONTEXTO

FOCO
Tática militar

ANTES
1915 O imenso poder de fogo defensivo leva a um impasse nas trincheiras da Frente Ocidental na Primeira Guerra Mundial.

Set 1938 Na Conferência de Paz de Munique, França e Grã-Bretanha tentam apaziguar Hitler concordando com suas pretensões sobre os Sudetos, na Tchecoslováquia.

DEPOIS
Jun 1944 Na Batalha da Normandia, tropas alemãs inundam campos e usam sucessivas linhas de defesa para atrasar o ataque Aliado.

1947-1951 Durante a Guerra Fria, os EUA e seus Aliados intervêm para evitar a difusão do comunismo, mas não atacam países que já são comunistas.

A Guerra Falsa remete a um período entre setembro de 1939 e abril de 1940 em que a Grã-Bretanha e a França estavam oficialmente em guerra com a Alemanha, mas houve pouco ou nenhum combate em terra ou no ar. Após a invasão alemã da Polônia em setembro, o governo polonês tinha posto todas as suas esperanças numa operação de socorro de seus aliados anglo-franceses, contando com a promessa de Neville Chamberlain em abril de "todo apoio em poder" dos Aliados no caso de um ataque. Porém, a expectativa dos poloneses – e o pior temor de Hitler – de uma poderosa invasão pelas fronteiras ocidentais da Alemanha não se concretizou.

A defesa era a estratégia dos Aliados; qualquer ação era limitada. Aviões britânicos bombardearam uma base naval alemã em 4 de setembro e, no dia 6, tropas francesas avançaram 8 km no Sarre alemão, ao

Um trem leva soldados da Força Expedicionária Britânica para o front, no início de 1940. A força partiu para a França em 4 de setembro de 1939 para unir-se aos franceses no front nordeste.

A EUROPA VAI À GUERRA

Ver também: A destruição da Polônia 58-63 ▪ Preparação para a guerra 66 ▪ A Batalha do Rio da Prata 67 ▪ A Guerra de Inverno na Finlândia 68 ▪ A guerra de submarinos se acirra 110-13

É vergonhoso promover uma guerra de confete contra um inimigo completamente brutal.
General Edward Spears
Sobre a campanha de folhetos britânicos

longo de uma frente de 24 km. As forças alemãs reagiram recuando para trás da Linha Siegfried – um sistema de fortificações ao longo de sua fronteira oeste – e, depois de cinco dias, os franceses recuaram. Em 9 de setembro, o exército de vanguarda britânico, a Força Expedicionária Britânica, foi para a França, mas não seguiu além das fortificações e defesas da Linha Maginot francesa, que se estendia na fronteira leste do país.

Calmaria antes da tempestade

Nos oito meses seguintes não houve ação na Frente Ocidental. Embora o efetivo francês e britânico ali fosse o dobro do alemão, os Aliados rejeitaram o que depois foi reconhecido como sua melhor chance de lançar uma guerra eficaz. Em vez disso, regidos por suposições e táticas da Primeira Guerra, confiaram na defesa. Havia uma crença e esperança geral de que, tendo alcançado seus objetivos estratégicos na Polônia, Hitler buscaria a paz com os Aliados – algo que os próprios generais alemães o pressionavam a fazer. Em discurso em 6 de outubro, três dias antes de emitir ordens para atacar os exércitos Aliados do norte através da Bélgica, Hitler aludiu à busca de paz, insistindo também no reconhecimento das conquistas alemãs. Os Aliados rejeitaram essas vagas propostas.

Ao mesmo tempo, os Aliados, que precisavam de tempo para desenvolver suas forças, pensavam ser prudente evitar antagonizar os alemães. Em locais da fronteira alemã, soldados franceses colocaram placas educadas, dizendo: "Não atire, por favor, nós também não atiraremos!" Os britânicos se recusaram a bombardear fábricas de munição alemãs por serem propriedade privada. Em vez disso, lançaram milhões de folhetos de propaganda em cidades alemãs. No fim das contas, no entanto, outras agressões alemãs foram evitadas em 1939 devido ao início de um inverno severo.

Guerra no mar

Embora a calma prevalecesse em terra e no ar, a guerra estava longe de ser falsa no mar. Apenas nove horas após a declaração britânica de guerra, em 3 de setembro, um U-Boot (submarino alemão) torpedeou o transatlântico britânico ss *Athenia*, matando mais de cem pessoas. No mês seguinte, U-Boots (*Unterseeboots*, "submarinos") declararam estar vencendo o poderio naval britânico, com o afundamento do porta-aviões HMS *Royal Oak* no supostamente inexpugnável porto de Scapa Flow, nas ilhas escocesas Orkney, vitimando mais de 800 tripulantes. A invasão alemã da Dinamarca e da Noruega em abril de 1940 assinalaria, afinal, o término da Guerra Falsa em terra. ▪

A Linha Maginot

Nomeada a partir de André Maginot, ministro da Guerra francês nos anos 1930, a Linha Maginot consistia em uma série de fortificações ao longo da fronteira franco-alemã. Ela ia de Pontarlier, na fronteira suíça, aos limites de Luxemburgo e Bélgica, com trechos também no sul da França. A linha foi construída na esteira da Primeira Guerra, com o intuito de criar uma muralha impenetrável.

A parte norte da linha tinha 450 km de comprimento, guardados por 400 mil soldados. Sua estrutura de concreto e aço continha uma rede de passagens e alojamentos; uma ferrovia subterrânea levava os soldados para suas posições. A proposta era que a linha seguisse até o canal da Mancha, mas a falta de dinheiro e as objeções belgas reduziram esses planos. Isso tornou fácil para os alemães contornar a linha. Mais tarde se disse que a mentalidade defensiva suscitada pela Linha Maginot minou o moral militar francês.

A Linha Maginot era encimada por guaritas em forma de sino e torres rotatórias blindadas, algumas das quais eram retráteis.

HOMENS...
AGUENTEM FIRME
PREPARAÇÃO PARA A GUERRA (1939)

EM CONTEXTO

FOCO
Impacto sobre civis

ANTES
1935 Rejeitando as restrições militares impostas pelo Tratado de Versalhes, Hitler introduz o recrutamento na Alemanha.

1937-1938 A Grã-Bretanha convoca o Serviço de Vigilância Antiaérea para impor o blecaute nacional contra bombardeios em caso de guerra.

DEPOIS
Dez 1941 Na Grã-Bretanha, a Lei do Serviço Nacional obriga todas as mulheres solteiras de 20 a 30 anos e viúvas sem filhos a se registrarem para o esforço de guerra.

Jan 1943 Mulheres alemãs são convocadas para tarefas civis.

1950 A Alemanha extingue o racionamento.

1954 A Grã-Bretanha extingue o racionamento, 14 anos após seu início.

Enquanto os exércitos europeus aguardavam a luta, civis no front doméstico tinham de se preparar para a guerra que se aproximava rapidamente. O recrutamento foi reintroduzido em todos os países combatentes. A Alemanha já vinha recrutando desde 1935; a Grã-Bretanha começou em maio de 1939 a convocar homens solteiros de 20 a 22 anos, ampliando para 18 a 41 anos no dia de declaração da guerra. Ao mesmo tempo, um "exército doméstico" de mensageiros, motoristas de ambulância, equipes de resgate pesado e bombeiros foi formado para enfrentar o inimigo em caso de ataque.

Evacuação e racionamento
Planos também foram feitos para evacuar os cidadãos mais vulneráveis de áreas urbanas sujeitas a bombardeios. Em setembro de 1939, o governo britânico lançou a Operação Flautista de Hamelin para evacuar mais de 1,5 milhão de pessoas, 800 mil das quais eram crianças. Na França, o governo tornou os pais responsáveis por levarem seus filhos para a segurança de parentes ou organizações religiosas no campo.

Todas as nações combatentes introduziram o racionamento. A Alemanha racionou comida a partir de agosto de 1939, com porções extras para pessoas consideradas relevantes no esforço de guerra. A Grã-Bretanha, que lançou a campanha "Jardins da Vitória" em outubro de 1939, estimulando pessoas com quintal a plantarem sua própria comida, introduziu o racionamento em janeiro de 1940. Cada família britânica recebeu cupons que deviam ser entregues ao adquirir comida (com exceção de pão e batatas) e roupas. ∎

Convocados franceses se apresentam ao serviço em Paris em 1939. A França estendeu o serviço militar a dois anos em 1935, em reação à ressurgente Alemanha.

Ver também: A expansão alemã 46-47 ▪ Apaziguando Hitler 51 ▪ A Europa à beira do abismo 56-57 ▪ A Blitzkrieg 70-75 ▪ Dunquerque 76-79 ▪ A queda da França 80-87

A EUROPA VAI À GUERRA   **67**

ATAQUEM DE UMA VEZ, DE DIA OU À NOITE
A BATALHA DO RIO DA PRATA (DEZEMBRO DE 1939)

EM CONTEXTO

FOCO
Ataques no mar

ANTES
Jun 1935 O Acordo Naval Anglo-Germânico limita o tamanho da Kriegsmarine (Marinha alemã) a 35% da Marinha Real Britânica.

Set 1939 U-Boots alemães torpedeiam o transatlântico SS *Athenia* e o porta-aviões HMS *Courageous*.

Out 1939 Um encouraçado britânico, o HMS *Royal Oak*, é torpedeado por um U-Boot em Scapa Flow, na Escócia.

DEPOIS
Fev 1940 Hitler ordena aos U-Boots alvejar qualquer barco não alinhado com a Alemanha navegando rumo a águas inimigas.

1941 U-Boots começam a torpedear barcos dos EUA na costa leste americana. Eles depois estendem as operações para o Caribe e golfo do México.

No início da guerra, a Marinha Real Britânica era a mais forte do mundo. A Kriegsmarine (Marinha alemã) era limitada por tratado, mas os *Panzerschiffs* alemães – encouraçados compactos e bem armados, apelidados "encouraçados de bolso" pela Grã-Bretanha – se furtaram às restrições. A principal meta da Alemanha no mar era desativar a marinha mercante britânica e impedir um bloqueio que sufocaria o esforço de guerra alemão.

Sob fogo
A primeira grande batalha naval, perto da boca do rio da Prata, na Argentina, em dezembro de 1939, envolveu o *Panzerschiff Admiral Graf Spee*, capitaneado por Hans Langsdorff. Após afundar nove barcos no oceano Índico e no Atlântico Sul, Langsdortt zarpou rumo a um comboio que esperava achar perto do rio da Prata, mas se deparou com três navios de guerra que previram as ações do rival.

Em 13 de dezembro, três barcos britânicos, HMS *Ajax*, HMS *Achilles* e HMS *Exeter*, enfrentaram o *Admiral*

O ***Admiral Graf Spee*** **afunda** por ordens do capitão Hans Langsdorff, que decidiu fazer isso para sua tripulação não lutar uma batalha perdida.

Graf Spee, mas, focando seu poder de fogo em cada um por vez, Langsdorff os forçou a recuar e conseguiu se esgueirar até o porto de Montevidéu, no neutro Uruguai, onde recebeu permissão para ficar 72 horas. Estratagemas dos britânicos, que incluíram transmissões falsas da BBC, enganaram Langsdorff, que afundou seu próprio navio por acreditar na chegada iminente de barcos britânicos. Os britânicos aclamaram o resultado como uma grande e inspiradora vitória; Langsdorff se matou alguns dias depois e sua tripulação ficou detida na Argentina. ■

Ver também: Paz imperfeita 20-21 ▪ O *Bismarck* é afundado 109 ▪ A guerra de submarinos se acirra 110-13 ▪ Um confronto final no Atlântico 214-19

OS LOBOS VÃO COMER BEM ESTE INVERNO
A GUERRA DE INVERNO NA FINLÂNDIA (30 DE NOVEMBRO DE 1939-13 DE MARÇO DE 1940)

EM CONTEXTO

FOCO
Táticas militares

ANTES
6 dez 1917 A Finlândia declara independência da Rússia.

23 ago 1939 O Pacto Molotov-Ribbentrop entre nazistas e soviéticos é concluído em Moscou, destinando a Finlândia e os estados bálticos à URSS.

DEPOIS
26 jun 1941 A Finlândia se alia à Alemanha e inicia a Guerra da Continuação, recuperando territórios perdidos e ocupando partes da URSS.

Jun 1944 Uma ofensiva soviética faz os finlandeses recuarem no Istmo da Carélia.

19 set 1944 A Finlândia e a URSS assinam um armistício, encerrando a guerra entre as duas nações.

A Finlândia e a URSS se enfrentaram na Guerra de Inverno de 1939-1940. O Pacto Molotov-Ribbentrop tinha destinado o norte da região báltica à esfera de influência de Stalin, mas suas demandas territoriais sobre os finlandeses foram rejeitadas. Em 30 de novembro de 1939, forças soviéticas totalizando 1,2 milhão de homens invadiram a Finlândia em quatro pontos. Com grande inferioridade numérica e equipamentos escassos, e na maioria obsoletos, os finlandeses pareciam condenados. Porém, táticas inteligentes, incompetência soviética e condições climáticas rigorosas permitiram a eles montar uma resistência feroz.

Soviéticos mal liderados
Os expurgos de Stalin, que causaram a morte ou prisão de 43 mil oficiais, entre eles a maior parte do alto-comando, levaram a uma liderança deficiente do exército soviético. De início, seus tanques não eram apoiados por infantaria, permitindo que os finlandeses, sem tanques, pudessem aniquilá-los com sucesso usando apenas bombas de gasolina. E os soldados soviéticos, esperando uma vitória rápida, não haviam se equipado para condições congelantes. As tropas finlandesas, com roupas brancas de inverno e esquis, perseguiam incansavelmente os invasores, e assim obtiveram uma série de sucessos. Os soviéticos foram obrigados a mudar sua estratégia. Depois que dominaram táticas combinadas de blindados, aviões e infantaria, fizeram os exaustos finlandeses recuarem. Em março de 1940, com a demora do apoio internacional em se materializar, a Finlândia foi obrigada a negociar e ceder muito território. Mas sua animosidade com os soviéticos levaria o país a juntar-se à invasão nazista da URSS no ano seguinte. ■

Soldados finlandeses de esqui usaram as duras condições do inverno a seu favor. Eles chegaram a lutar em neve funda, a temperaturas às vezes abaixo de -4°C.

Ver também: Ditadores e democracias frágeis na Europa 34-39 ▪ A Europa à beira do abismo 56-57 ▪ A destruição da Polônia 58-63 ▪ Operação Barbarossa 124-31

A EUROPA VAI À GUERRA

AVIÕES ALEMÃES NOS BOMBARDEARAM E METRALHARAM
A INVASÃO DA DINAMARCA E DA NORUEGA (9 DE ABRIL-10 DE JUNHO DE 1940)

EM CONTEXTO

FOCO
Invasões estratégicas

ANTES
14 dez 1939 O grande-almirante Erich Raeder incita Hitler a invadir a Noruega.

Jan 1940 Hitler ordena que o alto-comando inicie planos de invasão.

16 fev 1940 O HMS *Cossack* resgata prisioneiros britânicos de um barco alemão em águas norueguesas, violando a neutralidade norueguesa.

8 abr 1940 A Marinha Britânica lança a Operação Wilfred, que envolve colocar minas para bloquear as águas norueguesas.

DEPOIS
10 jun 1940 A Noruega se rende à Alemanha.

Fev 1942 Os nazistas nomeiam Vidkun Quisling ministro-presidente da Noruega.

A Alemanha vislumbrava uma invasão da Noruega desde o início da guerra, para proteger a rota de importações vitais de minério de ferro sueco e assegurar novas bases estrategicamente importantes para operações de U-Boots (submarinos). Pelas mesmas razões, os Aliados planejavam sua própria invasão da Noruega, e tropas britânicas já tinham embarcado em navios de transporte quando os alemães lançaram a Operação Weserübung ("Exercício Weser"), em 9 de abril de 1940. Ousados ataques navais e de paraquedistas alemães tomaram pontos vitais na Noruega e, ao mesmo tempo, a Dinamarca foi rapidamente forçada a se render quando ficou evidente que o país estava cercado.

Lições duras
A resposta dos Aliados foi descompromissada. Uma força de contra-invasão destinada a tomar Trondheim (Noruega) foi interrompida pela Força Aérea alemã e tropas Aliadas tiveram de ser evacuadas. Outra tentativa, mais ao norte, em Narvik, foi prejudicada por rivalidade interna entre a Marinha

Um grupo de artilharia do exército dinamarquês antes da invasão alemã em 9 de abril. A rápida invasão foi um prelúdio ao ataque alemão à Noruega, que era mais valiosa estrategicamente.

Real e o Exército Britânico. A experiência desastrosa ensinou duras lições à Marinha Real sobre a importância da Força Aérea. Mas os alemães pagaram um preço alto pela vitória, perdendo muitos homens e aviões, além de alguns de seus melhores navios de guerra, prejudicando muito suas chances de invadir a Grã-Bretanha. Eles também tiveram de guarnecer a Noruega com 350 mil homens pelo resto da guerra, até muito depois de seus sucessos em outros lugares tornarem obsoletas suas metas estratégicas originais. ■

Ver também: A Guerra Falsa 64-65 ▪ A Blitzkrieg 70-75 ▪ A Batalha da Grã-Bretanha 94-97 ▪ A Europa nazista 168-71 ▪ Movimentos de resistência 226-31

SE OS TANQUES TIVEREM SUCESSO, A VITÓRIA É CERTA

A BLITZKRIEG (10 DE MAIO-4 DE JUNHO DE 1940)

A BLITZKRIEG

EM CONTEXTO

FOCO
Ambições militares alemãs

ANTES
1905-06 O marechal de campo von Schlieffen desenvolve um plano estratégico para a vitória alemã sobre a França.

Ago 1914 O Plano Schlieffen falha, em parte por limitações da guerra móvel na época.

Set 1939 As forças alemãs aprimoram a execução de avanços rápidos de blindados com apoio aéreo próximo, na invasão da Polônia.

DEPOIS
26 mai-4 jun 1940 As tropas Aliadas são evacuadas de Dunquerque para a Inglaterra.

5 jun 1940 As forças alemãs começam sua ofensiva do sul de Somme para a França.

22 jun 1940 A França se rende à Alemanha.

Uma divisão motorizada alemã rumo a Rotterdam se prepara para cruzar um rio de balsa, em maio de 1940. Os holandeses destruíram muitas pontes para atrasar o avanço da Wehrmacht.

Muito planejado, com frequência adiado e bastante esperado, o ataque alemão na Frente Ocidental mesmo assim conseguiu surpreender os Aliados por sua rapidez e eficácia devastadora – um estilo de guerra que foi chamado de Blitzkrieg ("guerra-relâmpago"). Os generais de Hitler tinham preparado uma versão atualizada da estratégia da Primeira Guerra conhecida como Plano Schlieffen, de codinome *Fall Gelb* ("Caso Amarelo"). Ele exigia um flanco direito forte que avançaria pela Bélgica e norte da França, enquanto um flanco esquerdo mais fraco confrontaria o inimigo na principal zona fronteiriça francesa, protegida pela Linha Maginot.

Quando uma cópia desses planos por acidente caiu em mãos belgas em janeiro de 1940, o general alemão Erich von Manstein desenvolveu uma variante, a Operação Sichelschnitt ("Corte de Foice"). Como anteriormente, o Grupo de Exércitos B no norte contornaria pelos Países Baixos, enquanto o Grupo de Exércitos C no sul seria muito mais fraco. A diferença era que o Grupo de Exércitos A, no centro, era fortalecido.

Plano brilhante

Segundo o plano Sichelschnitt, o ataque do Grupo B, esperado pelos Aliados, teria como reação o avanço de suas principais forças rumo ao norte, para as posições defensivas conhecidas como Linha Dyle. Essas forças incluíam o I Exército Francês e a Força Expedicionária Britânica (BEF). Nesse ponto, o Grupo de Exércitos A, sob Gerd von Rundstedt, irromperia na supostamente intransponível região das Ardenas para atacar, usando a estratégia chamada pelos alemães de *Schwerpunkt* ("ponto de máximo esforço"). Ali se situava o fulcro das linhas Aliadas, entre seu forte flanco sul e as forças do norte. Assim, os alemães se esquivariam da Linha Maginot e esperavam cortar as forças aliadas no norte. Um plano seguinte, *Fall Rot* ("Caso Vermelho"), seria executado, então, para subjugar o resto das forças francesas.

Você atinge uma pessoa com o punho, não com os dedos espalhados.
Heinz Guderian
General do exército alemão

A EUROPA VAI À GUERRA

Ver também: A destruição da Polônia 58-63 ▪ Dunquerque 76-79 ▪ A queda da França 80-87 ▪ Guerra nos Bálcãs 114-17 ▪ Operação Barbarossa 124-31 ▪ Os desembarques do Dia D 256-63

Era um plano brilhante, que dependia da execução impecável do que seria depois entendido como uma nova doutrina de guerra (ver quadro) e que traria incrível sucesso apesar de os alemães terem menos homens e tanques. Enfrentando um total de 144 divisões francesas, britânicas, belgas e holandesas, os alemães tinham 136 divisões. Os franceses tinham 3 mil tanques, enquanto as divisões Panzer tinham só 2.700, mas, diferentemente dos franceses, os Panzers ficavam bastante concentrados para realizar ataques devastadores. Os alemães tinham já internalizado as táticas da guerra de tanques, enquanto os franceses estavam atolados na mentalidade defensiva da Primeira Guerra. O marechal Philippe Pétain insistiu até o fim de 1939 que "os tanques não mudam os princípios da guerra".

Em termos de poder aéreo, os alemães equilibravam as forças, pelo menos. Diversamente dos Aliados, tinham bombardeiros de mergulho e sabiam como usá-los em apoio próximo a forças de terra. Além disso, sua vantagem em tecnologia de combate preocupava os Aliados. Algo crucial é que os Messerschmitts alemães eram mais rápidos que qualquer avião Aliado. Um relatório do comitê de defesa do Senado francês alertou, em 1937: "A Força Aérea alemã está em condições de voar sobre a França em completa impunidade."

Ataque formidável

A Operação Sichelschnitt foi lançada cedo, na manhã de 10 de maio de 1940, e tudo correu segundo o plano dos alemães. O Grupo de Exércitos B fez o que o general de Panzers alemão e depois historiador militar Friedrich von Mellenthin descreveu como um "formidável, barulhento e espetacular" ataque sobre a Bélgica e os Países Baixos, e os Aliados reagiram como previsto, avançando para a Linha Dyle. "Quanto mais eles se empenhassem por esse setor", Mellenthin observou, "mais certa seria sua ruína."

Em 13 de maio, com *timing* perfeito, a ponta de lança do Grupo de Exércitos A, o Grupo Panzer sob Paul von Kleist, que incluía o XIX Corpo Panzer de Heinz Guderian, cumpriu o *Schwerpunkt* contra as forças francesas em Sedan, uma poderosa fortaleza de tremendo significado histórico, mas carente de defesas modernas eficazes. Os franceses não conseguiram enfrentar a combinação de blindados concentrados, apoio aéreo próximo e »

Táticas de Blitzkrieg

Um ataque aéreo surpresa com bombardeiros de mergulho e caças de apoio elimina bases aéreas e militares, destruindo aviões inimigos antes que tenham qualquer chance de decolar.

Com o domínio dos ares obtido, os tanques abrem caminho no território inimigo para tomar ferrovias e centros de comunicação, aterrorizar a população civil local e estabelecer controle sobre centros estratégicos essenciais.

A infantaria motorizada – transportada em caminhões – avança atrás dos tanques para extinguir qualquer oposição remanescente e consolidar o controle de pontos estratégicos como pontes, construções fortificadas e estradas.

Nunca houve algo como uma Blitzkrieg?

De início, os alemães não chamaram sua nova doutrina de ataque de Blitzkrieg. O general de paraquedistas Kurt Student disse: "Nunca houve algo como uma Blitzkrieg"; e o próprio Hitler ridicularizava o termo. Na verdade, não era uma nova doutrina, mas uma evolução de tradições militares alemãs existentes combinadas à aplicação de nova tecnologia.

A Blitzkrieg devia muito aos textos dos estrategistas militares do século XIX Carl von Clausewitz e Alfred von Schlieffen. Clausewitz propôs o conceito de *Schwerpunkt* em *Da guerra* (1832). Seu princípio central é que a força principal no ataque deve se concentrar nos pontos de fraqueza da defesa do inimigo, em vez de se distribuir por igual. Era também preciso que cada unidade ativa tivesse um conjunto claro de metas. Schlieffen desenvolveu essa ideia antes da Primeira Guerra, mas ela só se tornou viável com a evolução de tanques e aviões rápidos.

A BLITZKRIEG

Esta não foi uma guerra de ocupação, mas de rápida penetração e destruição: Blitzkrieg, Guerra-Relâmpago.
Anônimo
Revista *Time*, 1939

iniciativa operacional mostrada pelos alemães. Um comandante de Panzer disse: "Várias vezes os movimentos rápidos e o manejo flexível de nossos Panzers desorientaram o inimigo."

As divisões Panzer perfuraram as linhas Aliadas e as atravessaram correndo. É famoso o grito de Guderian: *"Fahrkarte bis zur Endstation!"* ("Passagem para a última estação!") a seus comandados Panzer quando passavam, em direção à costa, para cortar as forças Aliadas na Bélgica. O escritor e estrategista militar Liddell Hart chamou-a de "uma penetração estratégica profunda por forças blindadas independentes – uma carga de tanques de longo alcance para cortar as principais artérias do exército oposto bem depois de seu front".

Forçando a vantagem

Ignorando ordens cada vez mais iradas para se conter e esperar por reforços, Guderian – apelidado "Heinz Anda Logo", por sua dedicação à mobilidade – levou sua vantagem ainda mais longe, chegando a Abbeville, perto do canal da Mancha, em 20 de maio. Seu avanço naquele dia era um resumo em miniatura da Blitzkrieg. Às 7 da manhã, duas de suas divisões de tanques deixaram Péronne, rumo ao oeste. Às 10 horas, chegaram a Albert, onde uma pequena tropa de soldados britânicos, atrás de uma barricada de caixas de papelão, tentou em vão detê-los. Às 11 horas, em Hédauville, os tanques encontraram uma bateria de artilharia britânica, armada apenas de projéteis de festim. Ao meio-dia entraram em Amiens, onde Guderian parou um pouco para ver a catedral, e às 4 da tarde já tinham tomado Beauquesne, onde se apossaram do arquivo de mapas da BEF. Eles chegaram a Abbeville – a "última estação" às 21 horas. Perto dali, no litoral do canal da Mancha, apontaram as armas para a Inglaterra.

Cerco

Nesse momento, os holandeses já tinham se rendido. Horrorizados com a destruição provocada em Rotterdam pela Luftwaffe, capitularam em 15 de maio. O medo de ataques aéreos fez de 6 a 10 milhões de refugiados saírem de suas casas no norte da França e na Bélgica, congestionando as estradas e impedindo ainda mais a reação Aliada.

Em 18 de maio, o primeiro-ministro francês Paul Reynaud reorganizou o governo e o comando militar, tornando um herói da Primeira Guerra, o marechal Philippe Pétain, vice-premiê. No mesmo dia, uma divisão de tanques liderada por Charles de Gaulle, prestes a se tornar o mais jovem general do exército francês, tentou um entusiasmado contra-ataque sobre as forças alemãs em Laon, e, em 21 de maio, forças britânicas tentaram romper as linhas alemãs perto de

Refugiados belgas fogem de suas casas, esperando achar segurança na França. Cerca de 2 milhões de pessoas fugiram e, apesar de a maioria ter voltado, outros ficaram na França e alguns chegaram ao Reino Unido.

A EUROPA VAI À GUERRA

Arras. Ambas as tentativas falharam, a segunda rechaçada pelas tropas de Erwin Rommel. Os blindados alemães atuavam em conjunto para vencer os esforços Aliados, enquanto os blindados Aliados estavam espalhados demais para ser eficazes.

Sem conseguir romper o cerco e se juntar às forças francesas no sul, a BEF e o I Exército Francês recuaram para Dunquerque, enquanto os alemães avançavam, implacáveis. Em 22 de maio, a RAF perdeu seu último campo de pouso na região. Dali em diante, todas as suas incursões teriam de sair da Inglaterra, reduzindo muito a duração das missões e limitando sua capacidade de lutar contra a Luftwaffe. Em 24 de maio, os Grupos A e B do exército alemão se juntaram para refrear ainda mais os Aliados. Os Panzer de Kleist estavam, então, a apenas 29 km de Dunquerque e ele depois se lembraria de seus tanques nos cumes acima de Flandres, de onde podiam controlar as aproximações ao local. Centenas de milhares de soldados Aliados foram encurralados num pequeno bolsão ao redor do porto, em situação desesperadora.

A ordem para parar

Bem quando os alemães estavam prontos a dar o golpe mortal, veio uma ordem da maior autoridade dizendo que parassem. A criticada Ordem de Parada de 24 de maio daria aos Aliados 40 horas vitais para organizar sua colossal evacuação. Com a vantagem do olhar retrospectivo, os generais alemães foram impiedosos em sua avaliação: "Hitler estragou a chance da vitória", disse o general de Panzer Wilhelm von Thoma após a guerra, e Kleist chamou-a de "a ordem estúpida de Hitler".

Embora a história tenha indicado que foi um terrível erro, havia uma lógica na decisão de Hitler. O próprio comandante do Grupo A, Rundstedt, já tinha pedido uma parada. Ambos, ele e Hitler, temiam que os tanques estivessem muito adiante do apoio da infantaria e caíssem numa armadilha dos Aliados no chão alagadiço ao redor de Dunquerque. Refletiram também que faltava lidar com poderosas forças francesas em outros lugares. Enquanto isso, Hermann Göring tinha prometido que a Luftwaffe varreria o bolsão de Dunquerque. E Hitler e muitos outros estavam convencidos que os britânicos simplesmente abandonariam a guerra. Eles estavam mais preocupados com os franceses, decididos a derrotar seu velho inimigo. Em consequência, sua atenção se voltou, em seguida, para o *Fall Rot*, o plano de conquista da França. ∎

O estrategista alemão Alfred von Schlieffen enfatiza a **doutrina estratégica** de vitória rápida e decisiva por meio de velocidade de manobra, concentração de forças e ataque aos pontos fracos do inimigo.

O comandante militar prussiano Helmuth von Moltke, o Velho, enfatiza um **sistema de comando flexível**, capaz de iniciativa e reação rápida.

No fim do século XIX, os militares alemães desenvolvem a doutrina da *Bewegungskrieg* (**guerra de manobra**), caracterizada por movimento rápido e flexibilidade tática.

Obstáculos táticos à doutrina da manobrabilidade na Primeira Guerra Mundial são vencidos pelo **comando descentralizado**.

Restrições do tratado pós-Primeira Guerra forçam o rearmamento da Alemanha a focar em **modernização e tecnologia poderosa**.

Doutrinas de manobrabilidade estratégica e tática, aliadas a nova tecnologia, produzem uma "Blitzkrieg" altamente eficaz.

UM RESGATE MILAGROSO
DUNQUERQUE
(26 DE MAIO-4 DE JUNHO DE 1940)

EM CONTEXTO

FOCO
Evacuação de tropas

ANTES
4 set 1939 A Força Expedicionária Britânica (BEF) começa a chegar no norte francês.

10 mai 1940 A Batalha da França começa quando tropas alemãs invadem a França e os Países Baixos.

20 mai 1940 Forças alemãs chegam à costa do canal da Mancha; a BEF é bloqueada em Flandres.

DEPOIS
5 jun 1940 Forças alemãs começam uma ofensiva no Somme rumo ao sul.

22 jun 1940 A França se rende.

6 jun 1944 Forças Aliadas voltam para a Europa continental nos desembarques do Dia D.

Entre 26 de maio e 4 de junho de 1940, mais de 340 mil soldados Aliados foram evacuados das praias de Dunquerque, na França. Essa operação imensamente bem-sucedida teve efeitos tanto na capacidade da Grã-Bretanha de prosseguir na guerra como, talvez mais importante, sobre o moral britânico. Churchill posteriormente descreveria Dunquerque como "um resgate milagroso".

Em 24 de maio, o devastador sucesso da invasão alemã tinha encurralado mais de 400 mil homens num bolsão ao redor do porto de Dunquerque, mas a interrupção ordenada por Hitler deu aos Aliados

A EUROPA VAI À GUERRA   77

Ver também: A Blitzkrieg 70-75 ▪ A queda da França 80-87 ▪ A Batalha da Grã-Bretanha 94-97 ▪ Os desembarques do Dia D 256-63

Soldados fazem fila na praia de Dunquerque, esperando a evacuação. Sem cobertura que os protegesse, teriam sido alvos fáceis se a Luftwaffe não fosse impedida de voar pelo mau tempo.

dois dias vitais para fortalecer defesas ao redor da cidade e preparar um plano de evacuação. Liderada pelo vice-almirante Bertrand Ramsay, a Operação Dínamo esperava evacuar 45 mil homens, no máximo, antes que os alemães esmagassem o bolsão. Churchill era ainda menos otimista e escreveu depois que "pensava [...] que talvez 20 mil ou 30 mil homens poderiam ser reembarcados. A própria raiz, núcleo, cérebro do exército britânico [...] parecia prestes a perecer em campo, ou ser levada a cativeiro vergonhoso e faminto".

A defesa de Dunquerque
Um elemento essencial do sucesso de Dunquerque foi a coragem das forças que defendiam o bolsão. O I Exército Francês, com algumas forças britânicas, entrincheirou-se e manteve uma persistente ação de retaguarda que, no melhor dos casos, acabaria com sua captura. Eles foram ajudados pela natureza pantanosa do solo ao redor de Dunquerque, que evitou que os alemães levassem seus Panzer – um dos fatores que primeiro convenceu Hitler a atuar com cautela. Em 27 de maio, porém, o general Walther von Brauchitsch, o comandante em chefe alemão, convenceu Hitler a permitir que o avanço continuasse. Porém, Hitler decidiu que os tanques deviam ser reservados para o que considerava batalhas mais importantes, e os tinha redirecionado para juntar-se às forças que se reuniam ao longo da linha Somme-Aisne para a iminente ofensiva contra a França.

Houve, então, o primeiro de uma série de golpes de sorte que foram amplamente interpretados na Grã-Bretanha como "milagres". Hitler assumira, não sem razão, que a Luftwaffe realizaria mais facilmente que os Panzer a destruição do bolsão, mas em 28 de maio uma colossal tempestade caiu sobre Flandres, mantendo os aviões alemães em terra. Sob a cobertura de má visibilidade e chuva, outros milhares de soldados britânicos subiram pela costa sem ser alvejados. Em 30 de maio, três dias depois de vangloriar-se que logo os britânicos seriam aniquilados, o general Halder, chefe do Estado-maior alemão, registrou em seu diário: "Mau tempo manteve Luftwaffe no chão e agora »

Dunquerque [...] deveria ser vista como uma série de crises. Cada crise era resolvida apenas para ser substituída por outra [...].
Walter Lord
O milagre de Dunquerque, 1982

Winston Churchill

Lembrado por alguns como o maior primeiro-ministro da Grã-Bretanha, Winston Spencer Churchill (1874-1965) foi muitas vezes uma figura controversa. Ele passou a juventude em aventuras militares em Cuba e na África, e durante a Primeira Guerra – como Primeiro Lorde do Almirantado – supervisionou a desastrosa campanha de Gallipoli no sudoeste turco.

Como político, mudou de partido mais de uma vez, e ocupou a maioria dos principais postos de Estado. Tinha sua própria capacidade e instintos para questões militares em alto conceito, combinando o fascínio por avanços tecnológicos com genuína preocupação com o bem-estar dos soldados no front. Nos anos 1930 ficou afastado da política, mas seu longo apoio ao rearmamento e a oposição ao apaziguamento fizeram dele a opção natural quando Chamberlain caiu. Em 10 de maio de 1940, o mesmo dia em que os alemães lançaram a ofensiva sobre Bélgica, França e Países Baixos, ele assumiu como primeiro-ministro, lembrando: "Sinto como se estivesse caminhando para meu destino e que todo o meu passado foi apenas uma preparação para esta hora e esta provação."

---

precisamos esperar, vendo incontáveis milhares de inimigos fugirem para a Inglaterra [...]."

Cenas caóticas

Outro "milagre" simultâneo foi que, enquanto rugia essa tempestade, uma calmaria incomum se instalou no canal da Mancha, facilitando a passagem de barcos britânicos. Bombardeios da Luftwaffe tinham destruído o porto de Dunquerque, então os homens tinham de ser embarcados na praia, cuja suave inclinação tornava difícil a aproximação. Mais tarde, foi ativado um longo píer que saía do leste do porto, tornando mais fácil o embarque. De início, porém, o cenário foi caótico, com soldados entrando em águas profundas, marinheiros usando remos para afastar homens que poderiam virar as lanchas e oficiais ameaçando balear homens desobedientes desesperados.

A princípio, os britânicos nem sequer falaram aos franceses sobre os planos de evacuação e, ao iniciá-la, sua política foi de não permitir que soldados franceses embarcassem (esperando, em vez disso, que eles defendessem o bolsão); em pelo menos uma ocasião, soldados franceses foram baleados por tentar se juntar ao êxodo.

Os *Little Ships*

Uma frota da Marinha Real transportaria os evacuados, mas devido ao fundo raso da praia era preciso barcos menores para transferir os homens para os navios maiores. Em 29 de maio, barcos vindos do grupo Small Vessels Pool – embarcações de menos de 30 m de comprimento, de propriedade particular – chegaram para ajudar. Outros apelos trouxeram mais daqueles que ficariam conhecidos como os *Little Ships* ("Pequenos Barcos"), entre eles barcos de pesca e embarcações de recreio, barcaças do Conselho do Condado de Londres e rebocadores puxando barcas do Tâmisa, mandadas pelo porto de Londres. Entre os tripulantes dos *Little Ships* estava Charles Herbert Lightoller, de 66 anos, que tinha sido segundo oficial no *Titanic*.

Um papel vital foi desempenhado pela RAF, fazendo um voo atrás do outro para manter a Luftwaffe a distância. O piloto Douglas Bader descreveu a cena do ar: "O mar de Dunquerque a Dover [...] estava sólido com tantos barcos. Parecia ser possível atravessar andando sem

A EUROPA VAI À GUERRA

molhar os pés." Bader também descreveu como foi fácil localizar Dunquerque "pelo enorme manto de fumaça negra subindo [...] dos tanques de gasolina em chamas dentro do porto". Esses tanques tinham sido atingidos por bombas alemãs, o que também se revelou um golpe de sorte, já que a fumaça deu uma cobertura vital aos Aliados. Somente em 31 de maio, 68 mil homens foram evacuados.

À altura da ocasião

Com poucas defesas próprias, porém, a frota de evacuação estava extremamente vulnerável. Uma mudança no tempo em 1º de junho permitiu à Luftwaffe afundar três destróieres e um barco de passageiros, além de danificar seriamente quatro outros. O vice-almirante Ramsay proibiu a navegação de dia, mas as evacuações continuaram à noite. O último navio britânico foi recolhido ao amanhecer de 2 de junho e os soltados restantes da BEF foram evacuados por balsas. Naquela noite, barcos voltaram para buscar soldados franceses, mas não puderam completar sua missão e tiveram de tentar novamente na noite seguinte, quando conseguiram levar 27 mil – apesar da aproximação dos alemães.

Em 4 de junho, Churchill disse na Câmara dos Comuns que "335 mil homens tinham sido tirados das garras da morte". Na verdade, cerca de 25 mil funcionários não combatentes britânicos já haviam sido evacuados antes da Operação Dínamo, e a contagem oficial da operação em geral era de 340 mil (220 mil britânicos e 120 mil franceses), além de 34 mil veículos e 170 cães (mascotes de regimento). Outros 220 mil soldados Aliados foram resgatados de outros portos franceses, como Cherbourg, Saint-Malo, Brest e Saint-Nazaire, levando o total de evacuados a 558 mil. No Reino Unido, o domingo de 9 de junho se tornou Dia Nacional de Ação de Graças. A evacuação de Dunquerque levantou o moral nacional, além de ter preservado grande parte do exército britânico. Ela é vista como um ponto de virada na guerra. ∎

> A praia, tomada de homens, iluminada pelas fogueiras, parecia um alvo perfeito.
> **Arthur Divine**
> Tripulante de um dos *Little Ships*

Multidões de soldados se amontoam num barco de resgate. Os navios maiores recolhiam os soldados no Dique do Leste, um píer que chegava a águas profundas. Só barcos menores podiam se aproximar da praia de suave inclinação.

ESMAGADOS PELAS FORÇAS LANÇADAS CONTRA NÓS

A QUEDA DA FRANÇA
(5-22 DE JUNHO DE 1940)

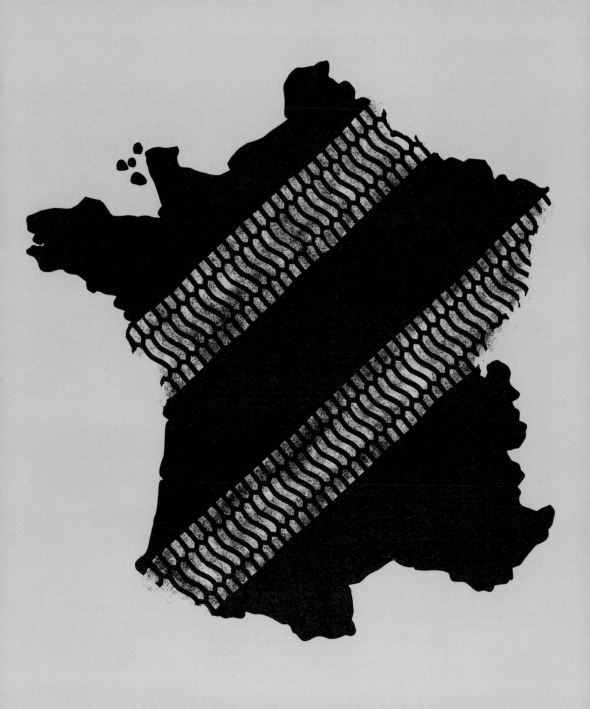

A QUEDA DA FRANÇA

EM CONTEXTO

FOCO
Rendição da França

ANTES
1923 Tropas francesas e belgas ocupam a área industrial do Ruhr, na Alemanha, para compensar reparações não pagas da Primeira Guerra Mundial.

3 set 1939 Dois dias após a invasão da Polônia pela Alemanha, a França e a Grã-Bretanha declaram guerra à Alemanha.

Mai 1940 Forças alemãs avançam da Bélgica para a França e atingem o canal da Mancha, causando a evacuação das tropas britânicas em Dunquerque.

DEPOIS
19 jul 1940 Hitler promove doze generais a marechais de campo para premiar a vitória sobre a França.

Nov 1942 A Alemanha ocupa a França de Vichy.

6 jun 1944 Tropas Aliadas desembarcam na Normandia no Dia D.

Fortificações antitanque marcam a Linha Maginot, construída pela França nos anos 1930 ao longo de sua fronteira leste e projetada como uma barreira impenetrável a uma invasão por forças alemãs.

Em 9 de maio, véspera da ofensiva alemã na Europa ocidental, Hitler tinha garantido a seu Estado-maior: "Senhores, estão prestes a testemunhar a vitória mais famosa da história." Em 4 de junho, com os britânicos expulsos do continente e a França em desordem, a previsão estava a caminho de se tornar verdadeira. Os alemães, então, voltaram a atenção para o *Fall Rot* ("Caso Vermelho"), seu plano para controlar o resto da França, em especial as forças reunidas inutilmente ao longo da Linha Maginot, a fronteira leste fortificada da França.

O comandante em chefe francês, Maxime Weygand, tinha colocado 49 divisões ao longo dos rios Somme e Aisne, no nordeste francês – a assim chamada Linha Weygand –, mas a situação do país era precária. A Força Expedicionária Britânica (BEF) tinha escapado, deixando só um punhado de seus combatentes ainda na França. Os franceses tinham perdido 22 de suas 71 divisões de campo, seis das sete motorizadas e oito das vinte blindadas. Cerca de dezessete estavam imobilizadas ao longo da Linha Maginot. Como Hitler planejara, as reservas do exército francês estavam todas comprometidas com países ao norte, na esteira do avanço alemão através dos Países Baixos, Bélgica e Luxemburgo. A Força Aérea Britânica (RAF) recusou-se a mandar mais aviões; a Força de Ataque Aéreo Avançado que tinham enviado perdera Hurricanes à taxa de 25 por dia, enquanto as fábricas que os produziam só podiam fornecer quatro ou cinco ao dia. Os chefes da RAF sabiam que todos os aviões disponíveis seriam necessários para a inevitável Batalha da Grã-Bretanha. As tropas francesas ao longo da Linha Weygand estavam em desvantagem e as forças de Rommel só levaram dois dias para avançar até perto de Rouen. Em 9 de junho, os alemães cruzaram o Sena e o Aisne; a França estava agora à sua mercê.

O êxodo

Em 10 de junho, dia em que a Itália declarou guerra à França e à Grã-Bretanha, o governo francês fugiu para Bordeaux, declarando Paris uma

O moral era uma questão de confiança [...]. Como podiam essas pessoas ter confiança em líderes que as abandonaram?
Virginia Cowles
Jornalista americana descrevendo o êxodo

A EUROPA VAI À GUERRA

Ver também: A Grande Guerra 18-19 ▪ A Blitzkrieg 70-75 ▪ Dunquerque 76-79 ▪ A Itália entra na guerra 88-89 ▪ Laços coloniais 90-93 ▪ A Europa nazista 168-71 ▪ Os desembarques do Dia D 256-63

cidade aberta, não militarizada, buscando poupá-la da destruição. Dos cerca de 5 milhões de parisienses, 3 milhões fugiram, unindo-se a outros milhões que lotavam as estradas, no assim chamado *l'exode* ("o êxodo"), em meio a cenas horripilantes. Enfermeiras davam injeções eutanásicas a pacientes que não podiam ser levados. Bebês eram abandonados. Saques eram praticados por toda parte por refugiados e soldados. Em 12 de junho, um jornalista suíço viu um rebanho de gado andando pelas ruas vazias de Paris. Havia cenas similares em outros lugares. O oficial nazista Albert Speer, ao chegar a Rheims em 26 de junho, descreveu refeições intocadas em mesas postas com copos, pratos e talheres – "como se, por um louco momento, a vida das pessoas da cidade tivesse parado". No vale do Loire, um comandante de tanque francês que se preparava para defender uma travessia de rio foi morto por habitantes locais para evitar que a cidade fosse envolvida numa batalha.

Uma união improvável

Em 11 de junho, enquanto os alemães avançavam velozmente, líderes franceses e britânicos estavam reunidos no Conselho de Guerra Supremo. Churchill e seu ministro da Guerra, Anthony Eden, voaram até Briare, ao sul de Paris, para encontrar o premiê francês Paul Reynaud, seu novo vice-premiê, o marechal Philippe Pétain, e Weygand. O oficial de ligação, major-general Edward Spears, lembrou posteriormente o rosto lívido das autoridades francesas presentes e seu evidente derrotismo. Só o jovem general Charles de Gaulle, recém--nomeado subsecretário da Guerra, mostrava algum espírito combativo, apoiando Churchill, que se empenhava com desespero em convencer a França a continuar na guerra. Poucos dias depois, de Gaulle também endossou uma proposta radical de união franco-britânica. O instituto de política Chatham House havia esboçado antes um "Ato de Associação Perpétua entre o Reino Unido e a França", que o Foreign Office vinha considerando seriamente desde março de 1940. O diplomata francês Jean Monnet, chefe do Comitê de Coordenação Anglo-Francesa, elaborou a oferta de "união indissolúvel", que o gabinete britânico aprovou em 16 de junho. Embora Churchill estivesse cético, De Gaulle telefonou com sua bênção a um deliciado Reynaud naquela tarde. O plano, porém, teve pouca duração. O Conselho de Ministros francês o rejeitou, temendo um complô britânico para dominar a França. Pétain, que sentia que só a capitulação e um armistício com a Alemanha salvariam a França, declarou que a união seria uma "fusão com um cadáver". »

Civis franceses fogem de Paris enquanto os alemães avançam para a cidade. Os veículos muitas vezes quebravam ou ficavam sem gasolina, entupindo as estradas e forçando seus ocupantes a seguirem a pé.

A QUEDA DA FRANÇA

Soldados alemães em motocicletas estudam mapas da França ao se espalharem pelo país no verão de 1940, muitas vezes pilhando e se apossando de casas de onde os franceses tinham fugido.

Churchill disse depois, sobre a rejeição à proposta: "Escapamos por pouco", notando quanto a união teria cerceado a Grã-Bretanha mais tarde na guerra.

Colapso inevitável

As esperanças de Churchill de que a França pudesse de algum modo se manter até 1941 evaporaram rapidamente. Em 14 de junho, os alemães entraram em uma Paris quase deserta. No dia seguinte, enquanto abriam uma larga seção na Linha Maginot, a histórica fortaleza de Verdun caiu e as forças alemãs bloquearam e encurralaram o III, o V e o VIII Exércitos Franceses na fronteira suíça; 400 mil homens se renderam em massa. Em 18 de junho, a evacuação da segunda BEF, que chegara à França havia apenas cerca de duas semanas, foi concluída. Um dia depois, os alemães atingiram Nantes, alastrando-se a alta velocidade pela França. Weygand avisou Reynaud que a derrota era inevitável e desaconselhou planos de continuar a luta a partir de colônias francesas de ultramar. Em 17 de junho, Reynaud se demitiu em favor de Pétain e, em 20 de junho, quando o XVI Corpo Panzer alcançou Lyon, ele concedeu um cessar-fogo. A vontade de lutar dos franceses tinha se desintegrado. Suas perdas eram estimadas em 90 mil mortos e 200 mil feridos, e 1,9 milhão de pessoas tinham desaparecido ou se tornado prisioneiras. O total de mortes no exército e na Força Aérea alemã era de 29.640, e o de feridos, 163.213.

Rendição humilhante

Nem todos os franceses aceitaram a derrota. Charles de Gaulle escapou da França em 16 de junho e, dois dias depois, transmitiu pela BBC uma mensagem emocionante de desafio, exortando seus compatriotas a acreditarem na ressurreição da França e na vitória final – "a chama da resistência francesa não deve e não irá morrer". No entanto, De Gaulle nessa época era uma figura um tanto obscura, tendo apenas semanas antes sido promovido a general de brigada e servido apenas uma quinzena no governo francês. Weygand foi mordaz em sua rejeição ao apelo mobilizador de De Gaulle, afirmando que em três semanas a Inglaterra teria "seu pescoço torcido como um frango". Um tribunal de Vichy posteriormente declarou De Gaulle culpado de traição e o condenou à morte *in absentia*; uma condição da rendição que os alemães ditaram à França foi que qualquer pessoa que apoiasse o que De Gaulle e os britânicos chamavam de "França Livre" receberia pena de morte.

Na noite de 22 de junho, em Compiègne, 70 km a nordeste de Paris, o general francês Charles Huntzinger assinou a rendição formal.

A França perdeu uma batalha. Mas a França não perdeu a guerra! Eu lhes peço que acreditem em mim quando digo que a causa da França não está perdida.
Charles de Gaulle

A EUROPA VAI À GUERRA

O mais terrível desastre da história da França.
Marc Bloch, 1940
Industrial francês

Hitler insistiu que a assinatura ocorresse no mesmo vagão de trem em que, 22 anos antes, os franceses aceitaram a rendição alemã. Após ver ali perto o memorial de granito ao Armistício de 1918, Hitler ordenou que fosse destruído; "a maior humilhação alemã de todos os tempos", escreveu o marechal de campo Wilhelm Keitel, tinha de ser "eliminada de uma vez para sempre".

Sob os termos da rendição, três quintos do território francês se submeteriam à ocupação alemã, incluindo a maior parte do norte e do oeste e toda a costa atlântica, ao custo de 400 milhões de francos por dia, a serem custeados pelos próprios franceses. Pétain foi instalado como presidente do novo *État français*, governando o restante, conhecido como "França de Vichy", referente ao nome da estação de águas no Auvergne onde a *Assemblée Nationale* votou em 10 de julho pela dissolução da septuagenária Terceira República da França.

Dividindo a França
Após abater sua presa, os alemães a esquartejaram. A Itália pôde anexar o sudeste da França, ao redor de Nice, enquanto partes do norte, na fronteira com a Bélgica, ficaram sob controle de autoridades militares alemãs sediadas em Bruxelas. A Alemanha anexou ainda a Alsácia-Lorena, enquanto outras áreas do nordeste foram reservadas para uma futura colonização alemã. O resto do norte foi comandado por um governador militar alemão.

A França de Vichy
Só 40% do território francês foi deixado para Pétain, e seu governo foi instalado em Vichy porque a estação de águas no centro da França, com seus 300 hotéis, tinha quartos para receber os ministros e funcionários deslocados de Paris (entre eles 100 mil funcionários públicos). Pétain ficou entusiasmado porque a cidade tinha uma central telefônica internacional, boa comunicação com Paris e clima agradável.

Ali Pétain instalaria, após a guerra, o que foi classificado como um regime relativamente inofensivo e passivo, que só tentava manter seus cidadãos a salvo, mas que na verdade era uma ditadura ambiciosa e reacionária. O governo de Pétain era autoritário, profundamente »

Adolf Hitler posa ao lado da Torre Eiffel em Paris, em 23 de junho de 1940, dia seguinte à assinatura da rendição francesa em Compiègne. Cinco dias depois, visitou Estrasburgo, também ocupada em 1940.

Charles de Gaulle

Nascido em Lille em 1890, filho de um professor, De Gaulle foi um jovem oficial de infantaria na Primeira Guerra, ferido três vezes e feito prisioneiro. Entre as guerras, estudou a arte da guerra moderna e propôs que o exército da França fosse mais móvel e mecanizado, mas foi pouco ouvido. Quando a Segunda Guerra eclodiu, era comandante de um regimento de tanques. Com apoio político de Paul Reynaud, no início de 1940 foi promovido a general de brigada, entrou no governo e viajou a Londres, onde conheceu Churchill, a quem impressionou.

Quando a França caiu e Pétain substituiu Reynaud como líder francês, De Gaulle foi para a Grã-Bretanha. Nos quatro anos seguintes, fez da França Livre um governo paralelo e em agosto de 1944 fez uma entrada triunfante em Paris.

A França Livre de De Gaulle garantiu que os franceses participassem da guerra e de sua própria libertação. Em seguida, foi presidente do país até janeiro de 1946 e novamente de 1958 a 1969. Morreu em sua casa, em Colombey-les-deux-Églises em 1970.

A QUEDA DA FRANÇA

> Marechal, aqui estamos! Salvador da França, nós, seus homens, juramos servir e seguir seus passos.
> **André Montagard**
> Letrista da canção francesa
> *Maréchal, nous voilà!*

católico, hierárquico e antissemita. Na maioria dos dias, o marechal ia até a varanda do Hotel du Parc, sua residência e sede do governo de Vichy, para ouvir apoiadores cantando uma música popular criada em sua honra: *"Maréchal, nous voilà!"* ("Marechal, aqui estamos!"). Aos 84 anos, Pétain se considerava uma Joana d'Arc moderna, afirmando que seu novo governo instituiria *la Révolution nationale*, um movimento de renascimento nacional. Na prática, era um homem velho cujos períodos de lucidez e energia eram intercalados por sonolência e esquecimentos. Ele também supervisionou um regime cruelmente reacionário. Por exemplo, pelo crime de realizar um aborto, Pétain mandou Marie-Louise Giraud à guilhotina; ela foi a última mulher na França a ser executada desse modo. Apesar de não ser um nazista "puro-sangue", o governo de Vichy incluía ideólogos de direita militantes, como o escritor Robert Brasillach, que confessou antes de ser executado por colaboracionismo, em 1945, que eram "parceiros dos alemães" e admitiu proximidade com os ocupantes nazistas.

Antissemitismo nazista

A criação de leis antissemitas foi um dos primeiros atos do regime de Vichy, que começou a agrupar os judeus. Embora os judeus franceses tenham sobrevivido em números relativamente altos na França de Vichy, foram relegados ao status de cidadãos de segunda classe. Os judeus estrangeiros, que inundaram a França como refugiados, eram recolhidos pelas *Razzien* (batidas policiais) alemãs, chamadas pelos franceses de *rafles*. Na França ocupada pelos alemães, milhares de policiais franceses colaboraram com a SS para deter judeus franceses e estrangeiros.

Em Paris, de 16 a 17 de julho, no que ficou conhecido como *la grande rafle* ou o *Vél d'hiv rafle* (pois foram encerrados no estádio de ciclismo *Vélodrome d'Hiver*), mais de 12 mil judeus parisienses foram presos para deportação para campos de concentração. Duas semanas depois, mais de 10 mil policiais na França de Vichy se uniram a uma busca massiva por judeus poloneses e alemães fugitivos. A área ocupada pela Itália ao redor de Nice se tornou um refúgio para os judeus, com Mussolini insistindo que fossem protegidos. Esse breve respiro só durou até as forças italianas se retirarem, em setembro de 1943.

Trabalho forçado

Pétain e seu governo de Vichy continuaram populares entre muitos franceses. Quando ele visitou a Notre Dame de Paris em abril de 1944, mais pessoas saíram para saudá-lo que aquelas tomando as ruas para ver De Gaulle quando a cidade foi liberada quatro meses depois. O entusiasmo inicial por Vichy tinha sido ainda maior, mas dois eventos tiveram um efeito muito negativo na popularidade de Pétain. O primeiro foi sua decisão de continuar no cargo quando a Alemanha ocupou a França de Vichy

Crianças presas no Campo de Concentração de Rivesaltes, perto de Perpignan, na França de Vichy. O campo, usado de início para abrigar refugiados catalães, confinou depois judeus enviados para Auschwitz.

A EUROPA VAI À GUERRA 87

Um cartaz de Vichy diz: "Acabaram os dias ruins! [...] Papai ganha dinheiro na Alemanha", buscando fazer o trabalho forçado parecer atraente. O pedido inicial se tornou convocação sob as novas leis de Vichy.

em novembro de 1942, o que manchou sua reputação como firme patriota francês. O segundo foi a criação do *Service de Travail Obligatoire*, o recrutamento compulsório de 650 mil franceses para trabalhos forçados nas fábricas alemãs de 1942 a 1944. Isso causou um ressentimento geral e convenceu muitos a se juntarem aos movimentos da Resistência Francesa.

Colaboracionistas de Vichy

Desde sua criação em janeiro de 1943, a principal força contrária à Resistência foi a Milice, uma organização paramilitar de Vichy que perseguia implacavelmente membros da Resistência e refugiados judeus. Os esquadrões da morte da Milice praticavam torturas e massacres. Em evento atroz no Vale do Loire em julho de 1944, uma unidade da Milice liderada pelo violento antissemita Joseph Lécussan jogou 36 judeus em três poços, lançando depois sacos de cimento e pedras para esmagá-los vivos. Embora Pétain tenha feito fracas objeções formais, não agiu para impedir tais barbaridades. No fim da guerra, a França de Vichy tinha deportado até 80 mil judeus, prendido 70 mil "inimigos do Estado" e levado a julgamento 135 mil cidadãos franceses.

O controle alemão da França foi ajudado pela quantidade de franceses que aderiram ao colaboracionismo. Por pequenos valores mensais, milhares fizeram espionagem para a Gestapo, que também recebeu dezenas de milhares de denúncias anônimas. Cerca de 1,5 milhão de franceses se tornaram prisioneiros de guerra; em sua ausência, as ligações entre soldados alemães e mulheres francesas foram numerosas, com até 200 mil bebês nascidos em consequência. Os colaboracionistas também eram motivados pela fome. Metade da comida produzida na França entre 1940 e 1944 foi requisitada pelos alemães.

Levou tempo para a França do pós-guerra assumir seu passado de Vichy. Só em 1995 o presidente Jacques Chirac reconheceu pela primeira vez o papel da França no genocídio judeu. ∎

SÓ PRECISO DE ALGUNS MILHARES DE MORTOS
A ITÁLIA ENTRA NA GUERRA (JUNHO DE 1940)

EM CONTEXTO

FOCUS
Ação militar italiana

ANTES
Anos 1920-1930 A indústria militar da Itália é arruinada por corrupção empresarial e inépcia do governo.

1936 A Itália conquista a Abissínia, ampliando sua presença colonial na África oriental.

22 mai 1939 Mussolini e Hitler assinam o Pacto de Aço.

DEPOIS
25 jun 1940 Armistício entre França e Itália; a França cede áreas à Itália.

Fev 1941 Forças italianas no Deserto Ocidental do Egito sofrem esmagadora derrota na Batalha de Beda Fomm.

25 jul 1943 Mussolini é deposto e preso após os desembarques Aliados na Sicília.

Set 1943 Alemães e Aliados lutam pelo controle da Itália.

Em 10 de junho de 1940, a Itália declarou guerra aos Aliados, um ato que teria repercussões trágicas para a nação e seu ditador, Benito Mussolini. Em maio de 1939, a Itália e a Alemanha tinham elaborado o que Mussolini chamou de Pacto de Aço, um tratado de defesa mútua assinado pelos italianos com o acordo verbal de que nenhuma das partes provocaria uma guerra até 1943. Mussolini ficou indeciso ao ver a crescente beligerância de Hitler em 1939, mas no verão de 1940 era a Alemanha que ansiava para que a Itália continuasse neutra, calculando que seria um bom amortecedor, ajudando a manter quieto o teatro do Mediterrâneo.

Mussolini, porém, guiado por pretensões imperialistas e oportunismo cínico, tinha outras ideias. No fim de maio já era claro que a França cairia e parecia provável que a guerra logo acabaria em favor de Hitler. Mussolini queria participar da ação e, em 26 de maio,

Mussolini inspeciona tropas do VIII Exército Italiano, formado em fevereiro de 1940 e baseado no norte do país. Ele se desfez em outubro do mesmo ano.

A EUROPA VAI À GUERRA

Ver também: A Itália e a emergência do fascismo 22-23 ▪ Norte da África e Mediterrâneo 118-21 ▪ A invasão da Itália 210-11

Uma divisão de motocicletas, parte do x Exército Italiano, na invasão do oeste egípcio em setembro de 1940. Os italianos atingiram Sidi Barrani antes que o avanço fosse detido.

disse a seus principais generais que pretendia entrar na guerra para ter um lugar na reunião de paz "em que o mundo será repartido". Ignorando argumentos de que as forças italianas estavam malpreparadas, em 5 de junho ele disse ao marechal Pietro Badoglio, chefe do Supremo Estado-Maior: "Só preciso de alguns milhares de mortos para poder sentar na conferência de paz como um homem que lutou." Assim, em 10 de junho, o ministro do Exterior de Mussolini, Galeazzo Ciano, disse aos embaixadores britânicos e franceses que a Itália declararia guerra às duas nações à meia-noite. O embaixador francês, André François-Poncet, chamou a ação de "golpe de adaga num homem caído".

Mal-equipados

As forças italianas incluíam cerca de 1 milhão de homens na Itália e outros 600 mil no ultramar, mas estavam mal equipadas e preparadas. Os tanques italianos, por exemplo, eram muito ridicularizados e nem sequer tinham rádio. Mesmo assim, Mussolini estava decidido a tomar territórios antes que os franceses concluíssem um armistício com a Alemanha, e em 15 de junho ordenou uma ofensiva ao longo da fronteira sudeste francesa que ficou conhecida como Batalha dos Alpes. O exército italiano atacou a *Armée des Alpes* francesa, mas começou mal, com os franceses montando uma firme resistência. Os italianos atingiram só um de seus objetivos: a tomada da cidade fronteiriça de Menton, que já tinha sido evacuada pelos franceses vários dias antes.

Nos outros lugares, os italianos também tiveram grandes problemas. O poderio naval britânico no Mediterrâneo ameaçava agora os barcos italianos, que sofreram perdas pesadas quase imediatas, e as forças italianas logo enfrentaram reveses no norte da África. Porém, à medida que a Alemanha consolidou seu controle sobre a França de Vichy, o domínio italiano no sudeste francês também cresceu. No fim de 1942, a Provença e a Córsega, entre outras regiões, já estavam sob ocupação italiana. ∎

A Batalha dos Alpes, 1940

Na fronteira franco-italiana nos Alpes, os italianos tentaram tirar vantagem do rápido avanço das tropas alemãs na França, rumo ao sul, atacando por passos nas montanhas. Mussolini esperava causar assim a queda das defesas francesas. O IV Exército Italiano pretendia chegar a Albertville, mas lutou para passar pelas fortificações na fronteira.

O tempo ruim e o terreno difícil impediram o apoio aéreo, e em vez de usar melhor suas unidades alpinas, os italianos as desperdiçaram em ataques frontais. Só em poucos lugares essas unidades passaram. Mesmo então, postos avançados fortificados franceses resistiram atrás delas, enquanto divisões motorizadas italianas lutavam para atravessar as passagens. Nos quatro dias até um armistício cessar as operações, os italianos não conseguiram penetrar a profundidade total da zona fortificada da fronteira e em nenhum lugar avançaram mais que 18 km.

Tropas de montanha italianas do Regimento Alpino lutam para subir o terreno acidentado rumo à fronteira francesa perto do passo de Seign, no fim de junho de 1940.

DEFESA DA PÁTRIA
LAÇOS COLONIAIS (1939-1945)

EM CONTEXTO

FOCUS
Impacto nas colônias

ANTES
1914-18 Vasto número de pessoas nas colônias luta pelos Aliados na Primeira Guerra Mundial.

DEPOIS
1947 A Índia conquista a independência da Grã-Bretanha.

1949 Algumas antigas colônias britânicas concordam em reconhecer o monarca britânico como chefe da Commonwealth, mas não seu chefe de Estado.

1954 A Batalha de Dien Bien Phu marca a derrota das forças coloniais francesas na Indochina.

1962 A Argélia conquista a independência da França após oito amargos anos de guerra.

A Alemanha possuía algumas colônias ultramarinas no início da guerra, mas seu império era pequeno comparado aos domínios imperiais da Grã-Bretanha, França e Bélgica, cujas colônias forneciam recursos e soldados para o esforço de guerra. Os britânicos presumiram que suas colônias os apoiariam, e o Congo Belga se declarou a favor dos Aliados em janeiro de 1941. Porém, após a criação da França de Vichy, com a ocupação alemã da França, as colônias francesas tiveram de decidir se reconheceriam o governo de Vichy ou o da França Livre, chefiado por Charles de Gaulle no exílio em Londres.

Colônias francesas

De início, a maior parte do Império Francês reconheceu a autoridade de Vichy. Isso incluía a Indochina, onde a França dominava uma série de províncias correspondentes aos

A EUROPA VAI À GUERRA

Ver também: A Grande Guerra 18-19 ▪ A queda da França 80-87 ▪ Norte da África e Mediterrâneo 118-21 ▪ O dilema do Japão 137 ▪ A Índia na Segunda Guerra 158 ▪ Defesa da Austrália 159 ▪ A Operação Tocha 196-97 ▪ Consequências 320-27

Félix Eboué

Adolphe-Félix-Sylvestre Eboué nasceu na Guiana Francesa, uma colônia francesa na costa da América do Sul, em 1884. Aluno brilhante, ganhou uma bolsa para estudar nas principais escolas da França e desfrutou de uma carreira de destaque na burocracia colonial francesa. Ele se tornou a primeira pessoa de ascendência africana a ocupar o posto de governador colonial, primeiro em Guadalupe e depois no Chade.

Na Segunda Guerra Mundial, Eboué percebeu a natureza odiosa da doutrina nazista e declarou apoio à França Livre em julho de 1940, mobilizando o Chade e depois o resto da África Equatorial Francesa a resistir ao regime fantoche nazista da França de Vichy.

Em novembro de 1940, De Gaulle nomeou Eboué governador-geral da África Equatorial Francesa. Instalado em Brazzaville, a capital da África Francesa Livre, no Congo, Eboué trabalhou para a França Livre e propôs reformas nas políticas coloniais francesas no pós-guerra.

Eboué morreu no Cairo em 1944. Suas cinzas foram enterradas no Panthéon, em Paris, em 1949, fazendo dele a primeira pessoa negra a ser sepultada ali.

---

atuais Vietnã, Camboja e Laos. Em julho de 1940, o regime de Vichy instalou um novo governador-geral, o vice-almirante Jean Decoux, que logo descobriu que a autoridade francesa lá era uma ficção. O real poder na região era o Japão, que exigia livre acesso e direito de instalar guarnições.

Controle japonês

Em setembro de 1940, tropas japonesas invadiram a Indochina Francesa. Apesar de terem montado um exército local, ao qual se somavam 20 mil soldados da Legião Estrangeira, os franceses foram totalmente suplantados pelos japoneses. Na maior parte do resto da guerra os japoneses tiveram liberdade para usar os recursos naturais, alimentos e meios de transporte da região. Eles permitiam o governo nominal francês, para controlar as províncias.

A única resistência efetiva à hegemonia japonesa veio do Viet Minh, uma organização de guerrilha comunista formada em maio de 1941 por Ho Chi Minh com apoio do Escritório de Serviços Estratégicos dos EUA. Em outubro de 1944, o Viet Minh fez os japoneses recuarem e instalou uma administração nas áreas do norte. Interrupções no fornecimento de arroz acabaram levando à fome em Tonquim (norte do Vietnã) em 1945, custando a vida de até 2 milhões de pessoas.

Quando a Indochina Francesa passou ao controle da França Livre, perto do fim da guerra, os japoneses eliminaram as forças francesas restantes, massacrando 1.700 soldados. Após a guerra, o domínio colonial francês foi nominalmente reafirmado, mas o movimento de independência de Ho Chi Minh não podia ser negado e a França acabou sendo expulsa.

Umas poucas colônias francesas corajosamente se opuseram ao regime de Vichy, entre elas territórios na Índia e no Pacífico, e a África

Um destacamento de *spahis* argelinos, soldados da cavalaria ligeira, atravessa o deserto em 1940. A Argélia na época era parte da França de Vichy, mas alguns regimentos de *spahis* apoiaram a França Livre.

Equatorial Francesa – onde a ousada decisão de Félix Eboué, governador do Chade, de declarar apoio à França Livre deu a De Gaulle uma base vital a partir da qual construir um Império Francês alternativo.

Colônias belgas

O Congo Belga, incluindo o território de Ruanda-Urundi, era uma vasta área, oitenta vezes maior que a »

Um cartaz de recrutamento britânico dá impressão de igualdade entre forças de colônias e de domínios. Na verdade, poucos soldados negros foram autorizados a lutar na linha de frente.

própria Bélgica. Em janeiro de 1941, após relutância inicial, o governo belga no exílio permitiu aos britânicos explorar os imensos recursos naturais do lugar. Os britânicos acabaram comprando toda a produção de cobre do Congo na época da guerra, além de outros metais e minérios radiativos. O urânio inicial usado para desenvolver a bomba atômica nos EUA também veio dali.

Além disso, homens lutaram na guerra, servindo na *Force Publique* do Congo Belga, que atuou na África e no Oriente Médio. Mas o Congo da época da guerra passou também por greves de mineiros, motins no exército e rebeliões contra as autoridades coloniais, em parte reagindo à longa história belga de domínio colonial brutal.

Combatentes negros na Grã-Bretanha

Milhares de africanos foram pressionados a participar do esforço de guerra britânico, às vezes em trabalho forçado, fornecendo matérias-primas. A redução do tráfego no canal de Suez, causada pela guerra, forçou os navios britânicos que iam para o sul da Ásia e o Oriente a contornar a África pelo Cabo da Boa Esperança. Mais de 150 mil soldados da África ocidental e algumas brigadas da África oriental foram levados para a Birmânia, onde serviram sob ordens de oficiais brancos.

Os soldados africanos não foram usados como combatentes no teatro europeu porque se considerava inaceitável africanos negros matarem pessoas brancas. Embora não houvesse um impedimento oficial para pessoas negras integrarem os serviços militares britânicos, Churchill estipulou que "meios administrativos" deviam ser encontrados para impedir sua entrada.

Essa barreira informal foi superada por homens do Caribe britânico, que protestaram por lhes ser negada a opção de servir. Por fim, cerca de 300 deles participaram da Força Aérea Real como tripulantes, recebendo noventa condecorações, entre elas sete Ordens de Serviços Distintos. Em 1944, um regimento caribenho foi recrutado e postado no Egito para vigiar prisioneiros de guerra, mas se viu envolvido em tensões com soldados sul-africanos brancos que objetaram à permissão de que homens negros portassem armas.

A Índia entra no conflito

A Índia britânica não pôde escolher quando se tratou de entrar na guerra. Em 1939, sem consultar o Congresso Indiano, o vice-rei britânico, Lorde Linlithgow, declarou que a Índia estava em guerra com a Alemanha. A falta de consulta causou debates amargos entre os políticos indianos, em especial os que já buscavam a independência da Grã-Bretanha, como Mahatma Gandhi e Jawaharlal Nehru. Mais de 2,5 milhões de indianos serviriam na guerra. A 4ª Divisão Indiana, por exemplo, lutou no norte da África, na Síria, na Palestina, em Chipre, na Itália (onde participou do sangrento ataque ao Monte Cassino) e na Grécia, obtendo quatro Cruzes Vitória (CV). A 5ª Divisão Indiana lutou no norte da África e protegeu campos de petróleo no Iraque antes de ser mandada para Birmânia, Malásia Britânica e Java, recebendo também quatro CV.

Bravura e sacrifício

No total, as Forças Armadas indianas, que incluíam a Marinha Real Indiana e a Força Aérea Indiana (depois Real), perderam mais de 36 mil membros, com outros 64 mil feridos, e receberam 4 mil condecorações por heroísmo, entre eles 31 CV.

Um dos que recebeu a Cruz Vitória foi Havildar Gaje Ghale, do 5º Regime de Fuzileiros Reais Gurkhas, seriamente ferido em ataque das forças japonesas na Birmânia, em maio de 1943. Segundo foi narrado, Gaje Ghale "dominou o combate [...]. Atirando granadas e coberto do sangue de seus próprios ferimentos, ele liderou um ataque após o outro".

Não resistimos menos ao imperialismo britânico que ao nazismo. Se há uma diferença, é em grau.
Mahatma Gandhi
Nacionalista indiano anticolonialista

A EUROPA VAI À GUERRA

A Índia pagaria um alto preço por seu serviço à Grã-Bretanha. Além de milhares de soldados, entre eles o maior exército de voluntários da história, forneceu vastas quantidades de comida e matérias-primas à Grã-Bretanha. O impacto sobre os recursos domésticos levou à desastrosa escassez de alimentos entre 1942 e 1943, com a perda de 3 milhões de vidas para a Fome de Bengala.

Guerra nos domínios

Mesmo não sendo mais colônias britânicas, os domínios da Austrália, Nova Zelândia e Canadá declararam guerra ao lado da Grã-Bretanha, embora ainda portassem as cicatrizes das perdas sofridas na Primeira Guerra e a opinião pública estivesse dividida sobre a guerra na Europa. Na Austrália, por exemplo, houve oposição geral, mas em abril de 1939, o novo primeiro-ministro do país, Robert Menzies, declarou: "Se a Grã-Bretanha estava na guerra, a Austrália também estava." Depois, após o bombardeio da base naval dos EUA em Pearl Harbor pelos japoneses em 1941 e, em especial, a queda de Singapura e o ataque do Japão a Darwin em 1942, o apoio australiano à guerra se fortaleceu.

No Canadá, a habilidade política do premiê Mackenzie King foi vital para garantir o apoio à guerra, em parte garantindo que não haveria convocação para serviço no exterior e em parte prometendo uma guerra de "obrigação limitada" – fornecendo apenas tantos homens quantos fossem necessários num dado momento. A Nova Zelândia deu a maior contribuição, proporcionalmente, entre as colônias britânicas existentes ou antigas, perdendo uma porcentagem maior de sua população (0,67%) e gastando uma proporção da renda nacional igual à do Reino Unido. A África do Sul foi mais cautelosa que outros domínios, mas votou com estreita margem para se juntar à declaração de guerra britânica.

A participação de colônias e domínios criou múltiplos fronts em que a guerra podia prosseguir. A Índia, que ocupava uma posição estratégica entre os teatros da África, do Oriente Médio e do Pacífico, ficou sob ameaça tanto no oeste, com os sonhos nazistas de atacar através do Oriente Médio, quanto no leste, com os sucessos do Japão trazendo a guerra perigosamente para perto. O norte da África, sob o controle da França de Vichy, tornou-se a arena onde os Aliados tentaram virar a maré da guerra a seu favor. ∎

NUNCA TANTOS DEVERAM TANTO A TÃO POUCOS
A BATALHA DA GRÃ-BRETANHA
(10 DE JULHO-17 DE SETEMBRO DE 1940)

EM CONTEXTO

FOCO
Guerra no ar

ANTES
1933 Os nazistas começam ilegalmente a montar a Luftwaffe.

1935 Os britânicos inventam uma forma de radar eficaz.

1936 Primeiro voo de um protótipo do Spitfire.

DEPOIS
Mai 1941 Os bombardeios diminuem com a Força Aérea alemã redirecionada para a Frente Oriental.

1942 Início da ofensiva aérea estratégica britânica contra a Alemanha nazista.

Mar 1944 Caças de longo alcance americanos desfalcam a Luftwaffe.

Abr 1944 O caça a jato alemão Me-262 entra em serviço.

1954 Última incursão operacional de um Spitfire da RAF.

A Batalha da Grã-Bretanha foi uma luta pelo controle dos céus sobre a Grã-Bretanha e, crucialmente, o canal da Mancha, travada em várias fases entre junho e setembro de 1940.

Com a queda da França, a Grã-Bretanha receava uma invasão por terra ou ar. Em 16 de julho, Hitler emitiu a Diretiva nº 16, "sobre preparativos para uma operação de desembarque contra a Inglaterra". Seus generais foram instruídos a elaborar um plano de invasão, a Operação Leão-Marinho. Sua ideia norteadora era que qualquer chance de sucesso para um desembarque anfíbio dependia de bombardeiros da Luftwaffe afastarem a Marinha Real Britânica, como

A EUROPA VAI À GUERRA   95

Ver também: A destruição da Polônia 58-63 ▪ A invasão da Dinamarca e da Noruega 69 ▪ A Blitzkrieg 70-75 ▪ A queda da França 80-87 ▪ A Blitz 98-99 ▪ A Grã-Bretanha se prepara para a guerra total 100-103 ▪ Bombardeio da Alemanha 220-23

Calmo por fora, ansioso por dentro – esse é o tom do general de hoje.
Pesquisa do British Mass Observation
registro de 19 de maio

tinham feito com algum sucesso na Noruega, e isso, por sua vez, dependia primeiramente de assegurar a superioridade no ar. Como Hitler ordenou: "A Força Aérea Britânica deve ser destruída a ponto de ser incapaz de montar uma oposição substancial às tropas invasoras."

Luftwaffe *versus* RAF

Göring garantiu a seu líder que a Luftwaffe esmagaria a RAF, e ele tinha alguma base para confiar nisso. No início da batalha, os alemães tinham por volta de 1.300 bombardeiros e bombardeiros-mergulhadores, cerca de 900 caças monomotores e 300 bimotores. Essa força se contrapunha a cerca de 650 aviões à disposição do Comando de Caças da RAF. Porém, vários fatores importantes se dispunham contra a Luftwaffe. Antes, ela havia operado perto de suas bases e – como um braço da Blitzkrieg – em apoio a forças terrestres e navais. Durante essa campanha, bombardeiros Junkers 87 (Stuka) atingiam grande velocidade mergulhando do alto. Agora, operando sem apoio em terra e mais longe de suas bases, teriam de voar em nível e, assim, com muito menos velocidade. O Messerschmitt Me-109, embora superior em muitos aspectos aos caças da RAF, tinha um tanque de combustível pequeno, que só lhe permitia gastar 30 minutos no espaço aéreo britânico. Enquanto isso, os pilotos britânicos que eram atingidos e sobreviviam podiam estar de volta no ar mais tarde, ainda no mesmo dia.

O impacto do radar

Talvez mais importante tenha sido o fato de que o Comando de Caças pôde mobilizar seus parcos recursos com muita eficácia por ter sido avisado antes dos ataques, graças ao serviço de inteligência e em especial à radiogoniometria (depois chamada "radar"), desenvolvida pouco antes do início da guerra. A rede Chain Home de estações de radar instaladas ao redor da costa britânica alimentava um sofisticado sistema de comando e controle, o qual mais que dobrava a taxa de interceptação de esquadrões de caças.

A primeira fase da batalha se iniciou em 10 de julho, quando a Luftwaffe bombardeou barcos e portos britânicos. Os aviões alemães de três *Luftflotten* (frotas aéreas) partiram de cinquenta bases no norte da França e na Holanda. Opondo-se a eles havia 52 esquadrões do Comando de Caças da RAF, liderados pelo marechal-chefe do ar Hugh Dowding.

Bastaram seis minutos para os aviões inimigos cruzarem o canal da Mancha; mesmo com o alerta antecipado do radar, foram quatro minutos para entregar a mensagem de mobilização imediata e mais treze para os Spitfires alcançarem altitude de interceptação. O Comando de Caças não queria ser vítima de trotes destinados a afastar os aviões da defesa dos campos de pouso. Assim, despachou interceptadores em pequenos esquadrões de doze aviões, enquanto a menor unidade da Luftwaffe era o *Gruppe* de trinta aviões. Só depois, quando a previsão »

Pilotos de caça britânicos correm para seus Spitfires durante a Batalha da Grã-Bretanha. No fim de agosto de 1940, 372 Spitfires e 709 Hurricanes estavam envolvidos na batalha.

A BATALHA DA GRÃ-BRETANHA

Como funcionava o sistema de defesa por radar

Nomeado a partir do chefe do Comando de Caças, o sistema de defesa Dowding combinava tecnologia de radar, defesas terrestres e aeronaves para usar caças, armas antiaéreas, holofotes e balões de barragem contra a ameaça da Luftwaffe.

---

de ataques de bombardeiros melhorou, o Comando de Caças começou a juntar a "Asa Grande", com base perto de Duxford – cinco esquadrões de Hurricanes e Spitfires atuando juntos.

Ataques intensificados

De início, a Luftwaffe visava aos barcos no canal, esperando levar a RAF a desperdiçar recursos em missões de escolta. Ela afundou 30 mil toneladas em embarcações, mas isso foi só uma minúscula fração da tonelagem que passava pelo canal a cada semana. No fim de julho, ficou claro que a Leão-Marinho não estava progredindo e que era tempo de a Luftwaffe aumentar a intensidade. Em 1º de agosto, Hitler sinalizou a iminência de uma *verschärfter Luftkrieg* (guerra aérea intensiva) com a Diretiva no 17: "A Luftwaffe deve superar a força aérea inglesa por todos os meios a seu dispor e no menor tempo possível. Os ataques devem ser dirigidos primeiro aos próprios aviões." Esse plano tinha sentido, mas, no caso, não se materializou. A guerra aérea se intensificou de verdade quando uma segunda fase da Batalha da Grã-Bretanha começou em 8 de agosto, mas se espalhou num front largo com alvos múltiplos e dispersos, em que a Luftwaffe lançou uma massa de ataques praticamente contínuos. Houve 1.485 incursões no primeiro dia, subindo para 1.786 em 15 de agosto. Os alemães chamaram 13 de agosto de *Adlertag* (Dia da Águia). Eles o marcaram como o início real da Batalha da Grã-Bretanha, porque era o dia em que pretendiam começar a visar às pistas aéreas. Apesar de ter feito quase 1.500 ataques naquele dia, os alemães foram prejudicados pelo mau tempo e ordens pouco claras. A Luftwaffe perdeu 46 aviões, contra treze perdas da RAF.

O radar revelava o seu valor. Segundo o comandante de voo da RAF, Max Aitken, "o radar na verdade ganhou a Batalha da Grã-Bretanha [...]. Ele não gastava gasolina, energia, tempo". Em contraste, o esforço alemão foi prejudicado por um serviço de inteligência ruim, que superestimou precipitadamente as perdas da RAF e os sucessos da Luftwaffe.

Combates aéreos

Limitações de alcance dos caças alemães – como o Dornier Do-17 – fizeram grande parte dos combates aéreos se concentrarem no sudeste da Inglaterra. Os embates eram brutais e desesperados. Embora o Me-109 fosse um pouco mais rápido e melhor em mergulhar e ascender que os caças da RAF, seu raio de giro não era tão reduzido e os pilotos alemães se queixavam por não conseguirem encurralar os Hurricanes e Spitfires britânicos.

A terceira fase da batalha começou em 24 de agosto, quando a Luftwaffe afinal centrou seu poder de fogo em bases aéreas, como deveria ter feito desde o início. Frotas de

---

Os britânicos tinham uma vantagem extraordinária que nunca pudemos suplantar ao longo de toda a guerra.
Coronel Adolf Galland
Ás da aviação alemã, sobre o radar

A EUROPA VAI À GUERRA

Hermann Göring

Nascido em 1893, Göring foi um ás da aviação muito condecorado na Primeira Guerra. Tornou-se o segundo homem mais poderoso na Alemanha nazista, ganhando poder após ter sido ferido, em 1923, no Putsch da Cervejaria. Ele instituiu a Gestapo e os primeiros campos de concentração. Em 1933, foi incumbido do plano secreto de reconstruir a Força Aérea, montando a Luftwaffe e lançando-a com devastadores efeitos sobre a Polônia, a Noruega e a França.

Em julho de 1940, Göring era indicado como sucessor de Hitler, mas a derrota na Batalha da Grã-Bretanha iniciou uma série de fracassos, com sua gestão inepta da economia alemã não sendo o menor deles. Ele se tornou um megalomaníaco obeso e viciado em drogas. Com Hitler cercado em Berlim, Göring sugeriu que assumiria o controle do Reich, causando uma reação furiosa que o levou a ser preso pela SS. Escapou sob custódia dos Aliados, mas em 1946 foi julgado culpado nos Tribunais de Nuremberg por crimes contra a humanidade, tendo assinado o plano da Solução Final em 1941. Ele escapou da execução cometendo suicídio.

---

oitenta a cem bombardeiros alemães, acompanhados por até cem caças, aniquilaram bases britânicas como Biggin Hill, Manston e Lympne. Em 30 de agosto, por exemplo, a Luftwaffe fez 1.345 incursões e a RAF foi quase levada ao esgotamento, perdendo 39 caças no dia seguinte.

Naquele mês, 304 pilotos britânicos foram mortos ou feridos, alguns voando com apenas vinte horas de treino. Porém, outro erro estratégico de Hitler deu a eles um respiro.

Bombardeio de cidades

Em 24 de agosto, um bombardeiro Heinkel He-111, talvez perdido, lançou suas bombas no centro de Londres e a RAF reagiu com uma série de ataques sobre Berlim entre 25 e 29 de agosto. Hitler, que tinha prometido ao povo alemão que sua capital seria protegida, foi levado a um erro furioso, trovejando em 4 de setembro que "quando eles

Bombardeiros Dornier Do-17 da Luftwaffe sobre Londres em 1940. Apelidado "Lápis Voador" por sua fuselagem estreita, esse modelo sofreu perdas pesadas para os caças da RAF, mais manobráveis.

declaram que atacarão nossas cidades [...] então nós vamos erradicar as deles". Os objetivos da Luftwaffe foram abruptamente alterados de bombardear pistas aéreas para atacar cidades. A Blitz tinha começado, mas, apesar de não ser claro na época, os alemães tinham de fato perdido a Batalha da Grã-Bretanha. Em 15 de setembro, um ataque massivo sobre Londres terminou com a Luftwaffe perdendo o dobro de aviões que a RAF. Dois dias depois, Hitler adiou a Operação Leão-Marinho "até novo aviso". A Blitz continuou, mas a Batalha da Grã-Bretanha tinha amainado. O saldo de perdas era chocante. Desde maio de 1940, os alemães haviam perdido 1.733 aviões, para 915 da RAF. Embora os números pareçam pequenos comparados aos das batalhas aéreas e das perdas posteriores na guerra, a RAF tinha infligido a primeira derrota à Alemanha de Hitler e salvado a Grã-Bretanha da ameaça imediata de invasão. ∎

FUSTIGADOS POR GRANDES INCÊNDIOS, SACUDIDOS POR EXPLOSÕES
A BLITZ (7 DE SETEMBRO DE 1940-10 DE MAIO DE 1941)

EM CONTEXTO

FOCO
Impacto sobre civis

ANTES
1937 Guernica, na Espanha, é bombardeada pela Luftwaffe em 26 de abril, no primeiro grande ataque aéreo a um alvo civil, precursor da nova estratégia de terror por bombardeio aéreo.

1940 Em setembro, semanas de bombardeio contínuo reduzem grande parte de Varsóvia a destroços.

DEPOIS
1942 A ofensiva aérea britânica estratégica começa visando a indústrias e locais civis alemães.

1942 Os "ataques Baedeker" ocorrem de abril a junho, assim chamados devido ao oficial alemão que disse que a Luftwaffe bombardearia toda construção inglesa com três estrelas no guia Baedeker.

1944 Acontece a segunda Blitz de Londres, com armas-v lançadas no sudeste inglês.

A Blitz foi uma campanha de bombardeio intensivo da Luftwaffe contra cidades britânicas. Embora tenha havido "reides aéreos" a Birmingham e Liverpool em agosto de 1940, a Blitz começou de fato em 7 de setembro, com um ataque massivo diurno em Londres, seguido por meses de ataques noturnos.

De início, os ataques aéreos se destinavam a dar suporte aos objetivos alemães na Batalha da Grã-Bretanha. Após perder a batalha, a intenção dos alemães passou a ser espalhar o terror e degradar a infraestrutura das cidades. O redirecionamento por Hitler dos bombardeios pela Luftwaffe dos campos de aviação da Força Aérea Real (RAF) para alvos urbanos é visto como um erro estratégico que custou a vitória aos alemães na guerra aérea. Mas por que a Luftwaffe mudou de rumo?

Pode ter sido porque Hitler foi incitado pelos ataques da RAF em Berlim. Ou então Göring talvez estivesse tentando forçar a RAF a gastar o que ele pensava erroneamente ser

As ruas de Londres foram devastadas na fase inicial da Blitz, mas, no inverno de 1940, o alcance da Luftwaffe englobou outras cidades britânicas, como Liverpool, Bristol e Coventry.

A EUROPA VAI À GUERRA

Ver também: A destruição da Polônia 58-63 ▪ Bombardeio da Alemanha 220-23 ▪ Armas-v 264-65 ▪ A destruição de cidades alemãs 287

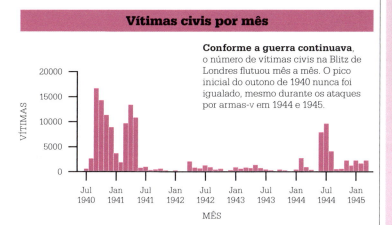

Vítimas civis por mês

Conforme a guerra continuava, o número de vítimas civis na Blitz de Londres flutuou mês a mês. O pico inicial do outono de 1940 nunca foi igualado, mesmo durante os ataques por armas-v em 1944 e 1945.

Mickey Davies

Dono de uma óptica no East End, Mickey Davies (1910-1954) assumiu um novo projeto após sua loja ser bombardeada em 13 de setembro de 1940: melhorar as condições da massa de pessoas que se abrigavam da Blitz no labirinto de túneis sob o Mercado de Frutas e Lã de Londres, em Stepney.

O fracasso das autoridades em proteger a vida dos mais pobres fez com que buscassem suas próprias soluções, com cerca de 5 mil pessoas amontoadas em um espaço destinado a apenas 2 mil. Ante a indiferença oficial, Davies liderou um comitê autogerido de locais que transformaram o local insalubre numa instalação modelo, popularmente chamada "Abrigo de Mickey".

Descrito como "um gigante de mente e espírito" pelo político Joseph Westwood, Davies organizou e levantou fundos para eletricidade, camas, higiene, cuidados de saúde e outras funcionalidades. O abrigo e seu comitê, eleito pela comunidade, foi elogiado como uma "vitrine da democracia britânica". Depois da guerra, Davies se tornou conselheiro local e vice-prefeito de Stepney.

---

suas últimas forças, atraindo caças que seriam vulneráveis aos da Luftwaffe.

Segundo outra teoria, Hitler já tinha decidido que a Operação Leão--Marinho não continuaria ou esperava que a derrota iminente da RAF permitisse bombardear os britânicos até que se submetessem, enquanto o Exército e a Marinha alemães iriam para a Frente Oriental. Ou talvez os alemães pensassem que podiam destruir o ânimo dos britânicos com o terror.

Sobrevivendo aos ataques aéreos

As defesas aéreas pouco podiam fazer para conter os ataques; mesmo quando o número de armas antiaéreas que defendiam Londres foi dobrado, logo após o primeiro ataque, o único efeito real foi levantar o moral dos cidadãos. Muitos londrinos fugiram da cidade ou se refugiaram em porões, mas os mais pobres – que não tinham como fugir – viviam justamente nas áreas mais visadas, ao redor do East End e das docas. A reação das autoridades foi lenta e a população tomou o problema nas próprias mãos, ocupando estações de metrô e outros locais protegidos.

Havia considerável rancor entre os mais afetados, resultando em incidentes como a ocupação do Hotel Savoy por uma multidão de cem pessoas do East End em 15 de setembro de 1940. As proteções fornecidas pelo governo, como o abrigo Morrison (uma mesa reforçada), eram de qualidade duvidosa. Muitos preferiam não as usar.

Em meados de novembro de 1940, os ataques mudaram o foco para outras cidades britânicas e, a partir de fevereiro de 1941, portos foram visados ainda mais pesadamente. Em meados de maio de 1941, os alemães transferiram seus esquadrões de bombardeiros para a Rússia, mas a última noite da Blitz foi a pior, 10 de maio, durante a qual 3 mil londrinos morreram. No total, 43 mil civis britânicos morreram e 139 mil foram feridos, contra a perda de 600 bombardeiros da Luftwaffe. Apesar disso, a Blitz não forçou Churchill a negociar e as atitudes dos britânicos em relação à guerra continuaram iguais em grande parte. ■

NUNCA NOS RENDEREMOS
A GRÃ-BRETANHA SE PREPARA PARA A GUERRA TOTAL (JUNHO-DEZEMBRO DE 1940)

EM CONTEXTO

FOCO
A Grã-Bretanha em guerra

ANTES
27 abr 1939 A Grã-Bretanha adota o recrutamento em tempo de paz pela primeira vez na história.

24 ago 1939 A Lei (de Defesa) dos Poderes de Emergência é promulgada.

3 set 1939 A Grã-Bretanha e a França declaram guerra à Alemanha em reação à invasão da Polônia.

Dez 1939 Medidas de blecaute causam aumento dos acidentes de trânsito.

DEPOIS
Dez 1944 A Guarda Doméstica Britânica é dispensada.

1954 Acaba o racionamento de produtos de carne.

29 dez 2006 O Reino Unido afinal paga sua dívida de guerra aos EUA e ao Canadá.

Em 4 de junho de 1940, o primeiro-ministro Churchill fez um discurso inflamado na Câmara dos Comuns britânica. Embora os britânicos agora estivessem sós contra os nazistas, jurou: "Não iremos afrouxar nem falhar. Vamos até o fim. Vamos lutar [...]. Vamos defender nossa ilha, ao custo que seja." Com o país mergulhado na guerra total, quase toda a economia e a sociedade como um todo seriam voltadas para o esforço de guerra; uma mobilização hercúlea que levaria a nação à beira do abismo.

A mobilização tinha começado na Guerra Falsa, quando a inação no front de batalha contrastava fortemente com

A EUROPA VAI À GUERRA

Ver também: A Europa à beira do abismo 56-57 ▪ A Guerra Falsa 64-65 ▪ A Blitz 98-99 ▪ Tropas dos EUA na Grã-Bretanha 255 ▪ O custo da guerra 314-17

Inspetores examinam munições numa fábrica de armamentos britânica. Dezenas de milhares de trabalhadores – na maioria mulheres – foram empregados para encher cartuchos e bombas com explosivos.

as rápidas mudanças no front doméstico, onde as burocracias davam lugar à ação. Mesmo antes de declarado o conflito, o parlamento do Reino Unido havia aprovado uma Lei (de Defesa) dos Poderes de Emergência, com disposições para "regulações que pareçam necessárias ou convenientes para garantir a segurança pública, a defesa do reino [...] e um eficiente processo de [...] guerra".

Blecautes e racionamento

O acúmulo de regras e as novas restrições ajudaram a converter a disposição resoluta inicial do público em espanto e até ressentimento. Nas primeiras duas semanas da Segunda Guerra foram aprovadas mais leis de emergência que no primeiro ano inteiro da Primeira Guerra, e a vida foi perturbada por regras de blecaute restritivas, racionamento, evacuação aparentemente desnecessária de crianças e censura. O parlamentar Harold Nicholson captou os absurdos da época em seu diário, anotando que o Ministério da Informação se recusava a tornar públicos os dizeres dos folhetos lançados aos milhões sobre os alemães, porque "não temos permissão de revelar informação que possa ser valiosa para o inimigo".

Tanto a Grã-Bretanha quanto a França se movimentaram freneticamente para preparar suas economias para a guerra e apressar o rearmamento que com tanta relutância e demora havia começado nos anos anteriores. A Grã-Bretanha, por exemplo, ordenara a reintrodução do recrutamento em abril de 1939, mas, quando a guerra eclodiu, a medida mal tinha sido instituída, com a admissão de apenas 35 mil homens até 15 de julho.

Medo de invasão

Após a queda da França e a evacuação de Dunquerque, as considerações do governo britânico tomaram um tom mais apocalíptico. Em junho de 1940, o Ministério da Informação imprimiu 1 milhão de folhetos intitulados "Se o invasor vier: O que fazer e como fazer", nos quais assinalava: "As invasões de Hitler da Polônia, Holanda e Bélgica [a França ainda estava em guerra] foram muito ajudadas pelo fato de que a população [...] não sabia o que fazer." As instruções incluíam: "Fique onde está" – as autoridades não queriam as estradas entupidas, como ocorrera na França; "Não acredite em rumores nem os espalhe"; e "Não dê nada a um alemão". Os ministros discutiram a possibilidade de levar o governo e o grosso das Forças Armadas para o Canadá se houvesse invasão, e planos foram feitos para a evacuação de ministros, da família real e de outros para a América do Norte, embora apenas as reservas de ouro da nação tenham feito a travessia de fato.

Apoio americano

Mais importante foi aquilo que veio no sentido contrário, pois o apoio dos EUA deu novo fôlego à Grã-Bretanha. Os EUA ajudaram a rearmar o exército britânico após Dunquerque. Em 11 de junho de 1940, transferiram para o »

A Grã-Bretanha está lutando duas guerras: contra a agressão nazista externa e as tendências nazistas em casa.
Dingle Foot,
Parlamentar, sobre as restrições aos direitos civis no Reino Unido

A GRÃ-BRETANHA SE PREPARA PARA A GUERRA TOTAL

Reino Unido 500 mil rifles Enfield com 129 milhões de cartuchos; 895 peças de artilharia com 1 milhão de cargas de munição; mais de 80 mil metralhadoras; e muitas outras armas, incluindo 143 aviões bombardeiros.

O motor por trás dessa ajuda foi o presidente Roosevelt, que deixou claro que os EUA dariam apoio massivo aos aliados antieixo. Ele pressionou o Congresso até que aprovasse a Lei de Empréstimo--Arrendamento em março de 1941. Isso forneceu um instrumento pelo qual os EUA podiam fornecer materiais de guerra aos Aliados. Cerca de 7 bilhões de dólares foram destinados à lei em 1941 e 26 bilhões em 1942. No fim da guerra, os EUA tinham emprestado mais de 31 bilhões de dólares só para a Grã--Bretanha.

Na Grã-Bretanha, a luta contra o fascismo ironicamente implicou medidas drásticas sobre liberdades civis domésticas. Em maio de 1940, Churchill introduziu uma nova subseção na Lei (de Defesa) dos Poderes de Emergência, que lhe dava os poderes mais ditatoriais de qualquer líder britânico desde Cromwell, entre eles o de prender fascistas indefinidamente, sem julgamento – uma suspensão de liberdades civis que ele descreveu como "odiosa no mais alto grau". Foi uma época de medidas desesperadas.

Esforço de guerra

A preocupação mais imediata era o alimento; com mais de 70% da comida britânica importada via rotas marítimas vulneráveis, era vital garantir uma produção doméstica. A campanha "Jardins da Vitória" aumentou em 43% a terra arável na Grã-Bretanha, com 2,8 milhões de hectares de prados postos sob o arado. Enquanto isso, o número de lotes cultivados subiu de 815 mil, em 1939, para 1,4 milhão em 1943. Com isso e o racionamento, a Grã--Bretanha se tornou quase autossuficiente em comida. Era capaz, por exemplo, de produzir açúcar suficiente para abastecer todo o consumo doméstico no fim da guerra. O racionamento de manteiga, açúcar, bacon e presunto foi introduzido em 1940. Em 1941, ele foi estendido a todos os alimentos, exceto pão e batatas. Outros bens racionados incluíram roupas, gasolina e sabão.

Mulheres na força de guerra

Após um início lento, a transformação da economia e do mundo do trabalho acelerou. Um dos aspectos mais notáveis foi a total participação das mulheres na força de trabalho, com 80 mil, do Exército das Mulheres no Campo assumindo postos em fazendas e 160 mil mantendo ativos os transportes durante a Blitz. "Resultados como [o funcionamento contínuo que] as ferrovias alcançaram só são possíveis com sangue e suor", Churchill disse em dezembro de 1943.

Em junho de 1944, 7,1 milhões – das 16 milhões de mulheres britânicas entre 14 e 59 anos – tinham sido mobilizadas para trabalho de guerra. Isso foi obtido em parte por um tipo de convocação: em dezembro de 1941, o governo introduziu o alistamento obrigatório para mulheres em serviços auxiliares; toda mulher de 18 a 60 anos poderia ser chamada para o trabalho, sendo provável que ganharia menos que seus pares homens. O emprego masculino era ainda maior: no fim de 1944, 93,6% dos 15,9 milhões de homens de 14 a 54 anos estavam ocupados em vários setores do serviço nacional, além de 1,75 milhão servindo na Guarda Doméstica e outro 1,75 milhão na Defesa Civil.

As crianças também foram incluídas na mobilização nacional,

Um instrutor ensina membros da Guarda Doméstica. A corporação era treinada em desarmamento de bombas e artilharia antiaérea, além de levantar o moral dos civis.

A EUROPA VAI À GUERRA

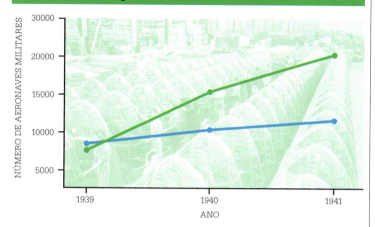

Produção de aeronaves militares

Nos primeiros dois anos da guerra, a produção de aviões militares aumentou mais rapidamente no Reino Unido que na Alemanha: respectivamente 20 mil e 12 mil, em 1941. A produção de ambos os países acabaria ofuscada pela dos EUA e da URSS.

Legenda:
— Grã-Bretanha
— Alemanha

em especial pelo programa de evacuação, que começou ao eclodir a guerra e foi repetido no primeiro e no segundo estágios da Blitz. Entre 1939 e 1944, mais de 1 milhão de crianças foram evacuadas de cidades para o campo.

Dívida nacional

O pagamento da mobilização levou o Estado britânico à beira da falência. As taxas de imposto de renda subiram de 37,5% para 50%. Com tanta produção voltada a material de guerra, as exportações ruíram e a Grã-Bretanha acumulou uma balança comercial negativa de mais de 1 bilhão de libras em 1945, quase três vezes mais que antes da guerra. O país foi obrigado a liquidar a maioria de suas reservas financeiras e bens estrangeiros. Mesmo com isso, no fim da guerra a dívida nacional tinha quintuplicado para 3,35 bilhões de libras, a maior do mundo. Só um empréstimo de 3,75 bilhões de dólares dos EUA, em dezembro de 1945, negociado pelo economista britânico John Maynard Keynes, salvou o país do que ele alertava que seria "um Dunquerque financeiro".

Problemas econômicos à parte, a mobilização britânica foi bem-sucedida onde importava, com a produção para a guerra acelerando notavelmente. Comparada aos níveis de 1939, a fabricação de pequenas armas dobrou até 1940 e aumentou sete vezes até 1942; a de cartuchos cresceu dez vezes até 1942; e a de veículos de guerra blindados era dezessete vezes maior em 1942. Assombrosamente, a produção de aviões triplicou entre janeiro de 1940 e janeiro de 1942 (no mesmo período, os alemães só conseguiram dobrar sua produção). A mineração de carvão foi o único setor que na verdade se retraiu. Uma combinação de práticas de trabalho e tecnologia arcaicas, má organização corporativa e problemas laborais prejudicou a área. ∎

As mulheres no trabalho

Um dos impactos culturais mais importantes da guerra foi a enorme mobilização de mulheres no esforço de guerra. Elas entraram em muitas áreas de trabalho antes reservadas em grande parte a homens, e participaram de todas as atividades, exceto a mineração de carvão. Destacaram-se em especial na agricultura, em que uma iniciativa da Primeira Guerra – o Exército Feminino da Terra (EFT) – foi retomada. Mais de 200 mil mulheres acabaram servindo como "garotas da terra", com um pico de 80 mil em 1944, e contribuíram em cada área da agricultura, incluindo trabalho pesado. Num evento famoso, uma ex-cabeleireira venceu concorrentes homens na competição com arado puxado a cavalos em Yorkshire.

"O exército da terra luta nos campos", declarou a diretora do EFT, Lady Gertrude Denman. "É nos campos da Grã-Bretanha que a batalha mais crítica da guerra atual talvez seja lutada e vencida." O EFT funcionou de junho de 1939 a novembro de 1950.

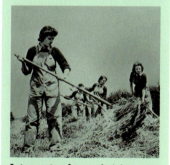

Integrantes do EFT administram a colheita. Também ordenhavam vacas, criavam cercas-vivas, cavavam fossos e cortavam lenha. Sem seus esforços, o Reino Unido teria passado fome.

A GUERR
ALASTR
1941-1942

A SE
A
A

INTRODUÇÃO

O **Afrika Korps de Rommel** inicia uma ofensiva na Líbia, tomando a cidade controlada pelos britânicos de **El Agheila**.

Forças alemãs invadem a Iugoslávia e a Grécia. A Iugoslávia cai em questão de dias, mas a Grécia continental resiste até o fim do mês.

Forças alemãs aerotransportadas atacam a ilha de Creta, controlada pelos britânicos. Os alemães sofrem perdas pesadas, mas no fim de maio dominam a ilha.

O governo fantoche da **França de Vichy** anuncia a prisão de mais de **12 mil judeus**, a serem mantidos em campos de concentração antes de levados à Alemanha.

24 MAR 1941 **6 ABR 1941** **20 MAI 1941** **13 JUN 1941**

ABR 1941 **ABR-MAI 1941** **24 MAI 1941** **22 JUN 1941**

Os alemães usam 31 **U-Boots** (submarinos) na **Batalha do Atlântico**. Em abril apenas, **afundam 195 barcos Aliados**, totalizando 687 mil toneladas.

Os **Aliados avançam sobre a Síria** e o **Líbano, controlados por Vichy**, enquanto simpatizantes dos alemães no Iraque são expulsos pelos britânicos.

O encouraçado alemão **Bismarck** afunda o **cruzador de batalha britânico HMS Hood**. Só três dos 1.416 homens do *Hood* sobrevivem.

Tropas alemãs invadem a URSS na fase inicial da **Operação Barbarossa**. Os alemães logo vencem as defesas da fronteira soviética.

Como senhor da Europa continental, Hitler passou os primeiros meses de 1941 preparando suas forças para a invasão da URSS. Na esfera diplomática, tentou convencer as nações balcânicas a concordar com a passagem livre de tropas alemãs por seus territórios. A maior parte desses Estados aceitou; só a Iugoslávia e a Grécia resistiram.

Os preparativos de Hitler foram suspensos pelas ações de seu parceiro no Eixo, Benito Mussolini, cuja declaração de guerra à Grã-Bretanha tornou a região do Mediterrâneo uma zona de conflito. A invasão do Egito pela Itália causou um contra-ataque britânico que forçou os italianos a recuarem para a Líbia. Hitler se sentiu obrigado a mandar reforços: os Afrika Korps, do comandante alemão Erwin Rommel, estabilizaram a retirada italiana e iniciaram uma longa campanha de idas e vindas que só acabaria na Batalha de El Alamein, em novembro de 1942.

Da Grécia à Rússia

A intervenção italiana na Grécia também se provou desastrosa e Hitler de novo foi em auxílio de Mussolini. A Grã-Bretanha e a Grécia eram agora aliadas e a instalação de bases aéreas britânicas na Grécia pôs os campos de petróleo romenos – vitais para os alemães – em risco de ataque aéreo. Em abril de 1941, forças alemãs invadiram a Iugoslávia e a Grécia com notável sucesso. Porém, isso drenou recursos do teatro principal de operações: a URSS.

Franquear novas terras na Europa oriental para fornecer ao povo alemão um *Lebensraum* (espaço vital) era, havia muito, uma grande ambição de Hitler. Em 22 de junho de 1941, ele lançou a Operação Barbarossa, em que mais de 3 milhões de soldados do Eixo cruzaram as fronteiras soviéticas. Os combates na Frente Oriental foram os mais ferozes da história das guerras. Dezenas de milhões de soldados se envolveram no conflito que se estendeu do Báltico ao Mar Negro, e os confrontos foram impiedosos.

Hitler pensava que a guerra na Frente Oriental seria de extermínio, e as Forças Armadas alemãs foram instruídas a agir de acordo: pessoas judias e oficiais soviéticos eram mortos na hora; civis eram deixados para morrer de fome. Os prisioneiros de guerra foram tratados tão mal na URSS que mais de 6 milhões de prisioneiros de guerra do Eixo morreram de fome ou doença.

A batalha naquele front foi o conflito

A GUERRA SE ALASTRA   107

Churchill e Roosevelt se reúnem na baía de Placentia, na Terra Nova, um **passo importante** na gradual preparação dos EUA para a guerra.

Os **japoneses lançam um ataque surpresa** contra a **base naval americana de Pearl Harbor**, o primeiro movimento do Japão na guerra contra os Aliados do Ocidente.

Forças britânicas em Singapura se rendem aos japoneses. Mais de 80 mil soldados britânicos e Aliados marcham para o cativeiro.

Rommel inicia o **ataque à Linha Gazala, controlada pelos britânicos**, a primeira etapa de uma ofensiva que os força a recuar da Líbia para o Egito.

9-12 AGO 1941   **7 DEZ 1941**   **15 FEV 1942**   **26 MAI 1942**

6 DEZ 1941   **20 JAN 1942**   **MAI 1942**   **23 AGO 1942**

Uma **contraofensiva soviética** massiva **apanha os alemães** desprevenidos. Eles são expulsos em desordem dos arredores de Moscou.

Nazistas de alto escalão vão à **Conferência de Wannsee** em Berlim para discutir o que chamam de "**Solução Final**" – o **extermínio** sistemático **dos judeus da Europa**.

Na **Batalha do Mar de Coral**, as Marinhas japonesa e Aliada travam uma série de combates que resulta em um **empate tático**, mas uma vitória estratégica para os Aliados.

Na URSS, forças alemãs **entram em Stalingrado**. O Exército Vermelho monta uma **defesa épica** da cidade.

---

central da guerra na Europa. Quem ganhasse seria o "vencedor total".

Na fase inicial da Operação Barbarossa, os alemães conquistaram uma série notável de vitórias contra o mal-equipado e moroso Exército Vermelho de Stalin. Em certo momento, pareceu que Moscou poderia cair sob um ataque alemão no fim de 1941, mas esse foi o ponto mais alto da invasão de Hitler. Em dezembro de 1941, os exaustos exércitos alemães começaram a perder o ânimo e a chegada de reforços da Sibéria inclinou a balança em favor do Exército Vermelho.

A ofensiva soviética foi um grave choque para as Forças Armadas alemãs, mas acabaram conseguindo sustentar suas posições e esperar pela chegada de reforços para uma investida na primavera. Em vez de repetir o assalto a Moscou, porém, Hitler decidiu avançar rumo ao sul, para garantir a região rica em petróleo ao redor das montanhas do Cáucaso. Ao mesmo tempo, ordenou um ataque à cidade de Stalingrado, um desvio que se provou um de seus maiores erros.

Objetivos do Japão

Enquanto o Exército Vermelho ganhava a dianteira na URSS, do outro lado do globo, o Japão se preparava para a guerra. Sem acesso direto a matérias-primas vitais e enfrentando oposição do Ocidente, o governo japonês acreditava que a guerra fosse a única solução a seus problemas. Seus estrategistas esperavam que uma campanha naval rápida destruísse o poderio naval dos EUA no Pacífico, e que conquistas nas Índias Orientais Holandesas, na Malásia Britânica e nas Filipinas criassem a base para uma "Esfera de Coprosperidade da Grande Ásia Oriental", dando ao Japão autossuficiência econômica. Essa estratégia, porém, era muito inconsequente – uma esperança extrema de que o espírito marcial superior japonês suplantaria o poder econômico e militar maior das potências ocidentais.

O ataque audacioso do Japão a Pearl Harbor, uma base naval dos EUA no Havaí, em dezembro de 1941, e as investidas contra as Índias Orientais Holandesas, Filipinas e Malásia Britânica foram surpreendentes vitórias militares, mas os Aliados ocidentais, liderados pelos EUA, logo se recuperaram. Na Batalha de Midway, em junho de 1942 – exatos seis meses após o ataque a Pearl Harbor –, os japoneses sofreram sua primeira derrota militar. ∎

PRECISAMOS SER O GRANDE ARSENAL DA DEMOCRACIA
O FIM DA NEUTRALIDADE DOS EUA (MARÇO DE 1941)

EM CONTEXTO

FOCO
Ajuda militar

ANTES
Mar 1920 O Senado dos EUA rejeita o Tratado de Versalhes.

27 ago 1928 O Pacto Kellogg-Briand estipula a solução pacífica de disputas internacionais.

Ago 1935-nov 1939 O Congresso dos EUA aprova uma série de Leis de Neutralidade para impedir o país de ser arrastado a outro conflito global.

DEPOIS
14 ago 1941 Os EUA e o Reino Unido anunciam a Carta do Atlântico, expondo suas metas conjuntas de guerra.

7 dez 1941 O Japão lança um ataque surpresa à base naval de Pearl Harbor, no Havaí.

11 dez 1941 A Alemanha nazista declara guerra aos Estados Unidos.

Embora os Estados Unidos tenham emergido da Primeira Guerra Mundial como a nação mais poderosa do mundo, seus eleitores prefeririam não ter obrigações com outros países. Em 1935, o Congresso aprovou a primeira Lei de Neutralidade, tornando ilegal os EUA venderem ou transportarem armas para nações em conflito. Mesmo depois que a Alemanha atacou a Polônia em setembro de 1939, só 16% dos americanos queriam ajudar a Grã-Bretanha e a França. Mas em novembro de 1939, na Lei de Neutralidade final, o Congresso concordou que uma nação beligerante poderia comprar suprimentos militares se pagos de imediato e não transportados por barcos dos EUA (a política de "pague e leve").

Apoio à Grã-Bretanha
No outono de 1940, a rede de rádio CBS fez transmissões da Blitz para lares americanos, dizendo aos ouvintes que as bombas que ouviam em Londres acabariam caindo em suas cidades. A maioria (52%) agora apoiava o auxílio. Quando Winston Churchill confessou que a Grã-Bretanha estava quebrada e incapaz de arcar com o "pague e leve", o presidente Roosevelt exortou os americanos a se tornarem o "arsenal da democracia". Em janeiro de 1941, ele apresentou um plano que permitia ao presidente fornecer, sem pagamento imediato, recursos militares a qualquer país considerado como primeira linha de defesa dos EUA. Em 11 de março de 1941, o projeto Empréstimo-Arrendamento se tornou lei. Externamente neutros, os EUA agora tinham uma ligação íntima com o esforço de guerra Aliado. ■

O presidente Roosevelt assina o projeto de lei Empréstimo-Arrendamento, prometendo ajuda militar dos EUA a Grã-Bretanha, China e Grécia.

Veja também: Paz imperfeita 20-21 ■ Fracasso da Liga das Nações 50 ■ Apaziguando Hitler 51 ■ A Blitz 98-99 ■ O ataque japonês a Pearl Harbor 138-45

A GUERRA SE ALASTRA

SUBMERGIU COM SUAS CORES TREMULANDO
O *BISMARCK* É AFUNDADO (18-27 DE MAIO DE 1941)

EM CONTEXTO

FOCO
Supremacia naval

ANTES
1935 O encouraçado *Bismarck* é encomendado ao estaleiro Blohm & Voss de Hamburgo.

14 fev 1939 O *Bismarck* é lançado.

5 mai 1941 Hitler visita o *Bismarck* com o marechal de campo Wilhelm Keitel e o almirante chefe de frota Günther Lütjens.

DEPOIS
1943 A atividade naval alemã se restringe a "alcateias", grupos de U-Boots que atacam comboios britânicos, mas a tática é em grande parte abandonada em maio devido a grandes perdas.

1944-1945 A Kriegsmarine restante se envolve fortemente no apoio à artilharia, para a retirada das forças terrestres alemãs ao longo da costa báltica e no transporte de refugiados civis em grandes operações de resgate.

Provido de 70 canhões, com 251 m de comprimento e 52 mil toneladas, o *Bismarck* foi o primeiro encouraçado grande construído pela Alemanha desde a Primeira Guerra, um símbolo do renascido poderio militar do país. Em 19 de maio de 1941, fez sua primeira viagem de combate, com ordens de atacar comboios Aliados no Atlântico. No dia seguinte, os britânicos receberam relatos de sua localização e teve início a caçada pelo orgulho da Marinha de Hitler.

O cruzador pesado *Prinz Eugen* se juntou ao *Bismarck* e ambos rumaram para o Atlântico Norte. Os principais navios britânicos, HMS *Prince of Wales* e HMS *Hood*, seguiram para a Islândia em seu encalço. Em 24 de maio, eles abriram fogo. O *Bismarck* reagiu atingindo o *Hood* e o afundando. O encouraçado alemão também foi atingido duas vezes, o que limitou sua velocidade. Enquanto isso, problemas no motor do *Prinz Eugen* o forçaram a voltar para sua base.

Os porta-aviões britânicos HMS *Ark Royal* e HMS *Victorious* lançaram, então, torpedeiros biplanos *Swordfish*, atingindo o *Bismarck* em 25 e 26 de maio. A segurança da França ocupada pelos nazistas estava a 1.200 km de distância do *Bismarck* e, quando o dia raiou em 27 de maio, os encouraçados HMS *King George v* e HMS *Rodney*, além dos cruzadores pesados HMS *Norfolk* e HMS *Dorsetshire*, aproximaram-se. Às 10h40 da manhã o *Bismarck* afundou. Hitler reagiu adotando uma estratégia mais cautelosa com a frota de superfície, reduzindo o risco a que estava exposta, mas também a ameaça que representava. ∎

Temos pela primeira vez em anos um barco cujas qualidades de combate estão pelo menos à altura de qualquer inimigo.
Capitão Ernst Lindemann
Comandante do *Bismarck*,
abril de 1941

Veja também: A Batalha do Rio da Prata 67 ▪ A invasão da Dinamarca e da Noruega 69 ▪ A guerra de submarinos se acirra 110-13 ▪ Ataques a comboios do Ártico 166

UM TORPEDO, UM NAVIO
A GUERRA DE SUBMARINOS SE ACIRRA
(JUNHO DE 1940-DEZEMBRO DE 1941)

EM CONTEXTO

FOCO
Guerra no mar

ANTES
1917 Na Primeira Guerra, a campanha alemã de U-Boots no Atlântico quase destrói a economia britânica.

1935 O Acordo Naval Anglo-Germânico permite à Alemanha construir submarinos.

1939 Em julho, criptoanalistas poloneses revelam aos britânicos e franceses seus métodos para quebrar os códigos Enigma alemães.

DEPOIS
1942 Os U-Boots dominam a costa leste dos EUA, afundando centenas de cargueiros.

1943 No "Maio Negro", as perdas de U-Boots se tornam insustentáveis e os submarinos são retirados do Atlântico.

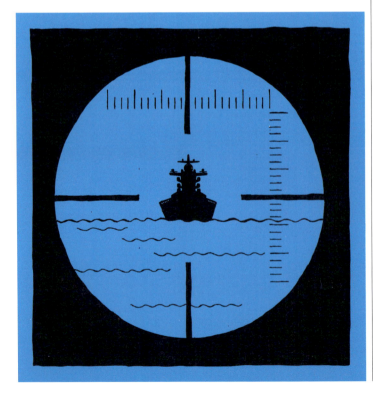

A sobrevivência da Grã-Bretanha na Segunda Guerra Mundial dependia do transporte marítimo de recursos vitais vindos do mundo todo. Os combates para assegurar as rotas de navegação em face dos ataques alemães, que se tornaram conhecidos como Batalha do Atlântico, se estenderam por seis anos, com várias fases. No período inicial, a partir do fim de 1939, as forças navais de superfície alemãs tiveram algum sucesso, mas eram suplantadas em tamanho pela Marinha Real Britânica. Além disso, a Grã-Bretanha tinha aprendido com suas pesadas perdas na Primeira Guerra e usava o sistema de comboio, em que os barcos navegavam em grupos, protegidos por encouraçados.

A partir do verão de 1940, porém, o equilíbrio pendeu em favor da

A GUERRA SE ALASTRA

Veja também: A Batalha do Rio da Prata 67 ▪ A invasão da Dinamarca e da Noruega 69 ▪ O fim da neutralidade dos EUA 108 ▪ O *Bismarck* é afundado 109 ▪ Ataques a comboios do Ártico 166 ▪ A guerra secreta 198-203 ▪ Um confronto final no Atlântico 214-19

Marinheiros abandonam o HMS *Courageous* em 17 de setembro de 1939, após ele ser torpedeado pelo U-Boot U-29. O porta-aviões foi o primeiro navio de guerra britânico afundado pelas forças alemãs na Segunda Guerra Mundial.

Alemanha devido a sua frota de U-Boots (Unterseeboots, "submarinos"). Eles acabariam infligindo perdas catastróficas à navegação britânica, no que Churchill chamou de "uma guerra de tatear e afundar".

A campanha começa

Em 19 de agosto de 1939, todos os capitães de U-Boots receberam um aviso sobre uma reunião de oficiais. Na verdade, era uma mensagem codificada dizendo que deviam tomar posição ao redor das Ilhas Britânicas, antecipando a guerra. Não demorou muito para os submarinos comunicarem seu primeiro ataque fatal, mas foi um terrível engano. Nove horas apenas após a declaração de guerra, em 3 de setembro, o capitão do U-30, navegando a oeste da Irlanda, viu o que pensou ser a silhueta de um cruzador mercante armado. Ele lançou um torpedo e dirigiu suas armas contra o barco, um transatlântico de passageiros, ss *Athenia*, que afundou, com a perda de mais de cem vidas.

Nos meses iniciais da guerra, os U-Boots alemães se mostraram relativamente ineficientes. Seus torpedos com frequência falhavam e eles tinham dificuldade em lidar com as táticas usadas pelos britânicos. Em 16 de setembro, o primeiro comboio transatlântico da guerra deixou Halifax, na Nova Escócia, Canadá. Os navios mercantes seguiam cursos em zigue-zague para confundir o inimigo, enquanto suas escoltas navais buscavam os submarinos com o sistema de ecolocalização Asdic – ou sonar – desenvolvido na Primeira Guerra. O comboio chegou a Liverpool em segurança catorze dias depois.

Embora de início o sistema de comboios tenha tido grande êxito, os U-Boots ainda conseguiram afundar quase cinquenta navios mercantes até o fim de 1939. Muitos foram fatalmente atingidos por minas magnéticas distribuídas por U-Boots ao redor das rotas de navegação das Ilhas Britânicas. Essa ameaça, porém, foi diminuída depois que a desmontagem de uma mina em novembro de 1939 permitiu que cientistas britânicos desenvolvessem um modo de desmagnetizar o casco dos navios para evitar que atraíssem a arma explosiva.

Um ponto de virada

Entre setembro de 1939 e fevereiro de 1940, cerca de 140 navios mercantes britânicos foram afundados no Atlântico. Em termos de tonelagem, foi quase o dobro da perda sofrida pela Alemanha, mas a Grã-Bretanha tinha começado a guerra com quase 2 mil navios mercantes – um terço do total mundial – e, proporcionalmente, suas perdas foram menos de metade das alemãs.

Como resultado, a Alemanha não estava obtendo impacto suficiente sobre a navegação britânica para afetar o esforço de guerra. Em 15 de fevereiro de 1940, Hitler tentou aumentar a pressão emitindo uma diretiva de que qualquer barco, hostil ou neutro, dirigindo-se a águas controladas pelos britânicos, deveria ser afundado sem aviso. O ponto de virada ocorreu de abril a junho de 1940, quando a tomada da Noruega e da Dinamarca e a queda da França deram aos alemães uma gama de bases no Atlântico de onde operar. Também »

Nenhum tiro de aviso foi dado antes do torpedo ser lançado. Eu mesmo observei muito tumulto a bordo do navio torpedeado.
Adolf Schmidt
Tripulante do U-30, sobre o afundamento do ss *Athenia*

112 A GUERRA DE SUBMARINOS SE ACIRRA

A técnica de ataque "alcateia"

Legenda:
- U-Boot
- Comboio de navios mercantes
- Barco de escolta

Vários U-Boots se acercam do comboio para afugentar os barcos de escolta.

Um U-Boot penetra no comboio sem ser detectado e faz o primeiro disparo.

O U-Boot se move através do comboio para atacar mais navios.

Com o comboio sem defesa, os U-Boots se aproximam para atacar os navios mercantes desarmados.

Os barcos de escolta perseguem os U-Boots, deixando o comboio sem defesa.

Tendo atacado tantos navios quanto possível, o U-Boot se dirige rapidamente para mar aberto.

Um U-Boot localiza um comboio e orienta os outros da alcateia para rodeá-lo. A primeira leva de U-Boots afasta os barcos de escolta, deixando o comboio vulnerável ao ataque.

Depois que os barcos de escolta são afastados, alguns U-Boots podem penetrar no comboio e emergir no meio dele para torpedear navios individuais. Os demais submarinos atiram torpedos a partir de fora do comboio.

---

estreitaram o foco estratégico das operações navais alemãs sobre os navios britânicos, num cerco oceânico que colocaria o país de joelhos.

O "pior mal" da Grã-Bretanha

Antes de 1939, o defensor da estratégia dos U-Boots de Hitler, Karl Dönitz, tinha afirmado que "o ponto decisivo na guerra contra a Inglaterra está em atacar seus navios mercantes no Atlântico". Churchill fazia a mesma avaliação, e escreveu após a guerra: "Os ataques de U-Boots eram nosso pior mal. Os alemães teriam sido sábios se apostassem tudo neles."

Ao longo da guerra, a Grã-Bretanha dependeu muito das importações por mar. Navios mercantes traziam dois terços dos alimentos da nação e uma proporção ainda maior de bens como derivados de petróleo (95%), borracha e cromo (ambos 100%). Hitler, porém, demorou a perceber a vulnerabilidade estratégica da Grã-Bretanha a um bloqueio marítimo, e até reconheceu seu ponto cego para questões navais, admitindo: "Em terra sou um herói, mas no mar sou um covarde." A Kriegsmarine (Marinha alemã), por sua vez, estava mal equipada para explorar as fraquezas comerciais da Grã-Bretanha. Seu chefe, o almirante Erich Raeder, tinha formulado

A única coisa que algum dia realmente me assustou durante a guerra foi o perigo do U-Boot.
Winston Churchill
em seu livro de memórias, 1949

em 1939 o plano "Z" para expandir a Marinha alemã até o ponto de poder vencer a disputa pelo Atlântico, mas pressupunha esperar até 1944 antes de ir à guerra. O próprio Dönitz alegou que precisava pelo menos de 300 submarinos operacionais para realizar um bloqueio bem-sucedido à Grã-Bretanha, mas só tinha cerca de 45 no início da guerra e ainda menos capazes de ter um papel no Atlântico.

No inverno de 1940 a 1941, as forças de U-Boots de Dönitz diminuíram ainda mais. Em agosto de 1940, ele só tinha 27 operacionais e, em fevereiro de 1941, 21. Mesmo assim, por meio de novas e ousadas táticas e do uso astuto de reconhecimento e inteligência, Dönitz conseguiu melhorar de modo drástico a eficácia de sua pequena força.

O primeiro golpe de mestre de Dönitz foi virar de ponta-cabeça a doutrina aceita sobre submarinos submersos em ataques diurnos. Ele introduziu a tática de "alcateia", em que

A GUERRA SE ALASTRA

grupos de U-Boots atacavam à noite acima da superfície, esquivando-se do sistema Asdic de detecção submarina. As alcateias, dispostas em linhas através das rotas dos comboios, localizavam a presa por reconhecimento aéreo, fornecido por aviões Kondor de longo alcance – operando a partir de bases na Noruega ou na França – e tecnologia avançada de rádio que melhorava as comunicações entre a frota. Um número relativamente pequeno de submarinos podia cobrir então uma vasta área, mas se juntavam rapidamente ao redor de alvos identificados. Entre julho e outubro de 1940, quase 300 barcos Aliados foram afundados, e como os números cresceram no início de 1941, as tripulações de U-Boots alemães consideraram esse o "tempo feliz" da guerra.

Lacunas no Atlântico

Os britânicos tentaram adaptar suas táticas, adotando pequenos navios de guerra (corvetas) para melhorar a capacidade de uma escolta mais distribuída e usando bases aéreas e navais na Islândia, que a Grã-Bretanha tinha ocupado em maio de 1940. Os Aliados também foram em socorro da Grã-Bretanha. A Marinha Real Canadense se expandiu rapidamente após 1940 e incumbiu-se de grande parte das escoltas de comboios e da caça a U-Boots, como fez também a Marinha dos EUA a partir de maio de 1941. A cobertura aérea era uma arma vital contra os submarinos. A ameaça de ser bombardeado podia levar um U-Boot a submergir, e aeronaves Aliadas podiam também afugentar os aviões observadores Kondor. Limitações de alcance, porém, deixaram a Grã-Bretanha com uma "lacuna no meio do Atlântico" no apoio aéreo aos comboios. Buscando fechar a lacuna, os britânicos recorreram a medidas desesperadas, como instalar catapultas em navios mercantes, que podiam lançar caças no meio do Atlântico. Sem ter onde pousar, a aeronave tinha de mergulhar no mar após uma só incursão. Em setembro de 1941, porta-aviões leves de escolta – carregados com caças – começaram a entrar em serviço. Seus ataques a U-Boots e a aviões Kondor começaram a fechar a lacuna no meio do Atlântico. Mas talvez os feitos mais significativos na guerra contra os U-Boots tenham sido os ataques ao U-33, em fevereiro de 1940, e ao U-110, em maio de 1941, que puseram nas mãos dos britânicos dados vitais sobre as máquinas de codificação Enigma navais alemãs. Isso permitiria aos criptoanalistas de Bletchley Park ler a maioria das transmissões de rádio da Kriegsmarine assim que ocorriam.

A entrada dos EUA na guerra em dezembro de 1941 anunciou uma nova fase da Batalha do Atlântico. Estimulados pelos avanços de criptografia de suas máquinas Enigma navais em fevereiro de 1942, comandantes de U-Boots voltaram a atenção para a rica colheita ao longo da costa leste da América – o segundo, e último, "tempo feliz" dos tripulantes daqueles submarinos. ■

O impacto da decodificação da máquina Enigma

Os militares alemães usavam um sofisticado dispositivo de codificação que parecia uma pequena máquina de escrever, chamado Enigma, para encriptar muitos de seus sinais de rádio. O código acabou sendo quebrado pela operação Ultra, de um grupo de inteligência Aliado sediado em Bletchley Park, no norte de Londres.

Desde 1939, graças à inteligência polonesa, os Aliados tinham uma réplica de máquinas Enigma, mas a versão naval alemã continha rodas de código extras, que aumentavam sua complexidade.

Em fevereiro de 1940, os britânicos recolheram rodas de código de um submarino capturado, o U-33, e em maio de 1941 tomaram do U-110 uma máquina Enigma intacta, além dos livros de código associados. Até os alemães alterarem seu sistema em 1942, os criptoanalistas de Bletchley Park puderam ler as transmissões navais alemãs, levando a taxas de evasão de comboios muito melhores. Na segunda metade de 1941, a decodificação da Enigma pela Ultra provavelmente salvou centenas de navios Aliados.

Um soldado Aliado com um canhão naval vigia a baía de Reykjavík, na Islândia. Em julho de 1941, mais de 25 mil soldados britânicos e do Império já ocupavam a ilha – vital para combater a ameaça dos U-Boots.

NUNCA VI DESAFIAREM TANTO A MORTE
GUERRA NOS BÁLCÃS (ABRIL-MAIO DE 1941)

EM CONTEXTO

FOCO
Invasão militar

ANTES
Mai 1913 Creta, nominalmente sob a soberania otomana, é cedida à Grécia pelo Tratado de Londres.

Abr 1939 A Itália invade e ocupa a Albânia.

Ago 1940 Um submarino italiano torpedeia, em provocação, o transatlântico grego *Elli* ao largo de Tinos, no mar Egeu.

DEPOIS
22 jun 1941 Hitler lança a Operação Barbarossa, tentando conquistar a URSS.

Out 1944 Soldados alemães evacuam Atenas e depois deixam o resto do país.

20 out 1944 Partisans e soldados soviéticos liberam Belgrado; as tropas alemãs finalmente deixam a Iugoslávia em maio de 1945.

Com a guerra no oeste em grande parte vencida em junho de 1940, Hitler pôde focar em sua principal ambição – avançar para o leste e atacar e destruir a URSS. Os planos dessa vasta operação começaram em julho de 1940, mas eventos nos Bálcãs se interpuseram.

A invasão da Grécia
Embora a Itália e a Alemanha fossem aliadas, uma não confiava totalmente na outra. Invejando a crescente influência da Alemanha nos Balcãs, Mussolini voltou o olhar para a neutra Grécia, mas não informou Hitler de seus planos. Em 28 de outubro de 1940, o líder italiano deu um ultimato de três

A GUERRA SE ALASTRA 115

Veja também: A Itália e a emergência do fascismo 22-23 ▪ Ditadores e democracias frágeis na Europa 34-39 ▪ A Itália entra na guerra 88-89 ▪ Operação Barbarossa 124-31 ▪ Movimentos de resistência 226-31 ▪ Os soviéticos avançam na Alemanha 288-89

Mulheres gregas portando armas e munições são representadas andando pelas montanhas para combater os italianos em cartaz de propaganda da guerra que iniciou o conflito nos Bálcãs.

horas ao governo grego exigindo a livre passagem de suas tropas para ocupar fortalezas estratégicas no país. Quando o primeiro-ministro Ioannis Metaxas recusou, as tropas italianas invadiram a Grécia.

A ofensiva de três frentes dos invasores, a partir da Albânia – controlada pela Itália –, logo foi bloqueada na montanhosa fronteira noroeste da Grécia, e os gregos os perseguiram até em terras albanesas. Esquadrões da RAF britânica deram cobertura aérea às forças gregas e infligiram consideráveis perdas à Força Aérea italiana. Em 11 de janeiro de 1941, os gregos haviam tomado o estratégico passo de Klisura, na Albânia. A tentativa final dos italianos de derrotar os gregos fracassou em março de 1941, embora as tropas gregas estivessem ficando rapidamente sem armas e equipamentos.

Hitler ficou irritado por não ter sido avisado da guerra em que a Itália se metera, e alarmado por seu principal aliado estar falhando. Também se preocupou porque, no fim de 1940, tropas e aviões britânicos chegaram à ilha de Creta para ajudar a defender a Grécia. Ele temia que dali os britânicos pudessem lançar um ataque aéreo aos campos de petróleo romenos, de cujo combustível precisava para sua planejada ofensiva soviética.

Na primavera de 1941, forças alemãs se reuniram na fronteira da Bulgária com o nordeste da Grécia. A Grã-Bretanha mandou então 62 mil soldados da Commonwealth – apelidados de força "W" devido a seu líder, o tenente-general Henry Maitland Wilson –, mas relutava em desfalcar suas tropas no norte da África para enviar mais oficiais.

O golpe da Iugoslávia

Hitler enfrentava outros problemas ao norte da Grécia, na Iugoslávia, cujo

Nossa única opção era nos assegurarmos de não ter poupado nenhum esforço para ajudar os gregos, que se mostraram tão valorosos.
Winston Churchill

governo resistira a uma aliança com a Alemanha. Buscando consolidar o apoio de seus aliados, Hitler tinha negociado o Pacto Tripartite, ou do Eixo, assinado com Itália e Japão em 27 de setembro de 1940. Depois se aliou a Eslováquia, Hungria, Romênia e Bulgária. Porém, o regente pró-britânico da Iugoslávia, príncipe Paulo, aparentado por casamento à família real britânica, relutava em aderir. Ele foi afinal convencido em »

Resistência a Hitler

As nações que resistiram à Alemanha não eram todas democracias amantes da liberdade. O rei Alexandre I da Iugoslávia havia abolido a Constituição, banido partidos políticos e assumido o poder executivo após um ataque à Assembleia Nacional, em 1929, que matou dois deputados. Quando os revolucionários macedônios assassinaram Alexandre, apoiados por fascistas croatas, o príncipe Paulo, regente de seu sobrinho, Pedro, decidiu que o reino deveria permanecer sem mudança até que Pedro subisse ao trono, criando o que foi chamado de "ditadura sem ditador".

Na Grécia, Jorge II voltou do exílio em 1935, quando a monarquia grega foi restaurada, e em 1936 apoiou a ascensão ao poder do general Ioannis Metaxas, que instalou um governo autoritário, nacionalista e anticomunista.

O golpe na Iugoslávia e o ataque italiano à Grécia forçaram ambos os regimes despóticos a se colocarem contra a Alemanha – como faria a URSS de Stalin, quando a Alemanha atacou em junho de 1941.

GUERRA NOS BÁLCÃS

Hitler quer **proteger seu flanco sul** enquanto **se prepara para invadir** a URSS.

Os estados balcânicos são forçados a **assinar um pacto de defesa** com a Alemanha e seus aliados.

Hitler fica alarmado quando a Itália **invade a Grécia sem avisá-lo**.

Após um golpe que **derruba seu governo**, a Iugoslávia **se recusa a assinar** o pacto.

A Grécia repele a invasão italiana, **enfraquecendo o flanco sul alemão**.

Hitler invade e conquista Iugoslávia e Grécia; a Alemanha controla agora a maior parte da Europa.

25 de março, mas a reação no país foi imediata. Dois dias depois, oficiais pró-Ocidente e sérvio-nacionalistas da Força Aérea Real do Exército da Iugoslávia destronaram o príncipe Paulo e o substituíram pelo rei Pedro II, de 17 anos, que assumiu com plenos poderes reais. Seu novo governo logo assinou um pacto de não agressão com a URSS e iniciou conversações com a Grã-Bretanha sobre uma coalizão balcânica.

Hitler invade

A combinação de fraqueza inicial italiana, intervenção britânica na Grécia e uma Iugoslávia hostil levou Hitler a agir. Em 6 de abril de 1941, forças alemãs investiram ao mesmo tempo contra a Iugoslávia e a Grécia. Ataques aéreos foram lançados na capital da Iugoslávia, Belgrado, e no Pireu, principal porto de Atenas. Eles destruíram a maior parte da Força Aérea iugoslava e causaram danos à linha de abastecimento britânico na Grécia. As tropas alemãs se alastraram então pela Iugoslávia, vindas do *Grossdeutschland* ("Grande Reich Germânico"), da Bulgária e depois da Romênia, enquanto o III Exército da Hungria atacava o nordeste iugoslavo. Tropas alemãs ainda atravessaram o sul da Iugoslávia para atacar a Grécia do norte e, em 9 de abril, tomaram Monastir e Salonica, separando a Grécia da Iugoslávia.

As tropas alemãs tomaram a cidade de Zagreb, no norte, em 10 de abril, e os croatas locais declararam independência e apoio à Itália. Enquanto os italianos garantiam a costa iugoslava ao norte e ao sul, reunindo-se em Dubrovnik, os alemães tomaram Belgrado em 13 de abril e avançaram a sudoeste para tomar Sarajevo. Diante de tais perdas, a Iugoslávia se rendeu em 17 de abril. Enquanto os alemães seguiam ao sul para a Grécia, a Força W britânica tinha recuado da Linha Aliakmon defensiva, no norte da Grécia, ao sul do Monte Olimpo. Nas duas semanas seguintes os alemães pressionaram, posicionando uma cunha entre a Força W no leste e o I Exército Grego, agora isolado na Albânia. As tropas italianas por fim tiveram algum sucesso na Albânia e se juntaram à luta, forçando o I Exército Grego a se render em 20 de abril. Enfrentando sozinhos os alemães, os britânicos traçaram planos de evacuação. A Força W seguiu mais ao sul para as Termópilas e, em 22 de abril, começou a retirar tropas de Creta. Três dias depois, paraquedistas alemães desceram em Corinto. No fim de abril, eles asseguraram o extremo sul da Grécia, obtendo uma vitória decisiva.

A última retirada

Ansioso para manter a vantagem, Hitler ordenou um ataque imediato a Creta, cerca de 160 km ao sul da Grécia continental. A primeira força de uma invasão alemã de 22 mil homens pousou de paraquedas em duas ondas ao longo da costa

O golpe na Iugoslávia ocorreu de repente, do nada. Quando me deram a notícia, na manhã do dia 27, pensei ser uma brincadeira.
Adolf Hitler

A GUERRA SE ALASTRA

Um paraquedista alemão atira numa esquina em Corinto, na Grécia, em abril de 1941, quando forças alemãs tomaram o canal de Corinto, uma via de acesso crítica ao mar Egeu.

norte da ilha, em 20 de maio. Eles foram enfrentados por cerca de 30 mil soldados britânicos e da Commonwealth, apoiados por 11 mil soldados gregos e muitos civis cretenses.

Suplantados em número, os alemães perderam muitos paraquedistas para o fogo dos soldados gregos em Chania, na costa noroeste da ilha, e para tropas neozelandesas que defendiam o Aeródromo de Máleme no oeste, mas conseguiram tomá-lo em 21 de maio. Contudo, as forças da Marinha Real Britânica resistiram a um desembarque inicial de tropas alemãs de 21 a 22 de maio e a uma segunda invasão de 22 a 23 de maio. Apesar desses reveses, as forças alemãs repeliram ataques ao Aeródromo de Máleme e avançaram para leste ao longo da ilha.

No ar, ataques de bombardeiros de mergulho alemães custaram aos britânicos nove barcos, com outros trezes muito danificados, reduzindo a força da Marinha Real no Mediterrâneo oriental a apenas dois encouraçados e três cruzadores. Antevendo a derrota, a Marinha Real começou a evacuar grande número de soldados para o Egito em 28 de maio. No fim do mês, os britânicos tinham deixado a ilha. Os combatentes que restaram se juntaram à resistência cretense.

Os britânicos tinham perdido sua última base na Europa continental. Com a queda de Creta, os alemães asseguraram os Bálcãs e estavam prontos para continuar sua marcha para leste e em direção à URSS.

Reflexões posteriores

A guerra nos Bálcãs pendeu pesadamente em favor da Alemanha, cujas forças e equipamentos eram muito superiores. A resistência da Iugoslávia logo ruiu; para a defesa de uma fronteira de 1.600 km, contava com cerca de 25 divisões mal equipadas – metade do número das alemãs, mais bem abastecidas. A maior parte dos soldados gregos ainda lutava na Albânia, deixando apenas seu II Exército e um

Soldados alemães invadem Creta de paraquedas – o maior ataque alemão desse tipo na Segunda Guerra –, após a Luftwaffe ter bombardeado caças britânicos baseados ali.

pequeno lote de soldados britânicos para combater a invasão.

Apesar da vitória em Creta, os paraquedistas alemães, na primeira invasão basicamente aérea da história militar, registraram grande índice de mortalidade. Hitler ficou relutante em autorizar outras operações como essa, preferindo usar os paraquedistas como soldados terrestres. Os Aliados, em contraste, reconheceram o potencial dos paraquedistas e começaram a formar regimentos de ataque pelo ar e defesa de campos aéreos. Os alemães também enfrentaram em Creta sua primeira – mas longe de ser a última – experiência de resistência em massa da população civil; mais de 6 mil morreram durante a invasão.

Alguns historiadores consideram que a guerra nos Bálcãs atrasou e afetou de modo adverso a Operação Barbarossa (o ataque de Hitler à URSS em junho de 1941). Outros discordam, dizendo que a vitória na Grécia elevou o moral alemão e que a demora causada desacreditou a inteligência soviética, que havia previsto a invasão da URSS para maio, como de início planejado. ∎

O DESERTO É UM LUGAR QUE DEUS ESQUECEU
NORTE DA ÁFRICA E MEDITERRÂNEO (1940-1941)

EM CONTEXTO

FOCO
Táticas militares

ANTES
1912 A Itália adquire a Líbia do Império Otomano, somando-a a suas colônias do leste africano na Somália e na Eritreia.

1936 A Itália ocupa a Etiópia, ligando-a a suas colônias na Eritreia para criar um grande império na África oriental.

DEPOIS
4 nov 1942 Rommel é derrotado em El Alamein, no Egito, e inicia a retirada.

8 nov 1942 Tropas americanas e britânicas desembarcam no Marrocos e na Argélia, na Operação Tocha.

6-13 mai 1943 Tropas do Eixo se rendem na Tunísia, encerrando a guerra na África.

Em 10 de junho de 1940, o líder italiano Mussolini declarou guerra à Grã-Bretanha e à França, e imediatamente buscou expandir seu império mediterrâneo e no leste da África. Com forças aéreas e terrestres maiores, os italianos puseram em risco a influência da Grã-Bretanha no Egito e seu controle do canal de Suez, além das colônias britânicas ao sul, no Sudão, na Somália e no Quênia, e das colônias francesas no norte africano.

Aviões italianos bombardearam Porto Sudão, na costa do mar Vermelho, e Kassala, na fronteira do Sudão com a Eritreia, em 11 de junho. Em 4 de julho, força terrestres italianas deixaram a Etiópia para tomar Kassala e também Moyale, no Quênia. Em agosto, à invasão da Somalilândia britânica forçou as

A GUERRA SE ALASTRA

Veja também: A Itália e a emergência do fascismo 22-23 ▪ A Itália entra na guerra 88-89 ▪ O cerco de Malta 167 ▪ De Gazala a El Alamein 192-95 ▪ A Operação Tocha 196-97 ▪ Vitória no deserto 208-09 ▪ A invasão da Itália 210-11

Erwin Rommel

Nascido em Heidenheim, na Alemanha, em 1891, Erwin Rommel foi muito condecorado como oficial na Primeira Guerra. Em 1937, com base em suas experiências de guerra, escreveu um manual militar definitivo – *Infanterie greift an* ("Ataques de infantaria").

No início da Segunda Guerra, Rommel se distinguiu como comandante da 7ª Divisão Panzer durante a invasão da França em 1940 e foi nomeado comandante dos novos Afrika Korps no norte da África em fevereiro de 1941. Um dos mais hábeis comandantes de tanque da guerra, conquistou o cognome Wüstenfuchs, "Raposa do Deserto". Ele descreveu suas campanhas no norte africano como "guerra sem ódio".

Rommel aceitava o regime nazista, mas não era membro do partido. No início de 1944, desiludiu-se com Hitler. Implicado no complô de 20 de julho para assassinar o Führer, ele foi preso. Reconhecendo o status de Rommel como herói nacional, Hitler lhe ofereceu a escolha entre suicídio ou julgamento e desonra. Rommel tirou a própria vida perto de sua casa, em Herrlingen, e recebeu funeral de Estado.

---

tropas da Grã-Bretanha a recuarem para Áden.

Em 19 de janeiro de 1941, os britânicos retaliaram. Eles retomaram Kassala, avançaram para a Eritreia e ocuparam sua capital, Asmara, em 1º de abril. Outras forças britânicas do Quênia tinham tomado Mogadishu, a capital somali, em 26 de fevereiro. Uma força combinada rumou então para oeste, da Somália para a Etiópia, e em 6 de abril ocupou sua capital, Adis Abeba. Forças leais ao imperador deposto, Haile Selassie, aliaram-se a ela em 5 de maio. O império italiano na África oriental estava no fim.

A campanha líbia

Quatro dias após a declaração de guerra italiana, em 1940, os britânicos mandaram tropas do Egito para a Líbia para capturar fortes de fronteira, com patrulhas chegando ao porto de Tobruk,

Pilotos italianos planejam o próximo passo na invasão do Egito pela Itália a partir da Líbia, em setembro de 1940. Nos primeiros três meses de guerra no norte africano, a Itália perdeu 84 aviões e 143 tripulantes.

150 km a oeste. Em 13 de setembro, os italianos enviaram suas próprias tropas 80 km para dentro do Egito, instalando campos fortificados em Sidi Barrani.

Os britânicos recuaram então para posições defensivas mais a leste, ao longo da costa egípcia em Marsa Matruh, esperando até 9 de dezembro, quando a Força do Deserto Ocidental Aliada lançou a Operação Compasso. Em três dias ela recuperou Sidi Barrani e logo tomou Tobruk. A 6ª Divisão Australiana da força perseguiu o inimigo ao longo da costa, enquanto a 7ª Divisão Blindada ia para o interior, encurralando os italianos em retirada de 6 a 7 de fevereiro de 1941 em Beda Fomm. Expulsos da província da Cirenaica, no leste líbio, mais de 130 mil italianos se tornaram prisioneiros.

A chegada de Rommel

Hitler via o norte da África e, na verdade, o Mediterrâneo como »

De seu veículo de comando, **Rommel observa** as posições do inimigo perto de Tobruk, em 1941. Muito fotografado, o comandante alemão foi uma figura heroica que até Churchill admirava.

secundários em relação a sua ambição principal de atacar e derrotar a URSS. Porém, reconheceu que tinha de mandar tropas alemãs à Líbia para apoiar a Itália. Em 12 de fevereiro de 1941, despachou seu general favorito, Erwin Rommel, com os recém-formados Afrika Korps, para resolver a situação. O general tinha ordem de manter sua posição na Líbia e evitar mais derrotas italianas, mas Rommel só tinha instinto para o ataque e sabia que mandar tropas para defender a Grécia havia enfraquecido as forças britânicas.

Primeiros sucessos

Após um reconhecimento aéreo inicial, Rommel julgou que seus tanques eram superiores e rumou a leste de Trípoli, logo tomando a cidade costeira de El Agheila, no extremo oeste da Cirenaica, em 24 de março. Ele quase não encontrou resistência e continuou a seguir a costa, tomando Bengazi em 4 de abril. Um segundo braço de sua força cruzou o deserto e tomou Mechili em 8 de abril, capturando cerca de 2 mil soldados britânicos. Ele então foi para Tobruk, que cercou em 10 de abril, sitiando a 9ª Divisão Australiana. Rommel tinha ordens de ocupar Tobruk, mas em vez disso, resolveu seguir mais a oeste, rumo ao Egito.

Tobruk ficaria sitiada por 231 dias, até 27 de novembro, com seus defensores australianos e poloneses sob a pesada artilharia alemã e bombardeios aéreos, mas abastecidos por mar pela frota mediterrânea britânica.

Rommel logo avançou, já dentro do Egito, para o passo de Halfaya, que capturou em 14 de abril de 1941. Em maio e junho, os britânicos falharam duas vezes em recuperá-lo. Então, o primeiro-ministro britânico Churchill nomeou o general Claude Auchinleck comandante em chefe, para substituir o general Archibald Wavell, e autorizou reforços substanciais, em especial de tanques. As variadas forças do deserto do novo comandante incluíam agora australianos, neozelandeses, poloneses, sul-africanos, indianos britânicos e da França Livre, reorganizadas como VIII Exército Britânico.

Operação Cruzado

Após longa preparação, Auchinleck lançou a Operação Crusader (Cruzado), avançando para oeste no deserto, e capturou o QG de Rommel no aeródromo de Gambut, a sudeste de Tobruk, em 20 de novembro. Poucos dias depois, os experientes comandantes de tanque de Rommel venceram os britânicos numa confusa batalha de tanques no aeródromo de Sidi Rezegh, a sudeste de Tobruk. Com suprimentos escasseando e temendo ser cercado em Tobruk, Rommel recuou para oeste de novo, chegando a El Agheila em 6 de janeiro de 1942.

O controle do Mediterrâneo era vital para os dois lados que lutavam nos desertos do norte da África. Cada um se empenhava em destruir as linhas de abastecimento vitais do outro ao mesmo tempo em que asseguravam as suas próprias, buscando causar o máximo de danos na tentativa de dominar o mar. Ambos os lados também usaram suas muitas bases aéreas para tentar controlar os céus. A frota italiana era numerosa e incluía cruzadores novos e rápidos com uma boa gama de canhões, mas, em 1941, seus navios careciam de sonar e radar. À diferença da frota mediterrânea britânica, os italianos também não tinham um braço aéreo, nem porta-aviões.

Em 11 de junho de 1940, um dia depois de a Itália declarar guerra, seus aviões bombardearam Malta, mas em 28 de junho os britânicos afundaram o destróier italiano *Espero*. Após um

Cavalheiros, os senhores lutaram como leões e foram liderados por burros.
Erwin Rommel
a oficiais britânicos capturados no cerco a Tobruk

A GUERRA SE ALASTRA

resultado inconclusivo em 9 de julho, quando frotas italianas e britânicas se confrontaram no largo da Calábria, ao sul da Itália, houve uma interrupção. Em 11 de novembro, os britânicos realizaram um ataque ousado à frota italiana em Taranto, usando antiquados biplanos *Fairey Swordfish*. Duas ondas de ataques, lançadas do HMS *Illustrious*, danificaram seriamente metade da frota italiana. O restante recuou para Nápoles.

Os britânicos marcaram uma segunda vitória decisiva de 28 a 29 de março, ao largo do cabo de Matapan, na ponta sul da Grécia continental. Primeiro, a Força Aérea Real (RAF) observou uma frota que os italianos tinham enviado para interceptar comboios britânicos que levavam tropas à Grécia. A frota mediterrânea britânica de Alexandria se aproximou para o ataque decisivo, afundando três cruzadores e dois destróieres italianos e danificando seriamente o encouraçado *Vittorio Veneto*. Dali em diante, os italianos evitaram grandes batalhas no mar.

Disputa pela supremacia

Tanto Itália quanto Grã-Bretanha enviavam comboios pelo Mediterrâneo – os italianos para abastecer tropas no norte africano e os britânicos, suas forças em Malta. Os comboios de Malta vindos do leste entravam pelo canal de Suez e os do oeste pelo estreito de Gibraltar, onde U-Boots alemães podiam atacar. Ambas as linhas de suprimento eram vulneráveis à ação naval italiana, e a própria Malta estava sob bombardeio da Sicília. Apesar de enfraquecida quando Creta foi tomada pelos alemães em junho de 1941, a frota britânica ainda era capaz de atacar comboios do Eixo. Em novembro, afundou um destróier e todos os sete navios mercantes do comboio italiano Duisburg, entre a Sicília e a Grécia, e, em 13 de dezembro, dois cruzadores italianos no largo do cabo Bon, que abasteciam a Luftwaffe alemã no norte da África.

Em 19 de dezembro houve uma reviravolta, quando navios britânicos entraram em área minada ao largo de Trípoli: dois afundaram e dois foram muito danificados. No mesmo dia, minas italianas causaram danos a dois encouraçados e um destróier no porto de Alexandria. A frota italiana se reafirmou, mas a batalha pelo Mediterrâneo estava longe de acabar, como as campanhas de Rommel e Montgomery provariam em 1942. ■

Táticas militares do general Rommel
- Sempre **manter o movimento para a frente, apesar dos riscos** de flancos expostos e falta de suprimentos.
- **Motivar as próprias forças** e ganhar **a lealdade e o respeito** delas.
- Reagir **de modo flexível e criativo** às mudanças de situação no campo de batalha.
- Enganar o inimigo **simulando um ataque esperado** enquanto se prepara outro inesperado.

O encouraçado italiano *Roma* foi um dos três navios levados de Taranto, no sudeste da Itália, a Nápoles, reagindo à invasão Aliada no norte africano.

DAR AS MÃOS À RÚSSIA ATRAVÉS DO IRÃ
CONTROLE DO ORIENTE MÉDIO (1941)

EM CONTEXTO

FOCO
Territórios estratégicos

ANTES
3 out 1932 A Grã-Bretanha concede independência ao reino do Iraque.

9 set 1936 A França cede autonomia à Síria, com o direito de manter forças em seu território.

Jun 1940 Síria e Líbano declaram apoio à França de Vichy.

DEPOIS
8 nov 1943 O Líbano declara independência da França.

17 abr 1946 A Síria ganha total independência da França.

Mar-mai 1946 Tropas britânicas, e depois soviéticas, deixam o Irã.

26 out 1947 A ocupação britânica do Iraque finalmente termina.

L onge das grandes batalhas das Frentes Ocidental e Oriental, alguns eventos importantes e com frequência esquecidos ocorriam, em 1941, em vários países do Oriente Médio. As abundantes reservas de petróleo da região a tornavam estrategicamente essencial tanto para as nações Aliadas quanto do Eixo.

Uma região instável
Com a queda da França em junho de 1940, os territórios controlados pelo país no Líbano e na Síria ficaram sob o domínio da França de Vichy. As simpatias pró-germânicas desta representavam uma ameaça potencial aos interesses britânicos na região, em especial no canal de Suez. O Iraque, que ganhara independência da Grã-Bretanha em 1932, era considerado mais seguro, onde os britânicos mantiveram bases militares, além do direito de passagem para suas forças, mas o país se mostrou politicamente instável. O Líbano, a Síria e o Iraque tinham imenso valor estratégico, porque o petróleo de Kirkuk, no norte do Iraque, fluía por dois oleodutos para Trípoli, no Líbano, e Haifa, na Palestina. A Grã-Bretanha precisava com desespero desses recursos para abastecer suas forças no Mediterrâneo e no norte da África.

O golpe no Iraque
Essa situação política delicada implodiu em 1º de abril de 1941, quando o ex-primeiro-ministro do Iraque, Rashid Ali – conhecido apoiador da Alemanha nazista –, com um séquito pró-fascista de oficiais militares chamado Quadrado Dourado, derrubou o governo pró-britânico do regente, ʿAbd al-Ilah. Uma vez no poder, Rashid Ali trabalhou com a inteligência alemã e aceitou o apoio militar da Alemanha e da Itália.

Se houver oposição ao desembarque [...] vençam as tropas do Iraque pela força e ocupem posições defensivas adequadas na praia o mais rápido possível.
General Archibald Wavell
Comandante em chefe no Oriente Médio, julho de 1939-julho de 1941

A GUERRA SE ALASTRA

Veja também: A queda da França 80-87 ▪ Laços coloniais 90-93 ▪ Guerra nos Bálcãs 114-17 ▪ Norte da África e Mediterrâneo 118-21 ▪ Operação Barbarossa 124-31 ▪ A Índia na Segunda Guerra 158

Foto aérea de um ataque por aviões britânicos ao depósito de petróleo da Royal Dutch Shell, perto de Beirute, como parte da Operação *Exporter* (Exportador), a invasão britânica da Síria e do Líbano.

Após a Operação Barbarossa, em junho de 1941, a Grã-Bretanha e a URSS se tornaram aliadas. Fronteiriço à URSS, o Irã era um importante fornecedor de petróleo, com a rota mais fácil para levá-lo aos assediados soviéticos. Porém, o governante do Irã, Reza Xá Pahlavi, tinha se recusado a expulsar cidadãos alemães e a se declarar pró-Aliados. Percebendo o perigo, os Aliados atacaram em 25 de agosto, com forças britânicas e indianas invadindo o Irã pelo golfo Pérsico e o Exército Vermelho atacando a partir do Cáucaso e da Ásia central. Vencidos e em número menor, os iranianos aceitaram um cessar-fogo em 30 de

O Movimento de Liberdade Árabe, no Oriente Médio, é nosso aliado natural contra a Inglaterra.
Adolf Hitler

agosto. Reza Xá Pahlavi abdicou e seu jovem filho Mohammad o substituiu como xá. No início de 1942, tropas soviéticas e britânicas ocuparam o norte e o sul do país, respectivamente, ali ficando até o fim da guerra. ▪

Logo houve mudanças. Soldados iraquianos cercaram a base aérea britânica em Habbaniyah, perto de Bagdá; tropas britânicas e indianas desembarcaram em Basra, no sul do país; e uma força-tarefa rumou para a Palestina para liberar a base. Aviões alemães baseados em Mossul, no norte, apoiaram os iraquianos. Quando as forças britânicas se avizinharam de Bagdá, Rashid Ali fugiu para o Irã, em 27 de maio. Três dias depois, um armistício foi assinado e o governo pró-britânico restaurado.

A França Livre invade

Os Aliados reagiram logo ao apoio da França de Vichy a Rashid Ali. Em 8 de junho, forças britânicas e da França Livre invadiram o Líbano e a Síria. A França de Vichy resistiu em terra e no mar, mas após a queda de Damasco, e com Beirute sob ameaça, buscou um armistício. Os combates acabaram em 12 de julho, com o poder entregue à França Livre.

Tropas indianas entram numa refinaria no sul do Irã para guardar as reservas de petróleo para os Aliados. Outras divisões indianas invadiram o Irã central.

O MUNDO VAI PRENDER A RESPIRAÇÃO

OPERAÇÃO BARBAROSSA (JUNHO-DEZEMBRO DE 1941)

OPERAÇÃO BARBAROSSA

As forças invasoras do Eixo na Operação Barbarossa

A força de invasão do Eixo para a Operação Barbarossa foi a maior vista até então na Segunda Guerra. Cerca de 80% do exército alemão estava envolvido na ação.

- 3,5 milhões — Soldados
- 600.000 — Cavalos
- 7.000 — Peças de artilharia
- 3.400 — Tanques
- 2.700 — Aeronaves

Norte, liderado por Wilhelm Ritter von Leeb, avançaria através dos estados bálticos e tomaria Leningrado, enquanto o Grupo de Exércitos Centro, sob Fedor von Bock, atravessaria a Bielorrússia rumo a Smolensk. O Grupo de Exércitos Centro seguiria então para tomar Moscou. Por fim, o Grupo de Exércitos Sul, de Gerd von Rundstedt, capturaria a Ucrânia e Kiev, antes de avançar pelo Cáucaso. Ritmo e movimento constante seriam essenciais para o sucesso alemão.

As divisões Panzer, apoiadas por aviões, deviam avançar rápido, estilhaçando as linhas inimigas e destruindo sua coesão. A infantaria, então, varreria qualquer bolsão de resistência. Assim que a Alemanha consolidasse o controle sobre o território soviético, o "Plano Fome" seria iniciado – um esquema para desviar o fornecimento de comida da URSS para alimentar as Forças Armadas e os civis alemães. Por esse plano, milhões de cidadãos soviéticos morreriam de fome.

A Alemanha ganha terreno

As primeiras etapas da invasão seguiram conforme o plano para a Alemanha e o Eixo. Os soviéticos, não totalmente prontos para a guerra, foram lançados em grande desordem. Era difícil coordenar as defesas, e com frequência a resistência carecia de coesão ou organização. Embora o Exército Vermelho tivesse tantos tanques quanto o inimigo, suas tripulações não tinham treinamento nem experiência. A Luftwaffe destruiu grande parte da Força Aérea Soviética enquanto estava em solo, e usou sua primazia aérea para devastar depósitos de abastecimento, quartéis-generais locais e rotas de transporte.

Desta forma, as forças alemãs progrediram rapidamente, em geral mais de 30 km num só dia. As maiores conquistas foram feitas pelo Grupo de Exércitos Centro, que tomou Minsk – com 280 mil soldados soviéticos – em 28 de junho. Em 17 de julho, os alemães chegaram a Smolensk, 480 km dentro da URSS.

O predomínio inicial da Alemanha na Frente Oriental mascarou importantes fraquezas estruturais e estratégicas. O ritmo ligeiro das divisões Panzer deixava lacunas até a infantaria que os seguia e, com isso, os tanques muitas vezes tinham de esperar e manter a posição em vez de avançar para o leste. Os ganhos rápidos dos alemães esticaram as linhas de abastecimento militar ao ponto de

Tropas alemãs atravessam o rio Bug perto de Varsóvia, entrando em território soviético – tomado da Polônia pela URSS em setembro de 1939 – na manhã de 22 de junho de 1941.

A GUERRA SE ALASTRA 129

Edifícios queimam em Smolensk, após o Grupo de Exércitos Centro alemão tomar a cidade em meados de julho. O Exército Vermelho sofreu pesadas perdas, mas causou dificuldades ininterruptas às forças alemãs.

ruptura. As estradas soviéticas estavam obstruídas e congestionadas e, para tornar as coisas piores, os trilhos das ferrovias tinham um padrão diferente dos trens alemães, que tiveram de ser convertidos. Os problemas de abastecimento eram graves, em especial para as divisões Panzer. Um mês após a invasão, a força de tanques alemães se reduzira à metade.

Resistência civil

Os cidadãos da URSS começaram a criar problemas para os alemães. Em 3 de julho, Stalin os exortou a lutar até a última gota de sangue e praticar uma política de terra arrasada para negar aos invasores qualquer ajuda. Como o exército alemão devia buscar abastecer-se no próprio território conquistado, essa ordem ampliou seus problemas logísticos, cada vez mais graves. O tratamento muitas vezes brutal dado pelas forças alemãs à população local, sem mencionar as execuções em massa de "elementos indesejáveis" pelas *Einsatzgruppen* (forças-tarefa assassinas), também fortaleceu a determinação do povo soviético. Em reação à frequente crueldade, massacres e destruição desenfreada, bem como saque das propriedades, surgiram unidades de partisans por todo o interior. De início, o efeito foi limitado, mas posteriormente eles criariam estragos atrás das linhas inimigas.

O Exército Vermelho reage

Após o choque inicial da invasão, as forças soviéticas se reagruparam e reconsolidaram. Reforços foram chamados e o total de divisões foi de 170 para 212 (embora só 90 com força total). Ao mesmo tempo, foram criados regimentos de artilharia de reserva, levados para pontos-chave da frente de guerra. Os oficiais e generais soviéticos ganharam experiência e eficiência na luta contra os invasores. O Exército Vermelho em especial montou uma firme resistência na Ucrânia, onde o Grupo de Exércitos Sul alemão chegou com atraso. Porém, a força de invasão começou a penetrar no meio de julho e foi reforçada por contingentes da Romênia e da Itália.

Em 15 de setembro, as forças alemãs encurralaram 650 mil soldados soviéticos ao redor de Kiev, no maior cerco da história militar. Cinco dias depois, o comandante soviético, general Mikhail Kirponos, foi morto por uma mina terrestre. Isso levou a um colapso soviético na área, permitindo às forças alemãs capturar Kiev e mais de 400 mil soldados do Exército Vermelho. Os alemães avançaram mais para sul e leste pela Ucrânia, tomando grande parte da região industrial de Donbass. Em 21 de novembro, a cidade portuária de Rostov-do-Don foi capturada, deixando a Alemanha pronta a avançar nos campos de petróleo do Cáucaso. Porém, seis dias depois, o Exército Vermelho contra-atacou, forçando os alemães a abandonar Rostov-do-Don em 29 de novembro – o primeiro grande recuo da Operação Barbarossa.

Enquanto isso, o Grupo de Exércitos Norte assegurara os »

Tropas soviéticas sob custódia alemã. Os soldados do Exército Vermelho capturados pelas forças alemãs eram tratados muito mais duramente que os outros Aliados, e mais da metade não sobreviveu.

Estados bálticos, chegando à periferia de Leningrado em 8 de setembro. Em vez de invadir a cidade, Hitler ordenou que seus exércitos a bombardeassem e tentassem a esgotar pela fome, iniciando um cerco que duraria 872 dias. O Grupo de Exércitos Centro avançou pouco após a captura de Smolensk, devido a problemas de abastecimento e ao desvio de seus Panzers para ajudar outros grupos de batalha, atrasando o ataque a Moscou.

A luta por Moscou

Em 6 de setembro de 1941, Hitler emitiu a Diretiva do Führer nº 35 para um ataque a Moscou. O assalto, chamado Operação Tufão, concentraria o grosso das forças Panzer no Grupo de Exércitos Centro e as usaria para penetrar as defesas de Moscou. Porém, chuvas de outono trouxeram a estação do *rasputitsa* ("temporada das estradas ruins", também conhecida como "mar de lama"), tornando as já difíceis estradas russas quase intransitáveis em alguns lugares. Isso deu a Stalin e a seu principal general, Georgy Zhukov, tempo para organizar as defesas de Moscou e convocar reforços da Sibéria e do Extremo Oriente.

Forças alemãs manobram para encurralar o Exército Vermelho na Batalha de Kiev. Em meados de setembro, os Panzer do Grupo de Exércitos Sul encontraram os do Grupo de Exércitos Centro, completando o cerco.

A Operação Tufão começou em 30 de setembro. De início, as forças alemãs fizeram avanços constantes, capturando 700 mil soldados soviéticos em três semanas. Em 19 de outubro, Moscou estava sob ameaça e os alemães tinham chegado a 25 km da cidade, vislumbrando as famosas cúpulas da Catedral de São Basílio. A Alemanha acreditou que o Exército Vermelho colapsaria, mas os soviéticos continuaram lutando, lançando contra-ataques que impediram a queda de Moscou. No início de novembro, ficou claro para o alto comando do exército alemão que não conseguiriam tomar Moscou, nem derrotar a URSS, em 1941. O objetivo da Operação Barbarossa – uma vitória rápida e decisiva – tinha falhado.

Contra-ataque

Stalin – que ficara em Moscou, até aparecendo nas celebrações anuais da Revolução de Outubro, na Praça Vermelha – possuía agora uma chance de revidar. Ele tinha nove exércitos de reserva que – ao contrário dos alemães – estavam bem preparados para lutar no frio. As condições congelantes também perturbaram as operações da Luftwaffe, negando aos alemães a superioridade aérea.

Em 6 de dezembro de 1941, o contra-ataque soviético, liderado por Zhukov, foi lançado. Os soldados do Exército Vermelho, muitos de branco, para se camuflar na neve, investiram com força. Hitler se recusara a permitir a retirada, ordenando que seus exércitos ficassem firmes e defendessem suas posições a todo custo. Isso ia contra a opinião de seus generais, que propuseram um recuo tático para consolidar suas linhas. A resposta de Hitler foi dispensar Walther von Brauchitsch, comandante em chefe do exército

Civis buscam refúgio nas ruínas da cidade de Leningrado. Os habitantes resistiram por mais de dois anos contra a fome e o bombardeio quase contínuo.

O cerco de Leningrado

Emblemática do sofrimento do povo soviético foi a situação dos cidadãos de Leningrado. Quando as forças alemãs se avizinharam da cidade em setembro de 1941, centenas de milhares de moradores cavaram 550 km de valas antitanque e 2.600 km de trincheiras. Isso ajudou a evitar que os alemães invadissem a cidade, mas eles a cercaram para que seus ocupantes morressem de fome.

Quando o cerco começou, em 8 de setembro, Leningrado tinha 2,6 milhões de habitantes. Só havia comida para um mês. Com o tempo, as pessoas passaram a comer pasta de papel de parede, além de cavalos, gatos e cães. Leningrado enfrentou bombardeio quase constante. No total, as forças alemãs fizeram chover 150 mil projéteis de artilharia e 104.600 bombas sobre a cidade. Em 18 de janeiro de 1943, o bloqueio foi rompido e suprimentos chegaram. Porém, o cerco não foi totalmente levantado até a chegada do Exército Vermelho, em 27 de janeiro de 1944. O número oficial de mortes foi de 632 mil, mas pode ter chegado a 1 milhão.

A GUERRA SE ALASTRA

Apesar do sucesso inicial contra as defesas soviéticas, o avanço alemão foi prejudicado pelas vastas distâncias envolvidas, o inverno rigoroso e as enormes reservas de efetivo da URSS. Por fim, o Exército Vermelho conseguiu evitar que os nazistas alcançassem Moscou.

Legenda:
- → Avanço alemão
- — Linha de frente alemã, 21 de junho de 1941
- --- Linha de frente alemã, 1º de setembro
- --- Linha de frente alemã, 15 de novembro
- --- Linha de frente alemã, 5 de dezembro
- ■ Bolsão de tropas soviéticas

Josef Stalin

Nascido em 1878 na atual Geórgia – então dominada pela Rússia –, Josef Stalin se envolveu com a política comunista revolucionária aos vinte e poucos anos. Após a Revolução Russa de 1917, tornou-se uma das principais figuras do governo comunista de Lenin. Quando este morreu, em 1924, Stalin manobrou seus rivais e criou um regime totalitário, no qual tomou para si todo o poder.

Sob a liderança de Stalin, o sistema soviético foi levado à industrialização e a reformas econômicas centralizadoras, que causaram as ondas de fome de 1932 e 1933, em que milhões morreram. Entre 1936 e 1938, seu "Grande Expurgo" envolveu a execução de cerca de 700 mil "inimigos do comunismo" internos e a prisão de mais de 1 milhão. O pacto de 1939 de não agressão com a Alemanha manteve a URSS fora da Segunda Guerra até o choque da Operação Barbarossa, em 1941. Sob a liderança de Stalin, a URSS sobreviveu e, no fim da Segunda Guerra, estava pronta a estabelecer a hegemonia sobre grande parte da Europa central e oriental. Quando Stalin morreu, em 1953, a URSS já tinha se tornado uma superpotência nuclear.

alemão, e assumir ele próprio seu lugar. Quaisquer generais que fossem contra Hitler, que agora se encarregara em pessoa das Forças Armadas, era demitido e substituído.

A guerra se arrasta

No fim de dezembro, as divisões alemãs tinham sido empurradas entre 80 e 240 km para longe de Moscou, encerrando a ameaça imediata à cidade. Hitler ordenou a seus soldados que escavassem e construíssem "ouriços", postos de defesa concentrados e muito difíceis de tomar. Mas devido ao frio, seus engenheiros tiveram de usar explosivos para abrir o solo congelado e duro.

Ao se iniciar 1942, a rápida movimentação que marcara a primeira fase da Operação Barbarossa

Propaganda nazista mostra um comboio de trenós alemães avançando em território soviético na Operação Barbarossa. Na verdade, o rigoroso inverno russo perturbou gravemente os planos de Hitler.

era uma lembrança distante. Quase 1 milhão de soldados alemães tinham sido mortos ou feridos, enquanto o Exército Vermelho registrara cerca de 1 milhão de mortos, 3 milhões de feridos e 3,3 milhões de capturados. Era claro que a luta na Frente Oriental continuaria por meses ou até anos, com forte impacto sobre os exércitos de ambos os lados e a população civil da URSS. ■

LUTE PELA PÁTRIA E PELA VITÓRIA!
A GRANDE GUERRA PATRIÓTICA (1941-1945)

EM CONTEXTO

FOCO
A frente doméstica soviética

ANTES
1924 Após a morte de Vladimir Lenin, Josef Stalin se torna líder do Partido Comunista governante e da URSS.

1928 Stalin introduz o primeiro Plano Quinquenal para reformar e modernizar a economia soviética pela industrialização e coletivização da agricultura.

22 jun 1941 Rompendo o pacto de não agressão, a Alemanha lança a Operação Barbarossa, a invasão da URSS.

DEPOIS
1945 O Exército Vermelho toma Berlim em maio e a Alemanha se rende aos Aliados.

1946-1949 Após a ocupação militar de grande parte da Europa central e oriental, a URSS estabelece uma série de Estados satélites comunistas.

D urante a Segunda Guerra Mundial, nenhuma população de um país sofreu tanto quanto o povo da URSS. A nação perdeu cerca de 26,6 milhões de pessoas devido ao conflito – mais de dois terços eram civis. Depois que Hitler lançou a Operação Barbarossa, em junho de 1941, os exércitos do Eixo causaram devastação ao invadir e ocupar grandes trechos do território soviético. Milhões foram mortos na luta, e inúmeros outros morreram por execução sumária, fome ou doenças. No total, as forças do Eixo destruíram total ou parcialmente 1.710 cidades, 70 mil povoados e 6 milhões de casas, desabrigando mais de 25 milhões de pessoas. Porém, ajudada

A GUERRA SE ALASTRA 133

Veja também: Guerra nos Bálcãs 114-17 ▪ Operação Barbarossa 124-31 ▪ Massacres nazistas 136 ▪ A Europa nazista 168-71 ▪ A Batalha de Stalingrado 178-83 ▪ Prisioneiros de guerra 184-87 ▪ Indústria de guerra alemã 224

pelo inverno, que atrasou o avanço alemão, a URSS sobreviveu e fez os invasores recuarem. Não houve um colapso geral da ordem social ou interrupção da produção econômica – o povo soviético se mobilizou em massa para derrotar o fascismo no que foi nomeado pela liderança comunista da Rússia como "a Grande Guerra Patriótica".

A guerra se move para leste

Combater a Alemanha e as outras potências do Eixo exigia um enorme volume de munições e veículos, além de suprimentos como comida e combustível. Produzi-los tornou-se um grande problema para a liderança soviética: o coração industrial e agrícola da nação se localizava na parte europeia da URSS, que ou estava ocupada pela Alemanha ou ameaçada de invasão. De junho a dezembro de 1941, a URSS perdeu cerca de dois terços de sua produção de carvão e ferro, mais de metade da de aço e 40% de seu cultivo. Com isso, o governo teve de achar um modo de realocar a produção desses itens vitais ao leste dos montes Urais,

Peças de propaganda como este cartaz de 1941, com Lenin exortando o povo a defender Leningrado, eletrizavam a população russa. Mais de 1 milhão de cidadãos ajudaram a construir as defesas da cidade.

na Ásia soviética, onde estaria fora do alcance dos ataques.

Com o lançamento do primeiro Plano Quinquenal em 1928, o líder soviético Josef Stalin tinha começado o processo de mudança das fábricas e operações de mineração para a Ásia soviética. Em 1941, mais de um terço da produção de carvão, ferro e aço tinha sido transferida, porém, mais de 90% da indústria leve – inclusive da maior parte das armas e veículos – ainda estava a oeste dos Urais. Quando as forças alemãs se aproximaram, na Operação Barbarossa, centenas de fábricas foram desmontadas e levadas para leste, a salvo da ameaça dos combates e bombardeios aéreos. Apenas um ano após a invasão alemã, mais de três quartos dos produtos militares da URSS eram produzidos na Ásia soviética.

Estímulo ao apoio público

Desde o início, a liderança soviética percebeu que toda a população precisaria ser motivada e unificada no esforço de guerra. Isso foi feito evocando o exemplo histórico da resistência russa à invasão de Napoleão em 1812 – a primeira "Grande Guerra Patriótica" –, quando o povo russo bravamente lutou e expulsou o invasor estrangeiro apesar de enfrentar imensas dificuldades e privações. Em 23 de junho, um dia após a Operação Barbarossa ser lançada, o *Pravda* (jornal oficial soviético) »

Embora de início despreparado para a invasão da URSS pela Alemanha, **Stalin é um organizador implacável e sagaz** que ainda tem controle sobre a população soviética.

↓ ↓

Exigindo apoio total, ele **inspira o povo com o fervor patriótico antinazista**, motivando-o a sacrificar necessidades individuais para vencer o inimigo.

Ao mesmo tempo, ele **monitora e suprime toda oposição**, prendendo, deportando e executando dissidentes.

↓ ↓

Um esforço coletivo do povo soviético aumenta a produção militar e industrial, ajudando a URSS a **expulsar os alemães**.

A GRANDE GUERRA PATRIÓTICA

nomeou o conflito como a segunda "Grande Guerra Patriótica". A expressão, que apareceu em cartazes ao lado de grandes figuras da história russa, tornou-se um modo potente de direcionar os esforços da população soviética, evocando sentimentos de patriotismo e nacionalismo. Apelando ainda mais ao nacionalismo e à história da Rússia, a liderança soviética introduziu a medalha Ordem da Glória por bravura, inspirada na Cruz de São Jorge czarista.

Esperava-se que todo cidadão soviético contribuísse no esforço de guerra de algum modo, como explicitava o slogan de propaganda "Tudo para a frente de guerra, tudo para a vitória!". Para garantir o total requerido de soldados e mão de obra, em fevereiro de 1942, todos os homens aptos de 16 a 55 anos e mulheres de 16 a 45 (ou 50, a partir

Lyudmila Pavlichenko – retratada aqui em sua função de atiradora do Exército Vermelho – foi condecorada em 1943 com a mais alta distinção soviética, a Estrela de Ouro por Heroísmo da União Soviética.

de setembro) foram recrutados para o esforço de guerra, como militares ou na força de trabalho. Embora a maioria dos militares fossem homens, as mulheres serviram nas Forças Armadas em uma gama de funções, de atiradoras a motoristas da polícia militar.

A partir de 1943, numa tentativa calculada de estimular o apoio público, Stalin relaxou a repressão anterior à Igreja Ortodoxa Russa, permitindo a reabertura de colégios teológicos e igrejas, algo visto antes como a antítese do secularismo professado pelo estado soviético. Para apelar a elementos não russos da imensa e diversa URSS, o serviço de rádio de guerra do governo, estritamente regulado, era transmitido em 65 línguas diferentes.

Incentivo à produção

Grupos de operários eram encorajados a usar sua iniciativa para reduzir o tempo de produção, aumentar a organização e o rendimento – os que conseguiam isso recebiam o título honorário de "brigadas da frente de guerra". Seis

> Eduquem os trabalhadores num ódio feroz aos canalhas fascistas alemães [...]. Inspirem nosso povo para uma grande guerra patriótica de liberação [...].
> **Diretiva governamental soviética a editores de jornais regionais, 1942**

meses após a URSS entrar na Segunda Guerra, começou o "movimento das duas centenas", relativo a operários que conseguissem concluir pelo menos 200% de sua cota diária de trabalho, compensando, assim, a ausência de camaradas mandados para o front. O Komsomol (a principal organização jovem da URSS) também foi ativo no recrutamento de mão de obra; em 1944, 400 mil jovens se ofereceram para se juntarem à força de trabalho. A URSS forneceu uma gama de incentivos a seus melhores operários, entre eles rações melhores e reconhecimento público com prêmios e recompensas.

A produtividade crescente dos trabalhadores soviéticos revela que os esforços de propaganda (ou o temor tanto dos alemães quanto do Estado soviético) logo deram frutos. Em 1943, graças ao trabalho dia e noite, a produção da indústria de armamentos soviética superou muito os níveis de antes da guerra. Naquele ano, o país produziu 229 milhões de cargas de munição, 3,4 milhões de rifles, 2 milhões de submetralhadoras, 458 mil metralhadoras, 24.100 tanques, 29.900 aviões de combate,

A GUERRA SE ALASTRA 135

Homens e mulheres trabalhavam até tarde – às vezes no subsolo, como nesta fábrica secreta de munições fotografada em 1942 – para produzir as armas necessárias às forças da URSS.

69.400 morteiros e 122.400 peças de artilharia.

Para alimentar a força de trabalho, o governo criou um sistema de racionamento estrito, com prioridade a operários e a militares. Para compensar a perda de terras agrícolas, jardins foram convertidos em lotes de cultivo (já havia mais de 5 milhões no verão de 1942). Mesmo assim, havia pouca comida – devido em grande parte à perda da Ucrânia, antiga "cesta de pão" da URSS. O plantio de trigo nas regiões do leste, menos férteis, compensou um pouco a diferença. Porém, mesmo em 1943, a maioria dos trabalhadores soviéticos recebia rações de só cerca de 1.500 calorias por dia – quase metade da quantidade diária recomendada.

Ajuda do Ocidente

A URSS complementou sua produção doméstica com uma vasta ajuda das potências Aliadas (além de equipamentos tomados do inimigo). Poucas semanas após a invasão alemã, teve início o auxílio militar por comboios navais britânicos.

Nossa causa é justa! O inimigo será derrotado! A vitória será nossa!
Viatcheslav Molotov
Ministro do Exterior soviético, 1941

Os primeiros deles, que fizeram a perigosa viagem através do oceano Ártico, chegaram à cidade portuária russa de Murmansk em setembro de 1941. Ao longo da guerra, a Grã-Bretanha entregou milhares de aviões, tanques, motocicletas e armas antitanque aos soviéticos.

A vasta maioria das cargas navais Aliadas para a URSS vieram dos EUA. Com o programa Empréstimo-Arrendamento de Roosevelt, os soviéticos se beneficiaram do envio do veículos, armas e outros produtos americanos. As cargas de alimentos dos EUA totalizaram mais de 4 milhões de toneladas e foram proveitosas, em especial, porque vinham sob a forma de pacotes de ração, que podiam ser facilmente distribuídos às Forças Armadas. Outra linha vital de suprimento foi a de caminhões e jipes: dos 665 mil veículos em serviço no Exército Vermelho em 1945, dois terços vieram dos Aliados. Os americanos deram à URSS 250 mil telefones e 35 mil conjuntos de rádio, além de matérias-primas valiosas, como alumínio e cobre. As autoridades dos EUA até desmontaram e transportaram uma fábrica completa de pneus para a URSS.

Memória duradoura

A polêmica da "Grande Guerra Patriótica" tem uma importância simbólica para a identidade e a cultura popular russas até hoje. Embora pouquíssimos veteranos ainda vivam, o Estado moderno russo mantém a ânsia por preservar a memória e perpetuar a narrativa de sacrifício dos cidadãos soviéticos como algo central para a derrota do fascismo e a salvação da Europa da tirania nazista. ∎

O HOLOCAUSTO POR ARMAS DE FOGO
MASSACRES NAZISTAS (JULHO-DEZEMBRO DE 1941)

EM CONTEXTO

FOCO
Genocídio

ANTES
15 set 1935 As Leis de Nuremberg excluem os judeus da cidadania alemã.

Out 1939 O programa de eutanásia "T4" começa com pacientes em instituições alemãs.

31 jul 1941 O general da SS Reinhard Heydrich inicia planos para a *Endlösung* ("Solução Final") da *Judenfrage* ("questão judaica").

DEPOIS
Jan 1942 A Estônia é declarada *Judenfrei* ("livre de judeus").

20 jan 1942 Oficiais nazistas se reúnem em Wannsee para discutir a "Solução Final".

Mar 1942 A SS mata quase 2 milhões de judeus e outras minorias nos campos de Belzec, Sobibor e Treblinka, na Polônia ocupada.

O objetivo há muito declarado de Hitler era colonizar as terras da Europa oriental, que em sua opinião pertenciam a povos eslávicos "sub-humanos". Ele também via os judeus como instigadores do Estado comunista soviético. Quando a Alemanha invadiu a URSS em 22 de junho de 1941, Hitler lançou uma campanha sistemática de extermínio contra eslavos e judeus. Ele tinha decretado que os líderes soviéticos podiam ser eliminados e que suas tropas não precisavam seguir as leis internacionais sobre proteção a civis.

Após a Wehrmacht seguiam quatro SS *Einsatzgruppen* ("forças-tarefa" – A, B, C e D) de 3 mil homens encarregados da "limpeza". Na verdade, eram esquadrões móveis com licença para matar e incitar pogroms sem qualquer restrição.

Assassinato em massa
Conforme o avanço terrestre alemão foi parando, o genocídio aumentou. No fim do ano, as *Einsatzgruppen*, unidades da SS, organizações policiais e colaboradores tinham matado até 1 milhão de judeus, entre homens, mulheres e crianças, em locais escolhidos para isso – muitas vezes ravinas na beira das cidades, como em Ratomskaya, perto de Minsk, e Drobitsky, em Kharkov.

Embora ocorresse violência nos Estados bálticos e na Bielorrússia, o grosso das atrocidades aconteceu na Ucrânia. De 29 a 30 de setembro, 33.771 judeus foram massacrados em Babi Yar. No início de outubro, 35.782 habitantes do Mar Negro foram assassinados. No fim do outono, vans de gás foram introduzidas como armas mecanizadas de assassinato em massa. ■

As tropas de Hitler ocuparam Kiev [...] e desde o primeiro dia começaram a roubar e matar judeus. Vivíamos sob terror.
Dina Pronicheva
Sobrevivente do massacre de Babi Yar

Veja também: Operação Barbarossa 124-31 ■ O Holocausto 172-77 ■ Liberação dos campos de extermínio 294-295 ■ Os Tribunais de Nuremberg e a desnazificação 318-19

ISSO SIGNIFICA GUERRA CONTRA OS EUA
O DILEMA DO JAPÃO (JULHO-NOVEMBRO DE 1941)

EM CONTEXTO

FOCO
A entrada do Japão na guerra

ANTES
1931 O Japão encena o Incidente Mukden como pretexto para invadir a Manchúria, onde instala um Estado fantoche.

1937-1938 A China é invadida pelo Japão, que ocupa a parte leste do país.

Set 1940 As autoridades coloniais da França de Vichy permitem às tropas japonesas entrarem no norte da Indochina.

DEPOIS
26 nov 1941 O secretário de Estado dos EUA emite a "Nota de Hull", exigindo que o Japão deixe a Indochina e a China.

7-8 dez 1941 O Japão ataca a base naval dos EUA em Pearl Harbor e invade o sudeste asiático.

Mai 1942 O Japão controla Malásia, Indonésia, Tailândia, Birmânia e Filipinas.

No verão de 1941, o Japão atingiu um ponto decisivo em suas conquistas coloniais. Quando as tropas japonesas entraram no sul da Indochina, em 25 de julho, sem oposição dos governantes da França de Vichy, os EUA retaliaram com um bloqueio econômico. Foi uma declaração clara de que outras expansões não seriam toleradas. Os líderes do Japão enfrentaram uma escolha clara: o abandono humilhante de seu sonho de um império asiático ou a guerra contra os EUA, que eles temiam perder.

Diplomacia ambígua
O Japão caminhou para a guerra de modo confuso e hesitante, por meio de uma série de conferências governamentais presididas pelo imperador Hirohito no outono de 1941. O imperador emitiu uma declaração aconselhando cautela em 6 de setembro, então seus ministros e generais seguiram uma política ambivalente, negociando com os EUA e ao mesmo tempo secretamente planejando invadir o sudeste asiático. Mesmo depois que o militarista general Hideki Tojo se tornou

Soldados japoneses – retratados em Saigon – ocuparam de fato a Indochina depois que o Japão pressionou a França de Vichy. O valor da Indochina estava em sua proximidade com a inimiga China.

primeiro-ministro, em 17 de outubro, os japoneses continuaram a oferecer concessões aos americanos. Porém, criptógrafos dos EUA tinham quebrado os códigos secretos japoneses, e os negociadores americanos estavam cientes das reais intenções nipônicas. Por fim, o Japão teve de escolher entre lutar por um vasto império que traria autossuficiência econômica ou aceitar um lugar subalterno definitivo em uma ordem mundial dominada pelo Ocidente. No fim de novembro, o Japão tinha tomado a decisão fatal de arriscar a guerra contra os EUA. ∎

Veja também: O Japão em marcha 44-45 ▪ O ataque japonês a Pearl Harbor 138-45 ▪ Avanços japoneses 154-57 ▪ O Japão se rende 312-13

UMA DATA MARCADA PELA INFÂMIA

O ATAQUE JAPONÊS A PEARL HARBOR (7 DE DEZEMBRO DE 1941)

O ATAQUE JAPONÊS A PEARL HARBOR

EM CONTEXTO

FOCO
Guerra no Pacífico

ANTES
1937 Os Estados Unidos expressam forte desaprovação à invasão da China pelo Japão.

Abr 1940 O presidente Franklin D. Roosevelt envia a Frota do Pacífico dos EUA para Pearl Harbor para conter a agressão japonesa.

1 ago 1941 Os EUA impõem um embargo sobre as exportações de petróleo para o Japão após a ocupação japonesa do sul da Indochina.

26 nov 1941 O Japão rejeita a exigência americana de retirada de suas forças da China e da Indochina.

DEPOIS
11 dez 1941 A Alemanha nazista declara guerra aos EUA em apoio ao Japão.

Mai 1942 Forças japonesas completam a conquista do sudeste asiático.

Set 1945 A Segunda Guerra Mundial termina com a rendição do Japão.

Aviões de guerra japoneses se preparam para decolar para Pearl Harbor de um dos seis porta-aviões na área de espera ao norte de Oahu. A força de ataque japonês incluía 353 aeronaves.

Em 26 de novembro de 1941, uma força-tarefa naval japonesa, incluindo seis porta-aviões, partiu das ilhas Kurilas, a nordeste do Japão, para o Havaí. Seu objetivo era destruir a Frota do Pacífico dos EUA em sua base, em Pearl Harbor, na ilha de Oahu, Havaí, com um ataque aéreo surpresa programado para coincidir com a declaração de guerra do Japão aos Estados Unidos. A jogada ousada foi idealizada pelo comandante em chefe da Frota Combinada Imperial Japonesa, almirante Isoroku Yamamoto.

Embora basicamente pessimista sobre as chances de o país ganhar uma guerra contra os EUA, Yamamoto refletiu que o único meio para a vitória seria obter enorme vantagem no início das hostilidades, antes que os americanos pudessem mobilizar suas forças superiores de indústria e população. Um só golpe ousado que pusesse a Marinha dos EUA temporariamente fora de ação daria tempo ao Japão para estabelecer um excelente perímetro defensivo no meio do oceano, enquanto seus exércitos aniquilavam o sudeste asiático e assumiam o controle dos recursos econômicos, necessário à nação para manter sua máquina militar funcionando. Tal sequência de eventos talvez resultasse numa posição japonesa forte demais para que os EUA a revertessem, forçando seu governo a aceitar o domínio japonês no sudeste asiático como um fato consumado.

Plano secreto

O planejamento e a preparação para o ataque continuaram ao longo do verão e do outono de 1941, mesmo enquanto os negociadores das duas nações ainda debatiam um acordo que evitasse a guerra. Espiões japoneses discretamente faziam reconhecimento em Pearl Harbor. Como alvo, impunha dificuldades substanciais, em especial porque as águas no porto eram rasas demais para que torpedos convencionais lançados do ar funcionassem. Yamamoto se inspirou, porém, no exemplo do bem-sucedido torpedeamento da frota italiana pela Aviação Naval Britânica no porto de Taranto, em janeiro de 1941, que seus comandantes estudaram com afinco. Em condições de absoluto segredo, pilotos navais japoneses praticaram incontáveis ataques com torpedos especialmente adaptados, além de bombardeios de mergulho e de nível. Graças ao apoio constante de Yamamoto à aviação naval durante

A GUERRA SE ALASTRA

Veja também: O Japão em marcha 44-45 ▪ O fim da neutralidade dos EUA 108 ▪ O dilema do Japão 137 ▪ Os EUA na guerra 146-53 ▪ Avanços japoneses 154-57 ▪ A Batalha de Midway 160-65

os anos 1930, tanto as aeronaves de porta-aviões quanto seus pilotos eram da mais alta qualidade, uma precondição para qualquer esperança de sucesso no que sem dúvida seria uma operação de risco.

O plano de Yamamoto de atacar Pearl Harbor foi oficialmente sancionado na conferência de ministros governamentais e chefes militares japoneses, na presença do imperador Hirohito, em 5 de novembro. Porém, a liderança japonesa continuava a esperar por algum modo de evitar a guerra com os EUA, oferecendo uma série de concessões. Em 26 de novembro, no entanto, uma declaração direta do secretário de Estado dos EUA, Cordell Hull, exigindo a total retirada japonesa da China, encerrou qualquer hesitação. O Japão talvez tivesse aceitado o abandono de suas aspirações de controlar o sudeste asiático, mas não cederia todos os seus ganhos no leste da Ásia. A autorização final para o ataque a Pearl Harbor foi dada numa conferência imperial cinco dias depois – quando a força-tarefa naval secreta já estava a caminho.

Despercebida pelos EUA

A frota de seis porta-aviões e 14 navios de guerra de escolta era comandada pelo almirante Chuichi Nagumo. Reabastecida por navios-tanques, ela navegou por dez dias através de milhares de quilômetros de oceano até chegar à distância de ataque ao Havaí. A vantagem de continuar totalmente despercebida foi atribuída à disciplina com que os japoneses mantinham o silêncio de rádio, evitando ser detectados pela inteligência naval americana, mas foi também favorecida pela complacência americana.

Para a maioria dos americanos, o ataque a Pearl Harbor pode ter sido uma surpresa arrasadora, mas os comandantes militares americanos deviam ter antecipado essa ação. Era óbvio a qualquer observador

> Chegou o momento. A ascensão ou queda de nosso império está em jogo.
> **Almirante Yamamoto**
> Mensagem à frota
> 6 de dezembro de 1941

informado, desde julho de 1941, que as hostilidades entre Japão e EUA iam provavelmente começar. Em dezembro, o governo dos EUA soube que a guerra era iminente quando as negociações de fato se romperam. Os que conheciam história militar poderiam também ter lembrado que o Japão lançara sua bem-sucedida guerra contra a Rússia, em 1904, com um ataque surpresa contra a base naval russa de Porto Arthur, antes de uma declaração formal de guerra. Os comandantes de Pearl Harbor tinham até sido oficialmente alertados para a iminência de guerra, mas não reagiram com seriedade suficiente.

Preparação para o ataque

A primeira onda de 183 aviões japoneses, entre eles os torpedeiros Nakajima "Kate" e os bombardeiros de mergulho Aicha "Val", escoltados pelos caças Mitsubishi "Zero", decolou dos porta-aviões no amanhecer de »

Uma vista aérea mostra Pearl Harbor pouco antes do ataque. Os japoneses conheciam a localização dos navios de guerra americanos, como revela um mapa anotado descoberto em um minissubmarino capturado.

O ATAQUE JAPONÊS A PEARL HARBOR

Três encouraçados americanos em chamas enquanto os japoneses bombardeiam Pearl Harbor. Um total de 19 barcos navais dos EUA foram danificados ou destruídos nos ataques e mais de 2.400 americanos morreram.

7 de dezembro, 400 km ao norte do Havaí. Era uma manhã de domingo e uma atmosfera relaxada do período de paz reinava entre as forças dos EUA no Havaí. O comandante Mitsuo Fuchida, piloto líder do ataque, conseguiu ouvir os programas de entretenimento de uma rádio de Honolulu que incluía dados úteis sobre o tempo local. Os americanos tiveram dois claros avisos de algo estranho. Em apoio aos ataques aéreos, os japoneses tinham decidido infiltrar vários minissubmarinos de dois homens no porto, lançados de submarinos normais em alto-mar. Um desses minúsculos submarinos foi visto por marinheiros americanos, mas nenhum alerta geral foi emitido. Para maior espanto, quando operadores de radar americanos registraram um grande grupo de aviões se aproximando, presumiram com tranquilidade que deviam ser aeronaves amigas.

Apanhados desprevenidos

Chegando a Pearl Harbor às 7h55, a primeira onda japonesa encontrou um total de 90 navios de guerra americanos ancorados ou em dique seco. Eles incluíam oito encouraçados, mas – muito importante – não os porta-aviões, pois os quatro, por sorte, estavam ausentes do porto. A surpresa foi total. Quando as bombas começaram a cair, uma banda estava tocando no deque do encouraçado USS *Nevada*. Cerca de 300 aviões americanos que poderiam ter interceptado os atacantes foram metralhados e bombardeados pelos japoneses ainda na pista e não puderam sair do chão. Esforços heroicos de integrantes da Marinha dos EUA para acionar armas antiaéreas só tiveram efeito limitado. Em 20 minutos, atingido por quatro bombas, o encouraçado USS *Arizona* explodiu, matando 1.777 homens, e o encouraçado USS *Oklahoma*, torpedeado, adernou, com a perda de 429 vidas. Um esquadrão de bombardeiros B-17, vindo do continente americano, chegou no meio do ataque e foi dizimado.

Obscuridade calculada

Enquanto os aviões japoneses causavam destruição no Havaí, confusão e demoras em Washington, DC, impediram que se reagisse a tempo a um aviso deliberadamente obscuro do Japão. O almirante Yamamoto

A GUERRA SE ALASTRA

O governo japonês lamenta […], é impossível alcançar um acordo por meio de mais negociações.
Mensagem de 14 Pontos

tinha planejado que o embaixador japonês apresentasse uma declaração de guerra ao governo dos EUA meia hora antes do primeiro ataque a Pearl Harbor, seguindo, assim, as convenções internacionais que proibiam ataques a forças de outro país em tempo de paz. Mas, como o sucesso da operação dependia totalmente da surpresa, os japoneses estavam nervosos quanto a qualquer ação que pudesse alertar as defesas americanas. Até o último minuto, precisaram manter a impressão errônea de que negociações diplomáticas prosseguiam a sério. Na véspera do ataque, um texto longo e intrincado, conhecido como "Mensagem de 14 Pontos", foi transmitido em código de Tóquio para a embaixada japonesa em Washington, para apresentação aos americanos pela manhã. Devido ao tempo gasto pelo pessoal japonês para decodificar e transcrever o texto e à dificuldade de localizar oficiais americanos na manhã de domingo, ele só foi entregue ao secretário de Estado dos EUA, Hull, uma hora após o ataque ter começado.

Embora anunciasse que o Japão encerrara as negociações de paz, o texto complexo e evasivo estava longe de ser uma declaração formal de guerra. A mensagem, na verdade, tinha sido interceptada pela inteligência dos EUA e decodificada antes do início do ataque a Pearl Harbor, mas os oficiais da inteligência não entenderam que anunciava o início imediato das hostilidades. É difícil julgar se atacar antes da declaração de guerra constituía um crime sério no contexto de guerra total no século XX, ou se seria apenas uma quebra de protocolo. Porém, isso foi muito explorado pela propaganda americana, que denunciou o "ataque sorrateiro", e se tornou um elemento importante nos julgamentos de líderes japoneses por crimes de guerra após o conflito.

Outro ataque

Uma segunda onda de 170 aviões navais japoneses atingiu Pearl Harbor uma hora após o primeiro ataque e encontrou uma reação muito mais forte das defesas antiaéreas americanas, totalmente alertas. O encouraçado USS *Nevada* tinha conseguido levantar âncora e seguia para mar aberto quando foi atacado por bombardeiros de mergulho. Atingido por seis bombas e incendiado, foi encalhado de propósito para evitar que afundasse em águas profundas. O USS *Pennsylvania*, a nau principal da frota do Pacífico, sofreu danos relativamente menores em dique seco, mas destróieres atracados dos seus dois lados foram destruídos.

Perdas devastadoras

No total, a devastação foi chocante. Quando o último avião japonês desapareceu, de volta a seu porta-aviões, todos os oito encouraçados dos EUA no porto tinham afundado ou sido danificados, assim como sete outros importantes navios de guerra. Os americanos também perderam 188 aviões, a maioria deles destruídos em solo. As vítimas militares somaram 2.335 mortos e 1.143 feridos. Em contraste, as perdas japonesas foram »

Os aviões japoneses atacaram a base naval dos EUA em Pearl Harbor vindo do norte, numa ação minuciosamente planejada, lançando torpedos e bombas comuns e perfuradoras de blindagem. Os aviões se aproximaram em diferentes alturas e direções, visando primeiramente aos encouraçados americanos.

Legenda:
- Primeira onda de bombardeiros japoneses
- Segunda onda de bombardeiros japoneses
- Encouraçado ou cruzador americano
- Destróier ou submarino americano
- USS *Nevada*
- Rota do USS *Nevada*

Isoroku Yamamoto

Nascido Takana Isoroku em 1884, o futuro almirante se graduou na Academia Naval Japonesa em 1904 e, um ano depois, perdeu dois dedos lutando como oficial da guarda-marinha na Batalha de Tsushima. Em 1916, sua adoção pela família de samurais Yamamoto, cujo nome tomou, acelerou sua ascensão ao alto escalão. Passou algum tempo nos EUA, primeiro estudando inglês na Universidade Harvard (1919-1921) e, cinco anos depois, como adido naval em Washington, DC.

Nos anos 1930, Yamamoto defendeu que o Japão devia dar prioridade a porta-aviões sobre encouraçados. Muito ciente das fraquezas japonesas, queria evitar a guerra com os EUA e se opôs ao alinhamento com a Alemanha nazista. Embora essas ideias fossem impopulares entre os militares japoneses, foi nomeado comandante em chefe da Frota Combinada Japonesa em 1939. Quando a guerra com os EUA pareceu inevitável, defendeu seu plano de ataque a Pearl Harbor como única chance de vitória para o Japão. Em abril de 1943, morreu quando o avião em que viajava foi derrubado por uma aeronave dos EUA sobre as Ilhas Salomão, num ataque direcionado.

---

leves, com só 29 aviões destruídos. O ataque com minissubmarinos falhou, já que só um penetrou no porto e foi logo afundado, mas essas perdas foram relativamente pequenas, sendo uma vitória completa sob outros aspectos.

Erro tático

Quando os pilotos japoneses voltaram a seus navios-base, muitos expressaram decepção porque os porta-aviões americanos tinham escapado e grande parte do porto não tinha sido danificada. Eles queriam lançar uma terceira onda de ataques que visasse às instalações do porto, como os tanques de armazenagem de combustível e os pátios de reparos, mas o almirante Nagumo sentiu já ter feito suficiente e decidiu recolher a força antes que os americanos pudessem montar um contra-ataque – uma decisão endossada pelo almirante Yamamoto.

Muitos historiadores militares concluíram, desde então, que um terceiro ataque a alvos na base teria feito mais para incapacitar a Marinha dos EUA no longo prazo que o afundamento dos encouraçados. Ajudada pelo fato de que seus porta-aviões estavam ausentes no momento do ataque, a Frota do Pacífico dos EUA pôde se recuperar razoavelmente rápido.

Operações de salvamento acabariam permitindo que cinco dos encouraçados dos EUA voltassem ao serviço. Críticos da tática militar do Japão em Pearl Harbor também assinalaram que os japoneses negligenciaram a futura ameaça dos submarinos dos EUA, não visados no ataque.

O maior erro dessa ofensiva, porém, foi mais uma questão de psicologia do que de logística ou estratégia naval. O choque do ataque e as pesadas perdas infligidas anularam com um golpe as tendências basicamente

O presidente Roosevelt assina a declaração de guerra contra o Japão no dia seguinte ao ataque. Em sua mensagem à nação, declarou 7 de dezembro "uma data marcada pela infâmia".

isolacionistas e pacifistas da opinião pública americana. O presidente Roosevelt se esquivara de entrar na Segunda Guerra porque sentia que era preciso ter o povo americano unido atrás dele. Com Pearl Harbor destruído, ele satisfez seu desejo. No dia após o ataque, o Congresso dos EUA apoiou uma declaração formal de guerra ao Japão. A estratégia de guerra do Japão supusera, de certo modo vagamente, que poderia alcançar uma posição defensiva forte o bastante para se opor a uma contraofensiva americana prolongada. A opinião americana indignada, porém, apoiaria dali em diante qualquer medida para obter total vingança contra os japoneses.

Uma guerra em dois fronts

Roosevelt não queria se limitar a uma guerra no Pacífico. Ele acreditava que a Alemanha nazista continuava a ser a principal ameaça aos interesses e à ideologia americanos, e a reação exultante de Adolf Hitler à notícia do ataque a Pearl Harbor tornou inevitável

A GUERRA SE ALASTRA

É impossível perdermos a guerra. Temos agora um aliado que nunca foi vencido em 3 mil anos.
Adolf Hitler

a guerra contra a Alemanha. Hitler ficou claramente deliciado com o triunfo do Japão em Pearl Harbor e a possibilidade de se associar com tal aliado – em especial, talvez, porque sua invasão soviética, lançada em junho de 1941, tinha estagnado. Um pacto defensivo entre alemães e japoneses, assinado no verão de 1940, não obrigava de fato a Alemanha a apoiar o Japão numa guerra que ele iniciasse. O próprio Japão havia legitimamente mantido neutralidade com a URSS, mesmo após a Alemanha ir à guerra contra os soviéticos. Porém, para alívio da administração dos EUA, em 11 de dezembro, Hitler e seu parceiro no Eixo, Mussolini, declararam guerra aos EUA em apoio ao Japão. Apesar das reservas de alguns comandantes militares americanos, Roosevelt pôde impor seus próprios planos e comprometer os EUA acima de tudo com a guerra na Europa. Essa decisão deu aos japoneses um respiro na Guerra do Pacífico, antes que recursos americanos até ali inimagináveis fossem mobilizados contra eles.

Um ataque provocado?
Teóricos da conspiração há muito se impressionam com o grau com que o ataque japonês a Pearl Harbor serviu aos objetivos de Roosevelt e do primeiro-ministro britânico Winston Churchill. Os britânicos queriam atrair os EUA para a Segunda Guerra, e o presidente precisava convencer seu povo de que era necessário entrar na guerra. Porém, a maioria dos historiadores que estudaram o tema rejeitam a ideia de que o ataque a Pearl Harbor tenha sido deliberadamente provocado e que seu sucesso foi permitido para alcançar esses fins. É verdade que os EUA empurraram o Japão para a guerra, ao insistir em termos que os japoneses se sentiam compelidos a recusar e forçá-los a escolher entre a guerra e a humilhação. Porém, não se poderia esperar que nenhum país

O povo americano, por seu justo esforço, prevalecerá até alcançar a vitória absoluta.
Franklin D. Roosevelt
8 de dezembro de 1941

aceitasse a punição imposta aos EUA em Pearl Harbor ou que tolerasse as perdas que os Aliados sofreram com os ataques iniciais japoneses no Pacífico e na Ásia.

Pearl Harbor foi, sem dúvida, um triunfo tático para o Japão e um desastre militar para os EUA. Porém, os japoneses não acharam uma resposta ao problema básico que perturbou seus políticos e generais desde o início: como o Japão poderia enfrentar a imensa superioridade dos EUA em termos de população e poder industrial? Ao provocar nos EUA um violento sentimento antinipônico, o Japão logo enfrentaria uma guerra fatal que não poderia vencer. ∎

SÓ ACEITE A VITÓRIA COMO RESULTADO

OS EUA NA GUERRA (1941-1945)

OS EUA NA GUERRA

EM CONTEXTO

FOCO
A frente doméstica americana

ANTES
1919 O Senado dos EUA se recusa a ratificar o Tratado de Versalhes, excluindo o país da Liga das Nações.

1940 Na eleição presidencial, Roosevelt é acusado por seu oponente republicano de planejar secretamente levar os EUA à guerra.

Nov 1941 O governo dos EUA rejeita a maior parte das disposições das Leis de Neutralidade após um torpedo alemão afundar o destróier americano USS *Reuben James*.

DEPOIS
Ago 1945 Os EUA se tornam um membro fundador das Nações Unidas.

1948 O Plano Marshall fornece ajuda estrangeira para a reconstrução da Europa devastada pela guerra.

> Vamos não só nos defender até o fim, como nos assegurar de que essa forma de traição nunca mais nos ameace.
> **Franklin D. Roosevelt**
> Discurso à nação,
> 7 de dezembro de 1941

O ataque do Japão à base naval dos EUA em Pearl Harbor, no Havaí, em 7 de dezembro de 1941, fez os Estados Unidos entrarem súbita e inesperadamente na Segunda Guerra Mundial. O ataque foi uma total surpresa, pois as negociações entre diplomatas dos países sobre as ações e intenções de agressão do Japão no Pacífico e no leste asiático ainda estavam em curso. O Japão declarou guerra aos EUA (e à Grã-Bretanha) horas após o ataque, levando o Congresso americano a responder no mesmo tom em 8 de dezembro. Três dias depois, a Alemanha e a Itália, aliadas ao Japão pelo Pacto Tripartite de 1940, declararam guerra aos EUA. Os Estados Unidos agora estavam em guerra por todo o mundo.

Fim do isolacionismo

Os EUA tinham feito alguns preparativos para um conflito potencial, como levar a Frota do Pacífico de San Diego, na Califórnia, para Pearl Harbor, em meados de 1940, e reforçar suas tropas nas Filipinas. Novas bases militares e estaleiros foram construídos e o recrutamento introduzido pela primeira vez em tempo de paz. Porém, o país ainda não estava pronto para uma guerra imediata.

Uma imensa maioria da população americana se opunha ao envolvimento na guerra. Preferia-se uma política de isolacionismo e não intervenção em todos os conflitos do outro lado do mar. As quatro Leis de Neutralidade aprovadas pelo Congresso de 1935

As cadernetas de racionamento

americanas foram emitidas pelo Departamento de Administração de Preços de maio de 1942 a 1946. Elas continham selos destacáveis que eram trocados por bens racionados.

a 1939 tinham limitado o apoio americano a países sob ataque, fosse do Japão, a oeste dos EUA, fosse da Alemanha e Itália, a leste. Essa política só mudou em março de 1941, quando o presidente Franklin D. Roosevelt aprovou a Lei de Empréstimo-Arrendamento – um acordo com aliados como a Grã-Bretanha e sua Commonwealth, a França Livre e a China (lutando então com o Japão) para emprestar-lhes equipamento militar em troca de os EUA poderem arrendar o uso de suas bases militares.

A Lei dos Poderes de Guerra

O ataque japonês a Pearl Harbor mudou a visão dos americanos. Para vencer a guerra, os EUA deviam não só mandar tropas para a batalha como mobilizar seu povo. Isso exigia uma intervenção estatal em escala inédita na história americana. A Lei dos Poderes de Guerra, de 18 de dezembro de 1941, deu ao presidente imensos poderes para promover operações de modo eficiente. Ela o permitiu reorganizar o governo e instalar novas agências e outros organismos para levar adiante o esforço de guerra. Ele poderia também censurar o correio e outras comunicações. Uma segunda lei, em março de 1942, permitiu ao

A GUERRA SE ALASTRA

Veja também: Paz imperfeita 20-21 ▪ Ditadores e democracias frágeis na Europa 34-39 ▪ O fim da neutralidade dos EUA 108 ▪ O ataque japonês a Pearl Harbor 138-45 ▪ As cúpulas dos Aliados 225 ▪ Consequências 320-27

O Tio Sam segura a bandeira num cartaz patriótico, estimulando as pessoas a comprarem bônus de guerra. Mais de 84 milhões de americanos os adquiriram, levantando cerca de 185 bilhões de dólares para o governo dos EUA.

governo comprar terras para fins militares e, entre outras medidas, rejeitava a confidencialidade dos dados do censo, permitindo ao FBI descobrir estrangeiros suspeitos e outros inimigos potenciais.

A economia de guerra

O governo precisava urgentemente de dinheiro para lutar a guerra. Os impostos foram aumentados para uma alíquota marginal superior de 81% a 94%, o limiar para o mais alto imposto foi reduzido de 5 milhões de dólares para 200 mil dólares e a base tributável ampliada, baixando a renda mínima elegível e eliminando muitas das exceções e deduções de imposto. Limitações sobre salários de quadros dirigentes também foram fixadas. Em 1944, quase todos os empregados pagavam imposto de renda, quando em 1940 eram só 10% deles.

Vários controles foram aplicados à economia. Salários e preços foram regulados e o racionamento introduzido para preservar matérias-primas ou recursos escassos. Os pneus foram os primeiros itens racionados, restritos em janeiro de 1942 para economizar a borracha natural importada. O petróleo veio logo a seguir. Dali a um ano, era preciso cupons de racionamento para comprar café, açúcar, carne, queijo e outros laticínios, enlatados e frutas secas, bicicletas, combustível, roupas, meias de náilon e seda e muito mais. Os cartões de racionamento eram emitidos para cada morador da casa, inclusive bebês e crianças. Os selos de racionamento eram válidos por um dado período para evitar estocagem. Itens como carros e eletrodomésticos não eram racionados porque não eram mais fabricados, com as fábricas convertidas para a produção de guerra. O preço dos carros de segunda mão subiu tão rapidamente que ficou quase impossível comprá-los. Dirigir por prazer foi proibido, assim como as corridas de carros.

O desafio dos bônus de guerra

Com pouco o que comprar, a renda pessoal e a poupança aumentaram muito, gerando risco de inflação conforme mais dinheiro comprava menos bens. Estimuladas pelo Estado, com o apoio de estrelas do cinema de Hollywood, as pessoas colocaram seu dinheiro em bônus de guerra emitidos pelo governo para financiar as batalhas. Os americanos eram desafiados a »

OS EUA NA GUERRA

Japoneses confinados

Ao eclodir a guerra contra o Japão em 1941, o racismo levou as pessoas a questionarem a lealdade dos 127 mil nipo-americanos que viviam nos EUA – a maioria de segunda ou terceira geração de cidadãos do país. O Serviço Secreto suscitou temores ao reportar que muitos dos japoneses na Califórnia apoiavam o Japão na guerra contra a China, e que aqueles que viviam nas Filipinas colaboraram com as tropas japonesas que invadiram as ilhas em dezembro de 1941.

Em 19 de fevereiro de 1942, o presidente Roosevelt assinou a Ordem Executiva 9066, transferindo 120 mil nipo-americanos à força, a maior parte da costa do Pacífico, e os encarcerou em campos de concentração no interior. Uma população japonesa bem menor no Canadá foi igualmente confinada. No Havaí, onde os nipo-americanos eram mais de um terço da população, cerca de 1.500 foram presos. Eles apenas puderam voltar a suas casas em dezembro de 1944.

Nipo-americanos chegam ao Centro de Grupamento Santa Anita, uma antiga pista de corridas em Los Angeles, antes de serem levados a campos no interior.

Para **vencer a guerra**, os EUA tiveram de preparar sua **economia** para o conflito.

- Toda a **indústria** teve de ser orientada para a **produção de guerra**.
- O **sistema tributário** precisou obter mais dinheiro **para pagar pela guerra**.
- **Comida** e outros bens tiveram de **ser racionados**.
- Os **homens** foram **recrutados** para as Forças Armadas.

Vencer a guerra exigiu uma **transformação da vida americana**.

---

aplicar "pelo menos 10% de cada salário em bônus", o que fez com que cerca de 40% do PIB fosse para gastos militares com apenas uma moderada inflação. Havia sete bônus de guerra principais, e todos excederam as expectativas do governo.

A força de trabalho

A guerra transformou o mercado de trabalho. O desemprego caiu de 7,7 milhões (de uma poderosa força de trabalho de 54 milhões), na primavera de 1940, para 3,4 milhões no fim de 1941 e 1,5 milhão no outono de 1942. Dois anos depois, chegou a um mínimo histórico de apenas 700 mil. Havia grande demanda por trabalhadores qualificados, e caminhões com megafones circulavam pelas ruas das cidades produtoras de material de guerra pedindo que as pessoas se candidatassem aos postos. Milhões de aposentados voltaram ao serviço, e estudantes e donas de casa foram trabalhar fora pela primeira vez. A falta de trabalhadores era comum. Assistentes de mercearias, por exemplo, tinham tanta demanda que os varejistas adotaram o self-service e a maior parte deixou os serviços de entrega, com aumento de vendas, já que os fregueses que compravam produtos pessoalmente, em geral, aproveitavam para estocar. Para substituir os agricultores enviados à guerra foram recrutados 290 mil *braceros* ("braços fortes", em espanhol) do México para trabalhar em fazendas no Texas e no Noroeste Pacífico.

Início do recrutamento

A primeira convocação em tempo de paz na história dos EUA começou em setembro de 1940. A Lei do Serviço e Treinamento Seletivo limitou o número de homens em treinamento a 900 mil por vez, e fixou o serviço em 12 meses, aumentado para 18 meses em agosto de 1941. De início, homens de 20 a 45 anos tinham de se registrar, mas depois de Pearl Harbor, esse intervalo foi expandido para 18 a 64 anos, embora o serviço militar não fosse obrigatório após os 45. O período de serviço também foi estendido à duração da

A GUERRA SE ALASTRA

guerra mais seis meses e o presidente passou a ter um poder maior sobre o uso dos recrutados, inclusive o de mandá-los lutar em qualquer parte do mundo – antes, isso se restringia ao hemisfério ocidental. Para que houvesse gente o bastante no trabalho das fábricas, homens de 18 a 37 anos não podiam ser voluntários. Mão de obra suficiente foi obtida recrutando até 200 mil homens por mês.

Os comunistas americanos a princípio se opuseram ao recrutamento e até à guerra, mas sua oposição acabou quando a Alemanha atacou a URSS em junho de 1941. Mais de 72 mil homens se registraram como objetores de consciência (OCs), mas só dois terços obteve o status de OC: 25 mil entraram nas Forças Armadas como não combatentes, 12 mil trabalharam em postos civis e quase 6 mil foram presos. A evasão foi muito baixa, de cerca de 4% dos recrutados. Ao longo da guerra, um total de 49 milhões de homens foram alistados, e cerca de 10 milhões de fato serviram. A discriminação

Duas mulheres trabalham na fábrica da Douglas Aircraft Company na Califórnia, durante a Segunda Guerra. Em 1943, as mulheres já respondiam por quase dois terços de todos os postos da indústria aérea dos EUA.

Rosie, a Rebitadeira, imortalizada no cartaz de J. Howard Miller de 1942, teve origem em uma canção popular. Sua imagem logo estampou campanhas que estimulavam as mulheres a se unirem ao esforço de guerra americano.

racial levou a baixo número de recrutas negros, e a oposição ao alistamento foi forte entre os negros americanos.

As trabalhadoras

As mulheres americanas contribuíram para o esforço de guerra na frente doméstica. No total, a proporção de mulheres na força de trabalho subiu de 25,2% (14,1 milhões), em 1940, para um pico de 29,2% (19,3 milhões) em 1944 e 1945, muitas atuando em fábricas de munições e máquinas, produção de navios e aviões, entre outros trabalhos ligados à guerra. A maioria delas já tinha ocupações de baixo salário ou voltaram ao serviço após a Grande Depressão. Embora só 3 milhões de novas mulheres tenham se juntado à força de trabalho na guerra, as casadas com emprego suplantaram em número as solteiras pela primeira vez. Era mais de duas vezes mais provável que procurassem emprego aquelas cujos maridos estavam fora, na guerra. A maioria

fazia isso por razões financeiras, mas o patriotismo também tinha um papel importante.

Para muitas, o trabalho de guerra era empoderador e gratificante. Dava a elas maior autonomia e ampliava seus horizontes. Muitas eram mães que trabalhavam com amigas e vizinhas, fazendo turnos para dividir os cuidados com as crianças e outras tarefas. Mas em 1944, quando a vitória estava quase assegurada, a propaganda do governo dos EUA começou a exortar as mulheres para que retornassem ao lar. Quando os homens provedores do sustento voltaram da guerra, as mulheres perderam o emprego.

As voluntárias

Nem todas as mulheres trabalhavam por dinheiro. Os Serviços Voluntários das Mulheres Americanas, formados em janeiro de 1940, organizaram 18 mil aptas a dirigir ambulâncias, apagar incêndios, prestar primeiros socorros, operar cozinhas móveis e realizar outros serviços emergenciais. No fim da guerra, elas somavam mais de 325 mil. Outras entraram na Cruz Vermelha ou eram voluntárias »

como enfermeiras. Donas de casa eram estimuladas a coletar materiais necessários para o esforço de guerra, como sucata de metais e gorduras de cozimento, e ajudavam suas crianças a fazer bolas de elásticos e de alumínio de embalagens de gomas de mascar. As que tinham terreno plantavam "jardins da vitória" com legumes e outros produtos. Muitas aderiram a unidades da defesa civil na preparação para ataques aéreos, e as Pilotos Mulheres do Serviço da Força Aérea mobilizaram mil delas para levar aviões novos da fábrica aos campos aéreos. Porém, nenhuma mulher pilotou aviões de guerra em combate. As crianças ajudavam nas fazendas e nos jardins, e muitos estados mudaram leis trabalhistas para permitir que adolescentes trabalhassem. O número de estudantes no ensino médio público caiu de 6,6 milhões em 1940 para 5,6 milhões em 1944.

América negra

A guerra afetou os negros americanos de modos diversos. A segregação ainda era um fato e, ao longo de toda a guerra, os americanos negros continuaram como cidadãos de segunda classe em seu próprio país, apesar da necessidade desesperada de mão de obra em todos os setores. Até 1942, só um número mínimo foi aceito no Corpo Aéreo do Exército dos EUA, nenhum no Corpo de Fuzileiros Navais e os que se alistavam na Marinha dos EUA iam para o setor só de negros que servia as mesas dos oficiais. As Forças Armadas dos EUA continuaram totalmente segregadas por toda a guerra. Alguns militares negros, porém, conseguiram ter a chance de voar. Um grupo inovador foi o dos aviadores Black Tuskegee, cujo treinamento Roosevelt aprovou em 1940. Fazendo milhares de investidas aéreas na guerra, foram os pioneiros da aviação negra e serviram com

> Quero tirar minha família deste maldito sul. Aqui um homem negro não vale o cachorro de um branco.
> **Carta para o jornal** *Chicago Defender*

distinção, sendo que 95 dos Tuskegee receberam medalhas por heroísmo.

A política oficial de segregação das Forças Armadas dos EUA se manteve até 1948 e, durante a guerra, os soldados negros se sujeitaram a constante desprezo e aberto racismo. Sentindo-se muito marginalizados no esforço de guerra, os negros americanos se tornaram cada vez mais veementes em sua luta por direitos civis. O *Pittsburgh Courier*, um jornal negro de grande circulação, montou uma campanha "Duplo V" – pela vitória na guerra e pela vitória na campanha por igualdade no país. Uma marcha sobre Washington proposta em 1941, com o lema "Nós, cidadãos americanos negros leais, exigimos o direito de trabalhar e de lutar por nosso país", só foi cancelada quando o presidente Roosevelt assinou uma ordem executiva criando o Comitê de Práticas Justas de Trabalho, dedicado a investigar reclamações sobre discriminação e a tomar as medidas

Um americano negro foge de seus perseguidores durante o Levante Racial de Detroit de 1943, causado por tensões quando milhares de migrantes negros e brancos chegaram do sul para trabalhar nas fábricas da cidade.

apropriadas. Enquanto atuou, o comitê teve algum sucesso em obrigar empregadores da época da guerra a tratarem os trabalhadores negros com equidade, mas foi dissolvido em 1946.

A guerra teve grande impacto no sul, onde se gastou cerca de 40% do orçamento para instalações militares em preparação para o conflito. Novos campos de treinamento do exército e aeródromos foram construídos. Estaleiros foram criados em Charleston, na Virgínia, e ao longo da Costa do Golfo, além de fábricas de aviões militares na Geórgia e em Dallas-Fort Worth. Cerca de 4 bilhões de dólares foram gastos em instalações militares no sul, com mais 5 bilhões em estabelecimentos de defesa. Com isso, o número de operários, negros e brancos, dobrou durante a guerra. Muitos deixaram as fazendas para trabalhar em novas fábricas e bases.

Migrações devido à guerra

Apesar do aumento local no emprego de negros, mais de 5 milhões de americanos negros se juntaram a uma migração em massa do sul para os centros urbanos do norte, meio-oeste e oeste em busca de trabalhos de guerra com melhores salários. Milhões de mulheres, negras e brancas, também seguiram os maridos para campos militares na costa oeste. Os grandes deslocamentos populacionais levaram a confrontos por emprego e moradia.

Embora não tenham eclodido levantes raciais nacionais de larga escala, houve incidentes localizados. Em Detroit, por exemplo, a chegada de trabalhadores negros para ocupar postos na crescente indústria de defesa da cidade foi recebida com hostilidade, que derivou em tumultos e violência em junho de 1943. Em dois dias, 34 pessoas morreram. Eventos similares ocorreram em quatro outras cidades no mesmo ano, entre eles os Levantes dos Ternos *Zoot* em Los Angeles, que irromperam quando latinos e mexicanos foram atacados por brancos por vestirem os ternos *zoot* da moda, muito grandes, vistos como "não patrióticos" pela quantidade de tecido usado.

Controle da informação

Ao longo da guerra, a mídia trabalhou com o governo americano para disseminar uma versão oficial dos eventos. O Departamento de Censura, criado em dezembro de 1941, publicou um código de conduta para rádio e imprensa, confiando em cooperação voluntária para evitar temas como movimentação de tropas, viagens presidenciais e outras notícias sensíveis. Ele também recebeu poder para examinar e censurar quaisquer comunicações entre os EUA e outros países.

Embora o cessar das hostilidades tenha levado ao fim de instituições criadas para reagir à emergência, como o Departamento de Censura, muitos dos avanços sociais, industriais e econômicos alcançados pelos EUA durante a guerra ajudaram a estabelecê-los firmemente como uma grande potência global no mundo pós-guerra. ■

[O ator Clark Gable] foi alocado em nosso esquadrão [...]. Ficou com a gente de 1942 a 1945 e posso lhe dizer que não deram a ele missões fáceis. Ele tirou um monte de fotos de fogo antiaéreo explodindo do lado do seu avião.
Sargento Ralph Cowley
351º Grupo de Bombardeiros, USAAF

Franklin D. Roosevelt

Nascido em 1882 em Hyde Park, Nova York, Franklin Delano Roosevelt, muitas vezes referido apenas como FDR, entrou na política ao ser eleito senador por Nova York em 1910. Serviu depois como secretário-assistente da Marinha sob o presidente Wilson durante a Primeira Guerra Mundial. Em 1920, foi candidato à vice-presidência pelo Partido Democrata, mas os Republicanos venceram a eleição. No ano seguinte, contraiu uma doença paralisante, que se pensou ser pólio na época, mas é mais provável que fosse síndrome de Guillain-Barré, que o deixou paralisado da cintura para baixo. Voltou à política como governador do estado de Nova York em 1928 e promoveu medidas para enfrentar a Grande Depressão.

Foi eleito presidente em 1932 e reeleito mais três vezes – um recorde nos EUA. Político carismático, liderou o país durante quase toda a Segunda Guerra, usando transmissões regulares de rádio (as "conversas ao pé do fogo") para se comunicar diretamente com a nação. Morreu em Warm Springs, na Geórgia, em abril de 1945, cinco meses antes de a rendição do Japão assinalar o fim da guerra.

SÓ MORREREI PELO IMPERADOR
AVANÇOS JAPONESES (DEZEMBRO DE 1941-MAIO DE 1942)

EM CONTEXTO

FOCO
Expansão japonesa na Ásia

ANTES
Jul 1937 O Japão invade a China, iniciando a Segunda Guerra Sino-Japonesa.

Jul 1941 Forças japonesas ocupam bases no sul da Indochina Francesa.

7 dez 1941 Usando porta-aviões, os japoneses atacam a base dos EUA em Pearl Harbor, no Havaí.

DEPOIS
7-8 mai 1942 A indefinição na Batalha do Mar de Coral atrasa o avanço do Japão para o sul.

Fev-jul 1944 Uma ofensiva japonesa sobre a Índia britânica, a partir da Birmânia, é rechaçada.

15 ago 1945 O Japão se rende com suas tropas ainda ocupando grande parte do sudeste asiático e da China.

O plano de guerra do Japão em dezembro de 1941 exigia que suas forças tomassem o controle do sudeste asiático e do Pacífico Oeste antes que seus inimigos pudessem organizar uma defesa. A ofensiva militar começou em 8 de dezembro e terminou em maio seguinte, com tropas japonesas chegando à fronteira da Índia britânica tendo humilhado as forças dos impérios britânico e holandês, além dos americanos nas Filipinas.

Domínio no mar e no ar
O exército japonês não tinha vantagem significativa em números ou equipamentos – sua infantaria

A GUERRA SE ALASTRA 155

Veja também: O Japão em marcha 44-45 ▪ O dilema do Japão 137 ▪ O ataque japonês a Pearl Harbor 138-45 ▪ A Índia na Segunda Guerra 158 ▪ Defesa da Austrália 159 ▪ China e Japão na guerra 250-53 ▪ Os Aliados contra-atacam na Birmânia 290-93

> Nosso império, para sua existência e defesa, só tem como recurso apelar às armas e esmagar todo obstáculo em seu caminho.
> **Edito Imperial Japonês**
> 7 de dezembro de 1941

avançou pela Malásia Britânica (parte da atual Malásia) de bicicleta. Embora o moral e o espírito de luta de seus soldados fossem excepcionais, a chave do sucesso do Japão era o controle do mar e do ar. Em 10 de dezembro, aviões japoneses surpreenderam o governo britânico afundando o encouraçado HMS *Prince of Wales* e o cruzador HMS *Repulse*, enviados como reforços à base britânica em Singapura. Nas Filipinas – uma colônia não oficial americana –, mais de cem aviões dos EUA foram destruídos no solo por bombardeiros no primeiro dia da guerra. Com o ataque a Pearl Harbor, essas ações asseguraram ao Japão o poder de fazer desembarques marítimos e reforçar ou reabastecer suas tropas, enquanto as forças terrestres de seus inimigos estavam ilhadas e imobilizadas.

Teria sido impossível aos Aliados defender alguns dos territórios visados pelo Japão. No Pacífico, as ilhas de Tarawa e Makin, controladas pelos britânicos, foram imediatamente ocupadas, assim como o território americano de Guam. A base dos EUA na Ilha Wake caiu logo a seguir. Tropas britânicas e canadenses em Hong Kong, cercadas pelo exército japonês que ocupava a China, renderam-se no dia de Natal. Embora a Grã-Bretanha esperasse defender a Malásia Britânica e Singapura, a velocidade da ofensiva japonesa revelou falhas nos planos e na liderança dos britânicos. Tropas japonesas penetraram rapidamente por terra a partir da Indochina Francesa, rumo ao norte da Malásia britânica e à Tailândia, enquanto outras desembarcavam sem resistência ao longo das costas da Malásia britânica e da Birmânia. Em 16 de dezembro, forças Aliadas desnorteadas – principalmente tropas indianas e australianas – recuaram para o sul ao longo da península Malaia, com forças japonesas em seu encalço.

Singapura cai

A nova base naval de Singapura, ao largo da ponta sul da península Malaia, fora construída nos anos 1930 para afirmar o prestígio britânico na Ásia. No entanto, quando o exército japonês se aproximou, o comandante britânico Arthur Percival chocou seu governo ao avaliar com total pessimismo sua capacidade de manter Singapura frente a um ataque vindo do interior. O general japonês Tomoyuki Yamashita, apesar de ter menos da metade dos soldados de Percival, tomou a iniciativa. Em 8 de fevereiro de 1942, os japoneses cruzaram o estreito de Johore e estabeleceram uma base de operações em Singapura. Uma semana depois, ignorando instruções de Londres para lutar até a morte, Percival se rendeu. Mais de 80 mil soldados, metade deles indianos, se tornaram prisioneiros. A humilhação do Império Britânico foi total.

Os desembarques marítimos japoneses em Luzon, nas Filipinas, foram simultâneos a seu avanço na Malásia Britânica. Para resistir a eles, o general dos EUA Douglas MacArthur tinha 20 mil soldados americanos e 100 mil filipinos, a maior parte »

Mulheres e crianças britânicas se preparam para evacuar Singapura – então colônia britânica – de barco, antes da invasão japonesa no início de 1942.

156 AVANÇOS JAPONESES

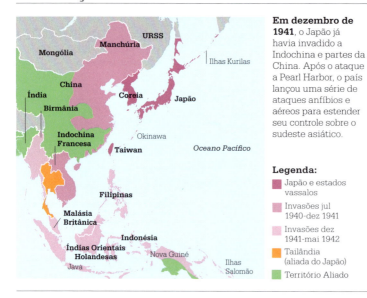

Em dezembro de 1941, o Japão já havia invadido a Indochina e partes da China. Após o ataque a Pearl Harbor, o país lançou uma série de ataques anfíbios e aéreos para estender seu controle sobre o sudeste asiático.

Legenda:
- Japão e estados vassalos
- Invasões jul 1940-dez 1941
- Invasões dez 1941-mai 1942
- Tailândia (aliada do Japão)
- Território Aliado

Com as forças holandesas incapazes de oferecer séria resistência em terra, os Aliados puseram suas esperanças na prevenção de desembarques marítimos. Em fevereiro de 1942, uma força combinada americana, britânica, holandesa e australiana de 14 navios de guerra foi mandada para interceptar navios-transporte japoneses destinados a Java. Em uma série de confrontos no mar de Java, os Aliados perderam cinco cruzadores e cinco destróieres, dando controle total à Marinha japonesa. Os holandeses entregaram Java em 12 de março e Sumatra após duas semanas.

A Birmânia, controlada pelos britânicos, foi o último país a cair ante a investida inicial do Japão. Ela tinha importância estratégica porque oferecia as principais rotas de abastecimento dos Aliados aos exércitos nacionalistas no sudoeste da China. Atravessando a Tailândia, o exército japonês entrou no território parcamente defendido em dezembro. Os soldados indianos da Grã-Bretanha recuaram e suas tropas birmanesas desertaram em bandos. O Japão tomou Rangum, a capital, em março, alcançando Mandalay no início de maio. Os britânicos voltaram para a Índia antes que as monções terminassem a época de campanhas.

maltreinada e equipada. A estratégia de MacArthur foi recuar para uma posição defensiva na península de Bataan e esperar reforços e suprimentos. O controle japonês do mar e do ar garantiu que nada chegasse.

Bataan se revelou uma armadilha da qual seus defensores não podiam escapar. Em março, as tropas sitiadas sobreviviam com um terço das rações. O beribéri e outras doenças, devido à má nutrição, tornaram-se galopantes. Em 12 de março, o general MacArthur foi removido para a Austrália, com uma famosa promessa: "Eu voltarei." Os soldados em Bataan se renderam em 8 de abril. Cerca de 80 mil deles, já enfraquecidos por doenças e fome, foram gravemente maltratados enquanto marchavam para um campo de prisioneiros distante. Cerca de 650 americanos e 10 mil filipinos morreram na "Marcha da Morte de Bataan". A resistência americana e filipina terminou com a rendição da fortaleza de Corregidor, em 6 de maio.

Matérias-primas

Para os japoneses, o maior prêmio da região era a Indonésia. Ricas em recursos naturais, as ilhas controladas pelos holandeses ofereciam uma solução para a crônica falta de matérias-primas e comida do Japão.

Cidadãos fogem em Rangum, na Birmânia, enquanto aviões de guerra japoneses se aproximam, em dezembro de 1941. Muitos civis e soldados foram para o noroeste, rumo à fronteira indiana, para escapar do conflito.

A GUERRA SE ALASTRA 157

Potências coloniais ocidentais sofrem derrotas em batalhas na Europa, **enfraquecendo seu domínio** na Ásia.

O Japão **busca expulsar** as potências coloniais ocidentais da Ásia.

Rápidas **vitórias dão ao Japão o controle** sobre o sudeste asiático.

Um **domínio imperial japonês** de exploração substitui temporariamente **o domínio colonial ocidental**.

Douglas MacArthur

Nascido em 1880, Douglas MacArthur se graduou como primeiro da classe na Academia Militar de West Point em 1903 e entrou no exército, servindo nas Filipinas. Após atuar no México e na Frente Ocidental na Primeira Guerra, voltou às Filipinas em 1922, tornando-se o mais jovem major-general do exército em 1925. Foi promovido a chefe do Estado-Maior do Exército dos EUA em 1930, servindo até 1935, quando retornou às Filipinas, agora semi-independentes, para organizar seu exército.

Em junho de 1941, tornou-se comandante das Forças Armadas dos EUA no Extremo Oriente e liderou a campanha contra a invasão japonesa das Filipinas em 1942. Derrotado e forçado a evacuar tropas, voltou para libertar as ilhas entre 1944 e 1945. Como comandante supremo da Área do Sudoeste do Pacífico, MacArthur oficialmente aceitou a rendição do Japão e geriu sua ocupação até 1951. Após a eclosão da Guerra da Coreia em 1950, liderou também o Comando das Nações Unidas, mas foi dispensado pelo presidente Truman, em abril de 1951, por propor um conflito em grande escala contra a China. Morreu em Washington, DC, em 1964.

Movimentos nacionalistas

A Birmânia foi um dos países em que as forças japonesas foram saudadas como libertadoras com mais entusiasmo. Já em 1940, o ativista político Aung San tinha formado um Exército da Independência da Birmânia com apoio dos japoneses. Após a invasão, o político nacionalista Ba Maw, que tinha sido preso pelos britânicos, concordou em chefiar uma administração pró-japonesa. Na Indonésia, os líderes nacionalistas Mohammad Hatta e Sukarno, que também tinham sido detidos pelas autoridades coloniais, foram libertados e puderam voltar à política em troca de auxílio ao controle japonês. Seguidores do nacionalista indiano antibritânico Subhas Chandra Bose puderam montar um "Exército Nacional Indiano" com prisioneiros indianos tomados em Singapura para lutar ao lado do exército japonês.

A ideia do Japão liderando as nações asiáticas amigas numa "Esfera de Coprosperidade da Grande Ásia Oriental" não se materializou. Em vez disso, o Japão explorou os recursos dos países ocupados e recrutou os civis para trabalhos forçados. Massacres da população local chinesa por tropas japonesas ocorreram após a queda de Hong Kong e Singapura. Mulheres da Coreia, China, Filipinas e outros locais foram forçadas a trabalhar como escravas sexuais de soldados. Centenas de milhares de homens morreram trabalhando em projetos como a Ferrovia da Birmânia.

Uma oportunidade perdida

Embora as vitórias e táticas cruéis do Japão tenham chocado os líderes Aliados, o sucesso militar não trouxe tanta vantagem aos japoneses como poderiam ter esperado. Submarinos da Marinha dos EUA ameaçavam o transporte marítimo entre o sudeste asiático e o Japão, restringindo a exploração das fontes de recursos capturadas. A China continuava invencível e a Marinha japonesa fazia pouco uso de seu controle do Oceano Índico. A questão crítica para o Japão era sua capacidade de derrotar os EUA. A guerra não seria definida na Ásia, mas no Pacífico. ∎

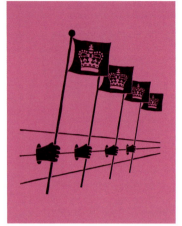

O QUE A ÍNDIA GANHA [...] COM A GUERRA DA GRÃ-BRETANHA?
A ÍNDIA NA SEGUNDA GUERRA (1939-1945)

EM CONTEXTO

FOCO
Impacto nas colônias

ANTES
1858 Após a rebelião indiana, a Grã-Bretanha assume total controle da Índia.

1876 A rainha Vitória recebe o título de Imperatriz da Índia.

1839 O vice-rei britânico, Lorde Linlithgow, declara unilateralmente guerra à Alemanha, sem consultar a liderança indiana.

DEPOIS
Fev 1947 A Grã-Bretanha anuncia que a independência da Índia ocorrerá até 30 de junho de 1948.

Jul 1947 O Acordo da Partição da Índia é anunciado.

15 ago 1947 A Lei da Independência Indiana define Índia e Paquistão como dois países separados, não mais sob domínio britânico.

A o declarar guerra à Alemanha em setembro de 1939, a Grã-Bretanha o fez em nome de suas colônias, além de si mesma. A Índia controlada pelos britânicos viu-se, assim, em guerra na Europa.

As opiniões sobre a guerra dividiam os indianos. A Liga Muçulmana, que defendia um país de maioria muçulmana no Paquistão, era favorável. Mas o Congresso Nacional Indiano exigia independência total antes de ajudar a Grã-Bretanha. Quando a demanda foi recusada, em 8 de agosto de 1942, o líder do Congresso, Mahatma Gandhi, lançou a campanha "Deixem a Índia" para expulsar os ingleses. No dia seguinte, Gandhi e o futuro primeiro-ministro Jawaharlal Nehru, com mais de 100 mil outros ativistas, foram presos. A dura repressão britânica derrotou a campanha.

Apelo ao Japão
O nacionalista indiano Subhas Chandra Bose escolheu uma rota diferente para a luta de independência e, em maio de 1943, buscou a ajuda do Japão. Ele tomou o controle do "Exército Nacional Indiano", não oficial e pró-Japão, formado por prisioneiros de guerra indianos da Grã-Bretanha capturados na queda de Singapura. Com o apoio do Japão, instalou o Governo Provisório da Índia Livre nas ilhas Andamã e Nicobar.

Apesar dessa oposição, o apoio indiano foi vital para os Aliados. Cerca de 2,6 milhões de soldados indianos lutaram na Europa, África, Extremo Oriente e Oriente Médio. Eles tiveram papel importante em evitar que os japoneses invadissem a Índia e em expulsá-los da Birmânia. ■

Tropas indianas deixam seu acampamento no deserto do Egito, lideradas por dois oficiais britânicos. A 4ª Divisão de Infantaria Indiana teve papel crucial na derrota das forças do Eixo de Rommel no norte da África.

Veja também: O Japão em marcha 44-45 ▪ Laços coloniais 90-93 ▪ O dilema do Japão 137 ▪ Avanços japoneses 154-57 ▪ Os Aliados contra-atacam na Birmânia 290-93

A GUERRA SE ALASTRA **159**

A DISPUTA NO PACÍFICO
DEFESA DA AUSTRÁLIA (JANEIRO-MAIO DE 1942)

EM CONTEXTO

FOCO
Expansão japonesa no Pacífico

ANTES
1901 A Austrália se torna um domínio independente dentro do Império Britânico.

Set 1939 Quando a Grã-Bretanha entra na guerra, a Austrália declara guerra à Alemanha.

Dez 1941 Forças japonesas atacam Pearl Harbor e varrem o sudeste asiático.

DEPOIS
Ago 1942 Forças australianas e dos EUA retomam Guadalcanal, uma das Ilhas Salomão.

Nov 1942 Forças australianas têm papel importante na Batalha de El Alamein.

Jun 1943-jan 1944 Australianos se unem a forças da Nova Zelândia e dos EUA para desalojar os japoneses de Nova Guiné, Nova Bretanha e Ilhas Salomão.

Os japoneses precisavam isolar a Austrália dos EUA e, para isso, planejaram tomar o Atol Midway, as Ilhas Salomão e Port Moresby, a base australiana na Nova Guiné. Em janeiro de 1942, eles capturaram a guarnição australiana em Rabaul, na Nova Bretanha, uma ilha vizinha à Nova Guiné, e avançaram pelas Ilhas Salomão, tomando Guadalcanal em maio. Eles também bombardearam Darwin, uma cidade no norte australiano, em 19 de fevereiro, na primeira de mais de cem incursões aéreas no país, e lançaram ataques de submarino ao porto de Sydney em maio e junho.

Os japoneses planejavam tomar Port Moresby com o desembarque de tropas. Em 7 de maio, quando a frota para a invasão seguia de Rabaul para o sul, foi interceptada no mar de Coral por uma força-tarefa australiana e dos EUA. No dia seguinte, as forças se chocaram de novo na primeira batalha real de porta-aviões da história. Os americanos perderam mais navios, mas os japoneses sofreram perdas mais pesadas de aviões e cancelaram o ataque naval.

Sem dúvida [...] o mar de Coral foi a área de batalha mais confusa da história mundial.
H.S. Duckworth
Vice-almirante dos EUA

Ansiando ainda por capturar a base, os japoneses desembarcaram tropas em Buna, na costa norte da Nova Guiné, em 21 de julho. Usando a tortuosa Trilha de Kokoda para cruzar a ilha, avistaram Port Moresby no início de setembro, mas foram obrigados a recuar por tropas australianas e americanas. A leste, um ataque japonês contra a base aérea Aliada da Baía Milne a partir de 25 de agosto também foi rechaçado, na primeira batalha terrestre vencida pelos Aliados no Pacífico. ■

Veja também: O ataque japonês a Pearl Harbor 138-45 ▪ A Batalha de Midway 160-65 ▪ A batalha pelas Ilhas Salomão e Nova Guiné 212-13

UMA VITÓRIA HISTÓRICA ESTÁ EM ANDAMENTO

A BATALHA DE MIDWAY (2-4 DE JUNHO DE 1942)

162 A BATALHA DE MIDWAY

EM CONTEXTO

FOCO
Guerra no mar

ANTES
1859 O Atol Midway é reivindicado para os EUA pelo capitão N.C. Brooks, do barco de caça a focas *Gambia*.

1867 A marinha dos EUA toma posse formal da ilha.

7 dez 1941 O Japão ataca Pearl Harbor, levando os EUA à guerra.

6 mai 1942 Aeronaves japonesas baseadas em porta-aviões danificam seriamente o USS *Yorktown* na Batalha do Mar de Coral.

DEPOIS
Jul 1942 Uma embarcação de apoio a submarinos é estacionada em Midway para dar suporte a submarinos dos EUA que patrulham águas japonesas.

O Atol Midway é uma ilha minúscula no Pacífico Norte, com área de apenas 6,2 km², mas sua posição na parte mais ocidental do arquipélago do Havaí, equidistante entre a América do Norte e a Ásia, dá a ela importância estratégica desproporcional a seu tamanho. Uma das batalhas navais mais importantes da história militar ocorreu ao largo de suas praias em junho de 1942. O resultado decisivo dessa batalha marcou uma guinada na guerra dos Aliados contra o Japão.

Os passos seguintes do Japão

Após o inesperado ataque a Pearl Harbor, em dezembro de 1941, o Japão logo alcançou seus principais objetivos territoriais tomando as Filipinas, a Malásia Britânica, Singapura e as Índias Orientais Holandesas, ricas em petróleo. Os japoneses decidiram, então, por uma nova estratégia em abril de 1942, fortemente influenciada por um ataque aéreo americano retaliatório em 18 de abril. Realizado por 16 bombardeiros Mitchell dos EUA baseados em porta-avião, o

Um dos confrontos navais de maiores consequências da história mundial […], taticamente decisivo e estrategicamente influente.
Craig Symonds
Historiador americano, 2018

Ataque Doolittle bombardeou Tóquio e outros alvos no interior do Japão. Apesar de seu limitado valor militar, a ação levantou o moral dos EUA após Pearl Harbor e chocou os japoneses ao revelar quanto suas ilhas eram vulneráveis aos bombardeiros americanos.

O novo plano japonês, formulado pelo almirante Yamamoto, comandante em chefe da frota

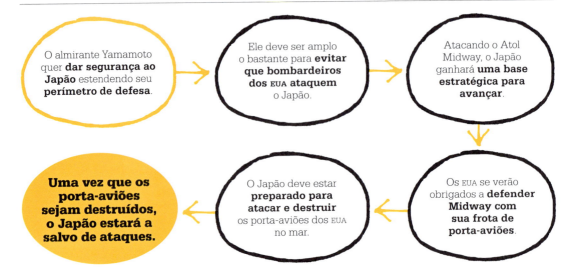

A GUERRA SE ALASTRA

Veja também: O Japão em marcha 44-45 ▪ O dilema do Japão 137 ▪ O ataque japonês a Pearl Harbor 138-45 ▪ Avanços japoneses 154-57 ▪ A batalha pelas Ilhas Salomão e Nova Guiné 212-13 ▪ O Pacífico Oeste 244-49

Caças Zero japoneses no deque do porta-aviões *Akagi*. Eles foram incomparáveis em combate aéreo até 1943, mas o *Akagi* foi afundado durante a Batalha de Midway.

combinada do Japão, identificou como meta estratégica a eliminação da frota de porta-aviões dos EUA no Pacífico. Ela era vista como a principal ameaça ao controle japonês na região. Os porta-aviões tinham importância vital no teatro do Pacífico, já que davam a ambos os lados bases móveis das quais lançar seus ataques. Se pudesse destruir a frota dos EUA, o Japão seria capaz de estender seu perímetro defensivo ao longo do Pacífico, tomando Fiji, Samoa e Midway, além das Ilhas Aleutas externas, parte do território americano do Alasca. Isso também poria o Japão fora do alcance dos bombardeiros dos EUA.

O plano de Yamamoto

Yamamoto ponderou que atacar Pearl Harbor mais uma vez produziria uma reação devastadora dos EUA. Julgando esse ataque arriscado demais, direcionou suas ações principais contra a estratégica base aérea e de reabastecimento controlada pelos EUA no Atol Midway. Ele pensava que tal ataque atrairia a frota de porta-aviões dos EUA para o que esperava que fosse uma batalha naval decisiva – e vitoriosa.

O plano de Yamamoto era muito complexo, e seus vários grupos de batalha deviam ser dispostos ao longo de vastas extensões de oceano. Sua concepção se baseava no fato de que a Marinha dos EUA só tinha dois porta-aviões disponíveis, o USS *Enterprise* e o *Hornet*, que ele supunha estarem nas Ilhas Salomão. O terceiro porta-aviões, USS *Yorktown*, Yamamoto acreditava ter sido afundado no mar de Coral. Na verdade, ele havia sido seriamente danificado, mas logo fora reparado em Pearl Harbor, e estava de volta em serviço. Mais importante é que Yamamoto não sabia que o criptoanalista dos EUA Joseph Rochefort, na divisão de inteligência e monitoramento de sinais da Estação HYPO, no Havaí, tinha quebrado o principal código naval japonês, chamado pelos americanos de JN-25, e

[...] o inimigo está ficando desesperado [...] conforme sua crosta se desfaz sob nossos sucessivos golpes [...] chegou a hora de atacar Midway e as Aleutas.
Avaliação japonesa da força naval dos EUA, 1942

que, assim, os EUA estavam preparados para qualquer ataque a Midway. Ele também avaliou muito mal o moral americano, que erroneamente pensou ter se enfraquecido após os recentes sucessos japoneses.

Para garantir que enganaria o inimigo, Yamamoto mandou sua Primeira Força de Ataque de Porta-Aviões, com quatro deles e seus 248 aviões, várias centenas de quilômetros adiante de 2 encouraçados, 2 cruzadores, 12 destróieres e 13 submarinos de apoio. Mais atrás, uma frota auxiliar de 4 cruzadores pesados e 2 destróieres devia destruir quaisquer navios dos EUA que viessem defender Midway. Na retaguarda ficaria uma força de ocupação, pronta a ocupar a ilha assim que a batalha acabasse.

Que a batalha comece

Em 2 de junho, duas forças-tarefa navais dos EUA reunidas pelo almirante Chester Nimitz esperavam a chegada dos japoneses cerca de 560 km a nordeste de Midway. Dali, aviões de busca vasculhavam o oceano procurando as frotas »

164 A BATALHA DE MIDWAY

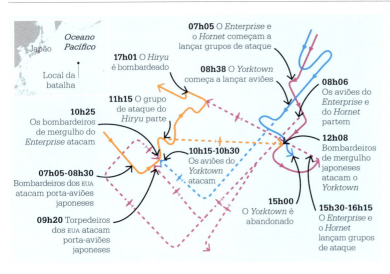

Às 10h30 da manhã de 4 de junho de 1942, bombardeiros de mergulho do USS *Enterprise* e do USS *Yorktown* já tinham atingido três porta-aviões japoneses: o *Kaga*, o *Soryu* e o *Akagi*. Depois que aviões japoneses bombardearam o *Yorktown* às 12h08, os EUA retaliaram com um ataque devastador ao *Hiryu*, assegurando a vitória.

japonesas. A Força-Tarefa 16 consistia em porta-aviões *Enterprise* e *Hornet*, com 152 aeronaves, 6 cruzadores e 9 destróieres. A Força-Tarefa 17 incluía o porta-aviões reparado *Yorktown*, com 73 aeronaves, 2 cruzadores e 5 destróieres. O próprio Midway era defendido por 127 aviões baseados em terra e 16 submarinos.

Eu vi o lampejo ao sol e aquilo parecia uma bela queda d'água prateada, os bombardeiros de mergulho descendo. Nunca vi um bombardeiro de mergulho tão grandioso.
Jimmy Hatch
Piloto dos EUA,
lembrando a Batalha de Midway

Às 4h40 da manhã de 4 de junho, 108 aeronaves de porta-aviões japoneses lançaram um ataque a Midway. Os atacantes logo foram vistos e os interceptadores dos EUA rapidamente decolaram. A ofensiva japonesa não conseguiu desativar os sistemas de defesa de Midway e cerca de um terço de sua força de ataque foi destruída ou danificada pelo fogo aéreo dos EUA e ataques antiaéreos da ilha.

Luta feroz
A batalha se intensificou pela manhã, quando os porta-aviões japoneses foram alvejados por torpedeiros dos EUA, atacados, por sua vez, pelos rápidos caças Zero japoneses. Porém, mal posicionados e com pouca munição após as missões das horas anteriores, os Zero foram incapazes de evitar outro ataque de bombardeiros de mergulho dos EUA. Estes atingiram dois porta-aviões japoneses – o *Kaga* e o *Soryu*, ambos afundados mais tarde, naquele dia –, o navio-almirante *Akagi*, sacrificado no dia seguinte, dois encouraçados e um cruzador.

No fim da manhã, o radar dos EUA detectou aviões japoneses do porta-aviões *Hiryu* se aproximando do *Yorktown* pelo oeste. Os atacantes foram logo interceptados, mas alguns deles passaram, atingindo o *Yorktown* com três bombas por volta do meio-dia. Os incêndios resultantes logo foram apagados, mas torpedeiros o atingiram de novo à tarde. Às 15h00, com o *Yorktown* adernando, foi dada ordem de abandonar o navio. Rebocado, ele foi atingido de novo por um torpedo de um submarino japonês em 6 de junho e afundou no dia seguinte.

A reação dos EUA a esse golpe foi enfática. Um avião da escolta do *Yorktown* localizou o porta-aviões japonês remanescente, *Hiryu*, por volta de 14h30. Logo após as 17h00, foi atacado por 40 bombardeiros de mergulho dos EUA, atingido muitas vezes e incendiado. Ele foi afundado no dia seguinte, enquanto bombardeiros B-17 de Midway perseguiam a frota japonesa, agora em retirada.

Ação paralela nas Aleutas
O bombardeio japonês de Dutch Harbor, nas Aleutas, de 3 a 4 de

A GUERRA SE ALASTRA

junho de 1942, e a ocupação de duas pequenas ilhas, Attu e Kiska, de 6 a 7 de junho – a primeira vez que um território dos EUA era invadido e ocupado desde 1812 –, chocou a opinião pública americana. Na época, pensou-se que esse ataque era um estratagema destinado a confundir os americanos e tirar sua atenção de Midway. Isso estava longe da verdade, porém. Para os japoneses, as Aleutas eram um alvo em si, não algo secundário a Midway, e a intenção era atacá-las no mesmo dia. Porém, atrasos no envio da frota de porta-aviões a Midway fizeram o ataque às Aleutas ocorrer um dia antes. Os EUA só retomariam o controle de Attu e Kiska em meados de 1943.

Vitória total

A vitória americana em Midway foi total. Os japoneses perderam seus quatro porta-aviões, tiveram um cruzador pesado afundado e outro danificado; 248 de seus aviões foram destruídos, além de 3.057 militares mortos e 37 capturados. Do outro lado, os Estados Unidos perderam um porta-aviões, um destróier e cerca de 150 aviões, com a morte de 307 homens.

No Japão, as notícias da derrota foram mantidas em segredo, com a mídia japonesa anunciando uma grande vitória. Só o imperador e o alto escalão da Marinha receberam informações precisas sobre as perdas de barcos e homens. Sem seus quatro principais porta-aviões, os japoneses também perderam a primazia aérea. Nunca mais poderiam lançar uma grande ofensiva no Pacífico.

Para os americanos, a vitória foi decisiva. Foi sua primeira grande vitória naval contra os japoneses, dando a eles o controle do Pacífico. Podiam agora ditar os termos da guerra, capturando Guadalcanal e retomando o resto das Ilhas Salomão em 1943. O Atol Midway foi realmente um ponto de virada na guerra no Pacífico. ∎

O Hiryu queima após ser incendiado por bombardeiros de mergulho dos EUA na Batalha de Midway. O porta-aviões japonês acabou afundando, com a perda de 389 vidas.

Chester Nimitz

Nascido no Texas, nos EUA, em 1885, Nimitz estudou na Academia Naval de Annapolis, em Maryland, e embarcou pela primeira vez num navio em 1905. Em 1909, assumiu o comando de sua primeira flotilha de submarinos e logo se tornou a principal autoridade em submersíveis da Marinha dos EUA. Nimitz participou da Primeira Guerra e, em 1917, liderou a criação de técnicas de reabastecimento marítimo, permitindo a transferência de combustível, munições e suprimentos de um barco a outro no mar.

Nimitz foi nomeado comandante em chefe da Frota do Pacífico dos EUA dez dias após o ataque a Pearl Harbor em 1941 e tomou parte depois nas batalhas cruciais de Mar de Coral, Midway, Mar das Filipinas e Golfo de Leyte. Após a Segunda Guerra, obteve aprovação para construir o primeiro submarino a energia nuclear do mundo, que teve sua viagem inaugural em 1955, vários anos após ele ter se retirado do serviço ativo. Nomeado almirante de frota – um título vitalício – em 1945, permaneceu na reserva até morrer, em 1966. A classe Nimitz de superporta-aviões da Marinha dos EUA foi nomeada em sua homenagem.

UMA SAGA DO NORTE COM HEROÍSMO, CORAGEM E RESISTÊNCIA
ATAQUES A COMBOIOS DO ÁRTICO (JULHO DE 1942)

EM CONTEXTO

FOCO
Guerra no mar

ANTES
12 ago 1941 O primeiro comboio do Ártico deixa Liverpool rumo à Islândia na Operação Dervish, entregando em 31 de agosto dezenas de caças Hurricane no norte da Rússia.

Set 1941 Os comboios do Ártico recebem o código PQ na ida e QP na volta.

28-30 mar 1942 Aviões, U-Boots e uma flotilha de destróieres alemães atacam os 19 barcos do comboio PQ13, afundando 5.

25-30 mai 1942 O PQ16 perde 7 barcos após quase 250 investidas de bombardeiros e torpedeiros.

DEPOIS
Dez 1942 Os comboios do Ártico recebem o novo código JW na ida e RA na volta.

Mai 1945 O JW67, o último comboio do Ártico da guerra, deixa o estuário de Clyde.

Após junho de 1941, a URSS se tornou aliada da Grã-Bretanha. Para ajudá-la na luta, Churchill passou a enviar comboios a Murmansk e Arkhangelsk, no norte da Rússia, através do gelado oceano Ártico. A viagem bordejava a Noruega, então ocupada, o que significava correr o risco de encontrar U-Boots, aviões e desafiadores navios de guerra alemães. Após os sucessos iniciais dos comboios em 1942, a Alemanha percebeu a importância estratégica da rota e o Ártico se tornou um dos grandes campos de batalha da guerra.

Perdas pesadas

A experiência do comboio PQ17 destacou os riscos de viajar sem cobertura aérea à luz diurna contínua do verão. Ele deixou a Islândia com 35 navios mercantes e 6 auxiliares da Marinha em 1º de julho de 1942. Três dias depois, a meio caminho da Rússia, acreditando que o encouraçado alemão *Tirpitz* atacaria, o almirantado britânico ordenou à escolta próxima que "recuasse para oeste" para confrontar o inimigo, e que os barcos do comboio se espalhassem. Em 10 de julho, 24 navios mercantes, abandonados pela escolta, tinham sido afundados. Só 11 chegaram aos portos na Rússia. A pior perda de um comboio na guerra foi devido a um erro do almirantado.

Entre agosto de 1941 e maio de 1945, 1.400 navios mercantes em 78 comboios entregaram 4 milhões de toneladas de suprimentos. A operação do Ártico foi inestimável, mas perigosa: 3 mil marinheiros Aliados, 85 navios mercantes e 16 barcos da Marinha Real se perderam. ■

O gelo se forma num projetor de sinais do cruzador HMS *Sheffield* enquanto escoltava um comboio do Ártico até a Rússia. Às vezes o mau tempo obrigava os navios mercantes a voltar.

Veja também: O fim da neutralidade dos EUA 108 ■ A guerra de submarinos se acirra 110-13 ■ Operação Barbarossa 124-31 ■ Um confronto final no Atlântico 214-19

A GUERRA SE ALASTRA **167**

O LUGAR MAIS BOMBARDEADO NA TERRA
O CERCO DE MALTA
(JUNHO DE 1940-NOVEMBRO DE 1942)

EM CONTEXTO

FOCO
Territórios estratégicos

ANTES
1800 Após a expulsão das forças francesas, Malta se torna um protetorado britânico.

1814 Malta se torna oficialmente parte do Império Britânico.

10 jun 1940 A Itália declara guerra à Grã-Bretanha.

DEPOIS
1942 O rei Jorge VI concede a Malta a Cruz de Jorge como prêmio pela bravura de seu povo sob o cerco.

Jul 1943 Caças decolam de Malta para dar cobertura à Operação Husky, a invasão Aliada da Sicília.

20 jul 1943 Malta sofre seu último ataque aéreo.

1964 Malta obtém independência da Grã-Bretanha.

As principais linhas de navegação do mar Mediterrâneo passam pela ilha de Malta. Durante a Segunda Guerra, ela serviu como base aérea, naval e de submarinos britânica, para ataque e interrupção das linhas de suprimento do Eixo. Mussolini cobiçava há muito a colônia britânica, e sua importância ficou clara com o início dos confrontos no norte da África. Sem o controle de Malta, dificilmente as forças do Eixo teriam sucesso no norte da África. Em 11 de junho de 1940, um dia após a Itália declarar guerra à Grã-Bretanha e à França, sua Força Aérea lançou o primeiro ataque à ilha. Por mais de dois anos, Malta ficou sitiada. Nesse período, italianos e alemães a atacaram com bombas 3.343 vezes, tornando-a o lugar mais bombardeado da Terra.

Operação Pedestal

Os ilhéus se refugiaram em cavernas e túneis, mas logo os alimentos, combustíveis e outros suprimentos começaram a faltar. Os comboios navais britânicos do Egito ou de Gibraltar para Malta sofriam constante ataque, com muitos barcos afundados. Em agosto de 1942, o comboio de 53 escoltas da Operação Pedestal partiu para Malta, com 14 navios mercantes. Apenas 5 resistiram a um ataque concentrado do Eixo, mas entre eles estava o navio-tanque SS *Ohio*, que entregou o combustível necessário aos ilhéus para sobreviver.

A vitória britânica em El Alamein e a Operação Tocha em novembro de 1942 eliminaram a ameaça à ilha e o grande cerco acabou – mas por muito pouco não aconteceu o pior. ∎

Esta ilha minúscula é vital para a defesa de nossa posição no Oriente Médio.
Hastings Ismay
General britânico, 1942

Veja também: A Itália entra na guerra 88-89 ∎ Norte da África e Mediterrâneo 118-21 ∎ Vitória no deserto 208-09 ∎ A invasão da Itália 210-11

A LEI DO MAIS FORTE
A EUROPA NAZISTA (1942)

EM CONTEXTO

FOCO
O Grande Reich Germânico

ANTES
1924 Em *Mein Kampf*, Hitler defende uma Europa racialmente ordenada, com um espaço vital para os povos germânicos.

Mar 1938 A Áustria é incorporada ao Reich.

1939 A Alemanha invade a Polônia.

1941 A Alemanha captura enormes extensões do território soviético.

DEPOIS
Jul-ago 1945 A Conferência de Potsdam fixa a linha Oder-Neisse como fronteira oriental alemã.

1998 Os princípios para a devolução de obras roubadas a seus legítimos donos são estabelecidos na Declaração de Washington sobre Obras de Arte Confiscadas pelos Nazistas.

Em 1942, a Alemanha já dominava quase toda a Europa continental. À exceção de uns poucos países neutros, cada nação estava ou sob controle direto alemão ou era ocupada, aliada ou dependente do Terceiro Reich. As forças alemãs controlavam territórios desde o Círculo Ártico até as ilhas gregas e da costa atlântica da França até o norte do Cáucaso, uma vasta área abundante em recursos, mão de obra, indústrias, agricultura e riqueza cultural.

A visão nazista da Europa fora construída ao longo de décadas. Segundo o manifesto de Hitler, *Mein Kampf*, publicado em 1924, havia uma

A GUERRA SE ALASTRA

Veja também: A Grande Guerra 18-19 ▪ A expansão alemã 46-47 ▪ A destruição da Polônia 58-63 ▪ A queda da França 80-87 ▪ Operação Barbarossa 124-31 ▪ Massacres nazistas 136 ▪ O Holocausto 172-77

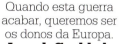

Quando esta guerra acabar, queremos ser os donos da Europa.
Joseph Goebbels

hierarquia de raças, intimamente associada a ideias sobre terra e destino.

Expansão alemã

A doutrina de *Lebensraum* ("espaço vital"), segundo a qual raças superiores estão destinadas a expandir seu alcance geopolítico e cultural colonizando terras esvaziadas de raças inferiores, era essencial à visão nazista. Um conceito associado a ela era o *Grossraum* ("grande espaço"): a noção de que os nazistas colonizariam e reordenariam toda a Europa continental, movendo ou erradicando povos e populações de acordo com noções preordenadas de destino econômico, cultural e geográfico.

A prioridade de Hitler era anexar as áreas culturalmente alinhadas à Alemanha – como Áustria e Boêmia – para criar uma *Grossdeutschland* (Grande Alemanha), que se expandiria, então, por um processo longo de colonização de terras a leste, esvaziadas de suas populações "inferiores" eslávicas e judaicas. Dirigindo-se a líderes nazistas em 16 de julho de 1941, Hitler proclamou: "Precisamos fazer das recém-conquistadas áreas a leste um Jardim do Éden." As doutrinas nazistas também previam incorporar as raças nórdicas, como escandinavos e holandeses, no Estado alemão, enquanto o resto do continente – em especial o sul da Europa – serviria às necessidades da Alemanha.

Prioridade ao esforço de guerra

Hitler e outras figuras importantes se dispuseram a ser pragmáticos em sua busca pela reconfiguração ideológica da Europa. Ganhar a guerra tinha precedência sobre realizar a utopia nazista. Falando em 26 de outubro de 1940, Joseph Goebbels, ministro da Propaganda de Hitler, disse: "Se me perguntassem o que na verdade queremos, não poderia dar uma resposta [...]. Queremos espaço vital. Sim, mas o que isso significa? Daremos uma definição após a guerra." Com isso em vista, os nazistas estavam decididos a explorar os territórios conquistados para levar adiante a guerra, usando todos os meios para extrair o máximo de benefícios.

Em 1942, havia diferentes formas de colonização alemã na Europa. Algumas áreas, como a Áustria e partes prussianas da Polônia, já tinham sido anexadas para criar um Estado alemão maior. Outras, como Alsácia-Lorena e Morávia, destinavam-se à anexação. Em outros locais, foram introduzidas administrações civis alemãs, como no Governo Geral na Polônia, nos recém-criados *Reichskommissariats* de Ostland e da Ucrânia, entalhados em territórios conquistados da URSS, e na Dinamarca, Hungria e Noruega. Outros territórios estavam sob governo militar direto – entre eles a França, a Bélgica e partes da URSS atrás das linhas de frente. Por fim, havia Estados nominalmente independentes, »

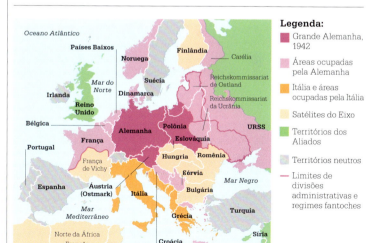

Em 1942, as potências do Eixo e seus satélites já dominavam a Europa. A Alemanha e a Itália colocaram algumas regiões sob ocupação militar, enquanto outras foram absorvidas para criar a "Grande Alemanha".

Legenda:
- Grande Alemanha, 1942
- Áreas ocupadas pela Alemanha
- Itália e áreas ocupadas pela Itália
- Satélites do Eixo
- Territórios dos Aliados
- Territórios neutros
- Limites de divisões administrativas e regimes fantoches

como a França de Vichy e a Itália, pouco mais que regimes fantoches. Matérias-primas, entre elas alimentos, de países de todas as categorias sob controle alemão eram canalizadas para o esforço de guerra nazista; o maquinário de fábricas em geral era desmontado e enviado para a Alemanha.

Riquezas roubadas

Além de pilhar as matérias-primas dos territórios conquistados, os nazistas saquearam seus tesouros artísticos em vasta escala. Na Europa ocidental, justificavam o roubo alegando estar repatriando arte "alemã" ou removendo obras para protegê-las. Onde essas explicações não se aplicavam, os nazistas apenas "compravam" as obras por valores drasticamente reduzidos.

Na Europa oriental e na Rússia, as obras eram simplesmente tomadas. Segundo autoridades de museus de Varsóvia, os nazistas pilharam 2.774 pinturas da Escola Europeia e 10.738 pinturas e 1.379 esculturas polonesas. Já o *Notícias Soviéticas da Guerra* relatava, em setembro de 1944, que 34 mil peças de museu, entre elas "14.950 itens de mobiliário únicos", foram levadas de

quatro antigos palácios ao redor de Leningrado (hoje São Petersburgo) – como o Salão de Âmbar incrustado de joias, removido do Palácio de Catarina e nunca recuperado.

Escritórios especiais foram montados para organizar os saques. O especialista em arte Hans Posse foi incumbido de chefiar a Sonderauftrag Linz (Operação Especial Linz), com o fim de coletar os melhores tesouros artísticos da Europa para um grande museu planejado. Hermann Göring

A bandeira nazista foi pendurada no Arco do Triunfo, em Paris, em junho de 1940, dias após a invasão alemã. Suásticas foram colocadas em todos os prédios públicos na França ocupada.

e Joachim von Ribbentrop tinham suas próprias organizações rivais, que se apropriavam do que Posse deixava para trás. Göring era o poder por trás do Einsatzstab Reichsleiter Rosenberg, uma força-tarefa especial chefiada por Alfred Rosenberg, que confiscava obras de arte e manuscritos de judeus. Seus registros revelam que as obras saqueadas encheram mais de 1,4 milhão de vagões de carga.

Os nazistas também pilharam as reservas de ouro dos países ocupados, tomando 625 milhões de dólares (cerca de 12,5 bilhões de dólares hoje) em moeda e barras de ouro de seus bancos centrais. Isso incluiu 103 milhões de dólares da Áustria, 163 milhões dos Países Baixos e 223 milhões da Bélgica. Pouco mais de metade foi recobrado após a guerra – parte escondida numa mina no oeste da Turíngia –, mas uma grande parcela tinha sido paga à Suíça em troca de bens comerciais e nunca foi recuperada.

Alfred Rosenberg

Nascido em 1893 na Estônia, mas de ascendência alemã, Alfred Rosenberg foi um ideólogo-chave nos primeiros dias do Partido Nazista. A partir de 1923, ele publicou o jornal do partido, o *Völkischer Beobachter*.

Hitler defendia pessoalmente Rosenberg. Ele o tornou o principal líder interino do Partido Nazista enquanto esteve preso após o fracassado Putsch da Cervejaria de Munique, em 1923, e assimilou suas ideias antissemitas, expressas no livro *Der Mythus des zwanzigsten Jahrhunderts* ("O mito do século xx"), publicado em 1930.

Rosenberg ocupou uma série de postos importantes no partido, teve um papel de destaque na política externa e chefiou a força-tarefa encarregada de confiscar obras de arte de seus donos judeus.

Em julho de 1941, Rosenberg se tornou ministro do Reich para os territórios orientais ocupados (os *Reichskommissariats* de Ostland e da Ucrânia), onde foram realizadas algumas das piores atrocidades. Após a guerra, foi condenado à morte nos Julgamentos de Nuremberg e enforcado em 1946.

A GUERRA SE ALASTRA

Um soldado americano observa pilhas de obras de arte e documentos de propriedade judaica na igreja de Ellingen, na Alemanha, em abril de 1945. Minas e castelos também foram usados para guardar esses materiais.

Reinado do terror

Em 1942, a hegemonia nazista na Europa ocidental era relativamente inofensiva para quem não era judeu, cigano, portador de deficiência ou pertencente a qualquer outra minoria perseguida. Na Paris ocupada, por exemplo, figuras culturais como Henri Matisse e Jean-Paul Sartre continuavam a trabalhar mais ou menos com liberdade. Nos territórios orientais, porém, o horror total da ideologia nazista logo ficou claro. Os assassinatos em massa começaram em 1939 com a eliminação de intelectuais e sacerdotes poloneses, aos quais se seguiram centenas de milhares de prisioneiros de guerra soviéticos e outros considerados inimigos do Estado alemão, que morriam de fome ou eram fuzilados por grupos de extermínio. As populações judaicas tanto do oeste quando do leste eram arregimentadas e levadas para campos de concentração, conforme foi sendo posta em prática a "Solução Final para a Questão Judaica" de Hitler – a morte sistemática de todos os judeus.

De início, esse reinado do terror foi implantado especificamente pela *Schutzstaffel* (SS) paramilitar alemã e suas *Einsatzgruppen* (forças-tarefa assassinas). Desde o início, a SS contou com os serviços entusiásticos de fanáticos de direita recrutados nos territórios ocupados e conquistados, como Ucrânia e Estônia. No fim da guerra, cerca de 500 mil membros da SS – mais de metade do total – eram não alemães.

Em áreas sob ocupação alemã, as autoridades locais com frequência colaboravam com os nazistas para implantar políticas raciais. Esperava-se que Estados-clientes como a França de Vichy, a Hungria e a Noruega também ajudassem a reunir e transportar judeus. Milhões de europeus orientais, entre eles prisioneiros de guerra, tiveram de fazer trabalho escravo para os nazistas e mais tarde atuar como soldados auxiliares. Houve movimentos de resistência por toda a Europa, mas a reação principal da maioria dos europeus foi sobreviver como espectadores, mantendo a cabeça baixa ou olhando para o outro lado. ∎

Mulheres e idosos soviéticos são obrigados a limpar as estradas para um comboio do exército alemão. Milhares de trabalhadores escravizados morreram de fome e sobrecarga de trabalho ao longo da guerra.

A SOLUÇÃO FINAL

O HOLOCAUSTO (1942-1945)

174 O HOLOCAUSTO

EM CONTEXTO

FOCO
Perseguição e genocídio

ANTES
1918 Partidos políticos de direita alemães divulgam o mito de que grupos esquerdistas e em especial judeus traíram a Alemanha na Primeira Guerra.

1920 O Partido Nazista declara que só quem tem sangue alemão pode ser cidadão alemão e exclui especificamente os judeus.

1933 Um campo de concentração nazista – de início para prisioneiros políticos – é aberto em Dachau.

Set 1935 As duas Leis de Nuremberg privam os judeus de direitos, legalizando a ideologia racista e antissemita nazista.

9-10 nov 1938 Brutamontes nazistas instigam um pogrom contra judeus e suas propriedades em toda a Alemanha, na chamada Noite dos Cristais.

DEPOIS
27 jan 1945 Tropas soviéticas liberam o campo de concentração de Auschwitz e encontram 7 mil prisioneiros deixados pelos nazistas por estarem fracos demais para andar.

20 nov 1945-1 out 1946 Os principais nazistas são julgados por crimes contra a humanidade nos Julgamentos de Nuremberg.

2005 Uma resolução das Nações Unidas institui 27 de janeiro, data da liberação de Auschwitz, como Dia Internacional da Lembrança do Holocausto.

O massacre sistemático de judeus europeus pelos nazistas é comumente chamado hoje de Holocausto, mas os nazistas o chamavam de *Endlösung* ("Solução Final"). A Solução Final foi implantada a partir do fim de 1941, mas as organizações judaicas datam o início do Holocausto em 1933, quando Hitler ascendeu ao poder. A ideologia nazista via os judeus como uma estirpe estrangeira, que "poluía" a linhagem pura ariana, e propôs uma série de "soluções" para resolver o que chamava de *Judenfrage* ("Questão Judaica"). Essas soluções ficaram piores à medida que a Alemanha nazista conquistava mais territórios, pondo ainda mais judeus sob seu controle.

Emigração e guetos

Em 1933, havia cerca de meio milhão de judeus na Alemanha, 80% deles com cidadania alemã. O número aumentou a partir de 1935, após a aprovação das Leis de Nuremberg, que definiam como judeu quem tivesse um avô judeu. A estratégia inicial dos nazistas foi a concentração. Os judeus eram levados do campo e de pequenos povoados para cidades e grandes povoados. A solução

Um judeu de Vinnitsa, na Ucrânia, é baleado por um membro da *Einsatzgruppe* em 1941. Atrás da foto, tirada provavelmente por um soldado nazista, estava escrito: "O último judeu em Vinnitsa."

Em grandes colunas de trabalho, separadas por gênero, judeus aptos serão trazidos [...] para a construção de estradas, em que grande número sem dúvida será perdido por redução natural.
Reinhard Heydrich
falando na Conferência de Wannsee, 1942

favorita era a emigração. Leis racistas, assédio e propaganda antissemita coagiram os judeus alemães a partir, na maior parte para os EUA, a América do Sul, a Grã-Bretanha e a Palestina, mas também para a Polônia, a França e outras partes da Europa. Em 1938, mais da metade dos judeus alemães tinham emigrado. A *Schutzstaffel* (SS), sob o violento antissemita Heinrich Himmler, administrava, então, campos de concentração especialmente construídos, mas que de início detinham prisioneiros políticos.

Após a anexação da Áustria e de partes da Tchecoslováquia em 1938, outros 250 mil judeus passaram ao controle dos nazistas, exatamente quando os abusos contra os judeus alemães atingiam um novo nível, com os pogroms da Noite dos Cristais em todo o país. Nessa época também se tornou cada vez mais difícil aos judeus emigrarem. Muitos Estados de destino começaram a restringir a imigração judaica, enquanto a invasão alemã da Polônia, em setembro de 1939, encurralava 1,5 milhão de moradores

A GUERRA SE ALASTRA

Veja também: A Noite dos Cristais 48-49 ▪ A destruição da Polônia 58-63 ▪ Massacres nazistas 136 ▪ A Europa nazista 168-71 ▪ O Levante do Gueto de Varsóvia 242-43 ▪ Liberação dos campos de extermínio 294-295 ▪ Os Tribunais de Nuremberg e a desnazificação 318-19

judeus poloneses. Em outros locais, o início da Segunda Guerra tornou as viagens mais difíceis, conforme as fronteiras eram fechadas, a Grã-Bretanha montava um bloqueio naval e o transporte civil era restringido.

Na Polônia, os nazistas adotaram uma nova abordagem, juntando os judeus em guetos. Embora alguns fossem obrigados a trabalhar, as áreas superlotadas e mal abastecidas serviam para perpetuar o mito de que os judeus eram inerentemente inferiores e uma fonte de doenças como o tifo. O maior gueto foi o de Varsóvia, onde uma população judaica inicial de 138 mil, em novembro de 1940, subiu a quase meio milhão em abril de 1941. Em julho de 1942, 92 mil dos habitantes do gueto já tinham morrido de doenças, frio e fome.

Centenas de milhares de outros judeus sofreram com a ocupação de Dinamarca, Noruega, Bélgica, Países Baixos, Luxemburgo, França, Iugoslávia e Grécia pelos nazistas de 1940 a 1941.

A Solução Final

Em 1941, em um momento ainda não determinado por historiadores, Hitler decidiu o que os nazistas chamaram »

As soluções nazistas para a "Questão Judaica"

- **Concentração:** juntar os judeus em **poucas áreas urbanas**.
- **Emigração:** perseguir os judeus econômica e socialmente **para forçá-los a deixar a Alemanha**.
- **Guetos:** colocar os judeus em áreas confinadas para ser explorados e **sofrer doenças e inanição**.
- **A Solução Final:** transportar judeus através da Europa para **campos de extermínio, para assassinato em massa**.
- **Extermínio local:** o assassinato de populações locais de judeus por **forças-tarefa assassinas** (*Einsatzgruppen*).

Heinrich Himmler

Nascido em 1900 em Munique, na Alemanha, filho de um professor católico, Heinrich Himmler se tornou um aspirante a oficial na Primeira Guerra, mas nunca esteve em serviço. Em 1923, filiou-se ao Partido Nazista, que estimulou suas ideias nacionalistas e antissemitas. Em 1929, foi nomeado chefe da ss.

Em 1933, quando os nazistas subiram ao poder, Himmler já aumentara o contingente da ss de poucas centenas a mais de 50 mil; mais tarde, chegaria a 1 milhão. Sua ss logo obteve exército próprio, supervisionava questões raciais e a polícia alemã e geria todos os campos de concentração. Em 1941, Himmler usou forças-tarefa assassinas e, em 1942, foi incumbido da Solução Final. A partir de 1943, como ministro do interior, organizou e justificou publicamente o assassinato em massa de judeus e outros grupos, como os ciganos.

Com a mudança de rumo na guerra, Himmler pensou em negociar a paz e suceder ao Führer. Hitler soube do plano e mandou prendê-lo em abril de 1945. Himmler tentou escapar, mas foi capturado por forças Aliadas e se envenenou em Lüneburg, em 1945.

Os Partisans Bielski

O ex-Partisan Bielski e sobrevivente do Holocausto Aron Bell (antes conhecido como Aron Bielski) segura uma foto do pai, David Bielski.

Por toda a Europa ocupada, os judeus tentaram resistir ao genocídio nazista. Um grupo que obteve considerável sucesso foi o dos Partisans Bielski, nas florestas do oeste da Bielorrússia (hoje Belarus), de 1941 a 1944.

Após terem pais e outros irmãos mortos pelos nazistas, os irmãos Bielski fugiram com outros judeus do gueto de Nowogródek em dezembro de 1941. O mais velho, Tuvia, veterano do exército polonês, foi escolhido para chefiar o grupo. Eles realizavam ataques, sabotando trens e pontes alemães, mas sua missão principal era ajudar mulheres, crianças e idosos judeus a escaparem dos guetos e viverem livres na floresta.

Em 1943, quando os alemães lançaram uma enorme ofensiva para rastreá-los, os Bielski levaram seu grupo para um refúgio pantanoso e menos acessível na floresta Naliboki, onde criaram uma comunidade autossuficiente. No verão de 1944, quando o exército soviético reivindicou a Bielorrússia, o grupo totalizava mais de 1.200 pessoas. Tuvia emigrou para Israel e depois para os EUA. Morreu em 1987.

---

de Solução Final – a aniquilação física sistemática e deliberada de todos os judeus europeus. Em 20 de janeiro de 1942, numa conferência em Wannsee, subúrbio de Berlim, o general da SS Reinhard Heydrich e outros 14 de seus altos funcionários, além de oficiais alemães, reuniram-se para discutir como aplicar a Solução Final a 9,5 milhões de judeus na Europa ocupada.

Assassinatos em massa

Já havia métodos de extermínio em operação na época, iniciados na esteira da invasão alemã da URSS em junho de 1941. Seguindo logo após a linha de frente, forças-tarefa especiais assassinas (*Einsatzgruppen*) eliminavam populações judaicas dos lugares, com a ajuda de agentes de segurança e paramilitares locais. Por meio de fuzilamento em massa, incineração, espancamento e envenenamento a gás, cerca de 1 milhão de judeus seriam mortos pelas *Einsatzgruppen*. A Conferência de Wannsee marcou uma transição para um genocídio mais organizado, industrial, com deportações em massa para campos remotos, onde eram envenenados a gás em vans especiais ou em câmaras disfarçadas como salões de banho.

A partir de dezembro de 1941, os judeus foram sistematicamente mortos em cinco campos de extermínio – Chelmno, Sobibor, Majdanek, Treblinka e Belzec. Um sexto, Auschwitz-Birkenau, equipado com câmaras de gás e acoplado ao campo de concentração de Auschwitz, abriu em março de 1942. A pretexto de realojamento, os trens traziam judeus de toda a Europa para a Polônia ocupada pela Alemanha. Até 1,5 milhão de pessoas foram mortas no complexo de Auschwitz, entre elas pelo menos 960 mil judeus; cerca de 865 mil foram assassinadas logo ao chegar. Em muitas partes da Europa, autoridades estatais e populações locais ajudaram os nazistas reunindo os judeus e embarcando-os nos trens, mas alguns países, como Finlândia, Albânia e Dinamarca, recusaram-se a cooperar, salvando a vida de muitos milhares de judeus.

Dias finais e as mortes de judeus

Em janeiro de 1945, a SS começou a evacuar Auschwitz-Birkenau conforme as forças soviéticas se aproximavam. Eles forçaram os prisioneiros a se arrastarem por enormes distâncias, nas chamadas "marchas da morte", já que muitos pereceram ou foram fuzilados no caminho. A maioria dos sobreviventes estavam extenuados, esquálidos ou tinham sido torturados em campos de trabalho como Bergen-Belsen e Dachau, que até ali tinham recebido, em geral, criminosos e prisioneiros políticos. Foi nesses campos que as forças Aliadas ocidentais – e, através delas, o mundo todo – começaram a compreender o total horror das "soluções" da Alemanha nazista.

O Holocausto tomou a vida de 6 milhões de judeus, entre eles mais de 1 milhão de crianças. Ele eliminou um terço da população judaica no mundo,

Crianças são reunidas a caminho do campo de concentração de Chelmno em 1942. Entre as assassinadas havia 593 judias com menos de 12 anos da cidade polonesa de Bełchatów.

e dois terços na Europa. Mais de 300 mil judeus sobreviveram aos campos e marchas da morte.

Outras vítimas

Embora os judeus tenham pagado de longe o mais alto preço em mortes, não foram a única comunidade visada no Holocausto. A tentativa nazista de criar um Estado puro ariano levou milhões pertencentes a "raças" consideradas inferiores – não só judeus, mas povos eslávicos, entre eles os poloneses, outros europeus orientais e centrais e qualquer pessoa com traços "asiáticos" – a serem deportados de territórios ocupados para campos de concentração ou de trabalhos forçados, ou assassinados. Os nazistas mataram até 1,9 milhão de civis poloneses não judeus na Segunda Guerra. Mais de 200 mil ciganos foram assassinados ou morreram por doenças e fome num genocídio que foi chamado de *Porajmos* ("o Devorador"). Muitos outros foram forçados a trabalhar ou submetidos a esterilização e experimentos médicos. Outros visados incluíam a comunidade homossexual, pessoas com deficiência e minorias religiosas.

Os nazistas prenderam mais de 50 mil homens homossexuais e mandaram até 15 mil para campos de concentração, onde a maioria morreu. Muitos deles ficaram na prisão após a guerra, pois os Aliados se recusaram a revogar o código penal alemão que proscrevia a homossexualidade. Os nazistas também assassinaram cerca de 250 mil pessoas com deficiência em programas de eutanásia. As testemunhas de Jeová estavam entre os grupos religiosos perseguidos; mais de 8 mil foram enviadas para campos e cerca de 1.500 foram mortas.

Dezenas de milhares de pessoas compactuaram com o Holocausto, mas só 199 nazistas foram julgados por crimes de guerra em Nuremberg. Dentre eles, 161 foram condenados e 37 deles sentenciados à morte. ∎

Sobreviventes depauperados de Auschwitz – alguns com o uniforme listrado de presidiários – olham através do arame farpado a chegada das forças soviéticas ao campo, em 1945.

Anne Frank

Nascida em 1929 em Frankfurt, na Alemanha, Anne Frank fugiu com sua família judia alemã em 1933 para Amsterdam, onde seu pai tinha relações comerciais. Em 1940, a Alemanha ocupou a Holanda e, em 1942, quando os nazistas começaram a levar judeus para campos de trabalhos forçados, Anne e a família se esconderam. Por dois anos, eles viveram num apartamento secreto no sótão, atrás do escritório da empresa da família na rua do canal Prinsengracht, 263.

Anne manteve um diário (endereçado a "Kitty"), referindo-se ao seu espaço atulhado como o Anexo Secreto. Em agosto de 1944, a ss nazista e a polícia holandesa descobriram a família de Anne; no mês seguinte, os Frank foram levados a Auschwitz. Anne e sua irmã Margot foram então transportadas para trabalhar no campo de Bergen-Belsen, onde morreram de tifo em 1945. De sua família, só o pai sobreviveu. Após a guerra, ele trabalhou duro para publicar os textos da filha como *O diário de Anne Frank*, depois traduzidos em 65 línguas. O relato pessoal do Holocausto por Anne se tornou conhecido no mundo todo.

TEMOS DE DEFENDER A CIDADE OU MORRER TENTANDO

A BATALHA DE STALINGRADO (SETEMBRO DE 1942-FEVEREIRO DE 1943)

180 A BATALHA DE STALINGRADO

EM CONTEXTO

FOCO
Avanços alemães na URSS

ANTES
22 jun 1941 A Alemanha ataca a URSS na Operação Barbarossa, abolindo o pacto de não agressão nazi-soviético.

Jun-dez 1941 A invasão alemã da URSS não consegue vencer o Exército Vermelho.

DEPOIS
Fev-mar 1943 A Alemanha obtém uma de suas últimas grandes vitórias na Frente Oriental, na Terceira Batalha de Kharkov.

Jul-ago 1943 A Alemanha é derrotada na Batalha de Kursk, sua última grande ofensiva na Frente Oriental.

1945 Nos acordos pós-guerra, Stalin exige uma zona tampão pró-soviética contra qualquer agressão futura alemã.

Durante a batalha por Stalingrado começamos a sentir que o mundo todo nos observava – e esperava por algo heroico, um ponto de virada.
Vladimir Turov
Defensor de Stalingrado

Em junho de 1942, as potências do Eixo avançaram sobre o Cáucaso. Hitler esperava que essa região rica em recursos ajudasse a sustentar seu esforço de guerra na Europa. A invasão alemã de Stalingrado se provou um desvio custoso desse objetivo estratégico.

Key:
- Avanço alemão, jun-nov 1942
- → Grupo de Exércitos Sul
- → Grupo de Exércitos A
- → Grupo de Exércitos B

Para a campanha de verão de 1942, Hitler e seus generais planejavam ter como alvo o Cáucaso. A região era a fonte da maior parte das reservas de petróleo da URSS e também continha recursos minerais, indústrias e terras agrícolas. Se tomasse o Cáucaso, a Alemanha não precisaria depender tanto do petróleo romeno ou de sua própria produção de combustível sintético.

Segundo o plano da ofensiva alemã, de codinome *Fall Blau* ("Caso Azul"), o Grupo de Exércitos Sul avançaria a sudeste do Rio Don, entrando então no Cáucaso. Para ocultar seu objetivo, os alemães lançaram uma campanha falsa chamada Operação Kremlin, como se fossem tomar Moscou. Ela incluía um aumento dos voos de reconhecimento da Luftwaffe sobre Moscou e distribuição de mapas da cidade a soldados alemães.

Começa a ofensiva

Em 28 de junho de 1942, o Caso Azul foi acionado. As forças alemãs, reforçadas por soldados húngaros, romenos e italianos, avançaram rápido, em parte porque a maioria das tropas do Exército Vermelho estava guardando Moscou, ainda acreditando ser esse o objetivo da ofensiva. No início de julho, o progresso do Eixo começou a ficar mais lento por problemas de suprimento e aumento da resistência soviética. Para retomar o ímpeto, em 23 de julho, Hitler mandou o Grupo de Exércitos Sul se dividir em dois. O Grupo A, no flanco direito, conduziria a Operação Edelweiss, rumo ao Cáucaso, para tomar os campos de petróleo de Maikop, Grozny e Baku. No flanco esquerdo, o Grupo B conduziria a Operação Fischreiher, uma investida em direção ao rio Volga que ajudaria a proteger o Grupo A.

Nova prioridade

De início, a Operação Edelweiss correu bem para os alemães. Em 9 de agosto, eles tomaram os campos petrolíferos de Maikop, mas descobriram que estes tinham sido tão destroçados pelo Exército Vermelho em retirada que seria preciso um ano para repará-los. Embora tenham obtido alguns ganhos no sul depois disso, as forças do Eixo reduziram o ritmo de avanço conforme o terreno se tornava mais montanhoso e o tempo piorava. No inverno de 1942-1943, os soviéticos os rechaçaram, negando seu acesso aos campos petrolíferos do Cáucaso.

Houve, porém, outra razão para o fracasso da Operação Edelweiss.

A GUERRA SE ALASTRA

Veja também: A destruição da Polônia 58-63 ▪ Operação Barbarossa 124-31 ▪ A Grande Guerra Patriótica 132-35 ▪ Prisioneiros de guerra 184-87 ▪ A Batalha de Kursk 232-35 ▪ Operação Bagration 266-69

Outra prioridade surgiu, drenando os reforços, suprimentos e apoio aéreo alemães: o ataque a Stalingrado (hoje Volgogrado). Originalmente chamada Tsaritsyn, mas renomeada em honra do líder soviético em 1925, Stalingrado era uma cidade industrial e um eixo de transportes na margem oeste do rio Volga. Para Hitler, a associação da cidade com Stalin dava a ela um valor simbólico que suplantava sua importância estratégica.

Nem um passo atrás!
O Grupo B começou a avançar rumo a Stalingrado em 23 de julho e em dois dias tinha empurrado as forças soviéticas de volta ao Don. Para reanimar o Exército Vermelho, Stalin emitiu, em 28 de julho, a Ordem nº 227, conhecida por seu lema: "Nem um

Um tanque alemão da 14ª Divisão Panzer avança sobre Stalingrado em outubro de 1942. Embora a divisão tenha sido destruída na Batalha de Stalingrado, foi reformada e voltou depois à Frente Oriental.

passo atrás!" Divisões penais (formadas por condenados) foram enviadas a áreas perigosas da frente de combate e destacamentos regulares do exército na retaguarda tinham ordem de balear ou prender os "derrotistas". Qualquer comandante que permitisse um recuo não autorizado perderia o posto e seria julgado em corte marcial.

A renovada resistência soviética reduziu a velocidade do Grupo B, que se demorou ainda mais quando Hitler desviou suas divisões Panzer para apoiar a ofensiva do Grupo A no Cáucaso. Com isso, as forças do Eixo só começaram a cruzar o Don em 11 de agosto. Esses atrasos deram ao Exército Vermelho mais tempo para recuar para Stalingrado e preparar-se para o ataque alemão. Mulheres e crianças foram evacuadas para a margem leste do Volga e 7 mil trabalhadores se organizaram em uma milícia. Em 23 de agosto, a Luftwaffe iniciou o bombardeio aéreo massivo de Stalingrado. O VI Exército Alemão, liderado pelo general Friedrich Paulus, abriu caminho para Stalingrado em

> Destroços se tornaram fortalezas, fábricas destruídas abrigavam atiradores de elite fatais, atrás de cada torno e cada máquina espreitava a morte súbita.
> **Coronel Herbert Selle**
> Engenheiro, VI Exército Alemão

14 de setembro. O general Vassili Chuikov, encarregado de planejar a defesa de Stalingrado, ordenou a seus soldados "abraçarem" as forças inimigas – avançar e ficar tão perto delas que os alemães não poderiam usar artilharia ou bombardeio aéreo por receio de atingir os próprios homens. Ele também criou "grupos de assalto", formações móveis fortemente armadas que se especializaram na luta casa a casa. O combate em meio às ruínas de Stalingrado se tornou um dos mais brutais da Segunda Guerra. Cada construção era disputada ferozmente, podendo mudar de mãos várias vezes em um dia. Veteranos alemães descreveram o combate em Stalingrado como *Rattenkrieg* ("Guerra de Ratos") devido a sua selvageria. No início de novembro, as forças do Eixo tinham empurrado o Exército Vermelho de volta ao Volga, deixando-o com o controle apenas de faixas isoladas nas margens do rio.

Reforços soviéticos
O sacrifício dos homens de Chuikov em Stalingrado deu aos soviéticos »

A BATALHA DE STALINGRADO

Friedrich Paulus

Nascido em 1890 em Breitenau, na Alemanha (hoje na Áustria), Friedrich Paulus serviu como suboficial na Primeira Guerra. Em 1939 já conquistara reputação como oficial do Estado-maior ativo e inteligente.

Em janeiro de 1942, Paulus foi promovido a general e recebeu o comando do VI Exército, baseado no sul da Rússia. Foi sua primeira experiência como comandante em campo de batalha. Em agosto, entrou com seus homens em Stalingrado.

Em novembro, as forças de Paulus já estavam cercadas pelo Exército Vermelho. Rejeitando seu pedido de permissão para se render, Hitler o promoveu a marechal de campo, esperando erradamente que Paulus se suicidasse em vez de se render.

Capturado pelos soviéticos, Paulus se tornou membro do Comitê Nacional por uma Alemanha Livre, uma organização antinazista, e exortou os alemães a se renderem. Após a guerra, foi testemunha de acusação nos Julgamentos de Nuremberg. Libertado em 1953, pôde se estabelecer na Alemanha Oriental, onde morreu quatro anos depois, de doença do neurônio motor.

uma vantagem vital: tempo. Hitler tinha colocado efetivo e recursos na cidade, esperando marcar uma importante vitória simbólica ali. Mas enquanto a luta em Stalingrado ocorria, reforços soviéticos chegaram à região: 1 milhão de soldados, 13.500 peças de artilharia, 900 tanques e 1.000 aviões.

As forças do Eixo cercadas

O ataque a Stalingrado criara uma "ramificação" de 640 km de comprimento nas linhas do Eixo. O Estado-maior soviético planejava usar os reforços para atacar os flancos da ramificação, cercando, assim, as forças do Eixo em Stalingrado. Em 19 de novembro, o Exército Vermelho lançou a Operação Urano, um ataque em pinça visando às forças romenas, italianas e húngaras que guardavam aqueles flancos.

Após quatro dias de combates, as forças soviéticas completaram o cerco, encurralando pelo menos 250 mil soldados do Eixo no "bolsão" de Stalingrado e arredores. Cercado, Paulus pediu permissão ao alto comando alemão para que suas forças saíssem da cidade e abrissem caminho de volta às linhas do Eixo. Conselheiros de Hitler o exortaram

> Para nós, a vida e a morte se encontraram no Volga. E foi a vida que venceu a luta.
>
> **Konstantin Rokossovsky**
> Marechal da URSS

a concordar, até porque o único modo de reabastecer as forças em Stalingrado – elas precisavam de mais de 440 toneladas de suprimentos por dia –, agora, era pelo ar, o que exigia incontáveis voos arriscados sobre as linhas soviéticas. Porém, Göring se vangloriou futilmente, afirmando que a Luftwaffe poderia fazer isso, e Hitler ordenou a Paulus que mantivesse a posição e continuasse a lutar.

Os aviões de transporte da Luftwaffe iniciaram os pousos em Stalingrado em 25 de novembro, mas nunca puderam abastecer a quantidade prometida por Göring. Além disso, a Luftwaffe perdeu cerca de 500 aviões no abastecimento condenado da "Fortaleza de Stalingrado", enfraquecendo suas operações aéreas em outros pontos da Frente Oriental.

Situação desesperada

Em 12 de dezembro, os alemães lançaram uma campanha auxiliar, a Operação Tempestade de Inverno.

Um atirador soviético dispara sobre soldados do Eixo em meio aos destroços de Stalingrado. O atirador mais bem-sucedido, Vassili Zaitsev, da 284ª Divisão de Rifles, matou 225 soldados inimigos.

A GUERRA SE ALASTRA

Alemães capturados se tornam prisioneiros de guerra perto de Stalingrado. Muitos deles acabariam morrendo em campos de trabalho. Alguns dos que sobreviveram só foram soltos em 1955.

Divisões Panzer tentaram criar um corredor terrestre para Stalingrado, mas em 23 de dezembro foram rechaçadas pelas forças soviéticas. Após esse sucesso, os soviéticos acionaram a Operação Pequeno Saturno, fazendo as forças do Eixo recuarem e prejudicando seriamente qualquer outra tentativa de socorro. Os soldados encurralados em Stalingrado estavam em sérios apuros. As temperaturas tinham despencado para -30 °C e piolhos, sarna, febre e disenteria eram endêmicas. Só um décimo dos suprimentos pedidos tinha chegado e havia uma falta desesperadora de comida e munições. As forças esfaimadas recorriam a ratos, cola de papel de parede e serragem como alimento.

A investida final soviética sobre Stalingrado, a Operação Anel, foi lançada em 10 de janeiro de 1943. Em duas semanas, o Eixo perdeu seu último campo aéreo na cidade, ficando totalmente isolado de apoio externo. Apesar do desespero da situação, Hitler proibiu a rendição e ordenou a Paulus que instruísse seus homens a lutar até o último instante.

Em 27 de janeiro, os soviéticos já tinham separado as forças do Eixo em dois grupos. Em 31 de janeiro, Paulus e o grupo do sul se renderam. O outro bolsão de soldados do Eixo, ao norte, lutou por mais dois dias antes de também se entregar.

Um ponto de virada soviético

Cerca de 91 mil soldados alemães e romenos, na maior parte feridos, doentes, com fome e congelados, foram capturados pelos soviéticos. A grande maioria deles morreu em marchas forçadas ou campos de prisioneiros de guerra; só 6 mil conseguiram voltar para casa. Cerca de 150 mil soldados do Eixo morreram na cidade de Stalingrado, além de 480 mil do Exército Vermelho.

No total, a disputa brutal por Stalingrado causou cerca de 2 milhões de vítimas (das quais 40 mil eram civis). A derrota foi um golpe devastador para as esperanças de vitória da Alemanha na guerra e enfraqueceu fatalmente seu poderio na Frente Oriental. Em contraste, para os soviéticos foi um ponto de virada, provando que podiam obter uma grande vitória sobre o Eixo e deixando-os numa posição forte para avançar para oeste e expulsar os invasores. ∎

Forças do Eixo atingem o Volga, ao norte de Stalingrado. Elas **bombardeiam a cidade pelo ar**, reduzindo-a a escombros.

Tropas do Eixo **invadem Stalingrado**.

O **Exército Vermelho soviético circunda** as tropas do Eixo com um **movimento em pinça**, impedindo a chegada de suprimentos e reforços.

Forças do Eixo **tentam romper** o cerco soviético, mas fracassam.

As forças do Eixo encurraladas se rendem.

NÃO ÉRAMOS SÓ PRISIONEIROS, MAS ESCRAVOS
PRISIONEIROS DE GUERRA

EM CONTEXTO

FOCO
Crises humanitárias

ANTES
Abr 1863 O presidente dos EUA, Abraham Lincoln, assina o Código Lieber, que estabelece, entre outras coisas, os princípios legais que regem o tratamento de prisioneiros de guerra.

1899 A Primeira Convenção de Haia instaura a lei internacional sobre guerra e tratamento de prisioneiros de guerra.

1929 É assinada em Genebra a Convenção sobre Tratamento de Prisioneiros de Guerra.

DEPOIS
1949 A Terceira Convenção de Genebra sobre tratamento de prisioneiros de guerra é assinada.

1956 O último prisioneiro de guerra alemão sobrevivente volta da URSS para casa.

Mais prisioneiros foram capturados na Segunda Guerra Mundial que em qualquer outro conflito na história. A experiência e o destino dessas pessoas variaram muito, dos prisioneiros italianos na Grã-Bretanha, que acabaram herdando as fazendas em que trabalharam, aos milhões de soviéticos, filipinos e outros assassinados por seus captores. Muito dependia da nacionalidade e do escalão do prisioneiro, embora mais ainda da nacionalidade dos captores e se a nação em questão havia assinado e desejava respeitar a Convenção de Genebra de 1929. As regras que regiam o tratamento a combatentes inimigos aprisionados evoluíram no século XIX, e as Convenções de Haia

A GUERRA SE ALASTRA

Veja também: A destruição da Polônia 58-63 ▪ A queda da França 80-87 ▪ Operação Barbarossa 124-31 ▪ Massacres nazistas 136 ▪ O Holocausto 172-77 ▪ Liberação dos campos de extermínio 294-95 ▪ Vitória na Europa 298-303 ▪ Consequências 320-27

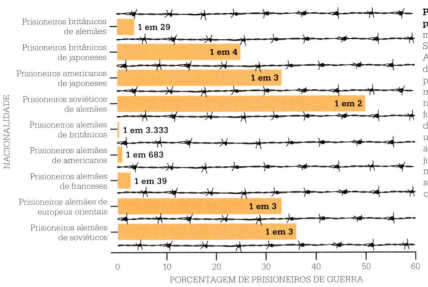

Taxas de mortalidade entre prisioneiros de guerra

- Prisioneiros britânicos de alemães: 1 em 29
- Prisioneiros britânicos de japoneses: 1 em 4
- Prisioneiros americanos de japoneses: 1 em 3
- Prisioneiros soviéticos de alemães: 1 em 2
- Prisioneiros alemães de britânicos: 1 em 3.333
- Prisioneiros alemães de americanos: 1 em 683
- Prisioneiros alemães de franceses: 1 em 39
- Prisioneiros alemães de europeus orientais: 1 em 3
- Prisioneiros alemães de soviéticos: 1 em 3

Porcentagem de prisioneiros de guerra que morreram no cativeiro na Segunda Guerra Mundial. As taxas de sobrevivência de prisioneiros capturados pelo Japão e pela URSS eram mais baixas, já que essas nações não aderiram formalmente à Convenção de Genebra. A Alemanha usou a recusa da URSS a assinar a convenção como justificativa para os maus-tratos infligidos aos soldados soviéticos capturados.

de 1899 e 1907 explicitaram o princípio de que aqueles que baixavam as armas deviam ser bem tratados. Em julho de 1929, esses princípios foram expandidos na Convenção de Genebra, que apresentou os cuidados devidos aos soldados que se rendessem. Os prisioneiros de guerra deviam ser salvaguardados da batalha, cuidados se estivessem feridos e abrigados e alimentados tão bem quanto as tropas de guarnição da potência que os capturara. A única informação que eram obrigados a dar sob interrogatório era seu nome e posto, ou número de serviço. A Cruz Vermelha Internacional devia ser autorizada a inspecionar os campos regularmente. Todas as principais potências envolvidas na Segunda Guerra tinham assinado e ratificado a Convenção de Genebra, exceto o Japão, que a assinara, mas não ratificara, e a URSS, que não a assinara com base na ideologia de que jamais um soldado do Exército Vermelho se renderia. Isso teria efeitos fatais para os prisioneiros soviéticos capturados por tropas alemãs, pois estas concluíram que não se sujeitavam à convenção em relação aos prisioneiros soviéticos.

Tratamento de prisioneiros

O tratamento alemão de prisioneiros se baseava muito nas teorias raciais nazistas, que viam os povos eslávicos, como poloneses e russos, como racialmente inferiores e, assim, menos merecedores de tratamento humano que os anglo-saxões, como os britânicos e os americanos. As forças japonesas tinham uma visão ainda mais dura dos soldados que capturavam, pois entendiam a rendição como a desgraça máxima; seu tratamento de prisioneiros e civis capturados era cruel e desumano. As nações Aliadas, em geral, tratavam bem seus prisioneiros. Essa disparidade se refletiu claramente nas taxas de mortalidade de prisioneiros das diferentes potências. Um prisioneiro alemão capturado pelos britânicos tinha a chance de 1 para 3.333 de morrer, comparado a 1 para 3 de um prisioneiro americano em mãos de japoneses e 1 para 2 de um prisioneiro russo nas mãos de alemães.

Experiência como prisioneiro

O destino dos prisioneiros foi muito impactado por sua inédita quantidade. O enorme sucesso das ofensivas »

PRISIONEIROS DE GUERRA

> Os prisioneiros de guerra [...] devem em qualquer tempo ser tratados com humanidade e protegidos, em especial contra atos de violência, insultos e curiosidade pública.
> **Convenção de Genebra de 1929**
> **Artigo 2**

alemãs no início da guerra colocou um imenso número de cativos inimigos em suas mãos. Em meados de 1940, já eram mais de 2 milhões de poloneses e franceses. Os próprios alemães perderam 4,5 milhões de homens capturados na guerra, enquanto os italianos tiveram tantos soldados presos no norte da África que um comunicado da Guarda Britânica de Coldstream no Deserto Ocidental, em 9 de dezembro de 1940, relatou que não tinham tido tempo ainda de contar seus prisioneiros, mas que haviam capturado "cerca de cinco acres de oficiais e duzentos acres de outros escalões".

Campos de prisioneiros

Aviadores que caíam em território inimigo podiam esperar uma recepção dura. Em algumas áreas da Alemanha, era provável que fossem linchados por multidões de civis furiosos ou poderiam tentar escapar da captura e atravessar de volta as linhas de frente. No campo de batalha, inimigos capturados podiam ser submetidos a um breve interrogatório pelo oficial de inteligência da unidade captora, numa tentativa de colher informação tática útil, antes de serem levados embora da linha de frente para mais inquirições. Tanto alemães quanto britânicos instalaram campos de detenção para extrair dados dos prisioneiros em posse de informações de importância estratégica. Em Cockfosters, em Londres, por exemplo, havia escuta nas celas de oficiais alemães e suas conversas eram analisadas por falantes de alemão. Por fim, o prisioneiro era mandado para um campo permanente.

Na vasta maioria da Frente Ocidental, pouco havia a fazer além de esperar a guerra acabar. O principal foco da maior parte dos prisioneiros era conseguir o bastante para comer, com pacotes da Cruz Vermelha suplementando as magras rações dos prisioneiros britânicos e americanos na Alemanha, pelo menos até o outono de 1944, quando a invasão Aliada da Europa rompeu a cadeia de suprimento da Cruz Vermelha. Além da fome, a preocupação da maioria dos prisioneiros Aliados na Frente Ocidental era o tédio – muito esforço foi dedicado a entretenimento e educação. A Convenção de Genebra determinava que os oficiais não fossem obrigados a trabalhar, mas os serviços de recrutas podiam ser usados (e supostamente pagos após o fim das hostilidades).

Fugas e execuções

Embora a maioria não tentasse fugir, mais de 33 mil prisioneiros britânicos, da Commonwealth e americanos conseguiram escapar do cativeiro. Os alemães até criaram uma prisão especial, Colditz, na Saxônia, para manter os prisioneiros Aliados "difíceis", porém, mesmo de lá, uns poucos conseguiram escapar. Apenas um único prisioneiro alemão, o ás da aviação Franz von Werra, escapou da custódia britânica, pulando de um trem no Canadá no início de 1941 e voltando para a Alemanha pelos ainda neutros EUA, México e Espanha.

Em alguns teatros da guerra, porém, os prisioneiros eram executados na hora. Em maio de 1940, no que ficou conhecido como Massacre de Wormhoudt, uma

Prisioneiros de guerra britânicos tocam música num campo alemão de prisioneiros. Além das bandas militares, outros entretenimentos dos presos incluíam apresentar peças para seus colegas.

A GUERRA SE ALASTRA

Soviéticos capturados pelos alemães no sul da Ucrânia em junho de 1942. A Ordem nº 270, emitida por Stalin em 1941, tratava a rendição como um verdadeiro ato de traição.

divisão Waffen-SS lançou granadas e abriu fogo sobre um celeiro no qual haviam amontoado cem prisioneiros britânicos. Os prisioneiros soviéticos dos alemães passavam fome e muitas vezes eram deixados à mercê dos elementos, devastados pela exposição, piolhos e doenças graves como disenteria e tifo. Tão desesperadas eram suas condições que muitos deles "se voluntariaram" a entrar no exército antistalinista do general russo renegado Andrei Vlasov. Se sobrevivessem à captura, caindo de volta nas mãos dos soviéticos, esses soldados podiam ser compensados por seus esforços com o envio para a rede de gulags (campos de trabalho escravo) na URSS.

Prisioneiros no Extremo Oriente

As condições dos prisioneiros dos japoneses eram chocantes. Em 1942, 61 mil prisioneiros Aliados foram forçados a construir a ferrovia Birmânia-Tailândia, ao lado de 300 mil operários do sudeste asiático. Trabalhando em condições assustadoras, muitos sucumbiram a doenças e à fome. Até 12 mil Aliados e 90 mil trabalhadores nativos podem ter morrido. Outro crime de guerra japonês foi a marcha da morte de Bataan. Cerca de 12 mil soldados americanos e 64 mil filipinos capturados ao defender as Filipinas em 1942 tiveram de marchar 95 km sob o calor, sem abrigo ou sustento adequado, sendo mortos ou abandonados se ficassem para trás. Quase metade dos americanos morreram, mas não se sabe quantos filipinos pereceram. ∎

[... filipinos assassinados] sofreram uma morte lenta e dolorosa em celas escuras, fétidas e infestadas de piolhos.
Pedro Lopez
Advogado filipino no Tribunal de Crimes de Guerra de Tóquio, 1946

O Exército de Anders

Após a partilha da Polônia entre a Alemanha e a URSS, mais de um milhão de civis e 250 mil prisioneiros de guerra poloneses ficaram sob custódia soviética, definhando em prisões ou gulags. Com a invasão alemã da URSS, o governo polonês no exílio e Stalin pactuaram a criação de um exército de poloneses exilados, liderado pelo ex-oficial de cavalaria Władysław Anders.

Poloneses em toda a URSS tentaram chegar aos locais de agrupamento, mas muitos morreram no caminho por fome ou exaustão. Quando as relações com Stalin ficaram tensas, Anders evacuou 77 mil homens e seus dependentes para a Pérsia (hoje Irã), controlada pelos britânicos. Membros do assim chamado Exército de Anders acabaram ficando famosos na Batalha de Monte Cassino, na Itália. Após a guerra, sem poder voltar de forma segura à Polônia comunista, muitos se fixaram na Grã-Bretanha. Testemunhos de soldados do Exército de Anders ajudaram a revelar os horrores do sistema de campos de prisioneiros de Stalin.

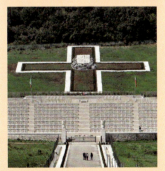

Túmulo de soldados poloneses em Monte Cassino, na Itália. Muitos dos que morreram ali foram de gulags para a Itália através da Ásia central, Pérsia, Palestina e norte da África.

A CRUEL REALIDADE
A ALEMANHA E A GUERRA REAL

EM CONTEXTO

FOCO
A frente doméstica alemã

ANTES
1933 O nazista Robert Ley cria a Frente de Trabalho Alemã (*Deutsche Arbeitsfront*) para fiscalizar relações industriais e monopolizar o controle dos operários.

1934 Albert Speer supervisiona o Congresso de Nuremberg.

1936 Os nazistas implantam um plano de quatro anos destinado a acelerar o rearmamento.

DEPOIS
1946 Speer escapa da condenação à morte em Nuremberg.

1948 A mortalidade infantil na Alemanha é o dobro do número de outras nações da Europa ocidental.

2011 A família Quandt, de ricos industriais alemães, confessa ter se beneficiado do trabalho escravo de 50 mil prisioneiros na Segunda Guerra.

No final, a Alemanha seria consumida pela conflagração que provocara, mas, por um tempo surpreendentemente longo, o povo alemão ficou relativamente isolado dos efeitos da guerra. Um controle sociocultural total, a repressão cruel, uma administração econômica inteligente e, acima de tudo, a exploração impiedosa do restante do continente ajudaram a proteger grande parte da população das dificuldades. Mas o colapso, quando chegou, foi brutal.

Unidade a todo custo
Uma das lições que Hitler aprendeu ao fim da Primeira Guerra foi o potencial revolucionário liberado ao submeter

A GUERRA SE ALASTRA

Veja também: Criação do estado nazista 30-33 ▪ A expansão alemã 46-47 ▪ A Europa nazista 168-71 ▪ O Holocausto 172-77 ▪ Indústria de guerra alemã 224 ▪ A destruição de cidades alemãs 287 ▪ Os soviéticos avançam na Alemanha 288-89

Nós, os meninos de Berlim [...] pensávamos que [...] a Batalha da Grã-Bretanha era só um torneio de cavaleiros [...]. Guerra, não, não usávamos essa palavra.
Wolf Jobst Siedler
Escritor alemão

uma população a dificuldades. Os nazistas estavam decididos a evitar qualquer coisa que pudesse atrapalhar a cuidadosamente construída *Gleichschaltung* ("coordenação", isto é, arregimentação e conformidade nacional). Assim, no primeiro ano da guerra, muitas de suas políticas visaram evitar a decepção da população doméstica. Eles resistiram aos pedidos militares por serviço auxiliar compulsório para os jovens, e só em 1944 foram introduzidas medidas como o racionamento geral e congelamento de salários e preços.

Resiliência econômica

Até a parte final da guerra, o traço mais impressionante do consumo doméstico alemão foi sua estabilidade. Per capita, caiu lentamente a cada ano, e mesmo em 1944 ainda era de 70% dos níveis de 1938. O orçamento alimentar per capita se manteve estável até 1944, até crescendo em alguns anos. A produção industrial, não planificada economicamente nos primeiros anos da guerra, aumentou muito após Albert Speer executar os planos da Organização Todt – um grupo de engenharia militar criado por Fritz Todt, antecessor de Speer como ministro de Armamentos e Munições. O gerenciamento tecnocrático da economia de guerra levou a um enorme aumento na produção de armas. Entre 1941 e 1944, a construção de aviões expandiu em quase quatro vezes.

Esse aparente milagre ocorreu ante um bloqueio massivo pelas Marinhas britânica e (depois) americana. Os recursos foram redirecionados do consumo civil para o militar, cotas e racionamento asseguraram a distribuição eficaz de recursos entre militares e indústria e a interferência militar na indústria foi extinta. As substituições (uso de óleo sintético em vez de produtos de petróleo, por exemplo) ajudaram a compensar os recursos bloqueados e a indústria alemã se tornou muito mais eficiente. Em 1944, era preciso 46% menos matéria-prima para produzir um aeromotor BMW que em 1941.

O butim de guerra

Por fim, no entanto, a Alemanha só conseguiu neutralizar o bloqueio naval explorando recursos que vinham por outras rotas – especificamente, a conquista. A rápida obtenção da hegemonia continental deu acesso a petróleo da Romênia, carvão da Polônia, minério de ferro da França e manganês da URSS, entre outros. Em 1944, a Alemanha já contava com 60% mais carvão e 140% mais minério de ferro que em 1936. A comida também podia vir territórios conquistados ou ser apenas comprada. Afinal, a Alemanha tinha muito dinheiro, graças à pilhagem das nações invadidas. Na primeira parte da guerra, o acesso a muitas importações da URSS contrabalançou os efeitos do bloqueio. Na verdade, Walther Funk, ministro da Economia do Terceiro Reich em 1941, afirmou que, com o bloqueio britânico, a crescente dependência da Alemanha pelas importações da »

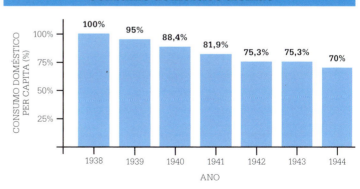

Consumo doméstico alemão

Apesar da guerra, o consumo alemão de bens e serviços produzidos domesticamente (com base, aqui, nos níveis de 1938 como 100%) declinou apenas gradualmente até 1944. Importações de territórios capturados, recursos pilhados e trabalho forçado mantiveram o consumo doméstico relativamente alto.

URSS era uma razão convincente para invadi-la e, assim, assegurar linhas de suprimento permanentes.

A aparente resiliência econômica alemã dependia em grande escala da miséria humana, com milhões de prisioneiros usados em trabalho forçado ou escravo. No início da guerra, a Alemanha já estava efetivamente com pleno emprego. As demandas do recrutamento militar ameaçaram causar falta de mão de obra. Na Grã-Bretanha e nos EUA, mais mulheres foram convocadas para a força de trabalho, mas a ideologia nazista restringia o papel feminino às esferas doméstica e reprodutiva. Por exemplo, enquanto todo rapaz entre 18 e 25 anos era obrigado a passar seis meses no Serviço de Trabalho do Reich (RAD) e depois entrar nas Forças Armadas, para mulheres da mesma idade o serviço de trabalho voluntário se limitava a 50 mil "jovens trabalhadoras" que serviam por cerca de 26 semanas.

Trabalho forçado
Em vez de comprometer sua ideologia patriarcal, os nazistas usaram trabalhadores estrangeiros para resolver a falta de mão de obra. Em 1944, um quarto dos operários na Alemanha eram do exterior, entre eles 5,3 milhões de trabalhadores forçados e 1,8 milhão de prisioneiros de guerra. Os números cresceram ainda mais quando o total de prisioneiros dos campos de concentração obrigados a trabalhar em fábricas de armamentos aumentou dez vezes em 1944. As condições desses estrangeiros variavam muito com sua etnia e nacionalidade, mas a maioria – entre eles judeus, eslavos e aqueles de regiões ocupadas da URSS – era tratada de modo chocante. Eles mal eram sustentados com rações de fome e trabalhavam até morrer ou até que sua saúde se arruinasse.

Isolado em grande parte dos maus ventos da guerra pelos saques e pelo trabalho escravo, o povo alemão continuou a apoiar Hitler até bem adiante na guerra. Em 1939,

Da torre antiaérea, os ataques a Berlim eram uma visão inesquecível, e eu tinha o tempo todo de lembrar a mim mesmo a cruel realidade para não ficar fascinado com a cena.
Albert Speer

o sentimento público tinha sido bem trabalhado pela propaganda nazista, com a crença geral de que a causa alemã era justa. Os sucessos impressionantes de 1939 a 1940 aumentaram a popularidade de Hitler ainda mais. Ele era louvado como um gênio militar e a invasão da Rússia em 1941 pareceu, pelo menos de início, encaixar-se nas previsões.

A maré começa a virar
O curso da guerra começou a mudar na Batalha de Moscou, no inverno entre 1941 e 1942, mas na Alemanha, a ficção de uma cruzada vitoriosa foi mantida. Wolf Siedler, um adolescente em Berlim na guerra, observou que o sentimento público alemão, alimentado apenas por "relatos sobre milhões de prisioneiros de guerra", estava divorciado da realidade da campanha vacilante no leste: "O que o alemão médio não via era que não ocorrera nenhuma grande batalha depois [de Moscou]." Siedler notou, porém, que durante 1942, as notícias sobre a Frente Oriental se tornaram menos específicas e menos jactanciosas.

O ponto de virada no moral público alemão veio com a notícia

Homens e mulheres soviéticos esperam transporte na estação de Kovel, na Ucrânia, para realizar trabalho forçado na Alemanha. Quase 5 milhões de cidadãos da URSS foram levados desse modo.

A GUERRA SE ALASTRA

Aviões americanos lançam bombas nas docas e estaleiros de Bremen, na Alemanha. Um ataque, em 11 de março de 1945, envolveu mais de 400 bombardeiros dos EUA e danificou seriamente a cidade.

da derrota em Stalingrado entre 1942 e 1943, e com o bombardeio Aliado cada vez mais violento de cidades alemãs. O efeito econômico real dos bombardeios é muito discutido. A produção de guerra não foi seriamente prejudicada até o fim de 1944, quando os EUA começaram seriamente a visar à infraestrutura de transportes e petróleo, mas é discutível se esse impacto foi mitigado pelo impressionante aumento de produtividade já alcançado. Ataques em áreas industriais deixaram muitos operários sem casa, causando falta de mão de obra e ausências, quando os trabalhadores tiveram de cuidar da própria família ou ficaram com parentes no interior, onde a segurança alimentar era maior.

Defesa desesperada

Nos meses finais da guerra, o que Speer chamou de "cruel realidade" mordeu com força os alemães. Ele talvez se referisse às devastadoras imposições do Führer sitiado e seu cortejo. Victor Klemperer, jornalista e pensador judeu que sobreviveu à guerra na Alemanha, relembrou o desesperado falatório nazista dos últimos dias da guerra. Os jornais de propaganda mencionavam fantásticas *neue Eingreifkräfte* (novas forças de intervenção). Meninos e velhos eram recrutados para um serviço suicida como parte de um plano nacional chamado *800.000 Mann-Plan*. Membros adolescentes da *Volkssturm* (Guarda Doméstica) eram armados apenas com uma *Volkshandgranate 45* – "uma granada de mão popular" –, na verdade, um pedaço de concreto embrulhado com explosivos, que provavelmente mataria o atirador além do alvo. Esquadrões de *Panzerjägerkompanie* (companhias de tanques Panzer) despachados para confrontar tanques soviéticos eram, na verdade, apenas meninos a pé ou de bicicleta.

Sacrifício final

Essa resistência desesperada resultou da traição final de Hitler a seu próprio povo, ao emitir o *Nerobefehl* ("Decreto Nero") em 19 de março de 1945. Ele ordenava uma política de terra arrasada pela qual tudo e todos deviam ser sacrificados. "Não se preocupe com o que será necessário para a sobrevivência rudimentar", ele escreveu a Speer. "O melhor é destruir isso também [...]. Os que restarem após essa luta serão de qualquer modo inferiores, pois os bons estarão todos mortos." Assim, os cidadãos alemães foram obrigados a sacrificar a vida por uma causa sem esperança. ∎

Uma mulher em Berlim

Um dos mais angustiantes relatos sobre o destino dos civis alemães, em especial de mulheres, no fim da guerra, é um diário anônimo publicado nos EUA em 1954 sob o título de *Uma mulher em Berlim*.

Ele narra as semanas de 20 de abril a 22 de junho de 1945, e os horríveis estupros e privações sofridos pela autora e outras mulheres quando os russos entram em Berlim. Identificada depois como a jornalista Marta Hillers, a autora se descreve como "uma loira de rosto pálido sempre com o mesmo casaco de inverno" e começa as memórias buscando com desespero por comida e lutando com a fome constante. Quando os russos chegam, os estupros têm início e a autora percebe que deve ficar com um oficial para se proteger, embora continue a ser estuprada por outros. Quando seu namorado alemão por fim retorna, ele despreza seu sofrimento e concessões, fazendo-a refletir que "para o resto do mundo, somos só destroços de mulheres e lixo".

O FIM DO INÍCIO
DE GAZALA A EL ALAMEIN (MAIO-NOVEMBRO DE 1942)

EM CONTEXTO

FOCO
Batalhas decisivas

ANTES
10 jun 1940 A Itália declara guerra à Grã-Bretanha e à França.

6-7 fev 1941 Tropas italianas sofrem uma pesada derrota no leste da Líbia.

12 fev 1941 Rommel e os Afrika Korps desembarcam na Líbia para apoiar os italianos.

DEPOIS
8 nov 1942 Tropas britânicas e dos EUA desembarcam em Marrocos e Argélia no início da Operação Tocha.

6-13 mai 1942 Tropas do Eixo se rendem na Tunísia.

9 jul 1943 Tropas Aliadas lançam a Operação Husky, desembarcando na Sicília para iniciar a invasão da Itália.

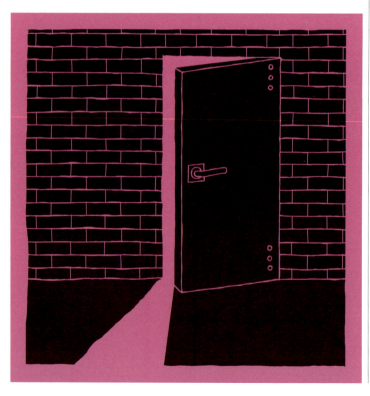

No início de 1942, o Eixo estava engajado em pesados combates na URSS. A campanha brutal era o principal foco da atenção de Hitler, mas as batalhas no norte da África mantiveram a importância. Lá, em 6 de janeiro, a Operação Crusader dos Aliados já tinha forçado as tropas alemãs e italianas de Rommel a recuarem da fronteira egípcia para El Agheila, no golfo de Sirte, na Líbia. A retirada deixou as forças de Rommel exaustas e rompeu suas linhas de abastecimento.

Os britânicos presumiram, então, que Rommel seria incapaz de tomar uma iniciativa por algum tempo, e aproveitaram para descansar as

A GUERRA SE ALASTRA

Veja também: A Itália entra na guerra 88-89 ▪ Guerra nos Bálcãs 114-17 ▪ Norte da África e Mediterrâneo 118-21 ▪ A Operação Tocha 196-97 ▪ Vitória no deserto 208-09 ▪ A invasão da Itália 210-11

tropas e melhorar o equipamento. Rommel, porém, provou quase de imediato que eles estavam errados.

Sucesso e impasse

Após pôr depressa suas tropas em ordem de batalha, em 21 de janeiro, Rommel começou a avançar de novo. Ele logo tomou Bengazi, forçando os Aliados a se reagruparem atrás da longa Linha de Gazala, que se estendia por 95 km da costa mediterrânea para o interior. A linha era pesadamente defendida por uma barreira de minas terrestres entremeadas a pequenas "fortalezas" – concentrações de minas e obstáculos a tanques. Apesar de alguma feroz resistência, em especial de uma força da França Livre em Bir Hakeim, no sul, e graves perdas de ambos os lados, Rommel despistou o inimigo, rodeando a ponta sul da linha com suas tropas. As forças do Eixo se recolheram, então, a um perímetro defensivo que ficou conhecido como Caldeirão.

Apesar dos constantes ataques Aliados, Rommel conseguiu abrir caminho em 11 de junho para leste e depois para o norte, atacando Tobruk, controlada pelos britânicos, em 20 de junho. Esse era um dos portos principais da costa norte-africana, porque barcos grandes podiam atracar em seu porto natural de águas profundas, desembarcando tropas e equipamentos em relativa segurança. Rommel capturou dois campos aéreos e rompeu as defesas do perímetro antes de suas divisões Panzer entrarem na cidade. Às 8h00

Mandando tropas móveis esta noite. Impossível manter amanhã [...]. Resistiremos até o último homem e a última rodada.
Hendrik Klopper
enquanto responsável pela guarnição de Tobruk, 21 de junho de 1942

da manhã seguinte, o general sul-africano Hendrik Klopper, comandante da guarnição britânica, se rendeu. Tobruk estava nas mãos do Eixo pela primeira vez desde que os Aliados a tinham tomado, em 22 de janeiro de 1941. A conquista do porto talvez seja o maior feito de Rommel.

Face a esse grande revés, o VIII Exército Britânico logo deixou a Linha de Gazala, primeiro para o porto de Marsa Matruh e, depois de invadi-lo, rumo à pequena estação de trem de El Alamein. A Primeira Batalha de El Alamein ocorreu cerca de 15 km a oeste da cidade. Ela começou em 1º de julho, quando Rommel atacou as linhas Aliadas.

Rommel repelido

O general britânico Claude Auchinleck deteve o avanço alemão por dois dias, enquanto forças da Nova Zelândia repeliam um ataque da Divisão Blindada Ariete Italiana e unidades australianas resistiam a uma investida do Eixo. Após dois ataques britânicos através das linhas defensivas do Eixo, em 14-16 e 21-22 de julho, Rommel abandonou a ofensiva.

Em 30 de agosto, Rommel tentou romper as linhas britânicas de novo, lançando um ataque simulado no norte, perto da costa, enquanto fazia sua investida principal no sul. As tropas Aliadas, agora sob o comando do tenente-general Montgomery, aguentaram firme e forçaram Rommel a se desviar »

Soldados da França Livre celebram após defenderem com sucesso o oásis de Bir Hakeim, em junho de 1942. Seus esforços deram tempo aos Aliados para recuar em segurança para o Egito.

DE GAZALA A EL ALAMEIN

Eixo *versus* Aliados: poderio relativo das forças

	Homens	Tanques	Veículos blindados	Peças de artilharia	Armas antitanque
Forças do Eixo	116.000	547	192	552	até 1.060
Forças Aliadas	195.000	1.029	435	900	1.451

> Na situação em que você se encontra só se pode pensar em manter a posição, não recuar nem um só passo e lançar cada arma disponível e cada soldado disponível na batalha.
>
> **Adolf Hitler**
> ao general Rommel,
> 3 de novembro de 1942

para o norte, rumo a Alam Halfa. Com pouco combustível e veículos, Rommel recuou em 5 de setembro e se preparou para uma campanha defensiva, visando conter os britânicos. De novo, porém, não conseguiu abrir caminho e seu avanço para leste foi interrompido.

A segunda batalha

Algumas batalhas são vencidas com iniciativa e ousadia, outras com planos meticulosos. A Segunda Batalha de El Alamein foi certamente do segundo tipo. Tendo falhado em romper as linhas britânicas, as forças do Eixo estavam na defensiva, e suas linhas de abastecimento estavam muito estiradas. Além de tudo, tinham menos efetivo e menos armas. As forças combinadas do Eixo, formadas por tropas alemãs e italianas, tinham menos homens, menos tanques, menos carros blindados, peças de artilharia, armas antiaéreas e aviões em condições de voo que os Aliados. Apesar do armamento superior, Montgomery não se apressou em atacar. Lentamente organizou e treinou suas forças, obteve informações e continuou a bloquear o abastecimento do Eixo por terra e mar. Rommel esperava um grande ataque britânico e penetrou fundo no deserto, atrás de uma série de campos minados conhecida como Jardins do Diabo. As tropas italianas, mais fracas, se instalaram em meio a eles como apoio. Enquanto isso, Montgomery recorreu a um subterfúgio, executando várias operações para confundir o inimigo. Com o tempo a seu favor, planejou em detalhes as duas fases de seu ataque, nomeadas Operações Lightfoot (Pé Leve) e Supercharge (Supercarga).

Só quando estava pronto, Montgomery atacou. Em 23 de outubro, o 30º Corpo Britânico lançou uma ofensiva de artilharia contra o norte da linha do Eixo. Por acaso, Rommel estava fora, na Alemanha, para tratamento médico, e só voltou no terceiro dia da batalha. A infantaria Aliada começou avançando pelos campos minados e acabou abrindo caminho após alguns atrasos, em especial no enganosamente chamado Cume Kidney (na verdade, uma depressão). Enquanto isso, o 13º Corpo Britânico encenou um ataque diversivo no sul para desorientar o inimigo, e um assalto anfíbio foi lançado na costa, perto de Sidi Abd Rahman, em 1º de novembro. A resistência alemã foi forte e os combates, ferozes em toda parte. Por fim, a Operação Lightfoot correu como Montgomery planejara.

Operação Supercharge

Em 2 de novembro, Montgomery lançou a Operação Supercharge. Ciente de que Rommel agora tinha pouco combustível, ele despachou suas forças para romper as defesas finais alemãs. Bombardeios ferozes e prolongados sobre Tel el Aqqaqir, no

> Seria quase possível dizer: 'Antes de Alamein nunca tivemos uma vitória. Depois de Alamein nunca tivemos uma derrota.'
>
> **Winston Churchill**
> *The Hinge of Fate*, 1950

A GUERRA SE ALASTRA

Bernard Montgomery

Nascido em Londres em 1887, Bernard Montgomery serviu ao longo de toda a Primeira Guerra. Ele foi atingido por um atirador na primeira Batalha de Ypres em 1914 e acabou a guerra como chefe de gabinete da 47ª Divisão (2ª de Londres). Entre as guerras, ascendeu a general, comandando a 8ª Divisão de Infantaria. Chefiando o VIII Exército Britânico a partir de agosto de 1942, levou as tropas à vitória em El Alamein e ao triunfo final Aliado na Tunísia em maio de 1943. Em seguida, liderou o VIII Exército na invasão Aliada da Itália e esteve no comando de todas as forças terrestres Aliadas na Normandia após o Dia D.

No fim da guerra, as tropas sob o comando de Montgomery liberaram o norte da França, a Bélgica e os Países Baixos e tomaram grande parte do norte alemão. Em 4 de maio de 1945, aceitou a rendição das forças alemãs no noroeste da Europa. Muitas vezes criticado por sua arrogância e falta de tato e diplomacia, foi descrito por Churchill como "na derrota, imbatível, na vitória, insuportável". Morreu em Hampshire, no Reino Unido, em 1976.

Aeronaves	
350	
530	

Uma comparação entre as forças do Eixo e as forças Aliadas na Segunda Batalha de El Alamein mostra que a Panzer Armee Afrika de Rommel era muito superada em números em todas as áreas.

oeste, e Sidi Abd Rahman ajudaram as forças britânicas a abrir caminho pelo norte. Rommel informou Hitler que suas forças enfrentavam a aniquilação; Hitler respondeu que deviam aguentar firme ou morrer. Em 4 de novembro, porém, Rommel recuou.

A Segunda Batalha de El Alamein foi um ponto de virada para os Aliados do Ocidente, que tinham sido derrotados na maioria dos confrontos terrestres anteriores com o Eixo. Foi um enorme impulso para o moral abatido e, para a Grã-Bretanha, um grande êxito que aumentou a reputação de Montgomery. Sinos de igreja antes silenciados tocaram pelo país todo.

A maré da batalha tinha virado em favor da Grã-Bretanha.

Recuo para a Tunísia

Derrotado, Rommel recuou rapidamente para oeste, perseguido pelo inimigo. Os Aliados retomaram Tobruk em 13 de novembro, e Bengazi, sete dias depois. De 24 de novembro a 13 de dezembro, Rommel se deteve atrás de uma linha defensiva em El Agheila. Então, partiu de novo, instalando uma linha além de Sirte, que manteria até 13 de janeiro. A retirada de Rommel foi tão rápida que as linhas de suprimento dos Aliados se esticaram demais para que pudessem segui-lo de perto. Em 23 de janeiro de 1943, quando a capital da Líbia, Tripoli, foi tomada pelos Aliados, Rommel cruzou a fronteira para a Tunísia. ∎

Avanço da infantaria britânica

em El Alamein. Eles eram parte da coalizão Aliada, que incluía tropas australianas, da França Livre, gregas, indianas, neozelandesas, polonesas e sul-africanas.

ESTAMOS AFINAL A CAMINHO
A OPERAÇÃO TOCHA (NOVEMBRO DE 1942)

EM CONTEXTO

FOCO
A frente norte-africana

ANTES
Jun 1940 Após a queda da França, o norte da África francês é controlado pelo governo pró-Eixo de Vichy.

Dez 1941 O Eixo declara guerra aos EUA após o ataque japonês a Pearl Harbor.

DEPOIS
Nov 1942 As forças de Vichy não resistem à Operação Tocha e tropas alemãs e italianas ocupam a França de Vichy. A Marinha francesa afunda quase toda a própria frota em Toulon.

Jan 1943 Roosevelt e Churchill se reúnem em Casablanca para planejar uma estratégia e se decidem pela política "Primeiro o Mediterrâneo" para expulsar o Eixo do norte da África e da Itália.

Mai 1943 As tropas do Eixo se rendem na Tunísia. Após dois meses, tropas Aliadas desembarcam na Sicília.

No papel, a Operação Tocha – a invasão Aliada do norte da África francês – era uma ação militar simples. Seu objetivo último era tomar a Tunísia e atacar Rommel e as forças do Eixo pelo oeste, enquanto o VIII Exército Britânico o perseguia pelo leste, limpando o caminho para a invasão da Itália. Na verdade, a operação inteira era uma aposta que corria o risco de dar terrivelmente errado.

Planejamento complexo

Quando a Alemanha invadiu a URSS em junho de 1941, Stalin exortou os Aliados a abrirem uma frente europeia contra Hitler. Após entrar na guerra em dezembro, os EUA ficaram divididos entre lutar contra o Japão no Pacífico ou ajudar a URSS por meio de um ataque de três frentes no norte europeu a partir da Grã-Bretanha. Os britânicos estavam cautelosos, pois não tinham recursos

---

A URSS pede urgentemente a seus aliados ocidentais que **abram uma segunda frente** contra a Alemanha nazista.

A Grã-Bretanha defende a **expulsão das tropas do Eixo** do norte da África e a invasão da Itália, a **potência mais vulnerável do Eixo**.

Altos comandantes dos EUA apoiam um **ataque direto à França ocupada**.

Os generais dos EUA **se opõem ao plano britânico** e defendem um **ataque com três frentes** através do canal da Mancha.

O presidente Roosevelt desconsidera seus conselheiros e ordena a execução da Operação Tocha.

A GUERRA SE ALASTRA   197

Veja também: A Itália entra na guerra 88-89 ▪ Norte da África e Mediterrâneo 118-21 ▪ O ataque japonês a Pearl Harbor 138-45 ▪ De Gazala a El Alamein 192-95 ▪ Vitória no deserto 208-09 ▪ A invasão da Itália 210-11 ▪ As cúpulas dos Aliados 225

François Darlan

Nascido em 1881, François Darlan serviu na Marinha francesa desde 1902, ascendendo até o posto de almirante da frota em 1939. Comandante em chefe da Marinha francesa quando a guerra irrompeu, ele foi o chefe *de facto* do governo na administração da França de Vichy pelo marechal Pétain a partir de 1941.

Embora forçado pelos nazistas a se demitir de seus vários postos ministeriais em abril de 1942, Darlan foi nomeado comandante em chefe de todas as Forças Armadas da França de Vichy. O norte da África francês era nominalmente leal ao governo pró-Eixo de Vichy – reconhecido pelos EUA, mas não pela Grã-Bretanha, que apoiava a França Livre do general De Gaulle –, mas Darlan convenceu as forças de Vichy a concordarem com um armistício e cooperar com os Aliados. Muitos partidários da França Livre, porém, criticaram depois Darlan por sua colaboração anterior com o Eixo e ele foi assassinado por um combatente da Resistência em 24 de dezembro de 1942.

para uma ação tão audaciosa. Churchill defendia, em vez disso, expulsar as tropas do Eixo do norte africano. Após evasivas de seus generais, o presidente Roosevelt deu uma rara ordem direta em favor da invasão do norte da África na data mais breve possível.

Vencidas as divergências estratégicas, o planejamento militar também enfrentou problemas. As forças dos EUA não tinham sido testadas em batalha e menos ainda num ataque anfíbio. Os campos aéreos do Eixo na Itália tornavam Túnis perigoso demais para o desembarque, e o Marrocos mediterrâneo ou a Argélia não eram indicados porque a Espanha poderia se juntar ao Eixo e bloquear o estreito de Gibraltar. O porto marroquino de Casablanca era arriscado devido às ondas perigosas do Atlântico e excluía uma tomada rápida da Tunísia.

Começam os desembarques

Em 8 de novembro de 1942, a Força-Tarefa Ocidental americana desembarcou perto de Casablanca. Os EUA sondaram a resistência local e oficiais franceses favoráveis quanto ao apoio ao desembarque Aliado, mas a recepção não era nada certa. Na verdade, as forças de Vichy interpuseram uma forte oposição de artilharia e uma grande batalha naval irrompeu no mar. Mais a leste, a Força-Tarefa Central, que partira da Grã-Bretanha, desembarcou perto de Oran, na Argélia, após o fracasso de uma tentativa de tomar o porto. A frota de Vichy interveio, mas seus navios foram afundados ou encalharam.

Mais bem-sucedido foi o desembarque da Força-Tarefa Oriental por forças britânicas em Argel, onde 400 combatentes da Resistência Francesa (em especial do grupo judaico Géo Gras) tomaram alvos importantes no dia 8 de novembro cedo. Fogo pesado de artilharia evitou que um destróier britânico desembarcasse suas tropas, mas a cidade se rendeu na mesma noite. Em 10 de novembro, um armistício foi acordado com a França de Vichy. A Operação Tocha tinha obtido êxito – os Aliados haviam assegurado sua posição no norte africano. ▪

Tropas americanas da Força-Tarefa Central desembarcam perto de Orã, na Argélia. O respaldo da artilharia naval foi de início suspenso, na esperança de apoio francês, mas forças leais a Vichy logo montaram uma defesa.

OS GANSOS QUE PUSERAM OVOS DE OURO E NUNCA GRASNARAM

A GUERRA SECRETA (1939-1945)

A GUERRA SECRETA

EM CONTEXTO

FOCO
Espionagem e inteligência

ANTES
1909 O governo britânico constitui formalmente as agências de inteligência militar MI5 e MI6.

1938 Na URSS, o muito temido Lavrenti Beria se torna chefe do NKVD.

Jul 1939 Oficiais da inteligência polonesa dão a agentes britânicos e franceses uma réplica da Enigma, a máquina codificadora eletromecânica alemã.

DEPOIS
Set 1945 O governo dos EUA dissolve o Escritório de Serviços Estratégicos (OSS). A recém-criada Agência Central de Inteligência (CIA) incorpora muitos de seus agentes em 1947.

1946 Reinhard Gehlen, um ex-major-general da inteligência do exército alemão, torna-se chefe de uma rede de espionagem anticomunista na Europa oriental, patrocinada pelos EUA.

1951 O Círculo de Cambridge, uma rede de espiões soviéticos instalados no Reino Unido, é descoberto.

1952 O matemático e pioneiro da computação britânico Alan Turing, um herói da decriptação na época da guerra, é condenado por atentado ao pudor devido a uma relação homossexual. Forçado a se submeter à castração química, ele também perde o acesso a dados secretos do governo. Dois anos depois, comete suicídio.

A coleta e o uso eficazes de informações da inteligência mudam o curso da Segunda Guerra Mundial.

Enquanto os exércitos se atracavam nos campos de batalha da Segunda Guerra, um conflito secreto era travado nas sombras. Seus operadores incluíam donas de casa, decodificadores, espiões e diplomatas, e suas armas iam da última tecnologia aos pombos-correio – que permitiam às pessoas na Europa ocupada enviarem informações, por exemplo, sobre navios de passagem – e até ao uso de sêmen como tinta invisível. Todas as potências beligerantes usaram agências de inteligência, operações secretas e forças de contrainformação, cuja eficácia afetou muito o curso da guerra.

A *humint* japonesa

As autoridades japonesas viam a espionagem como parte integrante da guerra. Uma "escola de espiões" militar em Tóquio ensinava espionagem, sabotagem e técnicas de subversão e, quando a guerra irrompeu, o Japão tinha uma rede significativa de inteligência em todo o sudeste asiático. Altos oficiais

A GUERRA SE ALASTRA 201

Veja também: A guerra de submarinos se acirra 110-13 ▪ O ataque japonês a Pearl Harbor 138-45 ▪ A Operação Tocha 196-97 ▪ Um confronto final no Atlântico 214-19 ▪ Os desembarques do Dia D 256-63 ▪ O complô para matar Hitler 270

As inteligências Enigma e Ultra

A Enigma era um dispositivo codificador usado pelos militares alemães para criptografar todas as suas comunicações. Portátil e fácil de usar, tinha rodas de cifras que produziam uma criptografia que a Alemanha julgava indecifrável. Porém, um alemão a serviço da inteligência francesa informou os poloneses e três criptógrafos da Polônia decidiram desvendar o sistema da Enigma. Em 1939, a operação foi passada à Escola de Códigos e Cifras do Governo do Reino Unido, em Bletchley Park.

Com o codinome Ultra, a *sigint* resultante foi de grande valor, porque trazia dados diretamente da fonte. Mas eles só seriam confiáveis se a Alemanha ignorasse a quebra do código. O trabalho estava em permanente evolução, num esforço ininterrupto para decodificar a criptografia inconstante com rapidez suficiente para que os dados fossem úteis. Sob o matemático britânico Alan Turing, em 1944, o computador Colossus já era usado em Bletchley para acelerar a decriptação. Os dados do Ultra foram centrais para muitos êxitos dos Aliados, da vitória em Alam el Halfa, no Egito, em 1942, ao fim da ameaça dos U-Boots no Atlântico, em maio de 1943.

do exército japonês posavam de garçons em clubes de funcionários na Malásia Britânica, onde obtinham informações ouvindo conversas. Uma rede de espionagem chefiada pelo comandante naval Yamamoto Hiroshi se estendia pelo Pacífico, indo de uma cadeia de bordéis em Los Angeles a agentes operando de Nova York ao México.

O maior feito da inteligência do Japão foi talvez o mais fácil de obter. Uma rede de espiões posando como diplomatas em Honolulu obteve dados detalhados sobre instalações militares, cronogramas, defesas aéreas, topografia e medidas de segurança na base naval americana de Pearl Harbor. Eles reuniram dados de jornais, fizeram observações pessoais e até usaram cartões postais – cópias de um cartão com uma vista aérea do porto foram usadas pelos pilotos japoneses no ataque surpresa de 1941.

O sucesso da *humint* japonesa pode ter levado a desconsiderar o valor – e a ameaça – da *sigint*. Após Pearl Harbor, a operação de criptoanálise Magic, dos EUA, quebrou códigos diplomáticos japoneses, enquanto o braço americano do Ultra (ver quadro acima) decriptou o código naval japonês JN-25. Isso impediu uma vitória do Japão na Batalha do Mar de Coral em maio de 1942, frustrando o plano japonês de invadir Port Moresby, na Nova Guiné, e romper linhas de abastecimento com a Austrália. O Ultra também descobriu que Midway era um alvo japonês a caminho do Havaí, ajudando as forças dos EUA a vencerem a decisiva batalha de Midway.

O aparato de espionagem de Stalin

O clima de paranoia e os expurgos causaram frequentes reformulações nos órgãos de inteligência soviéticos. Mesmo assim, o *Narodnyi Kommissariat Vnutrennikh Del* (NKVD, Comissariado do Povo para Assuntos Internos) continuou a ser a agência principal. Apesar de cuidar da segurança do Estado, o NKVD também operava em territórios ocupados. Ele foi responsável por várias atrocidades, como o expurgo de cidadãos soviéticos, banidos para gulags (campos de prisioneiros) e o massacre de oficiais do exército polonês em Katyn. Dois de seus feitos notáveis foram introduzir infiltrados nos serviços de inteligência britânicos e roubar os planos ultrassecretos da bomba atômica dos EUA.

A *Glavnoye Razvedynatel'noye Upravleniye* (GRU; Diretoria Principal de Inteligência do Estado-Maior do Exército Vermelho) reunia dados nas linhas avançadas e obteve êxitos contra a Alemanha na Frente Oriental. Embora fosse subalterna ao NKVD, a GRU operava várias redes de espiões; seu agente mais famoso foi o jornalista »

As operações secretas são essenciais na guerra – os exércitos dependem delas para cada um de seus movimentos.
Sun Tzu
general chinês do século VI a.C.

russo-alemão e membro do Partido Nazista Richard Sorge. Próximo do adido militar alemão em Tóquio, Sorge conseguiu informações – inclusive datas – da Operação Barbarossa, a invasão alemã da URSS. Porém, Stalin estava tão convencido de um complô anglo-americano, que Sorge foi ameaçado de retorno e punição. Sorge depois descobriu o plano japonês de afastar suas forças da fronteira da URSS, reabilitando-se aos olhos de Stalin, que pôde desviar tropas do Exército Vermelho para lutar contra os alemães.

A contrainformação soviética era de responsabilidade da Smersh, um acrônimo de *Smert Shpionam* ("Morte aos Espiões"). Como Stalin suspeitava de quase todos como potenciais traidores, a Smersh tinha amplo alcance, incluindo as Forças Armadas. No total, 3% a 4% dos militares eram diretamente empregados em inteligência ou contrainformação, enquanto outros 12% eram subagentes ou informantes.

Lutas internas alemãs

As armas principais da inteligência alemã eram a Abwehr (a agência de inteligência militar) e o *Reichssicherheitshauptamt* (RSHA; Escritório Central de Segurança do Reich), controlado por Himmler e pela SS. A rivalidade entre líderes e instituições nazistas prejudicava a eficácia da inteligência alemã, embora as suspeitas da SS em relação à Abwehr tenham se confirmado quando esta se envolveu no complô de 1944 para matar Hitler. A inteligência da Alemanha também foi perturbada pelo fato de seu consumidor último ser o próprio Hitler. Embora em geral fosse arguto e sagaz, ele também podia ceder a preconceitos, pontos cegos e excesso de confiança.

Contrainformação

A Abwehr teve muito sucesso com contrainformação. As redes de espiões da GRU soviética *Rote Drei* ("Três Vermelho") na Suíça e *Rote Kapelle* ("Orquestra Vermelha") na Alemanha foram ambas descobertas. Na Holanda, a Abwehr e o RSHA juntos promoveram o *Englandspiel* ("Jogo Inglês"). Tendo capturado agentes nos Países Baixos, os alemães fizeram os britânicos pensarem que eles ainda estavam ativos, permitindo-lhes prender todo agente mandado pela Executiva de Operações Especiais (SOE) britânica. Os encarregados britânicos repetidamente falharam em perceber os avisos embutidos em seu próprio sistema de comunicação e, ao longo de dois anos, sua incompetência – e a sagacidade dos alemães – levou à perda de 54 agentes, pelos menos 50 membros da

Agentes britânicos comprando secretamente francos franceses – desembarque esperado.
Relatório da inteligência alemã sobre planos forjados de invasão Aliada, março de 1944

RAF e grande número de combatentes da resistência. Por fim, a Abwehr foi dissolvida após o complô de 1944 para matar Hitler, com muitos de seus líderes executados e a maioria de seus organismos absorvidos pelo RSHA. Este último supervisionou a contrainformação da segurança de Estado – incluindo a Gestapo (polícia política) – e ocupou e conquistou áreas. Foi também instrumental para o Holocausto.

É notável que a inteligência alemã não tenha conseguido postar agentes bem-sucedidos na Grã-Bretanha, e que muitos agentes mandados para os EUA e o Canadá logo tenham sido apanhados. Ela também falhou em detectar o Ultra, talvez o segredo mais valioso da guerra, ou em descobrir as simulações dos Aliados em relação ao Dia D.

Suor intelectual americano

Fundado em 1942 e liderado pelo general "Bill Selvagem" Donovan, o Escritório de Serviços Estratégicos (OSS) foi o equivalente, nos EUA, ao MI6 e à SOE britânicos combinados. Embora a agência doméstica dos EUA, o

Objetos pessoais, documentos oficiais e outros pertences de oficiais poloneses massacrados pelo NKVD soviético em Katyn, na Rússia, são mostrados nesta foto de propaganda nazista.

Departamento Federal de Investigações (FBI), guardasse zelosamente muitas áreas de inteligência doméstica e contrainformação, o OSS supervisionava operações e contrainformação de campo. Seu maior ramo era a Pesquisa e Análise: Donovan acreditava que "o bom e velho suor intelectual" era a essência da moderna prática de inteligência. Assim, ele juntou um grupo de especialistas – muitos deles acadêmicos – para analisar e escrever sobre diferentes regiões e temas.

As realizações do OSS incluíram a Operação Tocha no norte da África, embora a rede de espiões Agência África, do mestre em espionagem polonês "Rygor" Slowikowski – à qual ele administrava sob a cobertura de uma empresa de produção de mingau –, tenha fornecido grande parte das informações. O OSS também levou a teoria econômica à inteligência militar, no planejamento das campanhas de bombardeio americanas; realizou grandes operações secretas e construiu redes na Itália, na Grécia e nos Bálcãs; e trabalhou para anular a influência soviética no mundo pós-guerra. No Extremo Oriente, o OSS treinou uma grande força de guerrilhas birmanesas e conturbou as defesas aéreas japonesas, permitindo o abastecimento aéreo de forças chinesas na região. Talvez de modo mais espetacular, a partir de 1944, o OSS infiltrou agentes na própria Alemanha, onde sua inteligência forneceu confirmação inestimável de outros canais.

Espionagem britânica

As agências de inteligência da Grã--Bretanha incluíam a SOE, as diretorias de inteligência militar MI5 e MI6 e os cripoanalistas de Bletchley Park. Entre os principais feitos do MI5, o comitê XX – que supervisionava a inteligência doméstica e a contrainformação – interceptou e "converteu" ou prendeu todo espião alemão enviado para a Grã-Bretanha. Um dos agentes duplos notáveis foi o dinamarquês Wulf Schmidt (codinome Tate), cujo relato sobre um campo minado ao sul da Irlanda manteve os U-Boots afastados, e que

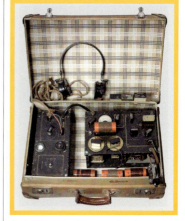

Agentes secretos a serviço da SOE ou do OSS dos Aliados recebiam equipamento especial, como este rádio disfarçado como maleta, para envio de *humint* de áreas ocupadas.

tinha tanto crédito que foi naturalizado alemão para receber a Cruz de Ferro. O MI5 também contava com o espanhol Juan Pujol (codinome Garbo), que ajudou a inventar uma rede de espiões fictícia que fez o alto comando alemão acreditar que o Dia D não seria na Normandia, mas perto de Calais.

Sucessos ultramarinos

O MI6 dirigiu operações no exterior, entre elas a quebra dos códigos da Abwehr e a obtenção de informações táticas da Europa ocupada. Também deu informações direcionadas contra instalações de radar alemãs, desenvolvimento de armas V e bases de lançamento, salvando muitas vidas. Nas áreas ocupadas, a SOE promoveu sabotagem e ataques de comandos, além de ter obtido dados e criado linhas de fuga para prisioneiros de guerra. Seus notáveis sucessos incluíram a Operação Remorse (Remorso), uma iniciativa de contrabando e especulação monetária na China que obteve considerável lucro. ■

Pintado de preto para operações noturnas, o *Westlander Lysander* – o carro-chefe das ações secretas da SOE – foi um de uma dúzia de aviões britânicos abatidos devido à farsa alemã *Englandspiel*.

VIRADA D
1943-1944

A MARÉ

INTRODUÇÃO

Após confrontos longos e acirrados com as forças japonesas, os **EUA tomam o controle de Guadalcanal**, nas Ilhas Salomão, no Pacífico.

9 FEV 1943

O **Esquadrão 617 da RAF** monta o chamado **Ataque Destruidor de Represas**, uma incursão precisa sobre os reservatórios dos rios Mohne e Eder.

16-17 MAI 1943

Durante a **Batalha de Kursk, forças de tanques alemães** abrem uma cunha nas linhas soviéticas. Mais tarde, são **obrigados a recuar**.

JUL 1943

Forças britânicas e americanas montam uma grande **incursão aérea** sobre o porto alemão de **Hamburgo**, provocando uma "tempestade de fogo". Cerca de 50 mil civis morrem.

24 JUL 1943

---

13 MAI 1943

As **últimas forças do Eixo** na Tunísia **se rendem** aos Aliados. Mais de 250 mil soldados italianos e alemães vão para **campos de prisioneiros de guerra**.

22 MAI 1943

O **almirante Karl Dönitz**, chefe dos U-Boots alemães, **ordena que seus submarinos cessem as operações** no Atlântico Norte, numa admissão de derrota.

10 JUL 1943

Os **Aliados** iniciam um **ataque** à **Sicília**, seguido de uma **invasão total** do interior italiano dois meses depois.

NOV 1943

No Pacífico, **fuzileiros navais dos EUA tomam o atol de Tarawa**, nas Ilhas Gilbert. Os japoneses lutam até a morte. Os únicos prisioneiros de guerra são 17 homens feridos.

Na primavera de 1943, ficou claro que o curso da guerra estava virando inevitavelmente a favor dos Aliados. Conquistas anteriores da Alemanha e do Japão estavam se revertendo. À derrota dos alemães em Stalingrado, em fevereiro de 1943, seguiu-se alguns meses depois a rendição das tropas do Eixo no norte da África. No Pacífico, a iniciativa estratégica estava nas mãos dos EUA.

Mar e ar

Embora os triunfos do Eixo no início da guerra tivessem sido atingidos graças à maestria militar, a estratégia Aliada se baseava em recursos superiores para esmagar os oponentes. Refletindo uma abordagem profissional na guerra, os líderes Aliados se reuniam regularmente para resolver diferenças, esclarecer metas e desenvolver uma estratégia unificada.

Apesar da mudança no balanço da sorte entre os dois lados, as potências do Eixo se provariam magistrais na arte da defesa, conseguindo deter as forças superiores Aliadas por bem mais tempo que o previsto. A estratégia Aliada acabaria culminando na ocupação da Alemanha e do Japão, mas, antes de poderem fazer isso, os Aliados precisavam ganhar o domínio do mar e do ar.

Na guerra contra a Alemanha, um primeiro passo foi a vitória na Batalha do Atlântico, obtida em meados de 1943. Ela tornou o Atlântico seguro para milhões de soldados dos EUA que seguiam para a Grã-Bretanha, preparando-se para o ataque na Europa, e também garantiu que alimentos e recursos materiais chegassem ali com segurança. No ar, desde fevereiro de 1942 a Grã-Bretanha montou uma ofensiva estratégica de bombardeio noturno na Alemanha, destinada a destruir seus recursos econômicos e minar o moral da população civil. A Força Aérea dos EUA fez sentir sua presença a partir de meados de 1943, voando à luz do dia a partir de bases na Grã-Bretanha.

O avanço Aliado

Em setembro de 1943, os Aliados invadiram o sul da Itália. Um golpe havia deposto Mussolini em julho e um novo governo italiano chegou a um acordo com os Aliados. A reação de Hitler, porém, foi rápida e impiedosa: as forças alemãs tomaram a Itália em questão de dias e introduziram uma estratégia defensiva que muito atrasou o avanço Aliado.

Somente com a invasão do norte francês os exércitos Aliados

VIRADA DA MARÉ 207

O **exército japonês na Birmânia lança sua ofensiva U-Go**, destinada a capturar os postos avançados britânicos de Imphal e Kohima.

Os Aliados lançam a **Operação Overlord**, a **invasão da Normandia**, maior operação anfíbia já montada.

Forças soviéticas capturam os **campos petrolíferos romenos** de Ploesti, privando ainda mais os alemães do combustível necessário para conduzir operações militares.

Os **EUA impõem uma derrota esmagadora** à Marinha japonesa na **Batalha do Golfo de Leyte**.

8 MAR 1944   **6 JUN 1944**   **30 AGO 1944**   **23-26 OUT 1944**

18 MAI 1944   **20 JUL 1944**   **20 OUT 1944**   **DEZ 1944**

Monte Cassino, o **posto avançado alemão** na Itália, **é tomado** pelos Aliados após semanas de luta. O caminho para Roma agora está aberto aos Aliados.

Uma **tentativa de assassinar Hitler** detonando uma bomba em seu quartel-general **fracassa**. Os conspiradores, na maioria oficiais do exército, são executados.

Tropas americanas desembarcam nas Filipinas e iniciam o processo de liberação das ilhas do controle japonês.

Nas Ardenas, na Bélgica, os Aliados ocidentais **rechaçam uma grande ofensiva alemã**, na chamada **Batalha das Ardenas**.

---

poderiam derrotar os alemães em guerra aberta. Dentro da Europa, as populações civis agonizavam sob a opressiva ocupação nazista. Em 1944 – quando cresceu a esperança de que a Alemanha seria derrotada –, os movimentos de resistência ganharam força. A resistência francesa fornecia informações sobre posições das tropas alemãs e instigou uma campanha de sabotagem para prevenir sua livre movimentação durante a invasão.

Na Europa oriental e nos Bálcãs, os movimentos de resistência refreavam grande número de soldados alemães. Membros da resistência polonesa, por exemplo, lutaram pelo controle do centro de Varsóvia em uma batalha sangrenta de sete semanas até serem vencidos pelos alemães. Na Iugoslávia, os partisans do marechal Tito se engajaram em combate aberto com os soldados alemães.

Em 6 de junho de 1944, os Aliados lançaram a Operação Overlord (Soberano), conhecida como Dia D, a invasão da Normandia. Centrais para seu sucesso foram o serviço de inteligência muito superior e a supremacia aérea, que garantiu o movimento ininterrupto de soldados e armamentos. Sem essas duas vantagens, é improvável que a invasão tivesse dado certo.

Na frente oriental, o Exército Vermelho continuou a ofensiva, após a vitória de Stalingrado. Em julho de 1943, ele venceu um dramático confronto de tanques na Batalha de Kursk, na Ucrânia. Em 1944, voltou-se para o norte, destruindo o Grupo de Exércitos Centro alemão na Operação Bagration, antes de retornar ao sul e tomar os Bálcãs. No outono de 1944, as forças soviéticas já tinham expulsado os invasores de seu país e estavam prontas a cruzar a fronteira da própria Alemanha.

Parar o Japão

No teatro do Pacífico, submarinos dos EUA tiveram papel crucial ao afundar navios mercantes que levavam petróleo e outros recursos vitais da China e das ilhas do Pacífico para o Japão. Os aviões dos EUA também foram cada vez mais atuantes na interrupção dessas rotas essenciais de comércio. Em meados de 1944, a economia do Japão estava sendo estrangulada aos poucos, e uma campanha ilha a ilha, realizada pelas Forças Armadas do EUA, colocou o país ao alcance de bombas. O fator decisivo, porém, foi o desenvolvimento pelos EUA de uma nova e terrível arma, que levaria a guerra no Pacífico a um aterrorizante encerramento: a bomba atômica. ∎

ELES ESTÃO ACABADOS
VITÓRIA NO DESERTO
(FEVEREIRO-MAIO DE 1943)

EM CONTEXTO

FOCO
Campanha tunisiana

ANTES
1942 Rommel é derrotado por forças britânicas e da Commonwealth em El Alamein, no Egito, em 4 de novembro. Ele começa a recuar a oeste para a Tunísia.

1942 A partir de 8 de novembro, forças Aliadas iniciam a Operação Tocha, uma série de desembarques nas costas do norte africano no Mediterrâneo e no Atlântico.

1942 Forças alemãs reforçam a Tunísia contra ataques Aliados a partir de 9 de novembro.

DEPOIS
1943 As forças Aliadas iniciam a invasão da Sicília em julho.

1944 Implicado num complô para matar Hitler, Rommel comete suicídio em julho.

A campanha tunisiana, na primeira metade de 1943, levou ao fim a guerra no norte africano. A luta foi intensa, em uma disputa que ambos os lados poderiam ter conduzido melhor. Se os Aliados foram lentos em chegar à Tunísia; o Eixo cometeu um grande erro ao arriscar tudo para defendê-la.

A investida na Tunísia

Em 9 de novembro de 1942, um dia após os desembarques Aliados da Operação Tocha, novas forças alemãs chegaram à Tunísia para proteger a retaguarda de Rommel, que recuava de El Alamein para oeste. Enquanto isso, as forças britânicas avançaram 800 km a oeste de Argel rumo a Túnis e, em 12 de novembro, seus paraquedistas desceram no campo aéreo de Bône, perto da fronteira tunisiana, minutos antes de os alemães tentarem fazer o mesmo. As forças britânicas que avançaram de Bône encontraram patrulhas alemãs em 18 de novembro, e pesados combates irromperam quando elas tentaram tomar Medjez el Bab, a oeste de Túnis.

No fim de 1942, os alemães haviam montado uma série de postos avançados ao redor de Túnis. Seus esforços na Tunísia foram ajudados pelo almirante Jean-Pierre Esteva, governador pela França de Vichy, que permitiu que aviões alemães trouxessem mais tropas e novos tanques Tiger. No início de 1943, os alemães e seus aliados italianos tinham reunido cerca de 250 mil soldados na região, favorecidos pela proximidade dos campos aéreos da Sicília.

Batalha do Passo de Kasserine

As primeiras grandes batalhas irromperam em 14 de fevereiro de 1943, quando, decidido a tomar a iniciativa, o V Exército Panzer alemão lançou a Operação *Frühlingswind* ("Brisa de

A decisão de reforçar o norte africano foi um dos piores erros de Hitler [...]. Ela colocou [...] os melhores soldados da Alemanha numa posição indefensável, da qual [...] não haveria saída.
Williamson Murray
Historiador americano, 1995

VIRADA DA MARÉ

Veja também: A Itália entra na guerra 88-89 ▪ Guerra nos Bálcãs 114-17 ▪ Norte da África e Mediterrâneo 118-21 ▪ De Gazala a El Alamein 192-95 ▪ A Operação Tocha 196-97 ▪ A invasão da Itália 210-11

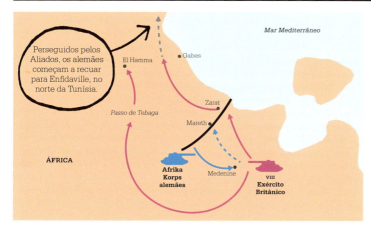

Após o fracasso do ataque em que os alemães tentaram se antecipar, em 6 de março, suas forças recuaram para a Linha Mareth. Em 19 de março, os Aliados lançaram um ataque frontal à Linha Mareth e um secundário ao redor do flanco direito alemão.

Legenda:
→ Ataque antecipado alemão fracassado
⇢ Recuo do Eixo para a Linha Mareth
→ Ataque Aliado
— Linha Mareth
⇢ Recuo do Eixo para o norte da Tunísia

Primavera"), avançando a oeste pelo centro da Tunísia. Um dia depois, Rommel e seu Afrika Korps iniciaram a Operação *Morgenluft* ("Ar da Manhã") para ameaçar o flanco do I Exército Aliado, que rumava para leste vindo da Argélia. Após uma batalha campal no Passo de Kasserine, os exércitos do Eixo foram obrigados a recuar.

Transposição da Linha Mareth

No sul, o VIII Exército Britânico, perseguindo Rommel, tentava romper a Linha Mareth – uma antiga defesa francesa que corria por 35 km da costa às montanhas, perto da fronteira da Tunísia com a Líbia. Após o serviço de inteligência revelar os planos britânicos de uma ofensiva, os alemães se anteciparam lançando um ataque, nomeado Operação Capri, mas ele falhou, com a perda de 55 tanques do Eixo.

Montgomery ordenou um ataque frontal à linha, apoiado, por uma segunda investida ao redor do flanco direito alemão, por forças neozelandesas e da França Livre. Bem-sucedido, esse ataque secundário forçou o Eixo a abandonar a Linha Mareth e recuar para o norte em 28 de março. Em 7 de abril, os reforços Aliados da Operação Tocha alcançaram, afinal, o VIII Exército Britânico em El Hamma.

Com as forças do Eixo encurraladas na planície costeira do nordeste tunisiano, os Aliados seguiram para o norte em 20 de abril. O progresso foi lento e a luta, muitas vezes, corpo a corpo, mas em 7 de maio, os Aliados por fim entraram em Túnis. As tropas do Eixo se renderam em massa, e assim que o general italiano Giovanni Messe afinal se entregou, em 13 de maio, a Batalha da Tunísia acabou. Cerca de 250 mil soldados do Eixo se renderam – um sacrifício indesejado de combatentes experientes por Hitler, que errou ao mantê-los numa posição indefensável. Para os Aliados, a guerra na África acabara, mas os atrasos da Operação Tocha tinham custado caro. ∎

Aviões da Luftwaffe em destroços no campo aéreo de El Aouina, perto de Túnis, destruídos por bombas de fragmentação lançadas por bombardeiros US B-17 em fevereiro de 1943.

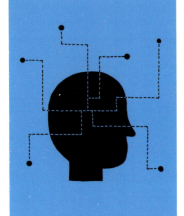

O INIMIGO É DESUMANO, ESPERTO E IMPIEDOSO
A INVASÃO DA ITÁLIA (JULHO-DEZEMBRO DE 1943)

EM CONTEXTO

FOCO
A frente mediterrânea

ANTES
Jun 1940 A Itália entra na Segunda Guerra como parte do Eixo.

Jan 1943 Em Casablanca, no Marrocos, a Grã-Bretanha e os EUA pactuam a política "Primeiro o Mediterrâneo", para expulsar o Eixo do norte da África e da Itália.

Jun 1943 Os Aliados invadem a ilha italiana de Pantelleria, obtento o controle de uma crucial base aérea mediterrânea.

DEPOIS
Jan-mai 1944 Na Batalha de Monte Cassino, os Aliados saem vitoriosos após árduas investidas.

5 jun 1944 Roma é liberada por soldados Aliados.

28 abr 1945 Mussolini é capturado e morto por combatentes da resistência italiana.

2 mai 1945 Forças alemãs na Itália se rendem aos Aliados.

Os Aliados derrotaram as forças do Eixo na Tunísia em maio de 1943, obtendo o controle do norte africano. O passo seguinte era a invasão da Itália, após desacordos sobre estratégia serem resolvidos quando Roosevelt e Churchill se reuniram em Casablanca.

Operação Husky
Investidas anfíbias e desembarques aéreos marcaram o início da Operação Husky, a invasão da Sicília, em 10 de julho. Forças Aliadas abriram caminho para o norte, e Palermo se rendeu em 22 de julho. Embora o controle do Eixo sobre a ilha estivesse nominalmente em mãos italianas, quem governava na prática era o marechal Albert Kesselring, líder das forças alemãs. Percebendo que a situação era insustentável, ele coordenou a evacuação bem-sucedida de 100 mil soldados do Eixo. As divisões finais

Tropas britânicas desembarcam na Sicília. A Operação Husky quase foi adiada devido a uma tempestade de verão, mas as forças Aliadas ancoraram em 10 de julho de 1943, com apenas alguns feridos.

Veja também: A Itália entra na guerra 88-89 ▪ Norte da África e Mediterrâneo 118-21 ▪ De Gazala a El Alamein 192-95 ▪ A Operação Tocha 196-97 ▪ Vitória no deserto 208-09 ▪ A queda de Roma 254 ▪ A última resistência na Itália 296-297

Soldados americanos dão doces às crianças na cidade portuária de Agropoli. Três anos de privações de guerra deixaram pouco apoio ao regime fascista entre os civis italianos.

partiram em 17 de agosto; Messina, o último bastião do Eixo, rendeu-se naquela manhã.

Os eventos na Sicília convenceram os líderes italianos de que era preciso um novo regime. Os compromissos militares na Grécia, nos Bálcãs, na França e na Rússia eram cada vez mais penosos, e a falta de comida e os ataques aéreos estavam esgotando a população. Em 25 de julho, Mussolini foi forçado a renunciar e levado preso. Pietro Badoglio, um general ambicioso, tornou-se primeiro-ministro, e um armistício secreto com os Aliados foi assinado em 3 de setembro. Quando foi anunciado publicamente, cinco dias depois, a Alemanha logo neutralizou o exército italiano, desarmando à força 600 mil soldados na Itália e 400 mil em outros pontos da Europa.

Em 12 de setembro, comandos alemães resgataram Mussolini, que foi instalado como líder da República Social Italiana, um Estado fantoche alemão no norte da Itália.

Uma campanha difícil

Enquanto isso, os Aliados tinham começado a invadir o interior da Itália com desembarques na Calábria em 3 de setembro. Em 9 de setembro – quando os Aliados só enfrentaram divisões alemãs –, mais desembarques em Salerno resultaram num confronto feroz. Reforços de última hora salvaram os Aliados de recuar. As forças alemãs se afastaram em 16 de setembro, voltando-se para o norte.

Avanços Aliados

Em Nápoles, a maior cidade do sul italiano, houve um levante popular contra as forças alemãs e seus apoiadores fascistas italianos de 27 a 30 de setembro. O povo napolitano e os combatentes da resistência se mantiveram firmes até que os Aliados chegaram para liberar a cidade (e seu porto vital) em 1º de outubro. Badoglio declarou guerra à Alemanha em 13 de outubro, acrescentando suas forças às dos Aliados.

Apesar dos avanços Aliados, as forças alemãs não sofreram perdas extraordinárias. Roma, bravamente defendida pelo exército italiano, foi

Enganando o Eixo

Central para o sucesso da Operação Husky foi fazer os líderes do Eixo, em especial Hitler, acreditarem que a invasão ocorreria em outro lugar no Mediterrâneo.

Um fator crucial foi a Operação Barclay, uma rede de desinformação lançada pela inteligência britânica, que inventou um "XII Exército" fictício, transmitiu sinais de rádio falsos com planos de uma invasão balcânica e criou veículos infláveis para enganar o serviço de reconhecimento alemão. Na Grécia, os britânicos recrutaram intérpretes locais e – com as forças de resistência gregas – atacaram ferrovias e estradas.

A fraude mais audaciosa foi a Operação Carne Moída. O cadáver de um homem recém-falecido foi vestido com um uniforme de oficial dos fuzileiros da Marinha Real, em cujos bolsos havia planos de uma invasão Aliada da Grécia e da Sardenha. Em 30 de abril de 1943, um submarino soltou o cadáver ao largo da Espanha. Os documentos foram passados aos alemães, que, pensando que fossem genuínos, mandaram reforços para a Grécia e a Sardenha.

A cidade de Nápoles cheira a carne queimada, com ruínas por toda parte, bloqueando às vezes totalmente as ruas, crateras de bombas e bondes abandonados.
Norman Lewis
Oficial da inteligência britânica, outubro de 1943

tomada por Kesselring, que desarmou os italianos e recuou para a Linha de Inverno, uma rede bem-preparada de fortificações na Itália central. Os Aliados atacaram primeiro a linha defensiva alemã em dezembro, mas as formidáveis posições fortificadas e o terreno montanhoso se provaram difíceis de vencer. Não haveria uma vitória fácil na Itália. ∎

O CEMITÉRIO DO EXÉRCITO JAPONÊS
A BATALHA PELAS ILHAS SALOMÃO E NOVA GUINÉ (1942-1943)

EM CONTEXTO

FOCO
Guerra no Pacífico

ANTES
23 jan 1942 Forças japonesas tomam Rabaul, na ilha de Nova Bretanha, da Austrália, tornando-a sua base principal no Pacífico Sul.

8 mar 1942 Forças japonesas iniciam ataques a Nova Guiné.

3 mai 1942 Os japoneses chegam a Guadalcanal, nas Ilhas Salomão, e começam a construir um grande campo aéreo.

DEPOIS
20 nov 1943 Tropas dos EUA iniciam ataques a Tarawa e Makin, nas Ilhas Gilbert.

31 jan 1944 Tropas dos EUA iniciam o ataque às Ilhas Marshall.

Jun 1944 Forças dos EUA iniciam o ataque a posições japonesas nas Ilhas Marianas e em Palau.

Após vitórias navais contra o Japão no teatro do Pacífico, no mar de Coral e ao largo de Midway, os Estados Unidos continuaram a ofensiva em agosto de 1942. Forças japonesas tinham atingido Guadalcanal e Tulagi, nas Ilhas Salomão, em 3 de maio, e logo começaram a construir um campo aéreo em Guadalcanal e uma base para hidroaviões em Tulagi. A ameaça que isso trazia às comunicações entre os EUA e a Austrália fez os Aliados atacarem ambas as ilhas em 7 de agosto, com 11 mil fuzileiros navais desembarcando em Guadalcanal quase sem oposição. Na noite de 8 para 9 de agosto, a Marinha japonesa contra-atacou, afundando quatro cruzadores ao largo da ilha Savo. A frota Aliada recuou sem ter desembarcado o equipamento pesado, deixando os fuzileiros para se defenderem como pudessem.

A Batalha de Guadalcanal
Os fuzileiros logo completaram a construção do campo aéreo iniciado pelos japoneses na costa norte de Guadalcanal. Uma vez operacional, as forças dos EUA o usaram para deter as operações navais japonesas ao redor da ilha. Os japoneses reagiram levando à ilha tropas de sua grande base em Rabaul, na Nova Bretanha, em destróieres rápidos – um sistema de transporte chamado de

---

Bases japonesas **no Pacífico Sul ameaçam a rota** entre **os Estados Unidos e a Austrália**.

→ Todas as bases japonesas são **fortemente defendidas** e **difíceis de tomar**.

↓

As forças Aliadas **tomam algumas bases** e formam **um laço ao redor das restantes** para isolá-las. ← Mas se uma base for **cercada e isolada**, não será **mais um perigo**.

VIRADA DA MARÉ

Veja também: O Japão em marcha 44-45 ▪ O dilema do Japão 137 ▪ O ataque japonês a Pearl Harbor 138-45 ▪ Avanços japoneses 154-57 ▪ Defesa da Austrália 159 ▪ A Batalha de Midway 160-65 ▪ O Pacífico Oeste 244-49

Falantes de código navajo em ataque à ilha Bougainville, em dezembro de 1943. Os criptoanalistas japoneses não conseguiam entendê-los.

Os falantes de código

Os "falantes de código" das Forças Armadas dos EUA usavam línguas nativas americanas pouco conhecidas para transmitir informações militares confidenciais. Na Segunda Guerra, 400 a 500 americanos nativos foram recrutados como fuzileiros navais.

As mensagens eram mandadas por telefones militares ou rádio usando dois tipos principais de códigos. Os do tipo 1 se baseavam nas línguas dos povos comanche, hopi, meskwaki e navajo, usando palavras nativas para cada letra do alfabeto inglês. Esses comunicados eram codificados e decodificados usando uma cifra simples de substituição. Os códigos do tipo 2 eram mais informais, traduzindo palavras inglesas na língua nativa. Se não houvesse palavra ou frase nativa correspondente, era criada uma nova. Por exemplo, os falantes de código traduziam "submarino" como "peixe de ferro". O navajo se adequava bem como código, pois era ininteligível mesmo para línguas aparentadas, e não era escrito. O papel dos falantes de código na campanha do Pacífico foi inestimável.

"Expresso de Tóquio" – e, em meados de setembro, já estavam prontos para atacar o campo aéreo. Os fuzileiros navais dos EUA foram forçados a repelir esses ataques ao mesmo tempo em que faziam patrulhas na selva ao redor.

Em 13 de novembro, navios de guerra japoneses bombardearam o campo aéreo e desembarcaram mais tropas. Em duas noites de combates caóticos, o Japão perdeu dois encouraçados e quatro outros navios de guerra. Os EUA tiveram perdas comparáveis, mas conseguiram deter os desembarques de tropas japonesas. Com a chegada de mais reforços dos EUA, os japoneses recuaram, deixando Guadalcanal em 7 de fevereiro de 1943.

Operação Cartwheel

Criada pelo general Douglas MacArthur, a Operação Cartwheel (Roda de Carroça) foi uma série de

Fuzileiros navais desembarcam no cabo Gloucester, na ilha de Nova Bretanha. O teatro do Pacífico exigia maestria na guerra anfíbia, com transporte mecanizado para desembarque em condições difíceis.

investidas contra as forças japonesas no sudoeste do Pacífico. A Cartwheel tinha duas alas: uma que subia a costa da Nova Guiné e outra que ia de ilha em ilha pelo arquipélago Salomão. A meta da operação era cercar e neutralizar a base japonesa de Rabaul – o principal obstáculo à retomada das Filipinas pelos Aliados. A Operação Cartwheel foi lançada em 29 de junho, com os primeiros

ataques na Nova Guiné. Outros desembarques ao longo do ano na ilha Bougainville permitiram aos Aliados fazer um grande laço ao redor da Nova Bretanha, que começaram a atacar em março de 1944. Com isso, as bases japonesas de Rabaul e Kavieng, na Nova Irlanda, foram cercadas e isoladas. Com grande custo em vidas e embarcações Aliadas, a Operação Cartwheel tinha sido um sucesso. ■

O INIMIGO, COM NOVOS DISPOSITIVOS DE LOCALIZAÇÃO, TORNA A LUTA IMPOSSÍVEL

UM CONFRONTO FINAL NO ATLÂNTICO (MARÇO–MAIO DE 1943)

216 UM CONFRONTO FINAL NO ATLÂNTICO

EM CONTEXTO

FOCO
Batalha do Atlântico

ANTES
1918 Capitão de um U-Boot na Primeira Guerra, Dönitz faz um ataque de superfície ousado, à noite, a um comboio.

1940 A partir de julho, tripulações de U-Boots vivem um "tempo feliz" de relativo sucesso no Atlântico.

DEPOIS
Início de 1944 Os U-Boots são equipados com *Schnorchels* (respiradouros) que permitem aos motores obter ar mesmo submersos, melhorando muito seu desempenho.

1944 Os computadores Colossus entram em serviço em Bletchley Park em junho, permitindo decifrar em tempo real os códigos alemães.

1944 Em agosto, Dönitz encerra os ataques de U-Boots às linhas de suprimento da força de invasão Aliada, após perder mais de metade de seus submarinos no canal da Mancha.

A Batalha do Atlântico foi um conflito longo, que durou quase a guerra toda, mas seus confrontos culminantes se deram na primavera de 1943. Foi então que a natureza oscilante da batalha, em que a cada momento um dos lados ganhava vantagem, pendeu de modo decisivo em favor dos Aliados. No início de 1942, porém, a perspectiva era bem diferente, pois os eventos tinham se combinado para infligir pesadas perdas à Marinha Aliada e beneficiar os U-Boots. Entre os fatores cruciais para o desfecho estão o número de U-Boots operacionais, o alcance da cobertura aérea Aliada, a detecção e tecnologia antissubmarinos, a quantidade de escoltas, as táticas e, acima de tudo, a capacidade de cada lado de ler os sinais codificados do outro.

Guerras de inteligência

A Alemanha acreditava que o código usado nas mensagens da Kriegsmarine (Marinha alemã) era indecifrável. Avaliando as máquinas Enigma usadas para criar essas mensagens, o oficial da inteligência espanhola Antonio Sarmiento relatou, nos anos 1930: "Para dar uma ideia de quanto essas máquinas são seguras, basta dizer que o número

U-Boots no mar devem ser caçados, U-Boots no estaleiro ou nas docas devem ser bombardeados.
Winston Churchill, 1941

de combinações é de notáveis 1.252.962.387.456." Mas em 1941, os Aliados quebraram o código. Em certo momento, os sinais puderam ser lidos uma hora após a transmissão – um feito tão valioso que mais de 1,7 milhão de toneladas em cargas foram salvas entre julho e dezembro de 1941. Embora a Alemanha investigasse a segurança da Enigma, a Kriegsmarine não a abandonou, apenas adicionando outra roda à configuração, em fevereiro de 1942. Porém, essa pequena mudança foi um desastre para os Aliados, bloqueando a operação de inteligência do Ultra com um golpe. A situação piorou

Karl Dönitz

Um brilhante capitão de U-Boot, Dönitz (1891-1980) virou de ponta-cabeça o entendimento sobre submarinos na Primeira Guerra. Em vez atacar de dia ou submerso, o U-Boot investia à noite e na superfície, atravessando a escolta do comboio e afundando um navio mercante.

Em 1935, o apaziguamento entre guerras permitiu à Alemanha construir de novo U-Boots. Dönitz foi nomeado comandante em chefe dos submarinos de Hitler, do qual era admirador fervoroso. O afundamento do navio de guerra britânico HMS *Royal Oak*, em Scapa Flow, em outubro de 1939, levou-o a ser promovido a contra-almirante. Dönitz dirigiu uma brilhante campanha de U-Boots, criando táticas como a das "alcateias" e seu ataque característico noturno de superfície. Posteriormente, foi promovido mais duas vezes.

Em janeiro de 1943, Dönitz recebeu o comando da Kriegsmarine, mas se mostrou um chefe naval ineficiente. Ele manteve a confiança de Hitler, que o tornou seu sucessor. Dönitz era o presidente da Alemanha quando foi preso, em 22 de maio de 1945. Condenado por crimes de guerra nos Julgamentos de Nuremberg, ficou na prisão por dez anos.

VIRADA DA MARÉ 217

Veja também: A Grã-Bretanha se prepara para a guerra total 100-103 ■ O fim da neutralidade dos EUA 108 ■ A guerra de submarinos se acirra 110-13 ■ Os EUA na guerra 146-53 ■ Ataques a comboios do Ártico 166 ■ A guerra secreta 198-203 ■ Indústria de guerra alemã 224

Um navio britânico lança uma bomba de profundidade no oceano Atlântico. Essas eram de início as únicas armas para contra-atacar os U-Boots, que afundaram enorme quantidade de navios Aliados até 1943.

ainda mais quando, no mesmo mês, o *Beobachtungdienst* ("Serviço de Monitoramento de Rádio") alemão quebrou a maior parte da Cifra Naval nº 3 (NC3), um código usado na orientação dos comboios Aliados. Embora só 10% das interceptações fossem decodificadas a tempo de ser úteis, esse pequeno sucesso foi suficiente para criar um retrato acurado dos cronogramas e trajetos dos comboios. Assim como os alemães confiavam demais na segurança da Enigma, os britânicos confiavam demais no NC3 e continuaram a usá-lo até junho de 1943.

Dias sombrios no mar

Nesse período, a Alemanha pôde realizar uma série de golpes devastadoramente bem-sucedidos. O ataque de julho de 1942 ao comboio do Ártico PQ17 resultou na perda de 24 dos 35 navios mercantes e dois terços dos armamentos destinados à Rússia. Em setembro de 1942, o comboio PQ18 também perdeu 13 de seus 40 barcos. Assim como a Alemanha mais tarde culparia erroneamente a tecnologia naval por seus reveses, os britânicos acreditaram que o alarmante sucesso alemão se devia a hidrofones nos U-Boots, que pensavam ser capazes de detectar o ruído do propulsor de um barco a mais de 130 km. Os comboios do Ártico foram suspensos por algum tempo e só um ano depois os navios Aliados poderiam passar em segurança a leste e oeste sem perdas.

Ansiosos por restaurar o equilíbrio, os Aliados adicionaram vários itens às defesas navais existentes. As inovações incluíam a tecnologia de detecção Asdic (sonar); disparos de profundidade laterais e traseiros; aparatos "huff-duff" (HF-DF, alta frequência e detecção de direção), que permitiam triangular a posiçao de U-Boots a partir de seus sinais de rádio; holofotes Leigh para localizar periscópios e torres de comando de submarinos mesmo à noite; radar aéreo e radar ar-superfície, que os alemães falsamente pensaram ser responsável pelo sucesso dos Aliados em prever movimentos de U-Boots. Na verdade, um dos meios mais eficazes de anular as vantagens estratégicas e táticas dos submarinos era localizá-los e atacá-los por ar. Isso forçava os U-Boots a operarem submersos – reduzindo muito sua velocidade. Contudo, o sucesso dependia do alcance dos aviões Aliados disponíveis.

Defesas aperfeiçoadas

A "lacuna no meio do Atlântico" na cobertura aérea foi um problema para os comboios que acabou sendo resolvido com a criação dos bombardeiros de alcance muito longo (VLR). Os serviços de escolta disponíveis para os comboios também melhoraram drasticamente quando a Marinha Real Canadense aumentou cinquenta vezes no curso da »

UM CONFRONTO FINAL NO ATLÂNTICO

Batalha do Atlântico, com foco especial em sua divisão antissubmarina, a Força de Escolta Canadense.

A balança pende para um lado

Além da nova tecnologia Aliada, dois golpes de inteligência foram instrumentais para a mudança de curso na guerra de submarinos. Em dezembro de 1942, a Marinha Real mudou os códigos de orientação dos comboios (embora uma total mudança – que "cegou" a inteligência naval alemã – só tenha ocorrido em junho de 1943). Na mesma época, Bletchley Park começou a ter real sucesso em decriptar os códigos da Enigma naval. Isso se deu graças à recuperação heroica de livros de códigos do U-559 afundado em 30 de outubro. Ao se iniciar 1943, o palco estava pronto para um confronto massivo final no Atlântico. Em 11 de

Avanços em armamentos – como o lançador de morteiros antissubmarinos "Ouriço", voltado para a frente – e descobertas da inteligência permitiram aos comboios Aliados ganhar vantagem em 1943.

janeiro, Churchill disse a seu gabinete de guerra "não haver dúvida sobre a gravidade da batalha de U-Boots". A indústria de guerra alemã produzia 17 U-Boots por mês e, na primavera de 1943, Dönitz tinha 400 submarinos (embora só um terço operacional ao mesmo tempo). Mas os Aliados tinham o suporte do Ultra e, na Conferência de Casablanca em janeiro de 1943, Roosevelt e Churchill tornaram o combate à ameaça dos submarinos alemães uma meta prioritária. Ataques combinados por mar e ar destruíram U-Boots em suas bases no golfo de

O bombardeiro americano VLR B-24 Liberator foi modificado para aumentar seu alcance para 2.300 milhas náuticas (4.250 km), permitindo a ele dar cobertura a comboios na lacuna no meio do Atlântico.

Biscaia e, usando bombardeiros de longo alcance, tecnologias de detecção e táticas de escolta melhoradas, com a ajuda das interceptações do Ultra, em quatro meses os Aliados viraram decisivamente a Batalha do Atlântico em seu favor.

Clímax do conflito

A Batalha do Atlântico atingiu o clímax com a passagem dos 43 navios mercantes do comboio ONS5, que seguiam para oeste pelo Atlântico Norte no fim de abril. Os ataques de U-Boots começaram quando o comboio passou ao sul da Islândia e, nos nove dias seguintes, a escolta da Marinha Real – que oscilou entre 7 e 16 navios de guerra – afugentou três alcateias com uma força total de cerca de 50 U-Boots. Mas em 6 de maio, quando Dönitz cancelou a caçada, 6 submarinos tinham sido afundados e 7 danificados, contra a perda de 13 navios mercantes Aliados. Apesar do desfalque pesado de ambos os lados, o sucesso dos Aliados em infligir danos mostrou que estavam se saindo melhor. Peter Gretton, comandante do ONS5,

VIRADA DA MARÉ

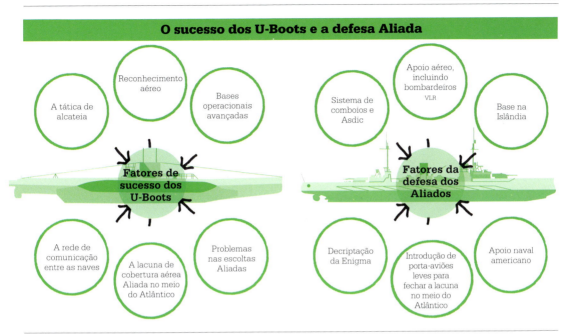

O sucesso dos U-Boots e a defesa Aliada

Fatores de sucesso dos U-Boots:
- A tática de alcateia
- Reconhecimento aéreo
- Bases operacionais avançadas
- A rede de comunicação entre as naves
- A lacuna de cobertura aérea Aliada no meio do Atlântico
- Problemas nas escoltas Aliadas

Fatores da defesa dos Aliados:
- Sistema de comboios e Asdic
- Apoio aéreo, incluindo bombardeiros VLR
- Base na Islândia
- Decriptação da Enigma
- Introdução de porta-aviões leves para fechar a lacuna no meio do Atlântico
- Apoio naval americano

escreveu depois: "A ação mais longa e feroz da guerra envolvendo um comboio terminou com uma clara vitória." No que a Kriegsmarine descreveu como "Maio Negro", Dönitz perdeu 41 U-Boots – quase um terço de sua frota operacional –, incluindo o U-954, em que seu filho Peter servia. "O inimigo, com novos dispositivos de localização [...] torna a luta impossível", queixou-se. Em 24 de maio, Dönitz retirou todos os U-Boots do Atlântico Norte e, apesar da ordem direta de Hitler em 5 de maio para que "a guerra de submarinos não se afrouxe", junho foi o primeiro mês do conflito em que nenhum comboio Aliado foi atacado. Os Aliados ficaram confiantes o bastante para decretar que navios capazes de viajar a 15 nós

O lançador de minas U-118, afundado em 12 de junho de 1943, após ataques de aviões Avenger do porta-aviões USS *Bogue*, foi um dos 242 U-Boots perdidos naquele ano – um desfalque julgado alto demais por Dönitz.

ou mais rapidamente podiam fazer a travessia sem escolta.

Fim da ameaça dos U-Boots

Em setembro de 1943, a crescente racionalização das indústrias de guerra alemãs sob Albert Speer tinha cortado o tempo de produção de um U-Boot de 42 semanas para apenas 16. Porém, o espaço para uso dos submarinos diminuiu com rapidez.

Naquele mês, 28 U-Boots voltaram ao Atlântico Norte, mas só afundaram nove dos 2.468 navios Aliados circulando. Em agosto de 1943, mais U-Boots foram afundados que barcos Aliados – "notícia que tocou milhares de corações, na água e em terra", escreveu o romancista e oficial naval britânico Nicholas Monsarrat. "Pela primeira vez na guerra, o incrível equilíbrio foi encontrado." ∎

UMA PODEROSA TEMPESTADE DE FOGO CORRIA PELAS RUAS
BOMBARDEIO DA ALEMANHA (MARÇO-DEZEMBRO DE 1943)

EM CONTEXTO

FOCO
Impacto sobre civis

ANTES
1º abr 1918 A Força Aérea Britânica (RAF) é criada, com total independência do Exército Britânico.

Jun 1938 Segundo o primeiro-ministro britânico Chamberlain, "é contra a lei internacional bombardear civis".

7 set 1940 A Luftwaffe começa a bombardear cidades britânicas (a Blitz).

DEPOIS
1945 Os EUA lançam duas bombas atômicas no Japão, aniquilando duas cidades com um golpe e forçando o país a se render.

1992 A estátua de Arthur Harris é inaugurada em Londres.

2005 A reconstrução da histórica igreja Frauenkirche, em Dresden, é afinal concluída.

Mesmo antes da Blitz, Churchill estava considerando um "ataque totalmente devastador, aniquilante, por bombardeiros muito pesados [...] sobre a terra dos nazistas". Além de seus bombardeiros, os britânicos tinham outros poucos instrumentos para atingir de volta os alemães. Assim, o Comando de Bombardeiros da RAF iniciou as incursões em 1940. Logo notando que as operações diurnas tornavam suas aeronaves vulneráveis aos caças inimigos, a RAF passou a fazer bombardeios noturnos. Isso protegia os bombardeiros, mas os tornava muito ineficazes, já que perdiam a maioria dos alvos.

VIRADA DA MARÉ

Veja também: A Guerra Falsa 64-65 ▪ A Blitz 98-99 ▪ A Alemanha e a guerra real 188-91 ▪ Indústria de guerra alemã 224 ▪ A destruição de cidades alemãs 287 ▪ O bombardeio de Hiroshima e Nagasaki 308-11

A tripulação de um bombardeiro Lancaster espera enquanto o avião é preparado para uma incursão em 1942. O Lancaster foi o bombardeiro pesado básico da RAF de 1942 a 1945.

Assim, em fevereiro de 1942, o Comando de Bombardeiros foi instruído a tornar o "moral da população civil inimiga" o alvo de sua ofensiva aérea estratégica, numa política que foi chamada de "bombardeio de área". Arthur "Bombardeiro" Harris foi nomeado o novo chefe do Comando de Bombardeiros, uma semana após a instrução ser emitida. Ele era motivado pelo desejo de evitar um massacre de soldados britânicos como o que viu nas trincheiras da Primeira Guerra, e se mostrou um expoente impiedoso da doutrina, lançando ataques com número cada vez maior de bombardeiros.

Colônia foi o primeiro alvo, em maio de 1942, mas Berlim logo se tornou o principal – era a sede do governo e também um grande centro da indústria de guerra. Em memorando de novembro de 1943, Harris afirmou: "Podemos arrasar Berlim de ponta a ponta se a USAAF (Força Aérea dos EUA) aderir. O custo será de 400 a 500 aviões. Para a Alemanha, custará a guerra." A motivação de Harris era concluir a guerra sem uma perda massiva de sangue Aliado com uma invasão anfíbia – a mesma avaliação feita depois pelos EUA no Japão. Porém, o moral e a economia de guerra alemães se mostraram muito resilientes: sua produção de armas continuou a subir até meados de 1944.

Bombardeio de precisão

A USAAF se juntou à campanha no verão de 1942. Em contraste com os britânicos, ela insistiu que focaria em bombardeio de precisão, o que requeria ataques diurnos. Após praticar na França com cobertura de caças, os EUA tentaram realizar bombardeio de precisão na Alemanha, além do alcance dos caças. A USAAF sofreu uma série de terríveis reveses, que culminou com 60 bombardeiros derrubados e outros cem danificados, de uma força de 291, num ataque a fábricas em Schweinfurt, em 14 de outubro de 1943.

Porém, o desastre causou uma mudança estratégica que faria a guerra aérea pender decisivamente em favor dos Aliados. Em vez de aceitar a necessidade de atacar à noite porque a cobertura com caças não estava disponível, a USAAF decidiu encontrar o apoio de caças, mesmo para ataques de longa distância em Berlim.

Assim, pressionaram a entrada em serviço de uma aeronave antes »

Aviões do 401º Grupo de Bombardeiros da USAAF lançam sua carga mortal sobre o pátio ferroviário e o entroncamento rodoviário de Lohne, no norte da Alemanha, em março de 1945.

negligenciada, o P-51 Mustang, projetado pelos EUA, mas usado somente pelos britânicos. Com a adição de tanques de combustível extras ejetáveis, os Mustangs podiam acompanhar os bombardeiros até Berlim. Os caças da Luftwaffe, forçados à ação pela chegada das frotas de bombardeiros, foram superados pelos Mustangs. A partir de janeiro de 1944, os Aliados começaram lenta, mas seguramente, a triturar a Luftwaffe e a obter a primazia aérea e, por fim, o controle quase total do ar.

O alvo mantido na mira

A precisão dos bombardeiros Aliados também melhorou com importantes avanços na tecnologia de navegação eletrônica. A mira do bombardeiro era, na verdade, uma forma precisa de navegação. Então, um dispositivo que melhorasse um aperfeiçoaria também o outro. O primeiro avanço foi o Sistema Oboe, que usava ondas de rádio transmitidas do solo para criar um trajeto guiado para os bombardeiros. Como de início só podia ser utilizado para guiar um avião por vez, o Oboe era usado pelo avião "líder", que marcava o alvo para a força principal. Aperfeiçoamentos tecnológicos posteriores o levaram a poder operar com vários aviões.

Então, no início de 1943, a invenção de um dispositivo chamado magnétron (um tipo de gerador de micro-ondas) levou à criação do radar centimétrico H2S. Carregado pelo avião, esse dispositivo faz micro-ondas ricochetearem na superfície abaixo dele, distinguindo entre água, campo aberto, montanhas e áreas urbanas, podendo, assim, se usado em conjunto com bons mapas, propiciar navegação e bombardeio preciso de longa distância.

A ofensiva aérea combinada

Com superioridade aérea crescente e precisão cada vez melhor, os bombardeiros Aliados ficaram cada vez mais eficazes. Bombardeios estratégicos sobre a França e os Países Baixos ajudaram os Aliados a preparar e executar a Operação Overlord, os desembarques do Dia D. O Comando de Bombardeiros britânico desenvolveu o bombardeio noturno com alto grau de exatidão.

Significado mais duradouro teve a demonstração de que a precisão real dos bombardeios era possível e, a partir de junho de 1943, britânicos e americanos uniram forças na Ofensiva de Bombardeio Combinado para aplicar todos os avanços desenvolvidos. Os bombardeios diurnos dos EUA na Alemanha visavam em especial à infraestrutura de petróleo e conseguiram produzir escassez de combustível. Enquanto isso, bombardeios noturnos britânicos continuaram a alvejar cidades alemãs, com efeitos devastadores. Isso culminou no bombardeio incendiário de Dresden em fevereiro de 1945, que suscitou sérias questões morais.

Operação Thunderclap

Dresden era um dos alvos da Operação Thunderclap (Trovão), destinada a demonstrar apoio à ofensiva soviética na Alemanha e a obstruir a infraestrutura de transportes alemã. Na noite de 13 de fevereiro, 796 Lancasters do Comando de

Muitas pessoas dizem que o bombardeio não pode vencer uma guerra. Bem, minha resposta a isso é que nunca foi tentado, e nós veremos.
Arthur Harris, 1942

Bombardeiros atacaram em duas ondas, lançando 1.500 toneladas de bombas de impacto e 1.200 toneladas de bombas incendiárias. A combinação foi especialmente escolhida para causar uma tempestade de fogo, um efeito agravado pelo ataque consecutivo dos EUA no dia seguinte. Estimativas das perdas humanas variam muito, de 20 mil a 100 mil, incluindo muitos refugiados.

Estratégia controversa

Acusações de "tática terrorista" fizeram até Churchill, que antes apoiava a Thunderclap, questionar a ética do bombardeio de área. Em 28 de março de 1945, talvez buscando proteger a própria reputação de reavaliações no pós-guerra, ele escreveu aos chefes do Estado-maior para registrar: "A destruição de Dresden continua a levantar uma séria questão sobre a conduta do bombardeio Aliado." Harris permaneceu impassível, afirmando que não via "o conjunto das cidades restantes da Alemanha como algo que valesse os ossos de um granadeiro britânico". A ofensiva aérea estratégica contra a Alemanha custou a vida de cerca de 50 mil aviadores britânicos e número similar de americanos. Causou também a morte de 750 mil a 1 milhão de alemães. O que esse terrível derramamento de sangue comprou? É comum dizer que a meta da ofensiva aérea estratégica não foi atingida e, assim, não justificou a perda de tripulantes e aviões, sem contar o trágico preço em vidas civis. Esse argumento alude à resiliência da produção de guerra alemã até meados de 1944.

Contudo, embora a produção de armas alemã continuasse um tanto estável, sua taxa de aumento, realmente extraordinária entre 1942 e 1943, foi drasticamente reduzida. O próprio Speer, o arquiteto de grande parte da resiliência industrial alemã, calculou que, devido à ofensiva aérea, as Forças Armadas receberam cerca de um terço a menos de tanques e aviões que o planejado. Assim, há um argumento forte para dizer que o bombardeio foi um sucesso, diminuindo muito a capacidade alemã de resistir à invasão e encurtando a guerra em meses e talvez mesmo em anos. ■

A **Operação Gomorra**, uma campanha de bombardeio Aliada, praticamente destruiu a cidade de Hamburgo na última semana de julho de 1943, matando muitos milhares de civis e danificando a indústria.

Arthur Harris

Nascido em Cheltenham, na Inglaterra, em 1892, o "Bombardeiro" Harris foi uma figura controversa, cujo apoio obstinado ao bombardeio de área, aliado a um estilo pessoal rude, deu o tom à sua reputação já durante a guerra. Aos 17 anos, emigrou para a Rodésia, onde se tornou administrador de fazenda. Ele lutou no sul africano e na Europa na Primeira Guerra. Antes de entrar no Real Corpo Aéreo, serviu na infantaria, uma experiência que motivaria muitas de suas ideias posteriores.

O Real Corpo Aéreo deu lugar à Força Aérea Real (RAF) em 1918, onde Harris permaneceu. Ao eclodir a Segunda Guerra, era um alto oficial e foi nomeado chefe do Comando de Bombardeiros no início de 1942. Ele inspirava lealdade ardente e operava o bombardeio a cidades alemãs com convicção igualmente forte. Essa estratégia se mostrou popular entre o público britânico, embora sua eficácia tenha sido muito discutida desde então. Ele se aposentou da RAF em 1946 e viveu na África do Sul por vários anos antes de voltar ao Reino Unido. Morreu em 1984.

PRECISAMOS USAR TODOS OS NOSSOS RECURSOS
INDÚSTRIA DE GUERRA ALEMÃ (1943-1945)

EM CONTEXTO

FOCO
A frente doméstica alemã

ANTES
Mar 1935 Hitler declara que a Alemanha vai se rearmar, ignorando o Tratado de Versalhes.

Out 1936 O Plano de Quatro Anos de Hermann Göring busca tornar a Alemanha autossuficiente em matérias-primas.

Jul 1941 Dois terços da mão de obra industrial alemã está envolvida na produção relativa à guerra.

DEPOIS
Ago 1945 Após a Conferência de Potsdam, Stalin, Churchill e Truman exigem o total desarmamento e desmilitarização da Alemanha.

Abr 1948 A Lei de Cooperação Econômica (Plano Marshall) oferece financiamento dos EUA para a Alemanha Ocidental e outras potências europeias reconstruírem suas indústrias.

Em 1942, o arquiteto de Hitler, Albert Speer, se tornou ministro de armas e munições, após a morte de seu antecessor, Fritz Todt, em um acidente aéreo. Speer continuou os esforços de Todt para otimizar a produção de guerra e, em 1943, assumiu o comando de todas as indústrias e da produção de matérias-primas, implantando uma série de mudanças. Ele centralizou a alocação e distribuição de recursos, reduziu a interferência militar na indústria e fortaleceu o papel de engenheiros e industriais na economia de guerra.

Para resolver a crise de mão de obra, com milhões de homens recrutados para o exército, Speer encarregou o político Fritz Sauckel de encontrar 1 milhão de trabalhadores. Em 1944, já havia 5,7 milhões de civis de 20 nações europeias, entre elas França e Itália, nos 30 mil campos de trabalhos forçados do Reich.

Efeitos dos ataques Aliados

Apesar do bombardeio Aliado, a produção das fábricas alemãs continuou estável até meados de 1944. Porém, a distribuição foi prejudicada pelos ataques e a Alemanha foi forçada a focar em medidas antiaéreas, à custa de outras áreas. Em março de 1945, quando tropas Aliadas se aproximavam de Berlim, Hitler ordenou a destruição da infraestrutura alemã. Preocupado com o futuro do país, Speer conseguiu se opor a essa medida drástica. ∎

A fábrica Heinkel, em Rostock, na costa báltica da Alemanha, produziu aviões militares – em especial bombardeiros, mas também hidroaviões – para a Luftwaffe ao longo de toda a guerra.

Veja também: A expansão alemã 46-47 ▪ Preparação para a guerra 66 ▪ A Blitzkrieg 70-75 ▪ A Europa nazista 168-71 ▪ A Alemanha e a guerra real 188-91

AMIGOS DE FATO, EM ESPÍRITO E METAS
AS CÚPULAS DOS ALIADOS (1943)

EM CONTEXTO

FOCO
Cooperação Aliada

ANTES
Ago 1941 Roosevelt e Churchill se reúnem e emitem a Carta do Atlântico, estabelecendo objetivos no pós-guerra.

Jan 1942 Em declaração conjunta das Nações Unidas, China, EUA, Reino Unido e URSS prometem recursos totais para derrotar as potências do Eixo.

Ago 1942 Churchill e Stalin se encontram pela primeira vez na Conferência de Moscou.

DEPOIS
Fev 1945 Os "Três Grandes" – os líderes de EUA, Reino Unido e URSS – se encontram em Yalta, no Mar Negro, para planejar a derrota final da Alemanha.

Jul-ago 1945 Na Conferência de Potsdam, os "Três Grandes" exigem a rendição incondicional do Japão e acordam políticas sobre a Alemanha ocupada.

No fim de 1942, a URSS e os Aliados ocidentais continuavam separados por diferenças ideológicas e estratégicas. Em 1943, uma série de encontros fortaleceram os vínculos, deram forma à sua estratégia e estabeleceram uma visão do mundo pós-guerra.

O primeiro-ministro britânico, Winston Churchill, e o presidente dos EUA, Franklin D. Roosevelt, reuniram-se em janeiro e maio para planejar ações militares Aliadas, como a invasão da Itália ainda naquele ano e outras ofensivas contra o Japão no Pacífico. Os ministros do Exterior da Grã-Bretanha, dos EUA e da URSS se encontraram em Moscou em outubro para discutir a restauração da independência austríaca e planejar estratégias para os países ocupados.

Estruturação do futuro
Após muitos adiamentos, o líder soviético, Josef Stalin, concordou com uma cúpula em Teerã, em novembro, com seus pares da Grã-Bretanha e dos EUA. Antes disso, Churchill e Roosevelt se reuniram com o líder chinês, Chiang Kai-shek, no Cairo, para acordar os objetivos para a Ásia no pós-guerra. A Conferência de Teerã, de 28 de novembro a 1º de dezembro, foi o primeiro encontro dos "Três Grandes". Entre vários outros temas, eles abordaram a divisão da Alemanha no pós-guerra e o apoio soviético na guerra ao Japão. O principal resultado foi que EUA e Reino Unido invadiriam a França em junho de 1944. ∎

Se não [...] nos dispusermos agora a promover nossos interesses comuns, pode ser que os alemães, tendo obtido um respiro e unido suas forças, consigam se recuperar.
Josef Stalin
Carta a Roosevelt, fevereiro de 1943

Veja também: Paz imperfeita 20-21 ▪ Fracasso da Liga das Nações 50 ▪ A invasão da Itália 210-11 ▪ Os desembarques do Dia D 256-63 ▪ Consequências 320-27

ACORDEM E LUTEM!

MOVIMENTOS DE RESISTÊNCIA

MOVIMENTOS DE RESISTÊNCIA

EM CONTEXTO

FOCO
Oposição civil e guerrilha

ANTES
1939-1941 A Alemanha lança ofensivas Blitzkrieg aéreas e terrestres na Europa.

Jul 1940 A Grã-Bretanha cria a Executiva de Operações Especiais (SOE), uma agência dedicada a coordenar o trabalho de resistência na Europa.

DEPOIS
Mar 1945 Os soviéticos cercam e prendem 16 líderes de grupos clandestinos poloneses, entre eles o chefe do Exército Nacional, Leopold Okulicki.

Nov 1945 O revolucionário comunista Tito, líder dos partisans iugoslavos, o grupo de resistência ao Eixo mais eficaz da Europa, é eleito premier da Iugoslávia.

Dez 1958 A insurreição em Argel devolve De Gaulle à política e ele é eleito presidente francês.

> Fui torturado física e mentalmente por sete horas. Hoje sei que fui ao limite da resistência.
> **Jean Moulin**
> Líder da resistência francesa, 1940

Todo país do Eixo ou ocupado por ele teve combatentes da resistência. Espontaneamente ou por sugestão, orientação ou financiamento de forças exteriores, como o NKVD (polícia comum e secreta) da URSS ou a Executiva de Operações Especiais (SOE) britânica, eles formaram grupos, organizações e, por fim, exércitos inteiros. O impulso primário, porém, veio de gente comum. Nunca houve um movimento clandestino ou de resistência coerente e único, mas uma teia de grupos díspares e em evolução, cada um com seus próprios planos, métodos, capacidades e ideologias. A natureza da resistência também variou imensamente, dos ataques de guerrilha e sabotagem da imaginação popular às greves em massa ou operários deliberadamente desempenhando mal suas funções. Entre os palcos mais notáveis da resistência estavam a Polônia, a França, a Alemanha e a Iugoslávia.

Patriotas da Polônia

Em termos de combatentes armados engajados na luta, a resistência polonesa foi a maior da Europa, envolvendo 400 mil pessoas, segundo alguns cálculos – em parte devido à brutalidade da ocupação alemã. Mesmo antes da queda de Varsóvia, as forças polonesas já tinham criado uma organização clandestina. Quando o país passou da divisão entre nazistas e soviéticos, em 1939, à ocupação total nazista, em 1941, a organização se tornou o chamado Exército Nacional (*Armia Krajowa*, ou AK). A partir de 1942, a AK buscou sabotar a infraestrutura alemã na Polônia

O combatente polonês Zdzich

(Zdzisław de Ville), do grupo guerrilheiro clandestino *Jędrusie* do Exército Nacional, mantém-se em guarda, com um rifle automático, nas florestas do sudeste polonês.

e resistiu ferozmente às tentativas nazistas de apagar a cultura polonesa, criando escolas e cursos universitários secretos e atividades de teatro, música e ciência clandestinas. Os poloneses se referiam a essas ações coletivamente como "Estado Secreto".

A partir de 1942, grupos comunistas, em geral concentrados em pântanos e florestas do leste, uniram-se à resistência polonesa, mas logo se chocaram com o governo no exílio polonês, o assim chamado "acampamento de Londres". A principal meta do Exército Nacional era esperar as condições propícias para iniciar um levante geral, com o fim de restaurar o Estado polonês anterior à guerra. Tentativas de forjar alianças entre o acampamento de Londres, os partisans comunistas e seus amos soviéticos naufragaram, porém, e ficou cada vez mais claro que Stalin não partilhava as metas do governo polonês no exílio. Alguma cooperação persistiu, mas também houve assustadores incidentes de comandantes da resistência polonesa "sumirem" após irem se encontrar com seus colegas do Exército Vermelho. As tensões atingiram um clímax terrível quando o Exército Nacional lançou a Revolta

VIRADA DA MARÉ

Veja também: Criação do Estado nazista 30-33 ▪ Ditadores e democracias frágeis na Europa 34-39 ▪ A expansão alemã 46-47 ▪ A queda da França 80-87 ▪ A Europa nazista 168-71 ▪ A guerra secreta 198-203 ▪ Propaganda 236-41 ▪ A Revolta de Varsóvia 271

de Varsóvia de 1º de agosto de 1944 – a última tentativa de exercer influência interna sobre o resultado da guerra na Polônia. Quando os nazistas arrasaram Varsóvia e talvez até 250 mil poloneses pereceram, os soviéticos preferiram não interferir.

Oposição francesa diversificada

Nunca houve uma resistência francesa única, mas grupos díspares com métodos e intenções diversos, cada um tentando fazer sua parte para resistir à ocupação alemã e à colaboração de Vichy. Após a queda da França, em 1940, muitos clamaram por resistência – em especial Charles de Gaulle, transmitindo de Londres –, enquanto outros grupos faziam circular panfletos clandestinos e informativos antinazistas.

Além desses atos de resistência ideológica e propagandística, houve tentativas ativas e passivas de sabotar a ocupação e o esforço de guerra alemão. Isso incluía missões de reconhecimento, espionagem, ajuda para escapar a prisioneiros de guerra e aviadores que tinham sido abatidos, guerrilha, além de sabotagem de indústrias de guerra e infraestrutura. Entre os sabotadores mais eficazes estavam os *cheminots* – ferroviários que paralisavam comunicações e transportes dos alemães. Sua *Résistance-Fer* ("Resistência Ferroviária") era financiada pela SOE britânica, que, sempre em busca de iniciativas eficientes, patrocinava diferentes grupos de resistência franceses.

Os comunistas *Front National* e *Francs-Tireurs et Partisans* (FTP) tinham uma estrutura organizada desde o início, mas só em janeiro de 1943 grupos não comunistas começaram a se formar. No norte,

um comitê coordenador foi criado, enquanto no sul, um representante de De Gaulle, Jean Moulin, liderou os *Mouvements Unis de la Résistance* (MUR). Encarregado de unificar os grupos franceses, Moulin criou o *Conseil National de la Résistance* (CNR) em maio de 1943, semanas antes de sua captura, tortura e morte na prisão. Em janeiro de 1944, o *Mouvement de Libération Nationale* (MLN) unificou ainda mais os principais grupos não comunistas.

A imposição, a partir de meados de 1942, do odiado recrutamento de mão de obra (*Service du Travail Obligatoire*, ou STO), com a deportação forçada de operários franceses para a Alemanha, gerou os *maquis* – bandos de guerrilheiros rurais da resistência, »

Sabotagem pelo Exército Nacional polonês

Uma intensa campanha de sabotagem em transportes e infraestrutura foi realizada pelo Exército Nacional polonês entre 1º de janeiro de 1941 e 30 de junho de 1944, buscando perturbar e enfraquecer a ocupação nazista.

638
Interrupções de eletricidade em Varsóvia

1.167
Tanques de depósito de gasolina destruídos

4.674
Toneladas de petróleo destruídas

19.058
Caminhões ferroviários danificados

122
Depósitos militares incendiados

4.326
Veículos militares danificados ou destruídos

MOVIMENTOS DE RESISTÊNCIA

cujo nome deriva da mata infestada de bandidos no interior da Córsega. No outono de 1943, o número de *maquisards* ativos já era estimado em 15 mil, embora espalhados em muitos grupos diversos, cada qual com sua abordagem e esfera de influência. O filósofo britânico A.J. Ayer, que foi ao sudoeste francês em 1944, como agente secreto, para fazer contato com os combatentes da resistência, descreveu os coloridos *maquisards* da região como "uma série de senhores feudais".

Tentativas de coordenação

No início de 1944, buscando coordenar a invasão planejada pelos Aliados com as forças de antagonismo em terra, De Gaulle tentou unir todos os grupos de resistência (cerca de 200 mil combatentes) sob o nome de Forças Francesas do Interior (FFI). Naquele ano, a inteligência tática e os atos de sabotagem das FFI em toda a França facilitaram o avanço das forças Aliadas. Em agosto, porém, preocupado com a influência crescente das FFI, De Gaulle insistiu que todas as suas unidades fossem incorporadas ao exército regular francês – um processo executado aos poucos, entre outubro de 1944 e março de 1945.

Com frequência, as retaliações a atos da resistência tinham um efeito terrível. Uma das piores atrocidades foi o massacre de Oradour, em 10 de junho de 1944, quatro dias após os desembarques do Dia D, quando a SS assassinou ostensivamente 643 pessoas, de bebês a anciãs, para vingar a captura do comandante de um batalhão Panzer. Ao longo da guerra, mais de 90 mil combatentes da resistência francesa foram torturados, executados ou deportados, além de milhares de civis mortos em represálias pela Gestapo, pela SS ou pela Milice, a força paramilitar de Vichy.

No fim da guerra, a França se orgulhava muito dos combatentes da resistência, que ajudaram a aliviar a vergonha da colaboração e da ocupação e melhoraram sua reputação entre os outros Aliados.

Resistência na Alemanha

Na Alemanha, em 1º de setembro de 1939, tornou-se crime capital criticar a conduta de guerra nazista.

> O que quer que aconteça, a chama da Resistência Francesa não deve se extinguir e não vai se extinguir. Amanhã, como hoje, vou falar na Rádio de Londres.
> **Charles de Gaulle**
> Primeiro discurso de Londres, 18 de junho de 1940

Isso, porém, não deteve alguns comunistas e socialdemocratas que, apesar do perigo, mantiveram os atos de resistência, assim como alguns membros do clero, militares e funcionários públicos, além de estudantes.

Entre os mais corajosos estava o grupo Rosa Branca, de estudantes da Universidade de Munique que, entre 1942 e 1943, distribuíam panfletos antinazistas, mas foram denunciados por um funcionário da instituição em fevereiro de 1943, julgados e executados. O *Schwarze Kapelle*, um grupo indefinido que incluía líderes militares antinazistas, quase assassinou Hitler em julho de 1944. Muitos dos conspiradores eram da classe militar conservadora e perceberam que os nazistas estavam destruindo a Alemanha. O fracasso do complô levou à execução de cerca de 5 mil opositores do regime e, na época, aumentou o apoio popular a Hitler.

Hans Scholl (esq.) e sua irmã Sophie, membros centrais da **resistência Rosa Branca**. Com Christoph Probst, eles foram guilhotinados por sua resistência não violenta antinazista em 1943.

George Elser, um operário simpatizante do comunismo, foi o primeiro a tentar matar Hitler, em 8 de novembro de 1939. Ele passou o resto da guerra preso e foi executado em Dachau em 9 de abril de 1945. No mesmo dia, foram enforcados outros antinazistas alemães de posição de relevo: o pastor Dietrich Bonhoeffer, o almirante Wilhelm Canaris, o general Hans Oster e o jurista do exército alemão Karl Sack.

A Iugoslávia dilacerada

A conquista alemã da Iugoslávia em abril de 1941 e sua ocupação parcial e apressada, enquanto as tropas de Hitler eram transferidas para a Frente Oriental, fizeram o frágil e instável Estado se cindir por rivalidades étnicas e sectárias. Duas forças principais emergiram para se opor aos alemães, mas com frequência lutaram entre si e contra outros grupos étnicos, em uma amarga guerra civil. Antigas forças paramilitares e militares se organizaram sob a bandeira dos *Chetniks*, um grupo nacionalista e realista sérvio, liderado pelo coronel Draža Mihailović. Opunham-se a eles os partisans comunistas, sob Josip Broz Tito. Os *Chetniks* de início foram apoiados pelos Aliados ocidentais, mas tanto os líderes soviéticos quanto os ocidentais transferiram seu apoio aos partisans, renomeados como Exército de Libertação Popular (ELP), após os sucessos militares de Tito em 1943.

Tragicamente, a maioria dos 1,2 milhão de iugoslavos assassinados na guerra morreram nas mãos dos próprios compatriotas. Contudo, os Aliados também creditaram às forças iugoslavas – em especial aos partisans – a imobilização de 35 divisões do

Guerrilheiras iugoslavas das forças partisans comunistas de Tito treinam para a batalha. Mulheres, na maioria com menos de 20 anos, foram combatentes e líderes no movimento de resistência comunista.

Eixo que, de outro modo, poderiam ter lutado contra as forças Aliadas. Como em outros lugares, combatentes decididos da resistência frustraram as Forças Armadas alemãs. ∎

Josip Broz Tito

Nascido Josip Broz em Zagreb, em 1892, de pai croata e mãe eslovena, Tito lutou na Primeira Guerra no exército austro-húngaro. Em 1920, aderiu ao Partido Comunista da Iugoslávia (PCI), que se tornou um grupo clandestino após sua supressão, um ano depois. Preso de 1928 a 1934, adotou o nome Tito e subiu nos escalões do pci, tornando-se seu secretário-geral em 1939.

Após a invasão alemã em abril de 1941, os comunistas de Tito se tornaram o movimento de resistência partisan, adotando uma ideologia de liberação pan-iugoslava. Após sucessos militares consideráveis e com o apoio Aliado a partir de 1943, Tito entrou em Belgrado em 1945 como líder da Iugoslávia.

Ele logo assumiu total controle do país, extinguindo com crueldade toda oposição. Rejeitou as exigências de completa obediência por Stalin, forjando habilmente um trajeto único para a Iugoslávia, que sediou a primeira cúpula do Movimento Não Alinhado em 1961. Em seu país, Tito conteve tensões étnicas, sectárias e nacionalistas, mantendo relativa unidade e estabilidade por 35 anos. Morreu em Liubliana em 1980.

ELES ESTAVAM AO REDOR, EM CIMA E ENTRE NÓS
A BATALHA DE KURSK (JULHO DE 1943)

EM CONTEXTO

FOCO
Defesa do território soviético

ANTES
Dez 1942-fev 1943 A Operação Pequeno Saturno, uma ofensiva do Exército Vermelho na Ucrânia, obtém sucesso.

Fev-mar 1943 A Alemanha vence a Terceira Batalha de Kharkov, firmando a linha de frente alemã na região da Ucrânia.

DEPOIS
August 1943 Uma ofensiva soviética na Ucrânia força as tropas alemãs a recuarem para trás do Rio Dnieper.

Ago-out 1943 O Exército Vermelho obtém uma difícil vitória na Batalha de Smolensk.

Nov-dez 1943 Tropas soviéticas liberam Kiev e a mantêm, apesar de uma contraofensiva alemã.

Em janeiro de 1943, com as forças alemãs em Stalingrado à beira da derrota, o Stavka (alto comando da URSS) decidiu aproveitar o êxito lançando uma série de ofensivas no sul da Rússia e na Ucrânia. O Exército Vermelho recuperou as cidades de Voronej, Kharkov e Kursk, avançando cerca de 480 km. Porém, a principal formação do Eixo na área, o Grupo de Exércitos Sul, acabara de ser reforçado pela chegada de divisões de elite de tanques Panzer da Waffen-SS e era liderado pelo marechal Erich von Manstein, um estrategista habilidoso. Ele tinha permitido a evacuação de Kharkov

VIRADA DA MARÉ 233

Veja também: Operação Barbarossa 124-31 ▪ A Grande Guerra Patriótica 132-35 ▪ A Batalha de Stalingrado 178-83 ▪ A invasão da Itália 210-11 ▪ Operação Bagration 266-69 ▪ Os soviéticos avançam na Alemanha 288-89 ▪ Vitória na Europa 298-303

em 16 de fevereiro – apesar das ordens de Hitler para mantê-la a qualquer custo –, esperando atrair as forças soviéticas para a frente e lançar uma contraofensiva.

Manstein atacou conforme o plano em 19 de fevereiro. As forças alemãs retomaram Kharkov em 15 de março e a cidade de Belgorod, três dias depois. Isso criou uma "saliência" do território soviético ao redor da cidade de Kursk. Ela se estendia por 256 km de norte a sul e cerca de 160 km de leste a oeste; a área controlada pelo Eixo a cercava ao norte, sul e oeste.

Com planos de continuar o avanço para tomar Kursk, Hitler ordenou a Manstein que parasse, basicamente para fortalecer as tropas a fim de lançar um grande ataque mais tarde naquele ano. Além disso, as forças de Manstein estavam exaustas, e as condições lamacentas criadas pelo degelo da primavera tornavam impossível a atuação dos Panzer. Após semanas de movimento, ambos os lados tinham, enfim, tempo para se consolidar, juntar forças e se preparar para a fase seguinte.

Preparação para a batalha

Em 15 de abril de 1943, Hitler deu aprovação formal à Operação Cidadela, um ataque em pinça sobre a saliência de Kursk, com investidas simultâneas do norte e do sul. Hitler e o alto comando alemão esperavam que a vitória revertesse as perdas de Stalingrado e desse fim ao impasse na Frente Oriental. O momento certo era essencial – os alemães tinham de atacar antes que os soviéticos fortalecessem as defesas. Hitler foi orientado a iniciar no começo de maio, mas adiou várias vezes devido ao mau tempo e afinal se decidiu

Após **serem derrotadas em Stalingrado**, as forças alemãs **precisam tomar a iniciativa** na Frente Oriental.

O Panzerkorps da Waffen-ss de Von Manstein **recupera Kharkov e Belgorod, ao sul** de Kursk.

O IX Exército Alemão **mantém Orel, ao norte** de Kursk.

O Panzerkorps da Waffen-ss de Von Manstein **recupera Kharkov e Belgorod, ao sul** de Kursk.

Kursk fica em **posição vulnerável, cercada em três lados** pelas forças alemãs.

Com uma **imensa mobilização de tanques,** os soviéticos conseguem defender a cidade.

por 5 de julho. Ele também parou a Operação Cidadela para esperar a entrega de novos tanques na Frente Oriental. Em 1942, um novo tanque alemão, o Tiger, entrara em produção. Com armamentos e blindagem pesados, fora usado com sucesso no norte da África. Apesar de suas vantagens, o Tiger era propenso à quebra e ineficiente em termos de consumo. Ao lado dele na Operação Cidadela, o Panther faria sua estreia em combate. Posto em ação às pressas, sem testes completos, apresentou vários defeitos mecânicos em campo. Problemas em Tigers e Panthers significavam que, em Kursk, os alemães teriam de confiar

basicamente nos antiquados tanques Panzer III e Panzer IV.

Aviso para avançar

Os adiamentos alemães deram ao Exército Vermelho tempo para preparar espantosas defesas ao redor de Kursk. O Stavka esperava que a "defesa em profundidade" frustrasse o ataque inicial alemão, lançando-os numa armadilha e permitindo um contra-ataque. Graças a mensagens interceptadas decodificadas pela inteligência britânica em seu centro de decriptação de Bletchley Park, os soviéticos sabiam que os alemães planejavam uma ofensiva ao redor de Kursk em algum momento entre »

> Fomos aconselhados a lutar até o último homem, defender nossos camaradas desses fascistas. Cabia a nós [...] deter o nazismo furioso que atravessava a Mãe Rússia.
> **Canhoneiro do Exército Vermelho**

3 e 6 de julho. Para cada milha da linha de frente, os soviéticos reuniram 4.500 soldados, 45 tanques e mais de cem peças de artilharia, além de uma série de fortificações, trincheiras e valas antitanque. Eles também instalaram mais de 1 milhão de minas e milhares de armadilhas de arame farpado.

Produção em massa de tanques

Essencial nos preparativos soviéticos foi a montagem de tanques suficientes para superar os alemães. Seu principal tanque de batalha era o T-34, o mais produzido na Segunda Guerra Mundial. Ele era resistente, com blindagem pesada e velocidade máxima de 54 km/h. Tinha esteiras largas que o impediam de atolar em solo pantanoso ou com neve. Essas vantagens compensavam as deficiências, que incluíam uma cabine apertada, má visibilidade no interior e problemas mecânicos. Seu ponto forte era o projeto simples, que tornava rápida a produção em massa. Em junho de 1943, enquanto os alemães produziam cerca de quinhentos tanques por mês (metade deles Panzer III), as fábricas soviéticas podiam fornecer mais de mil T-34 a cada mês.

Avanços alemães bloqueados

Antes da Batalha de Kursk, a inteligência soviética simulou com sucesso um exercício por meio de transmissões de rádio falsas e da criação de aeródromos de mentira, fazendo movimentações de tropas à noite ou em momentos de visibilidade limitada. Assim, muitos generais alemães ignoravam o poder do Exército Vermelho e não sabiam onde suas forças se concentravam. Observadores mais cautelosos, cientes da escala das fortificações soviéticas ao redor de Kursk, exortaram Hitler a cancelar a Operação Cidadela. Ele não os ouviu.

Em 5 de julho, os alemães lançaram a operação. Atacaram com cerca de 900 mil homens uma força soviética de 1,3 milhão (mais cerca de 500 mil em reserva). O ataque foi recebido por uma barragem de artilharia soviética imediata e contínua, evidenciando que havia sido previsto. Apesar disso, e dos problemas mecânicos em muitos tanques, a Operação Cidadela de início correu conforme os planos alemães. Porém, logo foi abalada pelas defesas soviéticas e pela bravura dos soldados do Exército Vermelho, que muitas vezes corriam diante dos Panzer que avançavam, colocando minas em seu caminho, jogando granadas ou lançando coquetéis molotov. Além disso, apesar de todo o poder de fogo e da mobilidade que os Panzer proporcionavam, o apoio da infantaria era necessário para guardar seus flancos e assegurar o terreno que eles tomavam. Os alemães tinham uma grande falta de soldados, além de aviões e artilharia.

Na parte norte da saliência de Kursk, a Frente Central do general Konstantin Rokossovsky deteve o IX Exército Alemão em 10 de julho, após um avanço de apenas 13 km.

Um tanque russo T-34 avança num vilarejo em chamas após os alemães lançarem a Operação Cidadela. A inovadora blindagem de aço inclinado do T-34 aumentava sua resistência a granadas.

VIRADA DA MARÉ

As forças alemãs fizeram maiores progressos no sul, contra a Frente Voronej, do general Nikolai Vatutin. A Stavka mandou reservas para lá, mas o avanço já era de mais de 32 km em 10 de julho. Dois dias depois, os alemães se aproximaram de Prokhorovka, a apenas 80 km de Kursk.

Recuo alemão

Enquanto centenas de tanques se chocavam, o Exército Vermelho sofreu grandes perdas, mas evitou um grande avanço alemão. Ficou claro que o plano de envolver as forças soviéticas em Kursk tinha falhado. Com o início da invasão Aliada na Sicília em 10 de julho, Hitler encerrou a Operação Cidadela, redirecionando as tropas à nova ameaça na Europa ocidental. Algumas forças alemãs continuaram lutando na parte sul da saliência, mas as operações cessaram totalmente em 17 de julho.

Em 12 de julho, o Exército Vermelho lançou uma contraofensiva no norte da saliência de Kursk. Tropas da Frente Central, às quais se uniram as das frentes de Bryansk e Ocidental, tentaram capturar um contraforte alemão ao redor da cidade

Soldados da infantaria alemã na Batalha de Kursk, em 1943. Tropas dos Grupos de Exércitos Centro e Norte foram mobilizadas para comprimir as forças soviéticas pelo norte e pelo sul.

de Orel. No entanto, os combates mais pesados na parte sul da saliência de Kursk fizeram com que essa contraofensiva fosse adiada até 3 de agosto. Orel foi liberada em 5 de agosto, seguida de Belgorod em 6 de agosto e Kharkov em 23 de agosto.

Ponto de virada

Kursk foi uma das maiores batalhas de tanques da história – cerca de 6 mil tanques foram mobilizados, além de 2 milhões de soldados e 4 mil aviões. A Alemanha não atingiu seu objetivo e a Batalha de Kursk marcou o fim de sua capacidade de atacar na Frente Oriental. Cerca de 200 mil soldados alemães morreram ou ficaram feridos em Kursk e nos combates seguintes. Apesar de as forças soviéticas terem sofrido talvez cinco vezes esse número de vítimas, no outono de 1943 a iniciativa na Frente Oriental estava firme em suas mãos. O Exército Vermelho estava pronto a avançar para o oeste. ∎

O "Tanque Voador"

Embora Kursk seja basicamente conhecida como uma batalha de tanques, outro fator da vitória soviética foi sua superioridade aérea. Essencial nisso foi o Ilyushin IL-2, um avião de ataque projetado para fornecer apoio aéreo a forças terrestres. Ele era conhecido como "Tanque Voador" porque sua blindagem de aço podia resistir ao fogo pesado do inimigo. O IL-2 foi fabricado em grande número – mais de 36 mil deles foram produzidos na Segunda Guerra. Armado com dois canhões e duas metralhadoras e com uma carga de bombas de 450 kg, o IL-2 ajudou a rechaçar a ofensiva alemã em Kursk.

Na época da Batalha de Kursk, os soviéticos tinham desenvolvido caças que suplantavam os projetos alemães e seus pilotos haviam adquirido maior habilidade e experiência ao longo da guerra. Mais importante, eles tinham uma enorme vantagem numérica no ar, o que os levava a realizar muito mais investidas que a Luftwaffe. Isso os ajudou a anular o apoio aéreo tão vital às forças terrestres alemãs.

O Ilyushin IL-2, visto aqui em voo, entrou em serviço em 1941. Ele voaria baixo sobre o campo de batalha, dando cobertura às tropas terrestres do Exército Vermelho.

LÍNGUAS SOLTAS PODEM AFUNDAR NAVIOS

PROPAGANDA

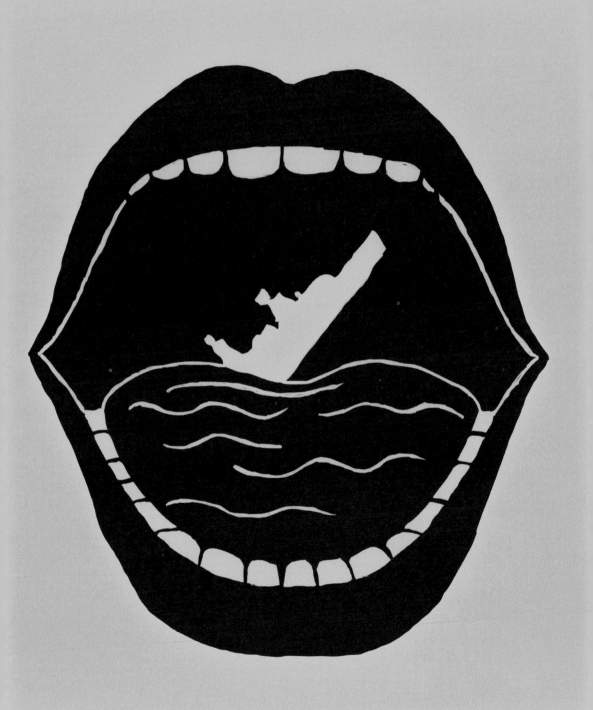

EM CONTEXTO

FOCO
Controle da opinião pública

ANTES
1914-1918 A imprensa popular britânica faz uso eficaz de propaganda antigermânica na Primeira Guerra Mundial.

1935 É lançado *O triunfo da vontade*, de Leni Riefenstahl, filme que celebra o Congresso do Partido Nazista de 1934 em Nuremberg.

1938 Anos de propaganda antissemita culminam na Noite dos Cristais, em que comunidades judaicas em cidades da Alemanha, da Áustria e dos Sudetos são atacadas – pessoas são mortas e sinagogas destruídas.

DEPOIS
2016 A divulgação de *fake news* online é citada como um fator influente no resultado da eleição presidencial dos EUA.

A experiência da Primeira Guerra provou o valor da propaganda como meio de levantar ou atacar o ânimo público e militar, estimulando comportamentos desejados, desencorajando os indesejados e disseminando ideologias. Os ditadores aprenderam a lição. Stalin impôs uma reescrita implacável da história e da verdade na URSS nos anos 1930, e Hitler escreveu longamente sobre o poder potencial da propaganda, dedicando dois capítulos de *Mein Kampf* ao tema. Ele culpou o uso altamente eficaz da propaganda pelos britânicos na Primeira Guerra por envenenar o moral do povo alemão. Mas ele também percebeu que a propaganda podia ser um instrumento poderoso para dobrar a vontade do povo à sua própria e estimulou o uso de lemas simples, que apelariam aos "sentimentos primitivos das grandes massas".

"Grandes mentiras"

Em seu projeto de tornar a propaganda uma arma de guerra, Hitler descobriu um colaborador disposto e capaz em Joseph Goebbels. Embora seja mais famoso por uma citação que não é sua, sobre o valor das "grandes mentiras", Goebbels endossava com sinceridade

> A essência da propaganda consiste em convencer as pessoas de uma ideia de modo tão sincero e vital [...] que elas se rendem a ela totalmente e nunca mais conseguem deixá-la.
> **Joseph Goebbels**

as ideias de Hitler a esse respeito. Em *Mein Kampf*, Hitler afirmou que "a grande mentira" – uma mentira tão ousada que parece ir além da invenção – poderia ser usada para moldar a opinião pública por meio da manipulação de emoções profundas.

Goebbels se tornou chefe da propaganda nazista em 1929 e foi nomeado diretor do novo Ministério da Informação e Propaganda do Reich em março de 1933, depois que Hitler tomou o poder. Sob Goebbels, os nazistas usaram todas as formas de

Joseph Goebbels

Nascido em família católica romana rigorosa, Goebbels era estudioso e inteligente, mas inseguro e ressentido, em parte devido a uma deformidade em um pé, que o fez ser rejeitado no serviço militar na Primeira Guerra, e em parte por sua aparência "não ariana".

Goebbels encontrou seu lugar no Partido Nazista. Depois que Hitler o tornou chefe da propaganda, Goebbels criou um mito heroico do Führer, forjando um culto à personalidade e à ideologia nazista que conquistou a maioria dos alemães. Ao mesmo tempo, Goebbels deu rédea solta a seu virulento antissemitismo, demonizando o povo judeu e validando a violência. Ele orquestrou a violência antijudaica da Noite dos Cristais e participou do genocídio da Solução Final.

A guerra o aproximou ainda mais de Hitler – mesmo quando a Alemanha começou a perder. Goebbels recebeu mais poder, mas quando a nação ruiu, sucumbiu a ideias apocalípticas. Ignorou o testamento de Hitler que o nomeou seu sucessor e escolheu a morte para si mesmo, a esposa Magda e os seis filhos pequenos.

VIRADA DA MARÉ 239

Veja também: Ascensão dos nazistas 24-29 ▪ Ditadores e democracias frágeis na Europa 34-39 ▪ A Noite dos Cristais 48-49 ▪ Preparação para a guerra 66 ▪ A Grande Guerra Patriótica 132-35 ▪ Os EUA na guerra 146-53

Um cartaz soviético de 1941 diz: "Não converse, a fofoca é quase traição!" A propaganda usava com frequência imagens de pessoas comuns para estimular a identificação com a mensagem.

mídia e cultura para fazer propaganda, entre elas arte, cinema, teatro, rádio, música, literatura, imprensa popular e cartazes. Quando a Segunda Guerra irrompeu, seu poder de propaganda tinha sido usado para impor uma cultura nacional uniforme, demonizar o povo judeu e doutrinar o público alemão para que acreditasse que a guerra da qual participavam era não só justificada como sagrada.

Quando a guerra começou, esse arsenal de propaganda foi mobilizado para retratar os militares alemães como conquistadores infalíveis e nobres. Já os inimigos eram mostrados como depravados e covardes, ou corajosos, mas iludidos por seus líderes. As maiores injúrias eram reservadas ao inimigo soviético, com os russos apresentados como sub-humanos, inclinados ao estupro e à espoliação. A propaganda soviética, sob a forma de cartazes, jornais e folhetos, atacava da mesma maneira o alto comando nazista, condenando as atrocidades cometidas por soldados alemães em países ocupados, ao passo que mostrava um Exército Vermelho heroico e exortava os civis a realizarem seu dever patriótico na vida diária.

Reação a eventos

Após 1941, reviravoltas na sorte alemã na guerra, em especial na Frente Oriental, além de pesados bombardeios nas cidades da Alemanha, contradiziam o modo como Goebbels mostrava os fatos. Com sua característica desenvoltura, ele usou esses reveses como provocação, inflamando o moral público alemão e estimulando a determinação ao retratar a guerra como uma luta pela sobrevivência contra a ameaça de destruição total. Em discurso famoso no Sportpalast de Berlim, em 18 de fevereiro de 1943, Goebbels usou todos os truques da oratória para criar uma atmosfera de emoção histérica, com promessas mirabolantes de armas secretas e redutos em fortalezas inexpugnáveis, obtendo ampla aceitação para a mobilização total da Alemanha em busca da vitória. O domínio dos nazistas sobre a opinião pública alemã se fortaleceu ainda mais e somente no fim de 1944 se enfraqueceria. Desde então, mesmo Goebbels passou a acreditar que a »

PROPAGANDA

Tipos de propaganda

Propaganda branca
Promove mensagens positivas, como o enaltecimento de feitos heroicos de soldados.

Propaganda negra
Usada para desvalorizar o inimigo ou minar seu moral

- Propaganda para mudança comportamental — Mensagens de "Faça" ou "Não faça"
- Propaganda inspiradora — Mensagens que encorajam o trabalho duro e o empenho coletivo
- Propaganda para levantar o moral — Mensagens de poder, proezas e sucessos militares
- Propaganda prática — Informações úteis e instruções
- Propaganda incitadora — Mensagens que tratam com diferença ou demonizam grupos-alvo e inimigos
- Propaganda subversiva — Mensagens que estimulam o derrotismo, a rendição ou a oposição

---

propaganda do inimigo que chegava a civis alemães tinha começado a ter um efeito negativo no moral, com panfletos Aliados "não mais jogados de lado sem atenção [...] mas lidos com cuidado".

A propaganda britânica

A Grã-Bretanha promoveu uma operação de propaganda sofisticada e multifacetada. Sua expressão mais óbvia foi o trabalho da British Broadcasting Corporation (BBC), que transmitia para o mundo todo, buscando um difícil equilíbrio entre manter sua reputação de confiabilidade e estimular a frente britânica. Um diplomata britânico na Itália escreveu para casa assinalando que, enquanto as transmissões de rádio de Mussolini eram simples mentiras, a BBC reportava as notícias "de modo objetivo e factual, mas favorável, por um processo de seleção e omissão". Essa reputação de objetividade aumentava o poder de persuasão das transmissões da BBC, vistas como fonte de informação confiável tanto pelo público Aliado como do Eixo. As tensões eram inevitáveis, porém, entre o desejo de controlar a informação e manter a liberdade de imprensa. Um sistema de censura tanto a jornais quanto à BBC foi implantado, controlado pelo Ministério da Informação, um departamento governamental liderado por Sir John Reith, ele próprio um ex-diretor da BBC. Os editores deviam censurar previamente as matérias que julgassem uma ameaça potencial à segurança nacional ou pública, e submeter ao veto do Ministério as que lhes parecessem duvidosas. Jornalistas que não obedecessem podiam ser processados.

A produção da BBC era vista por Winston Churchill como "propaganda branca" – aberta e relativamente transparente. O que Churchill chamava de "propaganda negra" era atribuído a um departamento de operações secretas, a Executiva de Guerra Política (PWE), formada em 1941 para criar e distribuir propaganda para prejudicar o moral inimigo. Trabalhando lado a lado com a BBC, a PWE criou também, com tecnologia

> As palavras são munição. Cada palavra que um americano enuncia ajuda ou prejudica o esforço de guerra.
>
> **Manual de informações governamentais para a indústria do cinema, Escritório de Informação de Guerra dos EUA**

americana, uma rede de estações de rádio clandestinas em alemão – em 1945 eram quarenta – para influenciar a opinião pública na Alemanha. A PWE satirizava em suas transmissões os líderes e a propaganda do Eixo e, graças à interceptação de sinais, pôde usar dados de instruções publicadas pelo próprio Goebbels duas vezes ao dia na imprensa alemã para dar autenticidade a seus programas. Os agentes da PWE eram até lançados de paraquedas na França ocupada para ajudar a instalar jornais e prensas.

Influência sobre opinião nos EUA

Embora a propaganda americana também fosse dirigida às populações ocupadas e inimigas, com ênfase especial nos folhetos lançados por avião, talvez o alvo principal da produção americana fosse a audiência doméstica. A experiência da Primeira Guerra e a Grande Depressão subsequente tinham intensificado uma tendência isolacionista na opinião pública do país. Para ajudar a incitar o ânimo pelo esforço de guerra, o presidente Franklin D. Roosevelt criou, em junho de 1942, o Escritório de Informação de Guerra (OWI). O OWI combatia a subversão em casa, passava uma mensagem de unidade racial, buscando se contrapor a alguns dos efeitos mais danosos do racismo na economia e nas Forças Armadas, e trabalhava para minar o moral inimigo. Seu maior foco, porém, era o aumento da produção e a redução de perdas, fosse por conversa à toa, uso ineficiente de recursos ou folgas no trabalho. A par dos esforços internos na indústria, o OWI buscava incluir as mulheres na força de trabalho por meio de seu departamento *Womanpower* ("Poderio feminino"), cujo Plano de Programa Básico dizia sem rodeios: "Essas funções terão de ser glorificadas como serviço de guerra patriótico se as mulheres americanas se convencerem a assumi-las e mantê-las."

A indústria do cinema

O OWI trabalhou com Hollywood para produzir conteúdo propagandístico, como animações com o Pato Donald jogando tomates em Hitler. Frank Capra, mais famoso hoje pela direção de filmes como *A felicidade não se compra*, dirigiu uma série de documentários ganhadora do Oscar, chamada *Why we fight* (Por que lutamos), apresentando representações xenofóbicas e racistas dos cidadãos do Eixo. O OWI revisava os roteiros, até refazendo diálogos, e fornecia orientação aos estúdios de cinema com base em uma única meta: "Este filme ajudará a vencer a guerra?" Apesar dessa supervisão altamente invasiva, o OWI não tinha poderes formais de censura. ∎

Um cartaz de 1943 conclama os homens a se alistarem no Corpo Aéreo dos EUA. O design patriótico se destinava a inspirar o alistamento, mas o Congresso também introduziu o recrutamento obrigatório.

Iva "Rosa de Tóquio" Toguri Ikoku

Rosa de Tóquio foi o apelido coletivo dado pelos soldados dos EUA no Pacífico às DJs femininas do programa de rádio *Zero Hora*, apreciado por eles pela combinação de música popular e propaganda ridícula.

Não houve uma Rosa de Tóquio única, mas, após a guerra, o nome ficou ligado à nipo-americana Iva Toguri (depois Iva Toguri Ikoku). Nascida nos EUA, visitava parentes no Japão quando a guerra eclodiu. Apesar de pressionada, recusou-se a deixar a cidadania americana. Porém, ao longo da guerra, foi obrigada a trabalhar no *Zero Hora*, colocando músicas e contando piadas, ao mesmo tempo em que ilicitamente ajudava prisioneiros de guerra americanos que trabalhavam na estação.

Após a guerra, ela foi de início isentada de delito, mas em 1948, quando tentou voltar aos EUA, uma campanha da mídia levou-a a ser indiciada por traição. Após um julgamento com testemunhas pressionadas a mentir pelo Estado, ela foi presa. Em 1977 recebeu o perdão presidencial e recuperou a cidadania.

A MAGNÍFICA LUTA HEROICA
O LEVANTE DO GUETO DE VARSÓVIA
(ABRIL-MAIO DE 1943)

EM CONTEXTO

FOCO
Movimentos de resistência

ANTES
2 out 1940 O governador alemão de Varsóvia assina a ordem de criação de um gueto judeu isolado do resto da cidade.

1940-meados de 1942 Cerca de 83 mil judeus morrem de fome e doenças no gueto.

Jul-set 1942 No que os nazistas chamam de "Grande Ação", cerca de 265 mil judeus são deportados de Varsóvia para o campo de extermínio de Treblinka.

DEPOIS
Nov 1943 Cerca de 42 mil judeus, deportados de Varsóvia após o levante do gueto, são assassinados em dois dias na *Aktion Erntefest* (Operação da Festa da Colheita).

1º ago 1944 Começa em Varsóvia uma revolta de toda a cidade contra os ocupadores alemães.

O Levante do Gueto de Varsóvia em 1943 foi o maior ato de resistência judaica na Europa nazista. Quando o gueto foi criado em 1940, mais de 400 mil judeus foram amontoados numa área de pouco mais de 3,4 km², com mais de sete pessoas em média em cada aposento disponível. Primeiro os nazistas fizeram a população passar fome e depois deportaram mais da metade para campos de trabalho e de extermínio. Milhares também morreram de doenças. Em abril de 1943 restavam apenas cerca de 60 mil judeus.

As mulheres judias tomaram parte ativa na luta [...] jogando água fervente nos alemães que atacavam. Uma batalha tão sofrida e desigual não tem precedente na história.
Mary Berg
Sobrevivente e autora de diário sobre o gueto de Varsóvia

Embora os nazistas classificassem a deportação como "reassentamento", ficou cada vez mais claro para os judeus que era extermínio, e grupos de resistência dentro do gueto se uniram em duas forças, a Organização de Combate Judaico (*Żydowska Organizacja Bojowa* – ŻOB) e a União Militar Judaica (*Żydowski Związek Wojskowy* – ŻZW). Através de um breve contato com a resistência polonesa, as duas forças obtiveram algumas armas e improvisaram outras e, em janeiro de 1943, quando os alemães ameaçaram completar as deportações, cerca de 750 jovens, homens e mulheres, estavam preparados para resistir. "Acorde e lute!", a ŻOB exortava os moradores do gueto, conclamando-os a "pôr um fim" à "terrível aceitação" de uma sentença de morte.

Batalha desigual
Em 18 de janeiro de 1943, a Schutzstaffel (SS) e unidades da polícia alemãs chegaram ao gueto para iniciar outra seção de deportações, mas logo recuaram quando sua ação foi interrompida por combatentes da resistência que tinham se infiltrado na fila de deportados. O restante do gueto tomou coragem com esse sucesso passageiro e começou a escavar

VIRADA DA MARÉ

Veja também: A Noite dos Cristais 48-49 ▪ A destruição da Polônia 58-63 ▪ O Holocausto 172-77 ▪ Movimentos de resistência 226-31 ▪ A Revolta de Varsóvia 271

abrigos e a juntar armas, preparando-se para a volta da SS.

Os alemães trouxeram um comandante experiente da SS, Jürgen Stroop, para liderar a tentativa seguinte de desocupar o lugar e, em 19 de abril de 1943, véspera do feriado do Pessach, uma força de mais de 2 mil soldados alemães entrou no gueto, apoiada por um tanque, veículos blindados, metralhadoras pesadas e artilharia. Foram recebidos por uma resistência feroz e obrigados a recuar, mas logo voltaram, com ordens de atear fogo ao gueto.

Morte e destruição

Com íntimo conhecimento das ruas e prédios, os combatentes judeus usaram táticas de guerrilha, enquanto os civis se escondiam em abrigos, evitando a deportação. Contra toda expectativa, a resistência continuou por quase um mês, mas

Tropas da SS alemã capturam membros da resistência judaica na repressão ao Levante do Gueto de Varsóvia. As mulheres ajudaram a organizar a revolta e lutaram ao lado dos homens.

Mordecai Anielewicz

Nascido em Wyszków, perto de Varsóvia, em 1919, Mordechai Anielewicz (também grafado "Anilowitz") foi desde cedo um ativista pela autodefesa judaica. Em Varsóvia, uniu-se a um grupo de resistência judaico pró-soviético e fugiu para território controlado pelos soviéticos quando os alemães tomaram a cidade.

Anielewicz se infiltrou no gueto de Varsóvia, criando um jornal, mas estava no oeste da Polônia em 1942, quando houve a deportação em massa de judeus. Ele voltou às pressas para convencer os mais velhos do gueto a abraçarem a resistência armada. De início eles relutaram, mas com o apoio de outros ativistas e percebendo o destino dos judeus "reassentados", foram convencidos e a ŻOB foi criada sob o comando de Anielewicz. Ele era o líder de fato do gueto e liderou a resistência até 8 de maio de 1943, quando os alemães cercaram o bunker de comando da ŻOB. Anielewicz suicidou-se ou morreu envenenado pelo gás bombeado dentro do bunker.

em 8 de maio de 1943, as forças alemãs conseguiram tomar o quartel-general da ŻOB na rua Mila, 18, onde o comandante da organização, Mordechai Anielewicz, de 24 anos, e muitos de seus camaradas morreram. Oito dias depois, Stroop ordenou a destruição da Grande Sinagoga da rua Tłomackie, relatando a Berlim: "O antigo bairro judeu de Varsóvia não existe mais." Os sobreviventes continuaram a resistir entre as ruínas até julho. Cerca de cinquenta combatentes da ŻOB fugiram por encanamentos, alguns se juntando depois à Revolta de Varsóvia de 1944. Na batalha e nos incêndios cerca de 7 mil judeus foram mortos, e outros 7 mil foram capturados e mandados para campos de extermínio, em especial Treblinka. A população sobrevivente do gueto foi deportada em massa e assassinada alguns meses depois. ■

Embora não sobrevivamos para ver, nossos assassinos pagarão por seus crimes depois que nós formos. E nossos feitos viverão para sempre.
Itzhak Katznelson
Poeta e ativista do levante judeu

TODO HOMEM DEVE DAR O MÁXIMO DE SI

O PACÍFICO OESTE
(NOVEMBRO DE 1943-AGOSTO DE 1944)

O PACÍFICO OESTE

EM CONTEXTO

FOCO
Guerra no Pacífico

ANTES
1892 A Grã-Bretanha declara o protetorado sobre as Ilhas Gilbert e Ellice, no Pacífico Central.

1920 O Japão recebe um mandato da Liga das Nações para administrar as Ilhas Marshall, Carolinas e Marianas, no Pacífico Oeste.

Anos 1930 O Japão constrói grandes bases militares em muitas de suas ilhas no Pacífico.

Dez 1941 Dois dias após o ataque a Pearl Harbor, forças japonesas ocupam as Ilhas Gilbert.

DEPOIS
1947 Os EUA instituem o Protetorado das Ilhas do Pacífico, sob supervisão das Nações Unidas, assumindo o mandato anterior do Japão.

1968 As Ilhas Ogasawara (Bonin) da Micronésia são devolvidas ao Japão.

1972 Termina a administração americana das Ilhas Ryukyu (centradas em Okinawa), que são devolvidas ao Japão.

1979 Renomeadas Kiribati, as Ilhas Gilbert recebem independência da Grã-Bretanha.

1986 As Ilhas Marshall e a Micronésia (Ilhas Carolinas) se tornam estados independentes; as Marianas mantêm a união política com os EUA.

Durante 1943, a estratégia americana em relação ao Japão ficou clara. Para atingir as ilhas nativas japonesas, os bombardeiros da Força Aérea dos EUA (USAAF) precisavam de bases em ilhas do Pacífico das quais lançar os ataques. Com base nos sucessos da Operação Cartwheel em curso – uma tentativa de tomar a principal base aérea japonesa em Papua-Nova Guiné, no Pacífico Sul –, os chefes militares americanos decidiram ir de ilha em ilha pelos espaçados arquipélagos de Gilbert, Marshall, Carolinas e Marianas, ocupados pelo Japão no Pacífico Oeste Central.

A meta da campanha era romper totalmente o perímetro defensivo erguido pelo Japão no oceano Pacífico nas primeiras semanas de 1942. Com as Marianas sob controle Aliado, os EUA poderiam lançar expedições contra as Filipinas e o próprio Japão. A falta de recursos navais atrasou de início o ataque americano às ilhas, mas em novembro de 1943, o almirante dos EUA Chester W. Nimitz estava pronto para a ofensiva.

O assalto às Ilhas Gilbert

Os primeiros alvos de Nimitz eram os dois minúsculos atóis de coral de Tarawa e Makin, nas Ilhas Gilbert. Sua frota total incluía 7 porta-aviões, 12 encouraçados, 12 cruzadores e 66 destróieres – mais que o suficiente para impedir ataques da Marinha japonesa –, além de uma flotilha de embarcações de desembarque e outros veículos anfíbios desenvolvidos para operações no Pacífico. Ele estava

Para **atacar o Japão**, a USAAF precisa de **bases em ilhas** cuja distância ao país esteja dentro do raio de alcance de seus bombardeiros.

As bases aéreas mais próximas do Japão estão nas **Ilhas Marianas e sob controle japonês**, assim como todos os grupos de ilhas vizinhos.

As **forças americanas estão baseadas longe, ao sul**, na Nova Guiné e nas Ilhas Salomão.

Sua melhor opção é **seguir de ilha em ilha e conquistar** as Gilbert, Marshall e Carolinas **para atingir seu objetivo**, as Marianas.

VIRADA DA MARÉ

Veja também: O dilema do Japão 137 ▪ O ataque japonês a Pearl Harbor 138-45 ▪ Avanços japoneses 154-57 ▪ A Batalha de Midway 160-65 ▪ A batalha pelas Ilhas Salomão e Nova Guiné 212-13 ▪ A Batalha do Golfo de Leyte 276 ▪ O Japão sitiado 304-07

pronto para atacar. Em Tarawa havia menos de 5 mil soldados japoneses, mas as defesas da ilha tinham sido reforçadas. Em 20 de novembro, 18 mil fuzileiros navais dos EUA atacaram, sendo recebidos por uma resistência feroz das forças japonesas. Os fuzileiros levaram quatro dias para tomar o atol, ao custo de mais de mil mortos e 2 mil feridos. Os japoneses lutaram quase de modo suicida até o fim; só dezessete deles foram capturados vivos. Outros 66 fuzileiros navais americanos morreram no ataque simultâneo ao atol Makin, e a Marinha perdeu 664 homens quando o porta-aviões de escolta USS *Liscome Bay* foi afundado por um submarino japonês. Essas perdas foram um grande choque para os americanos e um indicador da carnificina que viria.

O ataque às Marshall

Com as Gilbert capturadas, o caminho estava livre para as Ilhas Marshall. Muitas foram descartadas e, das sete visadas, os atóis estratégicos de Kwajalein e Eniwetok eram objetivos essenciais, pois ambos tinham campo aéreo e bases naval e submarina. Kwajalein foi

tomado em 3 de fevereiro de 1944, Eniwetok em 23 de fevereiro, e as demais ilhas-alvo até o fim do mês. Os combates foram acirrados nos dois atóis, mas os americanos tinham aprendido algumas lições em Tarawa e limitaram suas perdas a por volta de 450 mortes. Os japoneses, porém, lutaram de novo quase até o último homem, perdendo aproximadamente quatrocentos de sua força combinada de 12 mil homens.

Operação Hailstone

Mais para oeste, um grande ataque naval e aéreo dos EUA foi lançado de 17 a 18 de fevereiro contra as ilhas do atol de Truk, nas Carolinas. Truk era a principal base naval japonesa no Pacífico Sul e de enorme importância estratégica. Sob o codinome Operação Hailstone (Granizo), o ataque americano foi muito bem-
-sucedido, destruindo 15 navios da Marinha e 32 mercantes, além de mais de 250 aviões japoneses. Cerca de 4.500 soldados japoneses foram

Barcos japoneses ao largo da ilha Dublon, na laguna de Truk, soltam rastros de fumaça durante a Operação Hailstone, conforme aviões da USAAF bombardeiam a fortificada base naval japonesa, em 17 de fevereiro.

mortos. Dos 40 americanos que morreram, 29 eram da Força Aérea e o restante marinheiros. Em contraste com as Ilhas Marshall e Gilbert, »

A captura de Tarawa bateu à porta das defesas japonesas no Pacífico Central.
Almirante Chester Nimitz

A ilha toda [Kwajalein] parecia ter sido suspendida a 20 mil pés e depois derrubada.
Soldado americano
Relatório oficial da Força-Tarefa 51 do Exército dos EUA

O PACÍFICO OESTE

onde os americanos começaram a construir bases militares, o atol de Truk foi deixado para os japoneses após a inutilização de sua base naval, ignorado e isolado quando as forças americanas avançaram rumo a seu objetivo: as Ilhas Marianas.

As Marianas – a um preço

Grande parte das Marianas eram controladas pelo Japão desde a Primeira Guerra, exceto Guam, administrada pelos EUA desde 1898. O Japão tomou Guam quando atacou Pearl Harbor, em dezembro de 1941, e fortificou muito a ilha, além de suas outras posições em Saipan e Tinian. Tomar as ilhas daria aos EUA as bases cruciais de que precisavam para bombardear o Japão, além de isolar o país das Filipinas e de suas outras conquistas no sudeste asiático.

Um Grumman TBF **Avenger**, o torpedeiro mais usado na guerra, se prepara para decolar do USS *Bunker Hill* para lançar um ataque aéreo a barcos japoneses que defendem Saipan.

O ataque às Marianas começou em 15 de junho de 1944 com um assalto de fuzileiros navais à costa oeste de Saipan. Em 27 de junho, a ocupação da ilha estava concluída, exceto pelo remoto sul. Um contra-ataque japonês começou em 7 de julho, mas não conseguiu desalojar as forças americanas. Os japoneses se renderam em 9 de julho. As perdas foram imensas: 3.426 militares americanos morreram e 10.364 ficaram feridos. Do outro lado, cerca de 29 mil de uma força de 32 mil morreram, além de 7 mil civis japoneses na ilha e 22 mil pessoas locais. A tomada de Saipan colocou o Japão ao alcance dos pesados bombardeiros B-29 dos EUA.

A Batalha do Mar das Filipinas

O ataque americano a Saipan levou a 1ª Frota Móvel japonesa, sob o almirante Jisaburo Ozawa, a atravessar o mar das Filipinas para leste, rumo às Marianas, para travar combate. A frota era bem inferior em número, com 5 porta-aviões,

> Mas, com os diabos, era como acertar galinha morta!
> **Piloto do USS *Lexington***
> descrevendo os confrontos aéreos na Batalha do Mar das Filipinas

20 navios principais, 31 destróieres, 6 petroleiros e 24 submarinos lutando contra a 5ª Frota dos EUA, com 7 porta-aviões, 36 navios principais, 68 destróieres e 28 submarinos. Os japoneses podiam lançar cerca de 450 aviões de seus porta-aviões e 300 de sua base em Guam, contra um total de cerca de 900 lançados pelas embarcações americanas.

A batalha começou em 19 de junho a oeste das Marianas, com quatro grandes ataques aéreos japoneses à Força-Tarefa 58 dos EUA. A ação foi interceptada, com a perda de 2 porta-aviões japoneses – *Taiho* e *Shokaku* –, afundados por submarinos, e 200 aviões derrubados. No fim do dia, os japoneses tinham perdido 300 aviões e os americanos, só 23.

Derrota japonesa

No dia seguinte, a batalha continuou mais para oeste, conforme a frota dos EUA perseguia os japoneses para longe das Marianas. O porta-aviões japonês *Hiyo* e dois petroleiros foram afundados, e cerca de 340 aviões abatidos. Em face da derrota, o almirante Ozawa recuou a oeste para Okinawa. O conflito de dois dias foi a maior batalha de porta-aviões da

VIRADA DA MARÉ

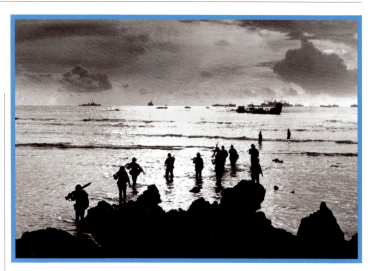

Soldados americanos andam até a margem na ilha de Tinian em julho de 1944. Enquanto no noroeste havia duas pequenas praias e corais baixos, os penhascos de coral do sul tinham de ser escalados com rampas.

história e o último dos cinco grandes confrontos entre porta-aviões que definiram a guerra naval no Pacífico.

Com a derrota, os japoneses perderam 90% de seu poder aéreo transportado em dois dias. Dos cerca de 450 aviões com que iniciaram a batalha, voltaram para casa só com 35; cerca de 200 dos 300 aviões baseados em terra também desapareceram. Os pilotos treinados que morreram na batalha foram mais uma perda irreparável para o já pequeno braço aéreo da frota japonesa. Como tinham feito antes, os militares esconderam suas perdas da população no Japão.

A tomada de Tinian e Guam

Em 16 de julho, as forças americanas iniciaram um bombardeio naval em Tinian, uma ilha ao sul de Saipan. Após montar um ataque simulado ao sul para desnortear os japoneses, os fuzileiros navais desembarcaram no noroeste da ilha em 24 de julho e a tomaram em 1º de agosto. Morreram ali 5.542 soldados e até 4 mil civis japoneses, alguns destes tirando a própria vida.

A resistência em Saipan e a batalha naval atrasaram em um mês a ofensiva contra Guam. As forças americanas afinal desembarcaram em duas praias no oeste da ilha em 21 de julho, após contínuos bombardeios aéreos e navais. As patrulhas que foram para o sul não encontraram resistência organizada, mas as que seguiram para as linhas japonesas no norte, em meio à selva fechada e à chuva, enfrentaram um combate feroz, com ataques a cada noite. Os japoneses, com falta de comida e munições, ao fim se renderam em 10 de agosto de 1944. O saldo de vítimas foi alto: 18.337 japoneses morreram e 1.250 foram capturados; entre os americanos, 1.783 perderam a vida e 6.010 foram feridos.

A Marcha de Maneggon

Antes do ataque americano, os japoneses forçaram o povo chamorro nativo a ir para seis campos de concentração no sul de Guam, na chamada Marcha de Maneggon. Os doentes e famintos foram abandonados para morrer e outros seiscentos foram massacrados pelos japoneses durante a marcha. Acredita-se que até um décimo da população de 20 mil chamorros foi morto durante a ocupação japonesa.

A partir do fim de 1944, Guam se tornou uma importante base aérea para ataques a bomba ao Japão; e de Tinian sairiam mais tarde os aviões com as bombas atômicas que encerrariam a guerra. ∎

Redutos de resistência japoneses

Resistindo à derrota oficial nas Ilhas Marianas em julho e agosto de 1944, alguns soldados japoneses se recusaram a desistir. Um grupo em Tinian não cedeu até 4 de setembro de 1945, dois dias após a rendição oficial do Japão. Em Saipan, outros resistiram até 1º de dezembro. Em 8 de dezembro, outro grupo, escondido em Guam, emboscou e matou três fuzileiros navais americanos.

O capitão Sakae Oba, líder da resistência em Saipan, era tão difícil de achar que os fuzileiros o apelidaram "Raposa". Eles o admiravam, apesar dos ataques de seu grupo para roubar comida dos americanos ou explodir bombardeiros B-29.

Alguns resistiram por muitos anos. Murata Susumu sobreviveu em Tinian até 1953. O soldado Bunzo Minagawa e o sargento Masahi Ito se renderam com diferença de dias em maio de 1960. O sargento Shoichi Yokoi só foi achado por caçadores em Guam em 24 de janeiro de 1972; ele tinha vivido só, numa caverna, por 28 anos.

MATEM TODOS, QUEIMEM TUDO, SAQUEIEM TUDO
CHINA E JAPÃO NA GUERRA (1941-1945)

EM CONTEXTO

FOCO
Guerra na China

ANTES
1928 O governo nacionalista do Kuomintang de Chiang Kai-shek une a maioria da China sob seu controle.

1931 Forças japonesas ocupam a Manchúria, no norte da China.

Jul 1937 Confrontos entre tropas chinesas e japonesas perto de Pequim deflagram uma guerra total.

1938 Após uma série de graves derrotas, os exércitos do Kuomintang recuam para Chongqing, no sudoeste chinês.

DEPOIS
1945-1946 Segue-se à rendição japonesa uma guerra civil entre nacionalistas e comunistas chineses.

Out 1949 Vitorioso na guerra civil, o líder comunista Mao Tse-tung proclama a República Popular da China.

Q uando o Japão atacou Pearl Harbor em dezembro de 1941, causando a guerra com as potências ocidentais, seu conflito em curso com a China – a Segunda Guerra Sino-Japonesa – tornou-se outra arena da Segunda Guerra Mundial. Embora as vitórias entre 1937 e 1938 tivessem dado aos japoneses o controle das principais cidades e recursos econômicos da China, a oposição surgiu de duas fontes: o governo nacionalista do Kuomintang, de Chiang Kai-shek, no remoto sudoeste; e os comunistas baseados em Yan'na, na província

VIRADA DA MARÉ 251

Veja também: Tumulto na China 42-43 ▪ O Japão em marcha 44-45 ▪ Avanços japoneses 154-57 ▪ Os Aliados contra-atacam na Birmânia 290-93 ▪ O Japão se rende 312-13 ▪ Consequências 320-27

rural de Shaanxi. Buscando estabilizar a ocupação, os japoneses instituíram, a partir de 1940, vários regimes fantoches chineses, o mais ambicioso chefiado por Wang Jingwei, em Nanquim. Porém, nenhum deles foi reconhecido pelo povo chinês como governo legítimo. Embora o Japão tenha conseguido explorar parte do potencial econômico chinês, a necessidade de manter uma presença militar muito grande impunha forte pressão sobre os recursos japoneses.

Mesmo antes de Pearl Harbor, os EUA tinham abertamente apoiado a China em sua luta contra a ocupação japonesa. E quando se viram em guerra com o Japão, acolheram com entusiasmo a China como aliada. Ajuda militar foi enviada ao governo do Kuomintang em Chongqing e vozes americanas saudaram a China como uma das principais potências Aliadas. O general americano Joseph Stilwell foi enviado para criar o vínculo com Chiang Kai-shek.

Reação chinesa

As relações americanas com os nacionalistas chineses eram falhas devido a um conflito básico de interesses. Enquanto os EUA queriam usar o Exército Nacional Revolucionário (ENR) do Kuomintang para ajudar a vencer sua guerra contra o Japão, Chiang preferia deixar os americanos derrotarem o Japão e preservar suas próprias forças para obter o controle da China após a guerra. Em contraste com a inércia de Chiang, os comunistas de Mao Tse-tung mantinham ativa uma guerra de guerrilha contra os japoneses no norte da China, aumentando ao mesmo tempo sua sustentação política entre a população rural, mas igualmente visando conquistar o controle do país após a derrota do Japão.

Política dos "Três Tudos"

De 1941 até a primavera de 1944, as forças de ocupação japonesas não se empenharam em atacar o exército nacionalista chinês, exceto por uma investida fracassada em Changsha no início de 1942. Suas principais operações foram campanhas punitivas contra civis chineses. Em uma faixa do norte chinês, de Hebei e Shandong, na costa, até Shaanxi, no interior, os japoneses aplicaram a brutal política dos "Três Tudos" ("Matem todos, queimem tudo, saqueiem tudo"), destinada a esmagar o movimento comunista naqueles locais. Eles arrasaram áreas rurais que apoiavam as guerrilhas. Com sua violenta prática de incendiar vilarejos, destruir colheitas e assassinar ou mudar à força a população, acredita-se que as tropas japonesas tenham matado quase 3 milhões de civis chineses.

Os japoneses lançaram outra operação impiedosa, a campanha Zhejiang-Jiangxi, após o Ataque Doolittle a Tóquio pelos bombardeiros americanos em abril de 1942. Parte dos tripulantes dos bombardeiros »

Tropas japonesas marcham em Saigon. Ao ocupar o Vietnã, o Japão esperava fechar a fronteira sul da China e interromper o fornecimento de armas e materiais ao Kuomintang.

desceu nas províncias de Zhejiang e Jiangxi, no leste da China. Como punição por ajudar os aviadores, os japoneses mandaram um exército devastar a região. Os chineses estimam o total de mortes em 250 mil. Tanto nessa operação quanto na reação a uma revolta no norte chinês, os japoneses usaram armas biológicas, soltando pulgas infectadas com o bacilo da peste bubônica, além de terem espalhado cólera e tifo.

Rotas de abastecimento

O apoio dos EUA aos nacionalistas chineses diminuiu devido à conquista japonesa da Birmânia na primavera de 1942, que cortou a Estrada da Birmânia, a única ligação terrestre à nacionalista Chongqing. Depois disso, todos os suprimentos dos EUA foram levados por ar, em uma rota arriscada sobre os Himalaias, partindo da Índia Britânica. Sob a direção de Joseph Stilwell, tropas do ENR treinadas na Índia foram usadas para combater

> Como uma nuvem de gafanhotos, eles não deixam nada além de destruição e caos [...]. Baleiam todo homem, mulher, criança, vaca, porco, o que quer que se mova.
>
> **Padre Wendelin Dunker**
> Testemunha descrevendo a destruição japonesa no leste da China

os japoneses na Birmânia, enquanto uma nova estrada era construída por terreno difícil para ligar a Índia à China. Stilwell desenvolveu uma relação cáustica tanto com Chiang Kai-shek quanto com o comandante aéreo da região, o coronel Claire Chennault. Essa fricção não ajudou as operações, em especial porque os três homens tinham diferentes prioridades. Chennault pressionava pela criação de bases aéreas nas áreas de controle nacionalista na China; o foco principal de Stilwell era a Birmânia; e Chiang tentava impor sua autoridade sobre Xinjiang, no oeste chinês, que se tornara estado cliente da URSS. Nenhum deles reagiu de modo adequado quando os japoneses lançaram uma nova ofensiva na primavera de 1944.

A Operação Ichi-Go

Maior campanha militar do Japão na guerra, a Operação Ichi-Go buscava tomar grandes áreas do centro e do sudeste da China que não tinham sido ocupadas antes. A meta principal era criar uma ferrovia norte-sul contínua através da China, ligando portos do norte ao sudeste asiático. Isso se tornou urgente depois que submarinos dos EUA tornaram quase inútil a rota marítima ao longo da costa chinesa. A Ichi-Go também se destinava a aniquilar as bases aéreas dos EUA que Chennault instalara. Elas eram usadas para atacar Taiwan e, com a chegada dos novos bombardeiros de longo alcance B-29, em junho de 1944, podiam ter como alvo a ilha principal do Japão.

Envolvendo mais de 600 mil soldados japoneses, a ofensiva Ichi-Go começou com um ataque à província de Hunan, no interior, em maio, capturando logo a capital provincial Changsha. Os japoneses rumaram então ao sul, para as províncias de Guangxi e Guizou, tomando bases aéreas em Guilin e Liuzhou e ameaçando a própria Chongqing. O impacto prático da Operação Ichi-Go foi limitado. Os EUA montaram novas bases aéreas mais a leste e, de qualquer modo, começaram a bombardear a ilha principal do Japão a partir das Marianas.

Imagem manchada

O mau desempenho das tropas nacionalistas chinesas na luta teve um impacto crítico sobre a reputação do regime do Kuomintang. Chiang Kai-shek chegara a ser saudado como herói nos EUA. Em novembro de 1943, ele foi a uma conferência de cúpula com Roosevelt e Churchill no Cairo. Mas o espetáculo dos soldados do ENR em precipitada retirada de Hunan, um evento noticiado por jornalistas americanos, manchou gravemente a imagem de Chiang. Camponeses chineses famintos assediavam os recrutas do ENR, eles próprios muitas vezes esfarrapados e descalços, vistos com hostilidade após anos de extorsão e opressão. Relatos sobre corrupção e incompetência de altos oficiais do ENR levaram a clamores pelo fim da ajuda americana. Em outubro de 1944, Roosevelt tomou a

Aviões dos EUA lançam suprimentos para as forças nacionalistas chinesas. Esse método para entregar equipamentos militares e combustível foi usado após a interrupção pelos japoneses da via terrestre através da Birmânia.

difícil decisão de continuar o apoio a Chiang. Além disso, removeu o mais duro crítico do líder chinês, Stilwell. Porém, o comandante do Kuomintang nunca recuperaria totalmente o prestígio aos olhos dos EUA.

Os americanos consideraram a ideia de apoiar os comunistas chineses, que em 1945 colhiam os frutos de anos de luta árdua e ação política impiedosa. Sua influência sobre a população rural do norte chinês crescera enormemente e 95 milhões de pessoas viviam em suas "áreas liberadas". Seus exércitos de guerrilha, em grande parte equipados com armas tomadas dos japoneses, contavam com cerca de 900 mil soldados. Embora alguns tenham sugerido armar e treinar os comunistas, a hostilidade dos EUA à sua ideologia – e a amarga oposição de Chiang – significou que isso nunca aconteceria.

Rendição japonesa

No início de 1945, as forças do Kuomintang começaram a se sair melhor, mas essa hesitante recuperação foi interrompida por uma súbita rendição do Japão em agosto daquele ano. Apesar do vasto preço em vidas humanas, o teatro de batalha chinês se revelou secundário. Foi a guerra no Pacífico e no próprio Japão que decidiu o destino deste último. Mais de 2 milhões de soldados japoneses que ainda ocupavam o território chinês baixaram as armas devido a eventos em outros locais.

O fim do conflito com o Japão não trouxe paz à China, assolada pela guerra. Enquanto os EUA transportavam as forças do Kuomintang por toda a China para aceitarem a rendição japonesa nas principais cidades, os comunistas aproveitaram o apoio da URSS, que ocupara a Manchúria nos dias finais da guerra. Autorizados a se instalar em bases seguras na Manchúria, armados com equipamentos entregues pelos japoneses aos ocupadores soviéticos, os comunistas chineses estavam aptos a passar da guerrilha a operações militares convencionais de escala total contra o ENR. O cenário estava pronto para a Guerra Civil Chinesa. ∎

Chiang Kai-shek (1887-1975)

Nascido na província de Zhejiang em 1887, Chiang Kai-shek se destacou como membro do regime do Kuomintang nacionalista de Sun Yat-sen em Guangzhou nos anos 1920. Ele fundou a Academia Militar Whampoa, que treinava oficiais para o ENR nacionalista. Após a morte de Sun Yat-sen em 1925, ele assumiu a liderança do Kuomintang.

Numa série de campanhas bem-sucedidas contra senhores da guerra regionais, Chiang estendeu o domínio nacionalista ao norte da China, tomando Pequim em 1928, mas seus esforços para erradicar os comunistas chineses falharam. Apesar das derrotas militares, a guerra contra o Japão a partir de 1937 aumentou o prestígio de Chiang no exterior. Em 1943, ele já era tratado como um dos "quatro grandes" líderes Aliados. Logo, porém, a corrupção e a incompetência militar de seu regime afastaram a opinião pública estrangeira, além do apoio na China. Derrotado pelos comunistas de Mao Tse-tung na Guerra Civil Chinesa, foi forçado em 1949 a fugir com seus seguidores para Taiwan, que governou até morrer, em 1975.

ROMA É MAIS QUE UM OBJETIVO MILITAR
A QUEDA DE ROMA (JUNHO DE 1944)

EM CONTEXTO

FOCO
A frente mediterrânea

ANTES
Século VI EC. Benedito de Núrsia funda um mosteiro em Monte Cassino.

Set 1943 Forças alemãs ocupam o norte da Itália após esta se render aos Aliados.

13 out 1943 A Itália liberada declara guerra à Alemanha.

Dez 1943 Eisenhower assina a Ordem para a Proteção de Bens Culturais para resguardar locais culturais de ataque.

DEPOIS
Ago 1944 Os Aliados invadem o sul da França, tomando os portos de Toulon e Marselha.

Abr-mai de 1945 Como parte da Ofensiva de Primavera, o 15º Grupo de Exércitos Aliado atravessa a Linha Gótica, levando à derrota das forças alemãs na Itália.

Quando a Itália se rendeu aos Aliados, em setembro de 1943, o país ficou dividido entre as forças alemãs no norte e centro (incluindo Roma) e as forças Aliadas no sul. O avanço Aliado no norte foi detido pela Linha Gustav, uma rede de defesas alemãs planejada pelo marechal de campo Albert Kesselring. Tentando contornar a linha, a 36ª e a 45ª divisões de infantaria dos EUA aportaram em Anzio, 51 km ao sul de Roma, em 25 de janeiro de 1944, mas não conseguiram avançar prontamente.

Monte Cassino
Em fevereiro, os Aliados estavam atolados em Monte Cassino, a leste de Anzio. Acreditando que fosse um posto de comando alemão e alegando "necessidade militar", eles bombardearam o mosteiro sobre a cidade – um erro que prejudicou sua reputação. Depois de ataques fracassados britânicos e indianos a Monte Cassino, tropas polonesas afinal o tomaram em 18 de maio, após meses de feroz resistência alemã.

O degelo da primavera permitiu aos Aliados avançar e, em 4 de junho de 1944, o V Exército dos EUA, apoiado por tropas britânicas e canadenses, liberou Roma. Kesselring recuou para os Apeninos Setentrionais para montar uma posição defensiva de 322 km, conhecida como Linha Gótica. Em terreno difícil, as forças Aliadas do marechal de campo Harold Alexander enfrentaram um inimigo desesperado, mas elas tinham iniciado o caminho para a vitória. ■

A mais extenuante, a mais angustiosa e, em um aspecto, a mais trágica de todas as fases da guerra na Itália.
General Mark Clark
sobre a batalha de Monte Cassino

Veja também: A Itália entra na guerra 88-89 ■ Norte da África e Mediterrâneo 118-21 ■ A Operação Tocha 196-97 ■ A invasão da Itália 210-11

VIRADA DA MARÉ 255

BEM PAGOS DEMAIS, COM LIBIDO DEMAIS E BEM AQUI

TROPAS DOS EUA NA GRÃ-BRETANHA (1942-1945)

EM CONTEXTO

FOCO
GI no Reino Unido

ANTES
Dez 1940 O presidente Roosevelt propõe o programa Empréstimo-Arrendamento para ajudar o esforço de guerra do Reino Unido.

8 dez 1941 Os EUA declaram guerra ao Japão. Poucos dias depois, a Alemanha declara guerra aos EUA.

Fev 1942 Nos EUA, o Pittsburgh Courier lança a Campanha Duplo V, exortando militares negros a buscar a vitória na guerra – e na luta contra a discriminação em seu país.

DEPOIS
Mai 1945 No fim da guerra na Europa, há mais de duzentas bases aéreas dos EUA na Grã-Bretanha, com guarnições de 2.500 pessoas cada – várias vezes a população da maioria dos povoados britânicos.

Depois que os EUA entraram na guerra, em dezembro de 1941, não demorou muito para tropas americanas chegarem à Grã-Bretanha para apoiar as operações Aliadas na Europa. Entre janeiro de 1942 e dezembro de 1945, cerca de 1,5 milhão de soldados dos EUA passaram pela Grã-Bretanha. Conhecidos como GI, eles recebiam as "Instruções para os militares americanos na Grã-Bretanha", um folheto que os apresentava à vida britânica, incluindo a história, a cultura e até suas gírias.

O povo britânico também recebeu uma lição cultural, sob a forma de Coca-Cola, balas, náilon, jazz e fluxo de dinheiro. Os GI recebiam até cinco vezes mais que seus colegas britânicos e sua generosidade era famosa. Cerca de 70 mil britânicas ficaram noivas de GI e milhares de bebês, filhos desses americanos, nasceram fora do casamento.

GI negros

As forças dos EUA na Grã-Bretanha incluíram cerca de 150 mil americanos negros, que serviam em unidade exclusivas, de início principalmente em funções de serviço, refletindo a segregação e a discriminação raciais ainda desenfreadas nos EUA na época.

Os militares americanos negros em geral eram bem-recebidos nos pubs e nas casas britânicas. Isso em geral desagradava os GI brancos. Em junho de 1943, a violência irrompeu entre GI brancos e negros no povoado de Bamber Bridge, em Lancashire, após os donos de pubs locais negarem o pedido da polícia militar dos EUA de segregarem seus estabelecimentos. ∎

Um soldado dos EUA distribui balas a um grupo de crianças do East End londrino. Com a comida estritamente racionada na Grã-Bretanha, os presentes dos GI eram bem-vindos.

Veja também: O fim da neutralidade dos EUA 108 ▪ O ataque japonês a Pearl Harbor 138-45 ▪ Os EUA na guerra 146-53 ▪ Bombardeio da Alemanha 220-23

A MARÉ VIROU

OS DESEMBARQUES DO DIA D (6 DE JUNHO DE 1944)

258 OS DESEMBARQUES DO DIA D

EM CONTEXTO

FOCO
Liberação da França

ANTES
26 Mai-4 Jun 1940 Centenas de barcos da Marinha e civis evacuam mais de 338 mil soldados Aliados do porto francês de Dunquerque.

25 jun 1940 A França se rende formalmente à Alemanha. Quinze dias depois, os nazistas instalam a França de Vichy, um governo fantoche chefiado pelo marechal Philippe Pétain.

8-16 nov 1942 Os Aliados invadem o norte francês da África na Operação Tocha.

DEPOIS
15 ago 1944 Os Aliados lançam a Operação Dragão, uma invasão bem-sucedida ao sul da França.

25 ago Tropas francesas e dos EUA liberam Paris após quatro anos de ocupação alemã.

Antes de 1944, os Aliados se dividiam quanto à abertura de uma segunda frente na Europa. Stalin ansiava por isso, pois aliviaria a pressão sobre o Exército Vermelho. Os EUA também eram muito favoráveis, e no início de 1942 desenvolveram a Operação Roundup (Agrupamento), um plano para invadir a França na primavera de 1943 (até consideraram adiantar a data para o outono de 1942). Os britânicos, porém, relutavam. Churchill se lembrava do fracasso da campanha de Gallipoli, na Primeira Guerra, e estava ciente dos riscos de uma invasão por mar. Acreditando que os Aliados ocidentais ainda não estavam prontos, os britânicos propuseram focar primeiro no norte da África e no Mediterrâneo.

A visão britânica prevaleceu e, em novembro de 1942, tropas britânicas e dos EUA lançaram a Operação Tocha, a invasão do norte africano francês.

Operação Overlord
Em maio de 1943, Roosevelt e Churchill se reuniram na Terceira Conferência de Washington e decidiram invadir a França doze meses depois. A ação planejada foi confirmada no fim de novembro na Conferência de Teerã, com a

> A menos que possamos ir e desembarcar e lutar contra Hitler e bater suas forças em terra, nunca venceremos esta guerra.
> **Winston Churchill**

presença de Stalin, e recebeu o codinome Operação Overlord.

O recém-criado Supremo Quartel-General da Força Expedicionária Aliada, liderado por Dwight Eisenhower, coordenou a invasão planejada. Ele rejeitou a ideia de invadir a região de Calais, pois, apesar de ser a mais próxima da Grã-Bretanha, era muito fortificada, e se decidiu pela Normandia, mais distante, porém com defesas mais fracas.

A travessia do mar, os desembarques e a instalação de cabeças de praia receberam o codinome Operação Netuno. Previa-se

Dwight Eisenhower

Nascido em Denison, no Texas, em 1890, e graduado na Academia Militar de West Point, em Nova York, Dwight Eisenhower entrou no exército dos EUA em 1915. Ele se tornou comandante das tropas americanas em junho de 1942 e chefiou as invasões Aliadas no norte da África e na Sicília, antes de liderar os desembarques na Normandia.

Dono de grande visão estratégica e habilidades organizacionais, Eisenhower conseguiu conciliar as diferentes personalidades dos outros líderes militares Aliados, navegando pelas dificuldades logísticas e políticas de um projeto tão vasto e complexo. Com o êxito da Batalha da Normandia, liderou os Aliados na liberação do restante da França e da Europa ocidental.

Após a rendição da Alemanha em maio de 1945, governou a zona de ocupação americana na Alemanha por seis meses e depois se tornou o primeiro comandante supremo da OTAN (Organização do Tratado do Atlântico Norte), de 1951 a 1952, construindo relações através da Europa ocidental.

Eisenhower foi presidente dos EUA de 1953 a 1961, tendo obtido duas vitórias eleitorais esmagadoras. Morreu em 1969.

VIRADA DA MARÉ 259

Veja também: A queda da França 80-87 ▪ As cúpulas dos Aliados 225 ▪ Armas-v 264-65 ▪ Os Aliados se espalham rumo ao leste 272-73 ▪ Operação Market Garden 274 ▪ Batalhas na fronteira 275

Uma série de operações Aliadas buscam confundir o alto comando alemão sobre o momento e o lugar dos desembarques do Dia D.

Encontros diplomáticos são realizados para fazer a Alemanha acreditar que **os Aliados estão prestes a invadir a Noruega.**

Um **sósia do general Montgomery** voa para o norte da África em maio de 1944, para fazer crer que **não há invasão iminente.**

Grupos de exército falsos são criados na Grã--Bretanha, aparentemente **prontos a invadir a Noruega e a região de Calais.**

Os Aliados **disseminam rumores** de que irão **atacar na Grécia e nos Bálcãs.**

Uma frota de invasão é mandada rumo a **Gênova**, na Itália, para **enganar a Alemanha**, fazendo-a crer que uma **grande operação** nas redondezas **é provável.**

---

que a invasão fosse precedida de um bombardeio aéreo e naval. Ela consistiria no desembarque marítimo de tropas em cinco praias (de codinome Sword, Juno, Gold, Omaha e Utah) ao longo de 80 km de litoral. Tropas aerotransportadas desceriam então nos flancos esquerdo e direito.

A preparação para a Operação Overlord foi exaustiva. A data proposta, o Dia D, foi adiada para junho de 1944, para dar mais tempo à construção de embarcações de desembarque. Enormes esforços foram feitos para obter informações sobre a Normandia. Cerca de 16.500 pombos-correio levando perguntas ao povo local foram enviados à França (só 12% voltou; muitos foram mortos por atiradores alemães). Os Aliados também coletaram milhões de cartões postais e fotos turísticas de potenciais pontos de desembarque, para terem uma compreensão clara da topografia. Isso foi complementado por relatos da resistência francesa e reconhecimento aéreo.

Enquanto isso, a inteligência britânica plantou informações falsas sobre a invasão. Uma série de operações enganosas, coletivamente chamadas Operação Guarda-Costas, fez os líderes alemães pensarem, em especial Hitler, que a Normandia era um embuste e que os Aliados invadiriam outro lugar. Assim, espalharam muito suas defesas, mantendo milhares de soldados na Noruega, na Grécia e nos Bálcãs.

Invenções engenhosas
Os Aliados criaram novos equipamentos e tecnologias, »

Forças americanas ensaiam os desembarques em praia inglesa. Em certo momento, o exército chamou a atenção de navios alemães de ataque rápido, levando a esforços frenéticos para rechaçá-los – e a perdas Aliadas.

260 OS DESEMBARQUES DO DIA D

Tanques do exército canadense quebrados e abandonados na praia de Dieppe após o fracasso da Operação Jubileu, em agosto de 1942.

O ataque de Dieppe

Antes do Dia D, uma operação Aliada mais limitada ocorreu no norte da França: o ataque à cidade portuária de Dieppe. Com o codinome Operação Jubileu, sua meta era estimar a dificuldade de uma invasão que cruzasse o canal. Os Aliados planejavam desembarcar tropas em Dieppe, destruir o porto e as defesas, obter informações e depois recuar.

O ataque de Dieppe foi lançado em 19 de agosto de 1942, com cerca de 5 mil combatentes canadenses, mil britânicos e 50 rangers dos EUA. Após um bombardeio naval ineficaz, as tropas Aliadas começaram a desembarcar às 6h20. A guarnição alemã tinha sido avisada de um possível ataque e fez chover tiros de metralhadora ao desembarcar a infantaria. Os tanques Aliados ficaram presos na areia macia e nos obstáculos de concreto.

A ordem de retirada foi dada menos de cinco horas após o desembarque. A operação não atingiu quase nenhum de seus objetivos e 3.642 soldados Aliados foram mortos, feridos ou capturados.

---

preparando-se para o Dia D. O "tanque nadador", que podia ser lançado perto da praia e aportar na areia, tinha uma proteção de lona inflável que o fazia flutuar e propulsores na traseira que permitiam um avanço de 6,4 km por hora. Os britânicos também adicionaram lança-chamas de longo alcance, morteiros e aparatos para remoção de minas aos tanques normais e desenvolveram buldôzeres blindados.

Um importante problema logístico era abastecer esses e outros veículos Aliados. Com a Operação Plutão, engenheiros britânicos modificaram cabos telegráficos submarinos para transportar combustível. Uma vez acionados na Normandia, eles podiam bombear 8 mil toneladas de petróleo por dia. Mais importante ainda era o "Mulberry", um porto pré-fabricado portátil que podia ser rebocado através do canal da Mancha e montado. Isso permitiria desembarcar cargas sem ter de primeiro tomar um porto. Os Aliados planejavam instalar dois portos Mulberry, nas praias Omaha e Gold.

As defesas alemãs

O marechal de campo Gerd von Rundstedt comandava as forças alemãs no ocidente desde março de 1942. Ele servira na Frente Oriental até Hitler tirá-lo desse comando por ter permitido um recuo ante um avanço soviético. Em 1944, Rundstedt só podia recorrer a 850 mil homens. Pensando ser impossível deter um desembarque Aliado, ele decidiu concentrar as forças no interior para contra-atacar se uma invasão de fato ocorresse.

Fortificações na praia

A principal defesa costeira alemã era a Muralha do Atlântico, uma série de fortificações ao longo de 3.200 km, do oeste da França à Noruega. A construção da "muralha" tinha começado em 1942, e em novembro de 1943 o marechal de campo Erwin Rommel foi incumbido de fortalecer o sistema de defesa.

Rommel se desentendeu com Rundstedt, pois acreditava que o melhor modo de derrotar os Aliados era concentrar forças na costa, impedindo-os de garantir uma cabeça de praia. Rommel tinha começado a melhorar as defesas costeiras adicionando milhares de fortificações de concreto e instalou milhões de minas ao largo do litoral e nas áreas costeiras. Para atrapalhar a passagem de tanques e desembarques aéreos, colocou obstáculos e armadilhas nas praias e campos da costa.

Travessia do mar

Eisenhower tinha marcado 5 de junho para os desembarques do Dia D, mas na véspera foi avisado de ventos fortes e tempo encoberto, que atrapalhariam as operações aéreas e navais. Ele então adiou a invasão por 24 horas.

Os navios Aliados começaram a deixar vários pontos da costa da Inglaterra às nove da manhã de 5 de junho. A travessia levou 17 horas. Atravessar o canal da Mancha com uma força de invasão de mais de 150 mil homens foi um enorme desafio

Nossa única chance possível será nas praias – é onde o inimigo é sempre mais fraco.
Erwin Rommel

logístico. Os desembarques, a maior invasão por mar já feita, exigiram quase 7 mil barcos. As forças de invasão aérea começaram a chegar à Normandia logo após a meia-noite. Alguns desceram de paraquedas, outros em planadores que tinham sido rebocados por aviões. A invasão aérea de britânicos e canadenses ocorreu a leste da praia Sword, perto da cidade de Caen, e a americana desceu a oeste da praia Utah, na parte sul da península do Cotentin.

Sucessos pelo ar

O mau tempo e o fogo antiaéreo atrapalharam os desembarques, espalhando os paraquedistas e os que desciam com planadores. Apesar disso, as operações aerotransportadas foram na maior parte bem-sucedidas. Os britânicos e canadenses causaram graves danos a uma importante bateria de canhões alemã e tomaram duas pontes estrategicamente vitais. As forças americanas enfrentaram maiores dificuldades, mas atingiram muitas de suas metas, como tomar a comuna de Sainte-Mère-Église, na estrada principal entre Cherbourg e Paris.

A RAF britânica conduziu outra ação enganosa – a Operação Titanic. A partir das duas da manhã de 6 de junho, lançou quinhentos bonecos de paraquedas na Normandia, ao lado de comandos britânicos com ordens para se engajarem em combates rápidos com os alemães e usarem amplificadores para tocar gravações de tiros e ordens gritadas. Isso distanciou as forças alemãs das reais zonas de desembarque e as fez perder tempo buscando soldados não existentes. Antes dos desembarques nas praias,

os Aliados também bombardearam defesas e fortificações alemãs ao longo da costa da Normandia. A partir da meia-noite, os aviões Aliados lançaram 7,2 milhões de toneladas de bombas no Dia D, mas a cobertura de nuvens levou muitas a caírem longe do alvo. Por volta de 5h45 da manhã, o bombardeio naval começou. Milhares de projéteis e foguetes choveram sobre as fortificações, mas os resultados foram mistos. Quando os desembarques Aliados começaram, muitas posições defensivas alemãs continuavam intactas.

Início dos desembarques

Às 6h30 de 6 de junho, as forças dos EUA desembarcaram nas praias Utah e Omaha, as primeiras a chegarem à terra. Na Utah, de início pouco aconteceu conforme os planos. Muitos soldados de infantaria e tanques nadadores se atrasaram ou chegaram fora do lugar planejado. Apesar disso, eles se reagruparam e, às nove horas, saíam da praia. No fim do dia, haviam avançado 6,4 km para o interior.

A situação na Omaha era mais caótica. Mar encapelado e ventos fortes, aliados a erros de navegação, fizeram só 2 dos 29 tanques nadadores chegarem à praia. Sem seu apoio, a infantaria dos EUA sofreu muitas perdas nas mãos dos alemães entrincheirados que atiravam dos penhascos. Com muitas unidades espalhadas e sem liderança, os oficiais consideraram uma retirada de Omaha. Ao meio-dia, porém, os americanos tinham aberto caminho para fora da praia e no fim do dia haviam avançado 1,6 km para o interior.

As forças britânicas iniciaram os desembarques na praia Gold às 7h25 de 6 de junho. O bombardeio preliminar tinha conseguido neutralizar muitas das defesas alemãs. Com a infantaria e os blindados trabalhando juntos, no meio da tarde os britânicos tinham criado uma sólida cabeça de praia e avançado 3,2 km para o interior.

Na praia Juno, os canadenses iniciaram o desembarque às 7h50. Ali, nenhuma das posições alemãs »

Um veículo de desembarque dos EUA se aproxima da praia Omaha, onde cerca de 3 mil soldados americanos foram mortos ou feridos. Alguns deles se afogaram nas ondas fortes, devido ao peso dos equipamentos.

262 OS DESEMBARQUES DO DIA D

sofrera danos sérios no bombardeio preliminar, e o mar bravo atrasou os tanques nadadores. Sofrendo consideráveis perdas, os canadenses abriram caminho subindo para fora da praia e conseguiram se juntar às forças britânicas da praia Gold. À meia-noite, tinham avançado 10 km em alguns locais.

A primeira leva de tropas britânicas desembarcou na praia Sword a partir das 7h25. Seu objetivo era subir a área alta acima de Caen e talvez até atacar a própria cidade. Os britânicos asseguraram a praia em pouco mais de uma hora e iniciaram o avanço. Às 16h00, tanques Panzer e infantaria alemães contra-atacaram, empurrando algumas forças britânicas de volta à praia. Às 21h00, porém, o único grande contra-ataque do Dia D tinha sido derrotado e os alemães, forçados a recuar. Apesar dos bloqueios e da resistência alemã terem impedido um avanço sobre Caen, os britânicos tinham instalado uma cabeça de praia.

Confusão alemã

A reação alemã aos desembarques na Normandia foi confusa. Rommel, que teria sido central em qualquer contra-ataque, estava na Alemanha festejando o aniversário da esposa. Rundstedt lutava para impor sua autoridade. A escala dos desembarques aerotransportados na Normandia o convenceu de que era o principal local de invasão e, às quatro da manhã, ele tentou mandar reservas blindadas para a área. Haviam dito a ele que só Hitler teria autoridade para isso, mas o Führer estava dormindo e não devia ser perturbado. Hitler só se levantou ao meio-dia, quando os

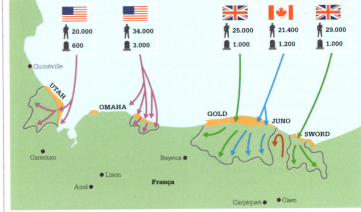

Cinco praias, com os codinomes Sword, Juno, Gold, Omaha e Utah, foram escolhidas para os desembarques do Dia D. A primeira tarefa das tropas em cada uma era estabelecer uma cabeça de praia – um posto avançado do qual podiam ser lançados ataques – e reforçá-la. A segunda tarefa era ligar as cinco cabeças de praia.

Legenda:
→ Ataque americano
→ Ataque britânico
→ Ataque canadense
→ Contra-ataque alemão
— Linha de frente Aliada em 7 de junho
▮ Praias da Normandia
👤 Efetivo das tropas
⚱ Vítimas

Aliados já estavam montando uma cabeça de praia. Enquanto ocorriam os desembarques, a resistência francesa e os comandos britânicos atrapalhavam o contra-ataque alemão. Eles interromperam linhas de trem para impedir a chegada de reforços inimigos, e bombardeiros da RAF lançaram tiras de alumínio sobre o mar, ao norte da invasão, para dar a ilusão de toda uma frota no radar alemão.

Objetivos imediatos

No fim do Dia D, os Aliados tinham desembarcado 156 mil soldados. Um objetivo importante era tomar Caen. Após bombardearem a cidade por dois dias até arrasá-la, matando 2 mil civis, as forças britânicas tentaram tomá-la em 7 de junho, mas foram rechaçadas.

Desembarque na praia Juno de comandos britânicos do 48º de Fuzileiros Reais. Seu objetivo era tomar e manter os flancos da praia para permitir o avanço de outras tropas.

VIRADA DA MARÉ

Em 9 de junho, os Aliados começaram a construir portos Mulberry em Saint-Laurent-sur-Mer, na praia Omaha, e em Arromanches, na praia Gold. O primeiro foi destruído por uma tempestade, mas o segundo foi concluído. Chamado de "Porto Winston", ele foi usado por dez meses para desembarcar 2,5 milhões de homens, 500 mil veículos e 4 milhões de toneladas de suprimentos. Em 12 de junho, tropas americanas tomaram a comuna de Carentan, na península do Cotentin, ligando todas as cabeças de praia Aliadas pela primeira vez.

A Batalha da Normandia

Hitler voou para a França em 16 de junho e fez uma conferência com seus generais nos subúrbios de Paris no dia seguinte. Ele desancou Rundstedt e Rommel, culpando-os pelos avanços Aliados. Ambos o alertaram de que a posição alemã na Normandia era insustentável e defenderam a retirada para leste para formar uma linha defensiva. Hitler recusou de modo terminante. Na segunda metade de junho, os Aliados fizeram progressos contínuos na Normandia. Em 22 de junho, os americanos atacaram Cherbourg, tomando a cidade após oito dias. Porém, a esperança Aliada

de usar seu porto foi frustrada ao ver que os alemães tinham lançado restos de construções nas águas ao redor. Em julho, os Aliados tomaram Caen e avançaram pelo interior da Normandia. Muitos dos combates ocorreram nos campos de *bocage* (área rural com paredes de terra ou formadas por árvores e troncos), onde densas sebes com 4,5 metros de altura em alguns lugares atrapalhavam o movimento, em especial dos tanques.

Em meados de julho, os americanos tinham capturado a cidade de Saint-Lô, de onde lançaram a Operação Cobra, um avanço para sudoeste, rumo à Bretanha. A Operação Cobra durou de 25 a 31 de julho e foi um total sucesso Aliado. Com a ajuda de um ataque britânico que travou as forças alemãs, os americanos avançaram 64 km, saindo do *bocage* e entrando na Bretanha.

Contraofensiva

Apesar de alertado de que a situação na Normandia era irremediável, Hitler ordenou uma grande contraofensiva, de codinome Operação Liège. O ataque às posições americanas perto

Equipamentos e suprimentos são descarregados de navios da Marinha após os desembarques do Dia D. Era vital para os Aliados reforçarem sua vantagem o mais rapidamente possível.

da comuna de Mortain foi lançado em 7 de agosto. Os Aliados, que haviam interceptado e decodificado as ordens de ataque, logo ganharam supremacia aérea na área. No dia seguinte, os alemães foram flanqueados ao norte pelas forças canadenses e da Polônia Livre, e ao sul pelas tropas dos EUA.

Em 13 de agosto, a Operação Liège já tinha fracassado, deixando 80 mil soldados alemães encurralados num bolsão ao redor da comuna de Falaise. Vinte mil deles escaparam por uma pequena saída do bolsão, até que foi fechada, em 21 de agosto, pelos Aliados, com a companhia das tropas da França Livre.

A vitória em Falaise praticamente encerrou a Batalha da Normandia, embora as últimas forças alemãs só tenham se retirado em 30 de agosto. A Operação Overlord tinha sido um triunfo. A Normandia fora liberada e os Aliados estavam prontos para avançar na Europa ocupada. ∎

A Normandia foi uma experiência devastadora para nós. Não imaginávamos que os alemães fossem tão bons, apesar de não terem nada parecido com o que tínhamos.
Entrevista com um comandante de companhia do exército britânico

O AMANHECER NÃO TROUXE ALÍVIO; NEM A NUVEM, CONFORTO
ARMAS-V (JUNHO DE 1944-MARÇO DE 1945)

EM CONTEXTO

FOCO
Armas e arte da guerra

ANTES
Set 1940-mai 1941 A Alemanha faz uma campanha de bombardeio intenso sobre infraestrutura e áreas urbanas britânicas, mirando cidades históricas um ano depois.

Mar-dez 1943 A RAF e a Força Aérea dos EUA bombardeiam a Alemanha dia e noite.

DEPOIS
6 ago 1945 A primeira bomba atômica usada em guerra é detonada pelas forças Aliadas sobre Hiroshima, no Japão.

21 ago 1957 A URSS lança com sucesso o primeiro foguete balístico intercontinental, o R-7, influenciado pelo V-2 alemão.

16 jul 1969 A Apolo 11 é lançada por um foguete projetado pelo engenheiro de mísseis alemão Wernher von Braun e pousa na Lua, quatro dias depois.

A **Alemanha usa "armas de retaliação"** buscando **vingar** os pesados bombardeios aéreos realizados pelos Aliados.

Os mísseis muitas vezes **não acertam o alvo** devido a mau funcionamento ou interceptação, mas **sua tecnologia inovadora é admirada**.

Tão perto do fim na guerra, **as armas têm pouco impacto** em seu desfecho, mas muitos dos **cientistas** que as conceberam acabam **trabalhando como engenheiros aeroespaciais** nos Estados Unidos.

Em 1944, enquanto as cidades alemãs enfrentavam mais bombardeios aéreos devastadores Aliados, a liderança nazista pôs em uso as *Vergeltungswaffen* (armas de retaliação), projetadas para causar o máximo de danos.

O uso de armas-v

As duas principais armas-v, como eram comumente chamadas, eram uma bomba voadora impulsionada por um jato e um míssil balístico de longo alcance – a V-1 e o V-2. Foram criadas no centro de pesquisa Peenemünde, na ilha Usedom, no mar Báltico. A primeira V-1 foi disparada para Londres em 13 de junho de 1944. Atingindo velocidades de até 644 km/h, levava cerca de 900 kg de explosivos. O zumbido de seu motor lhe valeu o apelido na Grã-Bretanha de *buzz-bomb*. Quase 10 mil V-1 foram disparadas para Londres e locais na Bélgica, matando cerca de 6 mil pessoas, porém, menos de um quarto delas acertaram o alvo. Algumas sofreram problemas técnicos

VIRADA DA MARÉ

Veja também: A Blitz 98-99 ▪ Bombardeio da Alemanha 220-23 ▪ Indústria de guerra alemã 224 ▪ A destruição de cidades alemãs 287 ▪ Os soviéticos avançam na Alemanha 288-89 ▪ O bombardeio de Hiroshima e Nagasaki 308-11

Wernher von Braun

Nascido em 1912 em uma família rica e aristocrática, desde cedo Wernher von Braun mostrou entusiasmo por espaço e astronomia. Quando concluiu o doutorado em física em 1934, já estava envolvido no programa experimental de engenharia espacial da Alemanha. Em 1937, Braun foi nomeado diretor técnico do recém-fundado instituto de pesquisa e testes em Peenemünde, onde foi essencial para o desenvolvimento do foguete V-2.

Membro do Partido Nazista e da Schutzstaffel (ss), Braun alegava só ter se filiado aos dois porque era útil politicamente fazer isso, mas que nunca foi um seguidor entusiástico de Hitler.

Em maio de 1945, Braun e muitos de sua equipe se renderam aos americanos. Como parte do esquema secreto da Operação Paperclip (Clipe de Papel), eles foram levados para os EUA para desenvolver sua tecnologia de foguetes. Braun trabalhou para o programa de mísseis balísticos do exército dos EUA e se tornou cidadão americano em 1955. Em 1960, foi transferido para a NASA e teve um importante papel no sucesso do programa espacial americano. Morreu em 1977 em Alexandria, na Virgínia.

---

ou de navegação e armas antiaéreas, balões de barragem e caças Aliados derrubaram outras centenas.

Em grande parte desenvolvido pelo engenheiro Wernher von Braun, o V-2 foi testado em 1942. Ele tinha um alcance de 322 km, podia atingir uma altitude de 80 km e uma velocidade máxima de 5.760 km/h. Em 6 de setembro de 1944, os primeiros V-2 atingiram Paris e dois dias depois, Londres. Eles foram dirigidos a alvos na Bélgica, Países Baixos e até Alemanha, tentando diminuir o avanço Aliado.

Muito pouco, muito tarde

Mais de mil V-2 foram lançados, causando 5 mil mortes civis; mais do dobro de prisioneiros de campos de concentração e trabalhos forçados morreram ao fabricá-los. Para buscar e destruir os locais de produção e lançamento, os Aliados acionaram

A bomba voadora V-1 era lançada, a princípio, de uma rampa, mas depois foi usado um bombardeiro adaptado. Ela era guiada por um sistema de navegação automático no corpo do míssil.

a Operação Crossbow (Balestra) e, em março de 1945, já tinham tomado todos os locais de lançamento de V-1 e V-2 no norte da França, na Bélgica, nos Países Baixos e em Luxemburgo.

As armas-v eram duas de várias *Wunderwaffen* ("armas maravilhosas") que os nazistas criaram e usaram, buscando mudar o rumo do conflito. Por mais inovadoras que fossem, porém, elas custaram muito à Alemanha para pouco ganho relativo. Após a Segunda Guerra Mundial, os americanos estimaram que, com os recursos destinados à sua produção, os alemães poderiam ter construído 24 mil aeronaves convencionais.

Outra das *Wunderwaffen* foi o Messerschmitt ME-262 *Schwalbe* ("andorinha"), o primeiro caça a jato operacional, com velocidade máxima de 870 km/h. Devido a atrasos na produção, não foi usado até agosto de 1944. No mesmo ano, o Messerschmitt ME-163 *Komet*, um caça movido a foguete que atingiria mais de 960 km/h, fez sua estreia. Ambos chegaram tarde demais e em número muito pequeno para terem maior impacto no curso da guerra. Quando acabou, porém, todos os Aliados disputaram as mentes brilhantes por trás da tecnologia das *Wunderwaffen*. ■

O CAMINHO DA VINGANÇA!
OPERAÇÃO BAGRATION (JUNHO-AGOSTO DE 1944)

EM CONTEXTO

FOCO
Estratégia soviética

ANTES
Jul-ago 1943 Rechaçando um ataque alemão, o Exército Vermelho vence a Batalha de Kursk, na URSS.

Nov 1943 Uma ofensiva do Exército Vermelho leva à liberação de Kiev, na Ucrânia.

DEPOIS
Out 1944 A Revolta de Varsóvia contra a Alemanha, liderada pela resistência clandestina polonesa, é sufocada.

Set-nov 1944 O Exército Vermelho lança ofensivas bem-sucedidas no Báltico e nos Bálcãs.

13 fev 1945 O ataque soviético a Budapeste termina em vitória e com a queda do regime pró-nazista da Hungria.

Após a devastadora derrota na Batalha de Kursk, no verão de 1943, os alemães não conseguiram lançar uma ofensiva organizada na Frente Oriental. Com falta de recursos, podiam manter apenas uma linha defensiva contra o avanço do Exército Vermelho. Na passagem do outono para o inverno de 1943 a 1944, os soviéticos expulsaram os alemães da maior parte da Ucrânia e obtiveram controle sobre a Crimeia na primavera de 1944, após um mês de campanha.

Ardil estratégico
Em 1º de maio de 1944, Stalin e os comandantes do Exército Vermelho iniciaram os planos de uma ofensiva de verão. Como a rota mais direta para a Alemanha cortava o oeste da Ucrânia e a Polônia, Hitler e seus

VIRADA DA MARÉ 267

Veja também: Operação Barbarossa 124-31 ▪ A Grande Guerra Patriótica 132-35 ▪ A Batalha de Stalingrado 178-83 ▪ Os soviéticos avançam na Alemanha 288-89

Perdas significativas forçam os **alemães a adotarem uma estratégia defensiva** na Frente Oriental.

Os **líderes soviéticos** secretamente **reúnem tropas para um ataque às forças alemãs** através da Bielorrússia.

A **Alemanha**, pressionada pelos avanços Aliados no ocidente, é **incapaz de conter o ataque do Exército Vermelho**.

As forças soviéticas **expulsam os alemães** da Bielorrússia e da Romênia, e **avançam** tanto **na Polônia** como **nos Bálcãs**.

O futuro domínio da URSS na Europa central e oriental é estabelecido.

Gueorgui Jukov

Nascido em 1896 de família camponesa em Kaluga, no oeste da Rússia, Gueorgui Jukov foi recrutado para o Exército Imperial Russo em 1915 e serviu com distinção na Primeira Guerra. Ele aderiu ao Partido Bolchevique em 1917 e lutou na cavalaria do Exército Vermelho na Guerra Civil Russa (1918-1920). Em 1939, era chefe das forças soviéticas na Manchúria e as liderou numa vitória contra o Japão. Em 1941, tornou-se Chefe do Estado-Maior do Exército Vermelho. Apesar de demitido após a Operação Barbarossa, ele se manteve influente, supervisionando a defesa de Stalingrado e contraofensivas posteriores.

Promovido a marechal em 1943, Jukov ajudou a obter a vitória em Kursk, coordenou forças soviéticas da Operação Bagration e comandou a Primeira Frente Bielorrussa. Em 1945, liderou o ataque final a Berlim.

Após a Segunda Guerra, Jukov foi posto de lado por Stalin, que o via como uma ameaça. Em 1955, recuperou sua influência como ministro da Defesa de Khrushchev, mas desentendeu-se com ele e foi forçado a se aposentar em 1957. Jukov morreu em Moscou em 1974.

---

generais previam um ataque à cidade de Lvov (hoje Lviv, na Ucrânia). Os líderes soviéticos, porém, planejavam um assalto frontal em massa através da Bielorrússia (hoje Belarus), onde a posição alemã estava cercada em três lados por territórios soviéticos. Sob supervisão dos marechais Gueorgi Jukov e Aleksandr Vasilevsky, o plano foi aprovado em 30 de maio, com o codinome Operação Bagration – de Piotr Bagration, importante general russo das Guerras Napoleônicas. Os soviéticos acionaram um elaborado programa para disfarçar suas intenções. Os soldados iam para as áreas de operação à noite e eram concentrados em florestas para reduzir o risco de detecção. Patrulhas de aviões soviéticos foram aumentadas para deter ou destruir as missões de reconhecimento da Luftwaffe. As unidades envolvidas na Operação Bagration só foram para a linha de frente uma ou duas noites antes do ataque; tinham de manter o rádio desligado e usar camuflagem. Como um toque final, o Exército Vermelho reforçou a linha de frente com muito arame farpado, para os alemães pensarem que só a estavam defendendo. Em apenas seis semanas, »

OPERAÇÃO BAGRATION

Foguetes Katyusha soviéticos são disparados por lançadores nas montanhas dos Cárpatos. A ofensiva Dnieper-Cárpatos, que terminou em maio de 1944, deixou as forças alemãs na Bielorrússia vulneráveis a ataques.

a URSS tinha mobilizado 2,3 milhões de homens para a ofensiva e entregara vários milhões de toneladas de suprimentos, tornando essa uma das maiores operações da Segunda Guerra.

Falta de recursos alemã

O estratagema soviético foi eficaz. Hitler e seus generais mantiveram as reservas de Panzer concentradas no sul, na área ucraniana da Frente Oriental. O *Heeresgruppe Mitte* (Grupo de Exércitos Centro), liderado pelo marechal de campo Ernst Busch, um veterano da Operação Barbarossa, era responsável pelo setor ao redor da Bielorrússia. Como a linha de frente que suas tropas mantinham era bastante estável, foi possível construir defesas e trincheiras largas e criar postos avançados estratégicos ao redor de cidades fortificadas.

Em junho de 1944, porém, Busch já tinha falta de efetivo, pois muitos comandados haviam sido transferidos para oeste, para bloquear os desembarques na Normandia. Ele só contava com 400 mil soldados e mais ou menos o mesmo tanto de não combatentes e pessoal de apoio, para defender 290 km de frente. Unidades adicionais húngaras que lutavam com eles tinham poucos homens e armas. Busch também carecia de força aérea significativa, reserva estratégica e apoio blindado suficiente, o que tornava sua infantaria muito vulnerável. Para complicar, os partisans locais tinham interrompido linhas de trem, atrapalhando a capacidade alemã de trazer reforços e obrigando-os a ocasionalmente usar cavalos para entregar suprimentos na linha de frente.

O avanço soviético

A Operação Bagration foi lançada em 22 de junho, no terceiro aniversário da Operação Barbarossa, a invasão-surpresa alemã da URSS. Mais de 1,2 milhão de soldados do Exército Vermelho foram à luta, apoiados por 5.200 tanques e canhões de assalto e mais de 5 mil aviões. A Primeira Frente Báltica e a Terceira Bielorrussa avançaram no norte, enquanto a Primeira e a Segunda Frentes Bielorrussas atacavam no sul. Em algumas áreas, os alemães foram superados em número por mais de 8 para 1 e só podiam contar com 900 tanques e canhões de assalto e 1.350 aviões. Como Hitler decidira que não haveria recuo dos postos avançados, Busch proibiu o recuo estratégico para o rio Dnieper. Sob ondas de ataques, seus homens foram cercados e brutalmente mortos; os

Prisioneiros de guerra alemães – mais de 57 mil – são exibidos nas ruas de Moscou em 17 de julho de 1944, marcando o fim da Operação Bagration e a retomada soviética da Bielorrússia.

VIRADA DA MARÉ

Tanques do Exército Vermelho avançam em Bucareste, capital da Romênia, em 31 de agosto de 1944, sem encontrar resistência, pois Miguel I da Romênia já tinha negociado a paz com os Aliados.

sobreviventes fugiram para o oeste. A luz do dia no verão durava dezoito horas, dando também às Forças Aéreas soviéticas amplo tempo para mirar as posições alemãs.

A retirada alemã

Em 28 de junho, Busch foi substituído pelo marechal de campo Walter Model, que ganhara fama como comandante de Panzer e solucionador de problemas do Führer. Mas ele pouco pôde fazer para deter o ataque soviético. Os alemães esperavam que os vastos pântanos de Pripet se tornassem um obstáculo, mas o Exército Vermelho os cruzou em caminhões de tração nas quatro rodas, fornecidos sob o programa Empréstimo-Arrendamento americano. Eles também levavam equipamento para construir pontes temporárias e manter o ritmo de avanço. Os soviéticos se concentraram com firmeza sobre Minsk, capital da Bielorrússia, liberando-a em 4 de julho.

As tentativas de Model de criar uma nova linha defensiva no oeste da Bielorrússia tiveram pouco efeito. Em 11 de julho, suas forças já recuavam para a Lituânia. O Exército Vermelho as perseguiu, tomando Vilnius dois dias depois. Em 17 de julho, já havia expulsado as tropas alemãs da Bielorrússia.

Os soviéticos avançam

O Exército Vermelho foi para o leste da Polônia, chegando ao rio Vístula em 15 de agosto e parando para esperar suprimentos. Em cinco semanas eles tinham avançado 724 km e estavam à distância para atacar Varsóvia.

Foi a derrota mais cara de Hitler. O Grupo de Exércitos Centro tinha sido destroçado, perdendo mais de 300 mil homens, e os alemães foram forçados a desviar soldados e tanques Panzer para a Bielorrússia de outros pontos na Frente Oriental. O Exército Vermelho aproveitou para obter mais conquistas. Em 13 de julho, atacou no oeste da Ucrânia. Ali, desfrutando de grande superioridade, a Primeira Frente Ucraniana, sob o marechal Ivan Konev, avançou para o leste da Polônia, tomando a cidade de Lvov. No fim de agosto, seus homens tinham instalado cabeças de ponte na margem oeste do Vístula. Mais ao sul, no leste romeno, o Exército Vermelho atacou em 20 de agosto. Três dias depois, o governo alinhado com os nazistas foi deposto e a Romênia passou para o lado dos Aliados. O Exército Vermelho estava agora bem posicionado para um avanço nos Bálcãs.

Enquanto isso, em 24 de julho, a Frente de Leningrado do Exército Vermelho atacou o enfraquecido Grupo de Exércitos Norte alemão ao redor de Narva, na Estônia. Em menor número, os alemães mantiveram uma forte ação de retaguarda, recuando para linhas defensivas preparadas e atrasando a tentativa soviética de retomar a Estônia. Com isso, as forças soviéticas não puderam usar a Estônia como base para atacar a Finlândia, que conseguiu negociar a paz com a URSS em agosto, assinando o Armistício de Moscou em 19 de setembro de 1944.

O sucesso da Operação Bagration, seus ganhos subsequentes e as devastadoras perdas alemãs na Frente Oriental colocaram os soviéticos com firmeza na rota de Berlim e deram a eles territórios que ocupariam no pós--guerra por mais de quarenta anos. ■

Quanto mais perto as Forças Armadas soviéticas chegavam das fronteiras da Alemanha fascista, mais desesperada se tornava a resistência das forças inimigas.
Operação Bagration
Relatório do Estado-Maior Soviético

É HORA DE FAZER ALGUMA COISA
O COMPLÔ PARA MATAR HITLER (20 DE JULHO DE 1944)

EM CONTEXTO

FOCO
Tentativas de assassinato

ANTES
1938 Oficiais do exército alemão criam um plano para depor Hitler, mas o abandonam quando a guerra é evitada pelo Acordo de Munique de 30 de setembro.

1941 O major-general Henning von Tresckow institui a Operação Fagulha, um plano para assassinar Hitler, dar um golpe para depor os nazistas e terminar a guerra.

13 mar 1943 Um complô para matar Hitler com uma bomba em seu avião falha porque as temperaturas baixas congelam o detonador.

DEPOIS
Ago 1944 Os primeiros julgamentos dos envolvidos no complô de 20 de julho ocorrem.

14 out 1944 O marechal de campo Erwin Rommel comete suicídio após ser implicado no complô de 20 de julho.

Desde 1938, membros do exército alemão planejavam matar Hitler. Uma pequena rede de altos oficiais acreditava que os nazistas levavam a Alemanha à aniquilação. Das muitas tentativas para tirar a vida de Hitler, a que chegou mais perto do sucesso foi realizada em 20 de julho de 1944.

Após assassinar Hitler, os conspiradores queriam se juntar a grupos de oposição civis e usar a Operação Valquíria – um plano existente para restaurar a ordem na Alemanha numa emergência – como pretexto para tomar o poder. Central no complô era o tenente-coronel Claus von Stauffenberg, um oficial que se ferira gravemente ao lutar no norte da África e que agora ocupava um posto que lhe dava acesso a Hitler.

A bomba em uma pasta

Em 20 de julho, Stauffenberg voou para o *Wolfsschanze* ("Toca do Lobo"), o quartel-general de Hitler na Prússia Oriental, para uma reunião à qual Hitler compareceria. Ele deixou sua pasta, com uma bomba dentro, sob a mesa de conferências. Alguns minutos após o início do evento, ele saiu para atender um telefonema. A bomba explodiu às 12h42, deixando quatro mortos, mas Hitler foi apenas ferido, porque a pasta tinha sido movida para trás de uma perna da mesa. Pensando que Hitler estava morto, Stauffenberg voou para Berlim, mas logo foi preso. Ele e três outros mentores foram fuzilados em 21 de julho. A Gestapo realizou então um expurgo de outros opoentes políticos suspeitos, no qual cerca de 5 mil foram mortos. ∎

Os danos da explosão na Toca do Lobo são inspecionados por Hermann Göring (centro) e o oficial nazista Martin Bormann (esq.), após o complô de 20 de julho.

Veja também: A Alemanha e a guerra real 188-91 ▪ Movimentos de resistência 226-31 ▪ Os desembarques do Dia D 256-63 ▪ Os Aliados se espalham rumo ao leste 272-73

VARSÓVIA DEVE SER ARRASADA
A REVOLTA DE VARSÓVIA (AGOSTO DE 1944)

EM CONTEXTO

FOCO
Resistência polonesa

ANTES
Set 1939 A Alemanha invade a Polônia e suas tropas entram em Varsóvia.

1942 As forças de resistência polonesas se fundem no Exército Nacional.

Abr-mai de 1943 Moradores do gueto judeu de Varsóvia se rebelam contra as forças alemãs.

DEPOIS
Out 1944 Combatentes do Exército Nacional capturados são tratados como prisioneiros de guerra, mas milhares de civis de Varsóvia são levados para campos de concentração.

Jan 1945 Tropas soviéticas entram em Varsóvia. Elas só encontram 174 mil pessoas na cidade, menos de 6% da população antes da guerra.

2004 É aberto o Museu da Revolta de Varsóvia, marcando sessenta anos do evento.

Em 1994, o Exército Nacional (a resistência polonesa) iniciou uma série de levantes na Polônia. Eles faziam parte da Operação Tempestade, que buscava expulsar os alemães e garantir o direito polonês à independência em relação ao avanço soviético. Em 1º de agosto, às 17h00 (Hora W), cerca de 40 mil rebelados iniciaram uma revolta em Varsóvia – o maior ato de resistência da guerra. A ideia era que durasse 10 dias, mas se alastrou por 63.

Derrota e vingança nazista
De início, os alemães não tiveram forças para reprimir a revolta, mas os rebeldes mal-equipados (com só um rifle para cada doze soldados) não conseguiram manter alvos estratégicos suficientes. Porém, com o forte apoio da população civil de Varsóvia e a expectativa de ajuda Aliada, o comandante polonês, o general Tadeusz Bór-Komorowski, decidiu continuar a luta. Ele esperava se ligar ao Exército Vermelho, mas o avanço soviético se detivera nas cercanias do leste de Varsóvia. Stalin se empenhou pouco para intervir quando as forças alemãs fustigaram a cidade, massacrando civis poloneses e repelindo os rebeldes rua a rua. Em 2 de outubro, Bór-Komorowski foi forçado a admitir a derrota, quando 18 mil rebeldes e mais de 130 mil civis já tinham sido mortos. Os alemães afugentaram os sobreviventes e destruíram 85% da cidade. ∎

A revolta foi bem-sucedida nos primeiros dias, e ganhamos esperança.
Sylwester "Kris" Braun
Fotógrafo e membro da resistência

Veja também: A destruição da Polônia 58-63 ▪ Movimentos de resistência 226-31 ▪ O Levante do Gueto de Varsóvia 242-43 ▪ Os soviéticos avançam na Alemanha 288-89

COMBOIOS SEM ESCALAS DE CAMINHÕES DE TODO TIPO E TAMANHO
OS ALIADOS SE ESPALHAM RUMO AO LESTE (AGOSTO-SETEMBRO DE 1944)

EM CONTEXTO

FOCO
Liberação da França

ANTES
Mai-jun 1940 França, Bélgica, Luxemburgo e Países Baixos se rendem à Alemanha.

6 jun 1944 No Dia D, os Aliados invadem a França pelo canal da Mancha, assegurando um posto avançado na Normandia.

DEPOIS
Set 1944 As forças Aliadas não conseguem manter uma posição no lado oriental do rio Reno, entre França e Alemanha, destruindo as esperanças de um fim rápido para a guerra na Europa.

Set-out 1944 Os Aliados avançam do sul da França para as montanhas dos Vosgos, mas lá enfrentam resistência feroz.

Nov 1944 Uma ofensiva geral Aliada obtém ganhos na Frente Ocidental.

No meio de agosto de 1944, os Aliados do ocidente tinham estabelecido uma cabeça de praia forte na Normandia, na França – uma posição segura nas praias onde desembarcaram –, e estavam prestes a adentrar na região. Com os alemães na defensiva no norte da França, os Aliados lançaram outra invasão, desta vez longe, no sul.

Avanços rápidos
Com o codinome Operação Dragão, a invasão do sul da França começou em 15 de agosto, com soldados dos EUA e da França Livre desembarcando na Côte d'Azur, na Provença. Eles logo instalaram uma cabeça de praia. As forças alemãs careciam de quantidade, qualidade e poder de fogo, e os paraquedistas Aliados e os combatentes da resistência francesa causaram devastação atrás das linhas inimigas. Os Aliados fizeram rápidas conquistas. Em especial, Marselha e Toulon foram liberadas em 27 de agosto, com ambas abertas aos barcos Aliados em um mês. Os Aliados se voltaram então para o norte. Em meados de setembro, os alemães tinham sido empurrados para as montanhas dos Vosgos, no leste do país, perto da fronteira alemã.

Enquanto isso, eventos importantes ocorriam em Paris. Em 19 de agosto, a cidade se rebelara

---

Com postos avançados tanto no norte quanto no sul do país, **as forças Aliadas atravessam a França rumo ao leste**, liberando Paris.

Incapaz de manter o território no sul da França, o **exército alemão recua para as montanhas dos Vosgos**, perto da fronteira franco-alemã.

Varrendo a França, as **tropas Aliadas rumam para a vizinha Bélgica** e **se preparam para avançar sobre a Alemanha**.

Veja também: Os desembarques do Dia D 256-63 ▪ Operação Market Garden 274 ▪ Batalhas na fronteira 275 ▪ A Batalha das Ardenas 280-81 ▪ Os Aliados invadem o Reich 286

Tropas Aliadas são aclamadas pelos parisienses com a liberação da cidade, em agosto de 1944. Depois de mais de quatro anos de ocupação, as forças alemãs se renderam 24 horas após a chegada dos Aliados.

e em poucos dias as autoridades alemãs perderam o controle. Os Aliados não pretendiam capturar a cidade, planejando apenas cercá-la, para evitar uma batalha de rua potencialmente custosa, e focar no avanço para leste. Sob a pressão de Charles de Gaulle, porém, Dwight Eisenhower permitiu que um contingente adentrasse a cidade. Eles chegaram na madrugada de 24 de agosto e, no dia seguinte, o governador militar alemão se rendeu. Paris foi liberada.

Progresso em todas as frentes

Em 30 de agosto, todas as forças importantes alemãs que restavam na Normandia se retiraram da região. Porém, os principais generais Aliados tinham visões diferentes sobre o que fazer em seguida. O general britânico Bernard Montgomery e o comandante dos EUA Omar Bradley queriam uma "investida estreita" no leste, acreditando que isso logo derrotaria a Alemanha. Eisenhower, mais cauteloso, defendia uma estratégia de "frente larga", com as forças Aliadas avançando em todos os setores através da França e dos Países Baixos. Para garantir o abastecimento, os americanos criaram o Expresso Bola Vermelha, um sistema de comboio de caminhões assim nomeado a partir dos pilares com uma bola vermelha no topo, que marcavam suas duas vias. Elas iam da Normandia até a base de abastecimento seguinte em Chartres. As operações começaram em 25 de agosto e continuaram por 83 dias. Nesse período, os motoristas do Expresso Bola Vermelha, três quartos deles americanos negros, entregaram mais de 400 mil toneladas de suprimentos.

Da França à Bélgica

Forças canadenses e britânicas, sob comando de Montgomery, avançaram no norte da frente Aliada, liberando os portos no canal da Mancha de Dieppe, Ostend, Le Havre, Boulogne e Calais. Após entrar na Bélgica, em 2 de setembro, Bruxelas foi liberada da ocupação alemã no dia seguinte. O porto crucial de Antuérpia foi capturado dois dias depois, mas não pôde ser aberto aos barcos Aliados por mais cinco semanas. No centro da "frente larga" Aliada, as tropas americanas de Bradley também tiveram sucesso, embora a falta de combustível às vezes detivesse o avanço. Apesar desses problemas, em meados de setembro eles puderam se ligar às forças Aliadas que avançavam do sul da França, perto de Dijon. Os Aliados estavam então prontos a avançar para os Países Baixos, mas também a fazer sérias incursões na própria Alemanha. ∎

Omar Bradley

A liderança de Omar Bradley foi essencial ao avanço Aliado para leste. Nascido em Missouri, nos EUA, em 1893, iniciou a carreira militar em 1915, ao se graduar na academia militar, mas a Primeira Guerra acabou antes que fosse destacado para a Europa. Entre as guerras, ascendeu na carreira e ganhou reputação como organizador e estrategista responsável.

A primeira experiência de Bradley na Segunda Guerra foi como comandante de linha de frente no norte da África, em 1943. Teve, em seguida, importante papel na invasão Aliada da Sicília, liderando depois as forças terrestres americanas na Batalha da Normandia. Em agosto de 1944, recebeu o comando do 12º Grupo de Exércitos dos EUA, com 1,3 milhão de homens. Sob sua liderança, eles avançaram pela França e pelos Países Baixos e entraram na Alemanha, tendo um papel crucial na derrota dos nazistas. Popular entre oficiais e soldados, ele se retirou da ativa em 1953. Mais tarde, foi conselheiro do presidente Lyndon Johnson sobre a estratégia na Guerra do Vietnã. Morreu em 1981.

PENSO QUE É UMA OPERAÇÃO SUICIDA
OPERAÇÃO MARKET GARDEN (SETEMBRO DE 1944)

EM CONTEXTO

FOCO
Falhas de estratégia

ANTES
Mai 1940 Forças holandesas se rendem, marcando o início da ocupação alemã dos Países Baixos.

Jun-ago 1944 Durante a Operação Overlord, após os desembarques do Dia D, os Aliados se apossam da primeira cabeça de praia na Normandia e depois adentram a região.

4 set 1944 Após quatro anos de ocupação alemã, Montgomery lidera a tomada do porto belga de Antuérpia.

DEPOIS
20 out-4 nov 1944 Na Operação Pheasant (Faisão), soldados Aliados liberam grande parte do sul dos Países Baixos.

4 mai 1945 As últimas forças alemãs nos Países Baixos se rendem incondicionalmente.

Após a Operação Overlord, o general Montgomery fez pressão por um plano ousado para levar a guerra a um final rápido. Sua estratégia era criar uma cabeça de ponte no Reno, partindo dos Países Baixos, e entrar no norte alemão – contornando a Linha Siegfried, muito fortificada. Isso foi planejado como uma operação de duas partes: "Market", um assalto aerotransportado de tropas que desceriam nos Países Baixos para tomar pontes sobre o Reno; e "Garden", um ataque terrestre por divisões blindadas britânicas, ligando-se às forças aerotransportadas em Arnhem. A inteligência Aliada alertara que os alemães haviam reforçado a área de invasão, mas Montgomery insistiu e, em 10 de setembro de 1944, Eisenhower aprovou o plano.

A Operação Market Garden começou em 17 de setembro com a descida à luz do dia de 35 mil soldados em paraquedas e planadores, além de veículos e peças de artilharia, ao redor de Arnhem, Nijmegen e Eindhoven. No mesmo dia, forças blindadas britânicas avançaram nos Países Baixos para se unir a essas tropas. Após os sucessos iniciais, a operação Aliada estacou. Em inferioridade numérica de homens e armas, Montgomery cancelou a operação em 25 de setembro.

Os Aliados ganham terreno
Apesar do fracasso estratégico, os Aliados liberaram o sul dos Países Baixos no início de novembro. A parte ainda sob ocupação alemã enfrentou o "Inverno da Fome" de 1944 a 1945. O tempo congelante e o bloqueio alemão levaram à falta de comida e à morte de 20 mil pessoas. ■

Se a operação tivesse sido apoiada de modo adequado [...] teria sido bem-sucedida, apesar de meus erros.
Bernard Montgomery

Veja também: A Blitzkrieg 70-75 ■ Os desembarques do Dia D 256-63 ■ Os Aliados se espalham rumo ao leste 272-73 ■ Batalhas na fronteira 275 ■ A Batalha das Ardenas 280-81

VIRADA DA MARÉ 275

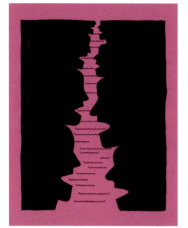

É SÓ QUESTÃO DE CRUZAR O RENO
BATALHAS NA FRONTEIRA
(SETEMBRO-DEZEMBRO DE 1944)

EM CONTEXTO

FOCO
Avanços Aliados

ANTES
Jun-ago 1944 Após desembarcar no norte da França no Dia D, os Aliados adentram a Normandia e seguem pelo interior francês.

15 ago 1944 Forças Aliadas desembarcam no sul da França como parte da Operação Dragão.

19-25 ago 1944 Após um levante da resistência, as forças Aliadas liberam a capital francesa, Paris.

DEPOIS
Dez 1944-jan 1945 Na Batalha das Ardenas, os Aliados rechaçam um contra-ataque surpresa alemão.

Fev-mar 1945 Os Aliados lançam a Ofensiva da Renânia e conseguem ocupar a margem oeste do rio Reno.

Apesar dos êxitos no verão de 1944, a vitória dos Aliados na Frente Ocidental não foi, em absoluto, inevitável. A Campanha da Lorena, em que lutou o III Exército dos EUA, salientou suas dificuldades. Apesar de ter liberado Nancy e Metz, na França, em setembro e novembro, uma combinação de linhas muito distendidas de abastecimento, tempo úmido e dura resistência alemã atrasaram seu avanço.

Enquanto isso, o I Exército dos EUA seguiu adiante pela Bélgica e, em 9 a 12 de setembro, liberou a maior parte de Luxemburgo. Em 19 de setembro, buscando contornar a Linha Siegfried, que protegia o interior alemão, tropas dos EUA assaltaram as posições defensivas germânicas na floresta de Hürtgen. Outras partes do I Exército dos EUA miraram Aachen, a primeira grande cidade alemã alcançada pelos Aliados, atacando em 13 de outubro, após onze dias de bombardeio aéreo e de artilharia. Depois de dois dias brutais de combates nas ruas, eles foram forçados a recuar, apesar de muito mais numerosos que os defensores da cidade, muitos deles de milícias civis. Os americanos atacaram de novo em 19 de outubro, forçando a rendição dos alemães dois dias depois.

Soldados dos EUA avançam pela floresta de Hürtgen, perto da fronteira alemã. Após três meses de duros combates, ainda não haviam afastado os defensores alemães.

Em 16 de novembro, os Aliados lançaram a Operação Rainha, com a qual buscavam cruzar o rio Rur, entrando na Renânia. Eles chegaram ao rio em quatro semanas, mas não conseguiram montar uma cabeça de ponte e tiveram de adiar o avanço para leste devido a uma grande nova ameaça – uma contraofensiva alemã nas Ardenas. ∎

Veja também: Os desembarques do Dia D 256-63 ▪ Os Aliados se espalham rumo ao leste 272-73 ▪ A Batalha das Ardenas 280-81 ▪ Os Aliados invadem o Reich 286

TEMOS DE SER SOBRE-HUMANOS PARA VENCER A GUERRA
A BATALHA DO GOLFO DE LEYTE
(23-26 DE OUTUBRO DE 1944)

EM CONTEXTO

FOCO
Controle do Pacífico

ANTES
7 dez 1941 Aviões da Marinha japonesa devastam a frota dos EUA em Pearl Harbor.

2 jan 1942 O Japão ocupa Manila e expulsa as forças dos EUA das Filipinas.

Ago-nov 1942 As frotas japonesa e americana travam uma série de duras batalhas em torno de Guadalcanal, nas Ilhas Salomão.

Jun 1944 A aviação naval japonesa é dizimada na Batalha do Mar das Filipinas.

DEPOIS
26 mar-30 abr 1945 Kamikazes japoneses afundam ou danificam 177 navios de guerra dos EUA ao largo da ilha de Okinawa, no Japão.

7 abr 1945 Aviões dos EUA afundam o *Yamato*, último encouraçado japonês, ao largo da ilha de Kyushu.

No outono de 1944, a Marinha Imperial do Japão sabia que era superada pela Frota do Pacífico dos EUA. O Japão ainda tinha um conjunto impressionante de encouraçados e cruzadores, mas sua aviação naval era incapaz de protegê-los das muito superiores aeronaves dos porta-aviões americanos. Mandar a frota japonesa para a batalha sem boa cobertura aérea era quase suicídio, mas os comandantes navais japoneses acreditavam que o espírito guerreiro nipônico poderia fazer um milagre. Se não, eles pelo menos cairiam lutando.

O confronto culminante

Em outubro de 1944, os americanos juntaram mais de duzentos navios de guerra para apoiar desembarques de tropas em Leyte, uma ilha nas Filipinas, ocupada pelos japoneses. O Japão reuniu todos os seus recursos – cerca de 70 navios – para montar um ataque a essa atemorizante armada. Seu plano era mandar frotas separadas ao norte e ao sul de Leyte e usar uma força chamariz para enganar os porta-aviões dos EUA. Em certo momento, eles tiveram os cargueiros de tropas dos EUA sob a mira, mas no final infligiram poucos danos aos americanos. No clímax da batalha, o encouraçado japonês *Musashi*, um dos maiores já construídos, foi afundado com toda a tripulação, indefeso ante bombardeiros de mergulho e torpedeiros dos EUA.

O Japão sacrificou 28 navios de guerra e 12 mil vidas na Batalha do Golfo de Leyte. Os EUA logo recuperaram o controle das Filipinas, onde ficaram em posição perfeita para atacar os navios mercantes japoneses. ∎

Um cruzador pesado japonês tenta manobrar ao ser atacado por bombardeiros de porta-aviões dos EUA nas Filipinas, em 1944. O cruzador logo afundou.

Veja também: Avanços japoneses 154-57 ▪ A Batalha de Midway 160-65 ▪ A batalha pelas Ilhas Salomão e Nova Guiné 212-13 ▪ Pilotos kamikazes 277

VIRADA DA MARÉ 277

O DEVER DIÁRIO [...] É MORRER
PILOTOS KAMIKAZES
(OUTUBRO DE 1944-AGOSTO DE 1945)

EM CONTEXTO

FOCO
Táticas suicidas na guerra

ANTES
Século XII Os samurais desenvolvem um código de conduta estrita, chamado *bushido* – o caminho do guerreiro.

Ago 1942 O exército japonês em Guadalcanal inicia um ataque *banzai* quase suicida – uma carga total desesperada.

Jul 1944 Mil civis japoneses se suicidam quando Saipan é tomada.

DEPOIS
15 out 1944 O USS *Franklin* é o primeiro navio de guerra a receber a colisão de um bombardeiro de mergulho suicida.

15 ago 1945 A última missão suicida é pilotada no dia em que o Japão se rende.

23 out 1983 Um caminhão cheio de explosivos é lançado por terroristas contra uma base da Marinha dos EUA no Líbano, matando 241 militares.

Remetendo ao código guerreiro *bushido* dos samurais históricos do Japão, o treinamento militar nipônico enfatizava a honra de morrer pelo imperador e a vergonha da rendição. Incapazes de competir com a tecnologia e a produtividade dos EUA, os comandantes japoneses presumiam que o espírito guerreiro poderia compensar a inferioridade material, porque seus homens estavam prontos a morrer.

Sacrifícios dispensáveis

As táticas suicidas foram por vezes usadas por todas as forças japonesas, mas em especial por pilotos contra navios de guerra Aliados. Isso ocorreu na Batalha do Golfo de Leyte, em outubro de 1944, quando aviões de unidades especiais, carregados de bombas, colidiram contra o deque de barcos dos EUA. Essas missões suicidas receberam o nome de *kamikaze*, ou seja, "vento divino", em referência ao tempo inesperado que salvou o Japão da invasão mongol no século XIII.

De início, os pilotos kamikazes eram uma elite de voluntários, mas o senso prático logo fez com que pilotos experientes só voassem como escoltas. Os aviões suicidas eram confiados a jovens dispensáveis, recém-treinados para voar. Na Batalha de Okinawa (de março a junho de 1945), milhares de pilotos foram enviados à morte em ataques em massa a navios Aliados. A tática causou perdas substanciais – 34 navios de guerra Aliados foram afundados –, mas milhares de jovens japoneses foram cruelmente sacrificados. ∎

Pilotos saúdam seu comandante na Base Aérea de Chiran, na península de Satsuma. De Chiran partia a maioria das missões kamikazes, como na Batalha de Okinawa.

Veja também: O Japão em marcha 44-45 ∎ O Pacífico Oeste 244-49 ∎ O Japão sitiado 304-07 ∎ O Japão se rende 312-13

CEM MILHÕES DE CORAÇÕES BATENDO COMO UM SÓ
A FRENTE DOMÉSTICA JAPONESA (1937-1945)

EM CONTEXTO

FOCO
O Japão na guerra

ANTES
1931 Tropas japonesas ocupam a Manchúria após o Incidente de Mukden.

Jul 1937 O Japão inicia uma guerra total pelo domínio da China.

7-8 dez 1941 O Japão entra na Segunda Guerra Mundial, atacando Pearl Harbor e invadindo o sudeste asiático.

DEPOIS
Ago 1945 O Japão se rende e é ocupado por forças americanas.

1947 O Japão adota uma nova constituição, que faz dele uma democracia parlamentar.

1968 O Japão se torna a segunda maior economia do mundo após um crescimento espetacular no pós-guerra.

A sociedade japonesa já estava organizada para um conflito antes de o país entrar na Segunda Guerra. Após o início dos confrontos de larga escala na China, no verão de 1937, os militaristas japoneses construíram um "estado de defesa nacional". Os trabalhadores eram convocados a trabalhar em indústrias de guerra e as empresas foram convertidas da manufatura de bens de consumo para a de equipamento militar. Crises de escassez se tornaram um fato da vida para o povo do Japão de 1938 em diante: comida e roupas eram racionadas, os artigos de luxo sumiram das lojas e uma atitude austera foi imposta. Os filmes de Hollywood foram banidos dos cinemas, salões de dança fecharam e mulheres que usassem roupas brilhantes ou maquiagem eram às vezes repreendidas nas ruas. As escolas preparavam os alunos para o serviço militar, ensinando que estar pronto a sacrificar a própria vida em defesa do imperador era um princípio sagrado para os súditos japoneses.

Falta de comida e mão de obra

A partir de 1940, uma única organização, a Associação de Apoio ao Regime Imperial, tomou o controle total da vida política do país. Seus braços locais eram incumbidos de vigiar a população, relatando qualquer dissidência ou derrotismo à polícia política. Após a entrada do Japão na guerra em 1941, a propaganda foi usada para inflar suas vitórias militares e esconder as derrotas. Porém, com a continuação da guerra, não pôde disfarçar a crescente falta de alimentos básicos como arroz e soja. Em 1945, as rações individuais oficialmente forneciam 1.600 calorias por dia, muito abaixo do requerido e, na prática, nem mesmo esse nível era atingido. O beribéri e outras doenças por má nutrição se espalharam entre a população civil. Com 10 milhões

Os professores cravavam em nossa mente a ideia de que era nosso dever morrer na guerra.
Tadashi Ono
Estudante, 1941

VIRADA DA MARÉ 279

Veja também: O Japão em marcha 44-45 ▪ O ataque japonês a Pearl Harbor 138-45 ▪ Avanços japoneses 154-57 ▪ O Pacífico Oeste 244-49 ▪ China e Japão na guerra 250-53 ▪ O Japão sitiado 304-07

Mulheres trabalham em fábrica de munições japonesa. O aumento da presença feminina na indústria japonesa foi uma mudança social significativa causada pela guerra.

de homens nas Forças Armadas, a falta de mão de obra tornou-se aguda. Mulheres, estudantes e trabalhadores forçados da Coreia ajudaram a suprir a demanda. Os estudantes sustentaram os esforços de guerra do Japão cumprindo uma gama de serviços, do trabalho em fábricas de munições à coleta de resina dos pinheiros, usada como combustível de caminhões.

Quando ficou claro que o Japão sofreria um ataque direto, construíram-se abrigos antiaéreos e as crianças foram evacuadas para o interior. Embora muitas pessoas já tivessem ido para o campo, onde era mais fácil obter comida, a maior parte da população urbana permaneceu, enfrentando os bombardeios que arrasaram as cidades, entre elas Tóquio, em 1945. No estágio final da guerra, a maioria das escolas foi fechada e os alunos, com exceção dos mais novos, requisitados para trabalhar nos campos, construir proteções corta-fogo ou servir na vigilância antiaérea. Jovens e velhos, homens ou mulheres, treinaram para uma resistência final suicida a uma invasão Aliada usando lanças de bambu como armas.

Fidelidade política

Perto do fim da guerra, as ausências nas fábricas reduziram a produtividade. Os operários abandonavam seus postos para procurar comida ou se mudavam para fugir dos ataques aéreos. Relatórios da polícia política da época revelam uma consciência da guerra generalizada e uma atitude crítica quanto aos governantes. Apesar das dificuldades, a fidelidade política se manteve. Quando o Japão se rendeu, foi uma população disciplinada que obedeceu à ordem de submeter-se à ocupação americana. ▪

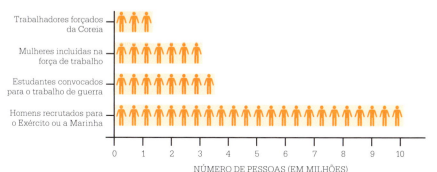

A mão de obra japonesa na Segunda Guerra Mundial

Com os homens recrutados para o serviço militar, as mulheres e os estudantes preencheram as lacunas na força de trabalho, ao lado da mão de obra forçada coreana. Milhares de trabalhadores forçados morreram por exaustão e más condições laborais.

UMA INCURSÃO VIOLENTA E CARA
A BATALHA DAS ARDENAS (DEZEMBRO DE 1944)

EM CONTEXTO

FOCO
A última resistência de Hitler

ANTES
Jun 1944 Tropas Aliadas desembarcam na França, na maior invasão anfíbia da história.

3 set 1944 O II Exército Britânico libera Bruxelas.

Set 1944 Cerca de 16 mil paraquedistas Aliados são lançados nos Países Baixos, mas não conseguem criar uma cabeça de ponte no Reno.

DEPOIS
Jan 1945 O Exército Vermelho varre a Polônia na Ofensiva do Vístula, toma a maior parte da Prússia Oriental e se aprofunda na Silésia, parando a menos de 80 km de Berlim.

27 jan 1945 Forças soviéticas entram em Auschwitz e liberam mais de 7 mil prisioneiros, a maioria judeus.

Em 16 de dezembro de 1944, mais de 200 mil soldados alemães e quase mil tanques fizeram a última tentativa de Hitler de reverter a maré no destino da Alemanha desde a invasão da Normandia, em junho daquele ano. Seu plano era avançar para a costa em torno da Antuérpia e dividir os exércitos inimigos, como tinha feito em maio de 1940.

Ajudada por neblina densa, que prejudicou a ação aérea Aliada, a ofensiva alemã conseguiu uma surpresa total e atravessou o centro da linha americana nas arborizadas Ardenas da Bélgica, rumo a oeste, criando uma saliência. Rompendo a frente americana, os alemães cercaram a maior parte de uma divisão de infantaria, tomaram cruzamentos rodoviários cruciais e avançaram para o rio Mosa, que precisavam capturar para atacar a Antuérpia, principal porto de abastecimento dos Aliados.

Rumores sobre o massacre de civis e soldados dos EUA nas cidades belgas de Malmedy e Stavelot começaram a se espalhar nas linhas. Usando uniformes e jipes capturados, soldados alemães que falavam inglês se infiltraram nas forças americanas para sabotar as comunicações. Numa tentativa desesperada de distinguir entre amigos e inimigos, os americanos começaram a perguntar aos homens sobre cultura popular dos EUA.

Nas garras da derrota

Em 22 de dezembro, fortes divisões blindadas alemãs cercaram as forças dos EUA na cidade de Bastogne, onde todas as principais estradas das Ardenas convergiam. O oficial comandante alemão mandou uma nota endereçada ao "oficial comandante dos EUA", o general de brigada Anthony McAuliffe, da

Eu era de Buffalo – pensava que conhecia o frio, mas na verdade não sabia o que era até a Batalha das Ardenas.
Warren Spahn
Veterano da Segunda Guerra Mundial

VIRADA DA MARÉ 281

Veja também: O ataque japonês a Pearl Harbor 138-45 ▪ A Operação Tocha 196-97 ▪ As cúpulas dos Aliados 225 ▪ Os desembarques do Dia D 256-63 ▪ Operação Bagration 266-69 ▪ Batalhas na fronteira 275 ▪ Os Aliados invadem o Reich 286

Soldados americanos do 10º Regimento Blindado de Infantaria avançam sobre posições alemãs, cercando a crucial cidade de Bastogne em 27 de dezembro de 1944.

101ª Divisão Aerotransportada, dando a ele duas horas para se render. Confuso de início e depois furioso, McAuliffe mandou sua resposta: "Nem louco!"

Os americanos retardaram o avanço alemão com uma defesa resiliente, tanto de Bastogne quanto da vizinha Sankt Vith. A chegada do 37º Batalhão de Tanques do III Exército, do general Patton, em 26 de dezembro, conseguiu romper a linha alemã, virando a Batalha das Ardenas a favor dos americanos. Tendo se aproximado de início pelo sul da saliência, Patton seguiu para o norte, isolando as tropas e forçando-as a recuar no clima difícil do inverno.

Os exércitos Aliados recuperaram o ânimo. A máquina de guerra alemã estava ficando sem combustível, literal e metaforicamente. A melhoria das condições do tempo permitiu aos aviões Aliados apoiar os contra-ataques. Sem poder continuar o avanço atravessando o rio Mosa, as forças alemãs começaram a se desintegrar em meados de janeiro.

Fim em vista

Hitler não conseguiu recuperar a iniciativa. A monumental ação defensiva das forças dos EUA tinha realmente drenado o esforço nazista. Eles não tinham efetivo nem recursos para manter duas frentes. O desastre nas Ardenas só serviu para confirmar para o alto comando alemão que a guerra estava irreparavelmente perdida. Seria a última grande ofensiva alemã no oeste. ∎

General Patton

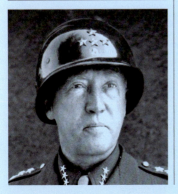

Nascido de família rica californiana em 1885, o general George S. Patton se graduou na Academia Militar de West Point em 1909. Durante a Segunda Guerra, chefiou a nova brigada de tanques do exército dos EUA na França, ganhando tanto a Cruz de Serviço Distinto quanto a Medalha de Serviço Distinto por liderar suas divisões mesmo ferido.

Após trabalhar em funções internas nos anos entre as guerras, Patton assumiu o comando do II Corpo dos EUA na Tunísia em março de 1943. Ainda naquele ano, liderou a invasão da Sicília pelo VII Exército, quando confidenciou a seu diário que tinha "a sensação de ser uma lasca num rio do destino". Em junho de 1944, enquanto ocorria a invasão do Dia D, assumiu o controle do III Exército, enfrentando a ofensiva final alemã. Ele era conhecido como "Velho Sangue e Tripas" por seus homens.

Depois que os nazistas foram derrotados, Patton pressionou por um posto no Pacífico. Em vez disso, foi nomeado governador militar da Baviera. Em 1945, morreu devido a ferimentos num acidente de carro.

FIM DE J
1945

OGO

INTRODUÇÃO

Forças soviéticas entram em Auschwitz. É o primeiro dos campos de extermínio nazistas a ser liberado.

Churchill, Roosevelt e Stalin se reúnem na estância de Yalta, na Crimeia, para **negociar**, entre outras coisas, as fronteiras da Europa oriental no pós-guerra.

Aviões britânicos e americanos bombardeiam Dresden, reduzindo a cidade a escombros.

Os EUA derrotam a **guarnição japonesa** de 20 mil homens que defendia Manila, a capital filipina.

27 JAN 1945 — **4-11 FEV 1945** — **13-15 FEV 1945** — **3 MAR 1945**

27 JAN 1945 — **13 FEV 1945** — **19 FEV 1945** — **6 MAR 1945**

As **forças japonesas são expulsas** de Mongyu, **na Birmânia**, abrindo a rota de abastecimento estrategicamente vital da estrada Ledo, da Birmânia à China.

Forças do Eixo que mantêm a capital húngara, Budapeste, **rendem-se ao Exército Vermelho**.

Fuzileiros navais dos EUA desembarcam em Iwo Jima, no Japão, iniciando uma batalha duramente disputada pela ilha.

Liderados pela Waffen-ss, os alemães lançam uma arquejante, mas inútil **ofensiva contra o Exército Vermelho** na Hungria.

Ao se iniciar 1945, a Segunda Guerra entrou em sua fase final. Tanto a Alemanha quanto o Japão viam a derrota à frente, mas nem Hitler nem o governo militar japonês queriam aceitar a humilhação de uma rendição incondicional, os únicos termos que os Aliados estavam dispostos a oferecer. A guerra continuou e as ditaduras do Eixo forçaram seus soldados a lutar até o último deles.

A resistência desmorona

O domínio Aliado no ar e no mar agora era quase total. Na Europa, frotas aéreas britânicas e dos EUA passavam à vontade sobre a Alemanha, já que a falta aguda de aviões, pilotos e combustível tornou mínima a oposição alemã. No início de 1945, os estrategistas aéreos Aliados estavam ficando sem alvos para bombardear.

Apesar da destruição infligida pelo ar, o exército alemão continuava a defender a pátria em terra. A resistência organizada só começou a ruir quando forças anglo-americanas afinal romperam a poderosa barreira do Reno, em março de 1945, avançando muito pela região central da Alemanha.

No leste, porém, os alemães lutavam com feroz determinação, talvez por receio da retaliação soviética. Ao mesmo tempo, milhões de civis alemães fugiam da Prússia Oriental, da Silésia e do Báltico conforme o Exército Vermelho continuava a avançar.

Em 25 de abril, tropas soviéticas e dos EUA se encontraram no porto alemão de Torgau, no rio Elba e, alguns dias depois, tanques soviéticos estrondeavam através do centro de Berlim. Dali a dias, Hitler se suicidaria, deixando à população enfrentar um novo futuro sombrio como povo derrotado.

A queda do Japão

A vitória na Alemanha permitiu aos Aliados redirecionar recursos para o Pacífico, onde o Japão já lutava para sobreviver à pressão por ar e mar. A conquista de Iwo Jima e Okinawa pelos americanos pôs o Japão ao alcance de uma invasão anfíbia, mas a defesa fanática dessas ilhas deixou os EUA cautelosos. Seus estrategistas militares alertaram que uma invasão do Japão poderia levar a 1 milhão de vítimas americanas.

Esses receios tiveram um papel na decisão de usar bombas atômicas contra as cidades japonesas de Hiroshima e Nagasaki, embora

FIM DE JOGO 285

Os **EUA** iniciam a **invasão de Okinawa**, a maior operação combinada naval/terrestre da guerra do Pacífico.

Benito Mussolini e sua amante são capturados e **executados** pelos partisans italianos quando tentam fugir para a Suíça.

A **rendição incondicional da Alemanha** é assinada por representantes do país no quartel-general de Eisenhower.

Os **EUA** lançam uma **bomba atômica sobre a cidade de Hiroshima**, anunciando uma nova forma mortal de guerra.

1 ABR 1945   **28 ABR 1945**   **7 MAI 1945**   **6 AGO 1945**

---

12 ABR 1945   **30 ABR 1945**   **26 JUN 1945**   **2 SET 1945**

O **presidente Roosevelt morre** devido a uma hemorragia cerebral. Ele é **substituído** pelo vice-presidente, Harry S. Truman.

Adolf Hitler se suicida em seu bunker em Berlim, enquanto a batalha pela cidade é travada ao seu redor. Ele nomeia o **almirante Dönitz** seu sucessor.

O texto da **Carta das Nações Unidas é acordado** em San Francisco, um primeiro passo na tentativa de criar uma ordem mundial mais harmoniosa.

A **rendição japonesa** é assinada formalmente a bordo do encouraçado USS **Missouri**, na baía de Tóquio, pondo fim à Segunda Guerra Mundial.

---

a maioria dos historiadores hoje concordem que o bloqueio americano do Japão, o bombardeio convencional e a declaração de guerra da URSS contra o país em 8 de agosto teriam forçado uma capitulação sem armas nucleares.

Um novo mundo

A rendição oficial do Japão menos de um mês após o lançamento das bombas atômicas deu aos EUA total autoridade sobre o país. Sob a direção do general Douglas MacArthur, foi instituída uma monarquia constitucional de base democrática, que ajudou o Japão a se desenvolver como uma nação industrial modernizada.

Outro efeito da guerra na Ásia foi o colapso dos impérios coloniais. As velhas potências imperiais – Grã--Bretanha, França e Países Baixos – estavam exaustas, e era impossível negar os movimentos nativos por autodeterminação nacional.

Na Europa, a situação política era mais complicada. O continente estava dividido entre as potências ocidentais – representadas pelos EUA, Grã-Bretanha e França – e a URSS e seus aliados comunistas. Nos primeiros movimentos de um novo conflito – a Guerra Fria –, a Europa foi separada em leste e oeste, com uma fronteira política chamada "Cortina de Ferro". Em alguns lugares, como Berlim, uma linha defensiva foi construída para impedir a travessia desse limite.

Na Europa ocidental, as velhas democracias parlamentares foram restabelecidas e a reconstrução logo começou, com a ajuda dos EUA sob a forma do Plano Marshall. Esse programa financeiro permitiu à Alemanha Ocidental (a República Federal da Alemanha) tornar-se um sucesso econômico e político. A URSS assumiu o controle da Europa oriental – Alemanha Oriental, Polônia, Tchecoslováquia, Hungria, Romênia e Bulgária. A divisão entre a Europa ocidental e esses Estados dominados pelos soviéticos duraria até o colapso do comunismo soviético, assinalado pela queda do Muro de Berlim em 1989.

Qualquer que fosse o sistema político adotado na Europa, não havia como disfarçar o fato de que o domínio europeu no mundo tinha acabado. O poder estava dividido entre os EUA e a URSS, e grande parte dos demais países seria aliada de um ou de outro. Esse mundo cindido se tornou normal, conforme as duas superpotências lutavam para manter sua influência no globo. Esse foi o legado mais duradouro e importante da Segunda Guerra Mundial. ■

A DERROTA FINAL DO INIMIGO COMUM
OS ALIADOS INVADEM O REICH (JANEIRO-MARÇO DE 1945)

EM CONTEXTO

FOCO
Invasão da Alemanha

ANTES
1940 A evacuação do exército britânico em Dunquerque e a queda de Paris dão à Alemanha o controle da Europa continental.

1941 As forças alemãs lançam a Operação Barbarossa, a invasão da Rússia.

1944 O Grupo de Exércitos Centro alemão é destruído pelo Exército Vermelho, abrindo caminho para a ofensiva soviética contra a Alemanha.

1944 Os desembarques Aliados do Dia D na Normandia, na França, iniciam a reconquista da Europa a partir do oeste.

DEPOIS
1945 Berlim é tomada pelos Aliados, e Hitler se suicida, levando à vitória na Europa.

1945-1946 Nos Julgamentos de Nuremberg, líderes nazistas são julgados pelas atrocidades.

A reação alemã na Batalha das Ardenas foi de curta duração. Os exércitos britânicos do general Montgomery se desviaram para o Mosa, ao sul, enquanto as forças americanas do general Patton seguiam para o norte, comprimindo os alemães na "saliência" que tinham criado. Para não serem cercados, os exércitos alemães começaram a recuar em 8 de janeiro de 1945. Porém, quando 5 mil aviões bombardearam as forças alemãs e suas rotas de suprimento, eles sofreram graves perdas. Logo a liberação da Bélgica estava concluída.

O futuro decidido da Europa
Em 20 de janeiro, dias após ser eleito presidente dos EUA para um inédito quarto mandato, Roosevelt se reuniu com o líder soviético Stalin e o primeiro-ministro britânico Churchill em Yalta, na Crimeia.

Na agenda estava o futuro da Polônia pós-guerra. Contra o desejo de Churchill, o governo polonês em Londres foi desprezado em favor do Comitê de Lublin, uma autoridade governante comunista apoiada pelos soviéticos. Para compensar a perda de terras para a URSS no leste, a Polônia recebeu parte de seu território anterior à guerra no oeste – mas não todo.

Em março, os Aliados chegaram ao Reno. Para sua surpresa, uma ponte ainda estava intacta em Remagen, apesar das tentativas desesperadas dos alemães de destruí-la. As divisões dos EUA a cruzaram em 8 de março e quando a ponte caiu, dez dias depois, um posto avançado já tinha sido criado. As defesas alemãs no ocidente estavam destroçadas. ■

A Companhia B subiu na ponte (em Remagen) e cortou todas as conexões de fio para evitar que os alemães a explodissem.
Michael Kucirka
Soldado dos EUA, 1945

Veja também: Os desembarques do Dia D 256-63 ▪ A Batalha das Ardenas 280-81 ▪ Vitória na Europa 298-303 ▪ Os Tribunais de Nuremberg e a desnazificação 318-19

FIM DE JOGO 287

AGORA ELES VÃO COLHER A TEMPESTADE
A DESTRUIÇÃO DE CIDADES ALEMÃS (JANEIRO-ABRIL DE 1945)

EM CONTEXTO

FOCO
Ataques aéreos

ANTES
1849 Forças austríacas mandam balões com explosivos incendiários sobre a cidade cercada de Veneza.

1914 Dirigíveis Zeppelin bombardeiam a cidade de Antuérpia, no primeiro de muitos ataques desse tipo na Primeira Guerra Mundial.

1940 A Alemanha lança a Blitz contra cidades do Reino Unido.

1942 A RAF inicia os "bombardeios morais" sobre áreas civis da Alemanha, entre eles seu primeiro ataque com mil bombardeiros em Colônia.

DEPOIS
1945 A Operação Meetinghouse (Congregação), o bombardeio dos EUA em Tóquio, mata 100 mil pessoas, no mais destrutivo ataque aéreo da história.

1945 Bombas atômicas da USAAF devastam as cidades de Hiroshima e Nagasaki.

Os Aliados ocidentais avançaram mais para leste na primavera de 1945, decididos a levar a Alemanha ao colapso pelo bombardeio em massa de suas cidades. No total, foram lançadas mais de 1,5 milhão de toneladas de explosivos, infligindo sérios danos a quase todas as cidades alemãs e matando mais de 600 mil pessoas. Os ataques foram ordenados primeiro pelo chefe da RAF britânica, "Bombardeiro" Harris, e os historiadores discutem muito a justificativa para ataques tão extremos a não combatentes.

Devastação vinda do céu

A cidade de Jülich sofreu a maior destruição física, e Essen foi reduzida a destroços. Mas a devastação mais horrível foi causada por uma série de ataques a Dresden, que mataram cerca de 25 mil pessoas. Em 13 de fevereiro de 1945, bombardeiros Lancaster da RAF lançaram 880 toneladas de bombas em quinze minutos. Os explosivos despedaçaram prédios e produziram enormes ondas de choque, enquanto as bombas incendiárias queimavam as construções de madeira. A tempestade de fogo atingiu intensidade inimaginável, gerando ventos fortes como um furacão. Dias depois, ataques aéreos americanos e britânicos aumentaram o tormento da cidade. Dresden continuou queimando por semanas.

O alvo mudou para Berlim em março, quando 1.329 bombardeiros e 733 caças da VIII Força Aérea dos EUA encontraram feroz resistência de um grupo de caças a jato Messerschmitt ME-262. As perdas dos EUA foram altas, mas o ataque lançou muitas bombas na capital de Hitler, forçando-o a buscar refúgio em seu bunker. ■

O bombardeio Aliado reduziu Dresden a ruínas, como mostra esta foto da Prager Strasse (rua Praga), tirada da torre da prefeitura da cidade.

Veja também: A Blitz 98-99 ▪ Bombardeio da Alemanha 220-23 ▪ O bombardeio de Hiroshima e Nagasaki 308-11 ▪ O custo da guerra 314-17

A FRENTE ORIENTAL É UM CASTELO DE CARTAS
OS SOVIÉTICOS AVANÇAM NA ALEMANHA (JANEIRO-ABRIL 1945)

EM CONTEXTO

FOCO
Invasão da Alemanha

ANTES
Set 1939 A Alemanha invade a Polônia pelo oeste; a URSS a invade pelo leste.

Jun 1941 Os alemães lançam a Operação Barbarossa – a invasão da Rússia.

1943 Após importantes vitórias em Stalingrado e Kursk, o exército soviético expulsa os alemães da Rússia, da Ucrânia e do leste de Belarus.

DEPOIS
1945 A vitória é declarada em 8 de maio na Europa e em 9 de maio na Rússia.

1961 A República Democrática Alemã comunista constrói um muro que divide Berlim Oriental e Ocidental; ele vai abaixo em 1989.

1991 Com a dissolução da URSS, a Polônia afinal ganha independência total.

Em 12 de janeiro de 1945, o Exército Vermelho soviético lançou uma ofensiva através do rio Vístula, na Polônia. Nesse momento, a maior parte das forças alemãs lutava contra os Aliados nas Ardenas, enquanto outras impediam avanços soviéticos na Lituânia, na Hungria e na Iugoslávia. As tropas alemãs na Polônia eram muito menores e o Exército Vermelho avançou com rapidez. Ignorando o conselho do chefe do alto comando, general Heinz Guderian, Hitler mandou reforços para a capital da Hungria, Budapeste, em vez de para a Polônia, e recusou-se a transferir tropas da Lituânia. Em cinco dias as forças soviéticas tomaram Varsóvia e, em uma

O raciocínio equivocado de Hitler ao avaliar a ameaça da União Soviética

- Ele considera que a ameaça dos exércitos soviéticos à Polônia é **exagerada**.
- Para ele, a defesa da Frente Oriental tem **baixa prioridade**.
- Ele acredita que a Alemanha deve defender a Lituânia e Budapeste e **não transferir nenhuma força** para a Polônia.
- Ele está convencido de que a Alemanha pode **contra-atacar** os Aliados **concentrando suas forças nas Ardenas**.

FIM DE JOGO 289

Veja também: A destruição da Polônia 58-63 ▪ Operação Barbarossa 124-31 ▪ A Batalha de Stalingrado 178-83 ▪ A Batalha de Kursk 232-35 ▪ Operação Bagration 266-69 ▪ Os Aliados invadem o Reich 286 ▪ Vitória na Europa 298-303

Tropas soviéticas desfilam em triunfo diante do prédio do parlamento austríaco, em Viena. Rumando para a Alemanha, as forças tomaram a cidade em 15 de abril, após uma ofensiva de um mês.

semana, chegaram à fronteira alemã anterior à guerra, na Silésia. Em fevereiro, a cerca de 64 km de Berlim, o Exército Vermelho parou para consolidar os ganhos na Frente Oriental.

Ao cruzar a Polônia, as tropas russas descobriram os horrores de Auschwitz-Birkenau e liberaram 7 mil prisioneiros – entre eles, 180 crianças usadas em experimentos médicos nazistas –, todos abandonados para morrer quando os alemães evacuaram o campo.

Os soviéticos tomam Berlim

Em abril, os exércitos soviéticos retomaram a corrida para Berlim, decididos a chegar antes das forças Aliadas, que se aproximavam pelo oeste.

O fim logo veio, com a Primeira Frente Bielorrussa, liderada pelo marechal Gueorgui Jukov, avançando do norte, e a Primeira Frente Ucraniana, chefiada pelo marechal Ivan Konev, vindo do sul. Em abril, forças soviéticas muito superiores destruíram o IX Exército Alemão, de 110 mil homens, nas colinas de Seelow, a leste de Berlim. Em Halbe, ao sul, o Exército Vermelho cercou a cidade. Aviões de combate britânicos Mosquito também bombardearam as posições alemãs em Berlim por 36 noites seguidas, até 20 de abril, quando a artilharia soviética iniciou um ataque pesado à cidade.

O Exército Vermelho avança pelas ruas em ruínas de Berlim. Como a conferência de Yalta tinha decidido seu futuro, os Aliados ocidentais se contentaram em deixar os soviéticos tomarem a cidade.

Em 22 de abril, Hitler, admitindo a derrota, declarou ter sido traído por seus generais, mas que continuaria em Berlim até o fim e então se mataria. Naquele dia, Joseph Goebbels, o propagandista de Hitler, ordenou aos berlinenses que defendessem a cidade. Rabiscadas às pressas nas paredes das casas havia frases como "Vamos parar as hordas de Vermelhos nos muros de nossa Berlim."

No entanto, dali a dias, o Exército Vermelho – muito temido por seu histórico de estupros e saques – abriria caminho pelas ruas de Berlim em combate corpo a corpo. Em 29 de abril, ele chegou ao coração da cidade para atacar o Reichstag (prédio do parlamento). Hitler fez seu testamento e se casou com a amante, Eva Braun. No dia seguinte, o general Helmuth Weidling, último comandante da Área de Defesa de Berlim, informou Hitler que só restavam poucas horas de suprimento de munição. Hitler e Eva se suicidaram em seu bunker e Goebbels se tornou chanceler.

Rendição e vitória

Em 1º de maio, Goebbels mandou o general Hans Krebs apresentar seus termos de rendição ao marechal Vassili Chuikov, do Exército Vermelho, que os recusou, exigindo uma rendição incondicional. Incapaz de aceitar, Goebbels e sua mulher mataram os filhos e depois a si mesmos, deixando Weidling para aceitar as demandas soviéticas. A maioria das divisões do exército alemão se rendeu em 2 de maio, mas, no oeste da cidade, algumas unidades, temendo as brutais represálias soviéticas, abririam caminho para se renderem aos Aliados ocidentais. Em 8 de maio, a guerra na Europa tinha acabado. No Extremo Oriente, porém, ela continuou até a rendição do Japão, em setembro de 1945. ∎

TOMEM RANGUM ANTES DAS MONÇÕES

OS ALIADOS CONTRA-ATACAM NA BIRMÂNIA (1943-1945)

EM CONTEXTO

FOCO
Guerra na selva

ANTES
1886 A Birmânia se torna província da Índia Britânica.

1938 A Estrada da Birmânia, uma rota para abastecimento da China na Segunda Guerra Sino-Japonesa, é concluída.

8 dez 1941 A Grã-Bretanha e os EUA declaram guerra ao Japão, um dia após o ataque japonês a Pearl Harbor.

1941-1942 Os japoneses invadem a Birmânia e tomam Rangum.

DEPOIS
1947 Aung Sang negocia a independência birmanesa da Grã-Bretanha, mas é assassinado meses depois. A Birmânia se torna independente em janeiro de 1948.

1962 O general Ne Win toma o controle da Birmânia num golpe militar e continua no poder até 1988.

A disputa pela Birmânia entre japoneses e britânicos foi uma das mais longas da Segunda Guerra, envolvendo alguns dos confrontos mais ferozes e brutais. Quando os japoneses, com o plano de controlar o sudeste asiático, invadiram a Birmânia em 1942, encontraram pouca oposição – em parte devido à precária defesa britânica e em parte porque muitos birmaneses, entre eles o líder comunista Aung Sang, viam o Japão como seu salvador do domínio britânico.

Os invasores japoneses haviam interrompido a Estrada da Birmânia, uma rota de abastecimento vital para a China, e o BurCorps (Corpo Birmanês) britânico, formado em março de 1942, coordenara uma

FIM DE JOGO

Veja também: O Japão em marcha 44-45 ▪ Fracasso da Liga das Nações 50 ▪ O dilema do Japão 137 ▪ Avanços japoneses 154-57 ▪ A Índia na Segunda Guerra 158 ▪ Defesa da Austrália 159 ▪ A Batalha de Midway 160-65 ▪ O Japão se rende 312-13

William Slim

Nascido em Bristol em 1891, William Joseph Slim entrou no Regimento Real de Warwickshire no início da Primeira Guerra, em 1914. Ferido em Gallipoli e agraciado com a Cruz Militar em 1918 por seu serviço no Iraque, foi promovido a capitão do Exército da Índia Britânica em 1919.

Em 1939, quando eclodiu a Segunda Guerra, Slim tornou-se comandante de uma brigada indiana que ajudou a conquista britânica da África oriental italiana. Dois anos depois, liderou uma divisão indiana em campanhas para manter o Iraque, a Síria, o Líbano e o Irã junto aos Aliados. Em 1942, foi destacado para chefiar o Corpo da Birmânia numa hábil retirada para a Índia, escapando dos japoneses invasores. Ele criou então novas táticas, que incluíam apoio aéreo e guerrilhas, que o ajudaram a levar o XIV Exército a reconquistar a Birmânia em 1945.

Muito respeitado e apelidado "soldado dos soldados", Slim foi promovido a marechal de campo em 1948. De 1953 a 1960, foi governador-geral da Austrália e depois se tornou visconde. Morreu em Londres, em 1970, e seu funeral teve todas as honras militares.

retirada forçada das tropas britânicas, indianas e locais para a Índia, o que se revelaria uma longa viagem.

Táticas de guerrilha

De início, poucos do lado britânico tinham esperança de contra-atacar os japoneses no difícil terreno da selva birmanesa. Porém, Orde Wingate, um comandante britânico incomum, criou um grupo especial de operações na Índia que chamou de "Chindits". Eles avançavam com pouco peso, rapidamente, e tinham apoio aéreo, o que era crucial, como logo se viu. Em 1943, os Chindits fizeram seus primeiros ataques de guerrilha contra os japoneses, provando que tais operações eram viáveis, apesar das grandes perdas. Uma divisão americana também fora do padrão – os *Merrill's Marauders* (Saqueadores de Merrill), sob o comando de Frank Merrill – juntou-se à luta em 1944. Tanto os Chindits quando os *Merrill's Marauders* contariam com a escolta vital dos Guardas de Kachin, de uma tribo do norte birmanês.

Em 1943, o líder chinês Chiang Kai-shek estava pressionando as forças Aliadas a retomarem a rota de abastecimento da Estrada da Birmânia. Enquanto isso, Aung Sang havia percebido que as esperanças de apoio japonês à independência birmanesa eram vãs e pediu a cooperação dos britânicos. Sua Liga Antifascista pela Liberdade do Povo, fundada em 1944, teria um papel central na luta. Os britânicos começaram a considerar a possibilidade de retomar a Birmânia.

Planos de batalha

No fim de 1943, o general William Slim assumiu o XIV Exército, recém-criado no leste da Índia, e integrou o Comando do Sudeste Asiático, sob o Lorde Louis Mountbatten, que ajudou a coordenar melhor o apoio aéreo. Slim enfatizava a importância do treino na selva e defendia a criação de destacamentos em "quadrados" defensivos abastecidos e apoiados militarmente pelo ar, para estimulá-los a manter o terreno e resistir a ataques japoneses.

Os Merrill's Marauders na selva birmanesa. Eles sustentaram posições por treze dias, de março a abril de 1944, cercados e abastecidos só pelo ar, enquanto avançavam para Myitkyina.

Enquanto isso, os japoneses, ainda decididos a conquistar o sudeste asiático, planejavam a Ofensiva Ichi-Go de 1944 para tomar a China, eliminando as bases aéreas dos EUA no sul e preparando a Operação U-Go para invadir a Índia. O general japonês Renya Mutaguchi foi um entusiástico defensor da U-Go, propondo um avanço a partir do nordeste da Birmânia através da fronteira, até a província de Assam, na Índia. »

292 OS ALIADOS CONTRA-ATACAM NA BIRMÂNIA

Por que o apoio aéreo é tão importante nos confrontos na selva? → As **linhas de suprimento são lentas** no terreno da selva e **não há uma linha de frente contínua**. → **Unidades de guerrilha** rápidas do inimigo podem fazer **ataques surpresa**.

As unidades podem então **manter a defesa**, ganhando **impulso vital**, até a chegada de reforços. ← Guiados por sinalização em terra, os aviões podem **lançar suprimentos e munições** por paraquedas. ← Se as unidades são **atacadas por forças superiores** na selva, **devem recuar**.

Os Aliados pressionam

Em 9 de janeiro de 1944, antes do início das operações japonesas, o XIV Exército, formado por tropas indianas e britânicas, saiu da Índia e tomou o porto de Maungdaw, no oeste birmanês. Em fevereiro, na Batalha de Ngakyedauk, na vizinha Sinzweya, auxiliado pelo fornecimento aéreo de armas e rações, o exército manteve seu terreno, forçando os japoneses a recuarem – uma vitória significativa para as forças Aliadas.

Enquanto isso, no norte birmanês, o general americano Joe Stilwell liderava a "Força X", um exército chinês equipado e treinado por americanos na Índia. Sua missão era proteger operários que construíam a Estrada Ledo para levar suprimentos da Índia para a China. Ele tinha também instruções para infligir o máximo de danos às forças japonesas e, ajudado pelos *Merrill's Marauders*, avançar ao sul, pela selva, para tomar a cidade de Myitkyina e sua crucial base aérea.

A Força X empurrou os japoneses, mas não conseguiu encurralá-los. Então, na primavera de 1944, os Chindits, agora com as forças de Stilwell, lideraram um ataque ousado, descendo de planador atrás das linhas japonesas para interromper a ferrovia que abastecia Myitkyina. Enquanto isso, os *Merrill's Marauders* e algumas das forças de Stilwell abriram caminho na selva, chegando à própria Myitkyina. Eles tomaram sua base aérea em maio de 1944, mas a batalha pela cidade continuou até agosto.

A frente ocidental da Índia

Lançando a Operação U-Go, o general japonês Mutaguchi atravessou o rio Chindwin com seu XV Exército, rumo à fronteira birmanesa com o leste indiano, em março de 1944. Seu alvo era a base aérea das forças Aliadas em Imphal, mantidas pelo IV Corpo, parte do XIV Exército de Slim. Localizada em uma planície e flanqueada por elevações, a base servia de apoio às tropas Aliadas e mandava suprimentos à China por meio da "Hump" (Corcunda) – uma rota aérea sobre as montanhas na base do Himalaia. Em abril,

Soldados japoneses e indianos lutam lado a lado na Birmânia. Muitos prisioneiros de guerra indianos, querendo libertar a Índia do domínio colonial, juntaram-se aos captores japoneses na luta contra os britânicos.

Dois soldados britânicos patrulham as ruínas da cidade de Bahe, no centro birmanês, enquanto as forças do general Slim avançam para o sul em janeiro de 1945, rumo a Mandalay, nos últimos estágios da campanha.

o XV Exército atacava a planície de várias direções.

Ao mesmo tempo, numa ação que Slim não previra, 15 mil soldados japoneses avançaram pela selva para atacar Kohima, uma estação de montanha indiana 137 km ao norte, cortando, assim, a principal rota de suprimentos para Imphal. As tropas Aliadas chegaram em poucos dias para trazer alívio à desesperada guarnição de 2.500 homens de Kohima, mas os confrontos ferozes continuaram até o fim de maio.

Tolhidos pela resistência Aliada, os ataques japoneses ao redor de Imphal tinham em grande parte parado no fim de maio e um breve impasse se instalou com as chuvas de monção, diminuindo a contraofensiva Aliada. Foi a falta de suprimentos, porém, o que acabou derrotando os japoneses. Exaustos, doentes e famintos, eles recuaram e as tropas britânicas abriram a estrada para Kohima. Nas duas batalhas, os japoneses contabilizaram cerca de 55 mil vítimas, entre elas 13 mil mortos – sua derrota mais pesada até ali, vista por muitos como o principal ponto de virada no conflito da Birmânia. As perdas Aliadas foram muito mais leves, em grande parte devido à eficiência do transporte aéreo, trazendo homens e suprimentos e levando as vítimas.

Retirada japonesa

No início de 1945, os japoneses tinham recuado para o leste do rio Irrawaddy, e o alvo dos Aliados era Mandalay, também na margem leste do rio, no centro birmanês. Slim dividiu então seu exército, mandando metade para Mandalay e metade numa rota indireta para lançar um ataque surpresa em Meiktila, cidade entre Mandalay e Rangum. Meiktila caiu em 3 de março e os britânicos tomaram Mandalay dez dias depois.

Com os japoneses em retirada, as forças Aliadas avançaram até o porto de Rangum, ansiosas por tomá-lo antes da estação das monções. Forças navais também foram logo desviadas da Tailândia para tomar parte na Operação Drácula, um ataque anfíbio e aerotransportado em 1º de maio. Tropas indianas desembarcaram cedo na manhã seguinte, apenas horas antes das chuvas de monção, mas descobriram que os japoneses tinham evacuado o porto.

Em 15 de junho, o comandante supremo Aliado, Lorde Mountbatten, fez um desfile da vitória em Rangum, apesar de os combates continuarem nas selvas do norte. Em setembro, a vitória já era completa e a Birmânia voltara ao controle Aliado.

Embora os historiadores debatam o impacto da campanha da Birmânia na Segunda Guerra na Ásia, a vitória Aliada aumentou o respeito pelas forças britânicas e abalou gravemente o moral japonês. Quatro anos de conflito também armaram o cenário para a independência tanto da Birmânia quanto da Índia. ∎

As partes de fora das defesas ficaram cheias de cadáveres de japoneses empilhados.
Major Tom Kenyon
Comandante da Companhia A, 4º Regimento Real de West Kent do exército britânico

NENHUM SER HUMANO PODERIA CONCEBER ENTÃO [...] O QUE VIMOS
LIBERAÇÃO DOS CAMPOS DE EXTERMÍNIO (JANEIRO-ABRIL DE 1945)

EM CONTEXTO

FOCO
Atrocidades humanitárias

ANTES
1900 Os britânicos colocam 200 mil africanos negros e bôeres em campos de concentração na Guerra dos Bôeres.

1914-1918 Mais de 800 mil pessoas são mantidas em campos de concentração na Primeira Guerra Mundial, embora as necessidades humanas básicas sejam atendidas na maioria deles.

1929 Stalin desenvolve o sistema dos gulags, campos de trabalho forçado, na URSS.

1933 O primeiro campo de detenção nazista é criado em Dachau.

DEPOIS
1946 Líderes nazistas importantes são condenados por crimes contra a humanidade nos Julgamentos de Nuremberg.

1953 Milhões de prisioneiros são libertados dos gulags soviéticos.

As forças Aliadas sabiam da existência de campos de extermínio antes de encontrá-los ao avançar no território alemão. Mas nada poderia tê-las preparado para o horror total do que viram ao atravessar os portões dos campos. Embora tivessem sido liberados, muitos dos sobreviventes estavam devastados demais, física e mentalmente, para sentir alegria ou mesmo reconhecer que tinham sido libertados.

No verão de 1944, o Exército Vermelho soviético fez a primeira descoberta de um campo de concentração, em Majdanek, perto de Lublin. Embora a SS nazista já tivesse levado muitos dos prisioneiros mais para oeste quando os soviéticos se aproximavam, alguns ainda estavam encarcerados. E havia evidências suficientes no campo para expor seus horrores. As câmaras de gás em que tantos tinham encontrado a morte ainda estavam intactas.

Quando o Exército Vermelho avançou, o comandante da SS Heinrich Himmler ordenou a evacuação de todos os campos no caminho do avanço. Dezenas de milhares de prisioneiros subnutridos tirados de campos como Auschwitz-Birkenau foram simplesmente abandonados ou obrigados a fazer longas "marchas da morte" para outros campos mais a oeste, sob tempo congelante. Milhares morreram de frio ou fome nessas marchas; outros foram fuzilados porque estavam fracos demais para ficar de pé.

[Os sobreviventes de Auschwitz] correram em nossa direção gritando, caíram de joelhos, beijaram as abas de nossos casacos e abraçaram nossas pernas.
Georgii Elisavetskii
Um dos primeiros soldados do Exército Vermelho a entrar em Auschwitz

Auschwitz
Em 27 de janeiro de 1945, o Exército Vermelho encontrou o campo de concentração de Auschwitz-Birkenau, com 9 mil prisioneiros fracos e emaciados que mal se agarravam à vida. Delirantes de

FIM DE JOGO 295

Veja também: Massacres nazistas 136 ▪ A Europa nazista 168-71 ▪ O Holocausto 172-77 ▪ Prisioneiros de guerra 184-87 ▪ Os Tribunais de Nuremberg e a desnazificação 318-19

Entre julho de 1944 e maio de 1945, as tropas Aliadas liberaram prisioneiros de campos de concentração conforme avançaram pela Europa. As forças soviéticas liberaram campos no leste, as dos EUA no sul e oeste, e as britânicas e canadenses no norte.

Legenda:
- Liberado pelos EUA
- Liberado pela Grã-Bretanha/Canadá
- Liberado pela União Soviética
- Território liberado antes de 21 de março de 1945
- Território liberado em 21 de março-9 de maio de 1945
- Território mantido pela Alemanha ao se render em 7-9 de maio de 1945
- Território neutro

felicidade por serem libertados, alguns se jogavam sobre os soldados soviéticos em desesperadas demonstrações de gratidão. Alguns estavam fracos demais para viver muito mais, contudo, cerca de 7.500 sobreviveram após receberem alimentos e cuidados médicos.

Auschwitz era o maior de todos os centros de extermínio nazistas, para o qual mais de 1,1 milhão de pessoas – na maioria judeus, mas também 25 mil ciganos, além de prisioneiros de guerra – tinham sido levadas de toda a Europa. Ao recuarem, os alemães destruíram grande parte do campo, mas os soldados soviéticos ainda acharam centenas de milhares de ternos, mais de 800 mil vestidos e acima de 6,3 toneladas de cabelo humano, tudo isso tirado dos prisioneiros.

Nos meses seguintes, tropas soviéticas também liberaram os campos de Stutthof, Sachsenhausen e Ravensbrück, enquanto as forças dos EUA liberavam os de Buchenwald, Mittelbau-Dora, Flossenbürg, Dachau e Mauthausen. Os britânicos e canadenses também liberaram campos, entre eles Neuengamme e Bergen-Belsen. Quando os britânicos entraram neste último, ele estava lotado com os excedentes trazidos de outras prisões. Cerca de 60 mil prisioneiros estavam

Ex-prisioneiros do campo de concentração de Bergen-Belsen fazem fila para receber rações de pão após a liberação do local por forças britânicas, em abril de 1945.

criticamente doentes com tifo e 13 mil morreram de desnutrição ou doenças em poucas semanas.

Choque e punição

Relatos sobre o horror total revelado nos campos – pilhas de corpos não enterrados, o cheiro de morte por toda parte e sobreviventes esqueléticos que tinham trabalhado e passado fome até quase morrer – produziram ondas de choque ao redor do mundo. Alguns sobreviventes morreram logo depois do resgate simplesmente com o impacto do primeiro bocado de comida.

Os alemães em retirada tentaram desesperadamente encobrir as evidências, matando testemunhas e destruindo os prédios das prisões, as câmaras de gás e seus registros. Mas deixaram provas materiais e testemunhas demais para salvar os líderes nazistas e os comandantes dos campos, como Rudolf Höss, de Auschwitz, da justiça nos julgamentos de Nuremberg. ∎

LUTAMOS POR UMA CAUSA E NÃO PARA CONQUISTAR
A ÚLTIMA RESISTÊNCIA NA ITÁLIA (ABRIL DE 1945)

Os **ataques frontais** das forças Aliadas **não conseguem romper** a bem-defendida **Linha Gótica**.

A Operação Grapeshot é lançada, começando com **ataques diversionistas** em cada extremo da linha.

As principais forças Aliadas **atacam** então **através do centro**, capturando cidades-chave e cortando as linhas de suprimento alemãs.

O sucesso da Operação Grapeshot **provoca levantes dos partisans italianos** em Milão e Turim, garantindo uma **vitória total dos Aliados na Itália**.

EM CONTEXTO

FOCO
A frente mediterrânea

ANTES
Jun 1940 A Itália entra na guerra do lado da Alemanha, consolidando um "eixo" de poder.

Jul 1943 Os Aliados desembarcam na Sicília, na Operação Husky, e tomam a ilha.

Set 1943 Forças Aliadas atacam o sul da Itália. O governo italiano se rende, mas os alemães instalam um governo fantoche no norte liderado por Mussolini.

Jan 1944 Forças Aliadas desembarcam em Anzio e em maio capturam o posto avançado de Monte Cassino.

DEPOIS
Mai 1946 O rei Vítor Emanuel III da Itália abdica e seu filho, Humberto II, é exilado.

Jun 1946 A Itália promove suas primeiras eleições como república.

Após a invasão do sul da Itália continental em setembro de 1943, as forças Aliadas abriram caminho lutando rumo ao norte. Elas romperam uma a uma as linhas defensivas dos alemães em retirada, mas o progresso foi lento. As forças alemãs se provaram resilientes, aproveitando a dificuldade de penetrar nos escarpados montes Apeninos, que formam a coluna dorsal da Itália, e as faixas de fácil defesa de cada lado. No verão de 1944, os Aliados foram contidos pela Linha Gótica, um sistema defensivo alemão que cruzava os Apeninos, indo da costa do Adriático no leste até o mar da Ligúria no oeste. A linha bloqueava o caminho para o vale do Pó, local das principais cidades industriais italianas, como Milão e Turim, além de vastas plantações que forneciam alimento aos exércitos alemães.

Um assalto Aliado no outono rompeu a Linha Gótica, mas a obstinada defesa alemã e o mau tempo detiveram o avanço. Os

FIM DE JOGO 297

Veja também: A Itália e a emergência do fascismo 22-23 ▪ Ditadores e democracias frágeis na Europa 34-39 ▪ A Itália entra na guerra 88-89 ▪ A invasão da Itália 210-11 ▪ A queda de Roma 254

O deplorável fim de Benito Mussolini marca a conclusão adequada a uma vida deplorável.
The New York Times
30 de abril de 1945

Aliados decidiram esperar até a primavera e, em abril de 1945, sob o comando do general dos EUA Mark Clark, lançaram uma ofensiva decisiva, de codinome Operação Grapeshot (Metralha).

Defesas alemãs rompidas

O plano não era tomar a linha, mas distrair os alemães com pequenas ações em cada ponta e atravessar o centro com as forças principais. Os Aliados seguiriam, então, capturando cidades-chave atrás da linha alemã. As duas forças principais envolvidas eram o V Exército dos EUA, cujo alvo era Bolonha, e o VIII Exército Britânico, que avançaria do leste, visando a Ferrara e Bondeno. Nas tropas Aliadas havia soldados de várias nações, como neozelandeses, franceses, argelinos, gregos, indianos, poloneses, brasileiros, marroquinos e canadenses.

Os ataques diversionistas começaram em 1º de abril, seguidos em 6 de abril por um pesado bombardeio das posições alemãs. O VIII Exército avançou, então, subindo o flanco oriental e em 14 de abril, após uma espera, devido à neblina.

O V Exército atacou através do centro montanhoso. Em 21 de abril, tropas polonesas se apossaram de Bolonha e, em 25 de abril, os exércitos Aliados tinham cruzado o rio Pó, dividindo as forças alemãs. Conforme ocorria esse avanço, combatentes da resistência italiana, ou partisans, se rebelavam contra os alemães e o governo fantoche de Mussolini, e assim, quando as forças Aliadas atingiam muitos dos alvos, encontravam pouca ou nenhuma resistência.

A morte de Mussolini

Em 25 de abril, Mussolini fugiu para Milão com a amante, Claretta Petacci, esperando chegar à fronteira suíça. Os historiadores não sabem ao certo o que ocorreu em seguida, mas segundo o relato mais aceito, o casal foi capturado dois dias depois por partisans locais perto do povoado de Dongo, no lago Como, e foi executado. Em 29 de abril, os corpos foram levados de volta à Piazzale Loreto, em Milão, onde foram atacados por multidões furiosas.

Naquele dia, os comandantes alemães assinaram um documento de rendição, que entrou em vigor em 2 de maio, com quase 1 milhão de soldados alemães depondo as armas. Até ali, cerca de 313 mil soldados Aliados que lutaram na Itália tinham sido mortos, feridos ou estavam desaparecidos. As perdas alemãs foram de cerca de 336 mil homens. A campanha italiana às vezes é vista como algo menor, comparada à guerra maior contra a Alemanha, mas defender a Itália custou aos alemães enormes recursos, tornando mais fácil a vitória Aliada no norte da Europa. ∎

Partisans italianos chegam a Milão após o sucesso da Operação Grapeshot, na primavera de 1945. Portando as armas que podiam, milhares de partisans lutaram ao lado dos Aliados.

O MUNDO TEM DE SABER O QUE HOUVE E NUNCA ESQUECER

VITÓRIA NA EUROPA (7 DE MAIO DE 1945)

300 VITÓRIA NA EUROPA

EM CONTEXTO

FOCO
A conquista da paz

ANTES
Set 1939 A Grã-Bretanha e a França declaram guerra à Alemanha quando esta invade a Polônia, dando início à Segunda Guerra.

1941 A URSS entra no conflito quando a Alemanha a invade, e o ataque do Japão a Pearl Harbor leva os EUA para a guerra.

1944 No Dia D, os Aliados ocidentais desembarcam no norte da Europa.

DEPOIS
1945-1946 Líderes nazistas são responsabilizados por crimes de guerra nos Julgamentos de Nuremberg.

1961 A República Democrática Alemã – Alemanha Oriental – constrói o Muro de Berlim para evitar fugas para o ocidente.

1989 O Muro de Berlim cai e a Alemanha é reunificada no ano seguinte.

O suicídio de Adolf Hitler em 30 de abril de 1945 não levou a Segunda Guerra a um fim abrupto. Nem todos os comandantes nazistas aceitaram a derrota e, mesmo entre aqueles que o faziam, havia incerteza sobre como agir. Os soldados e civis alemães também estavam aterrorizados com as represálias do Exército Vermelho, que tomou Berlim no início de maio. Após a rendição final alemã, porém, os EUA, o Reino Unido e a URSS puderam finalizar os planos para dividir o país numa tentativa de criar uma paz duradoura.

Represálias soviéticas

Após a rendição do general Helmuth Weidling em Berlim, em 2 de maio, uma calmaria mortal desceu sobre a capital alemã. Desesperados por alimentos e água, os berlinenses emergiram de seus porões para encontrar ruínas e ruas cheias de cadáveres – muitos de adolescentes e veteranos idosos que tinham complementado o desfalcado exército alemão na defesa final.

As tropas soviéticas agruparam as pessoas de uniforme e as levaram para um destino ignorado. Para muitas das mulheres e meninas de Berlim, também, o pesadelo estava só começando, pois inúmeros soldados do Exército Vermelho as viam como despojos de guerra e objetos de vingança pelo sofrimento que os nazistas tinham causado a seu país. Não há números exatos, mas até 100 mil mulheres berlinenses podem ter sido estupradas pelo Exército Vermelho nas semanas seguintes à rendição, 10 mil das quais morreram

Um soldado soviético levanta a Bandeira Vermelha sobre as ruínas do Reichstag, em Berlim, em 2 de maio de 1945. O fotógrafo, Yevgeny Khaldei, admitiu mais tarde que a imagem foi encenada depois que a primeira bandeira foi derrubada.

Encurralada pelas **forças Aliadas ocidentais** e pelas **forças soviéticas**, a Alemanha se rende. → A vitória **coloca as potências ocidentais contra a URSS**, pois todas buscam uma influência duradoura. → As **promessas** iniciais soviéticas **de democracia** para os países da Europa oriental **não são honradas**. ↓

Europa oriental e Europa ocidental permanecem separadas por mais de quarenta anos. ← Os Aliados ocidentais **aceitam que Stalin crie um bloco oriental** sob influência soviética **para evitar mais conflitos**.

Veja também: Os desembarques do Dia D 256-63 ▪ Operação Bagration 266-69 ▪ Os Aliados invadem o Reich 286 ▪ Os soviéticos avançam na Alemanha 288-89

em consequência disso. Algumas unidades alemãs tentaram abrir caminho para o sul do país, talvez acreditando na propaganda nazista sobre um posto avançado na Baviária. Outros tentaram avançar para oeste, na esperança de se renderem aos Aliados ocidentais, menos temidos por eles que os soviéticos. Muitos civis alemães tentaram segui-los.

O general Walther Wenck, que no início de abril tinha sido nomeado comandante do XII Exército Alemão e incumbido de resistir ao avanço britânico e dos EUA, viu-se administrando um vasto campo de refugiados alemães em fuga, ao sul de Berlim. Quando a notícia da rendição de Berlim chegou, Wenck abriu caminho para o oeste, unindo-se aos remanescentes do IX Exército e talvez até 200 mil refugiados, liderando-os na travessia do rio Elba para o território ocupado pelos EUA, a fim de escapar do Exército Vermelho.

As forças alemãs se rendem

Em 4 de maio, os comandantes militares alemães na Holanda, Dinamarca e noroeste da Alemanha, temendo o avanço soviético, reuniram-se com o comandante britânico, o marechal de campo Bernard Montgomery, na charneca de Lüneburg, na Baixa Saxônia, para entregar sua rendição. Montgomery os encaminhou ao Supremo Quartel-General da Força Expedicionária Aliada em Reims, no nordeste da França, onde o comando Aliado, liderado pelo general Dwight D. Eisenhower, exigiu uma rendição incondicional imediata. Os alemães pediram dois dias de prazo, sob a alegação de poder comunicar o cessar-fogo a todas as tropas. Porém, o motivo mais provável era que tivessem mais tempo para alcançar os Aliados ocidentais em vez de serem capturados

pelo Exército Vermelho. Eisenhower concordou com a delonga e a rendição foi assinada em 7 de maio, entrando em vigor um minuto após a meia-noite, em 8 de maio.

No norte, a Noruega – ainda ocupada por um exército alemão bem equipado de mais de 350 mil homens e uma pequena frota de U-Boots – era vista como um ponto de continuação potencial da resistência nazista pelo grande-almirante Karl Dönitz, que assumira como chefe de Estado alemão após a morte de Hitler. Porém, quando a Alemanha assinou a rendição incondicional em 7 de maio, Dönitz ordenou ao comandante na Noruega, general Franz Böhme, que seguisse os demais, encerrando todas as hostilidades em 8 de maio.

Uma paz caótica

O líder soviético, Josef Stalin, ficou irritado com os eventos em Reims, alegando que a rendição deveria ser assinada pelo marechal de campo Wilhelm Keitel, comandante supremo das forças alemãs, e ocorrer na capital alemã. A rendição foi assim reencenada, em 8 de maio, em Berlim, e entrou em vigor em 9 de maio. »

Os soldados russos estupravam todas as mulheres alemãs, de oito a oitenta. Era um exército de estupradores.
Natalya Gesse
Correspondente de guerra soviética

Harry S. Truman

Nascido em Lamar, Missouri, em 1884, Harry S. Truman lutou na Primeira Guerra na França como capitão do exército dos EUA – o único presidente do país que combateu nesse conflito. Membro duradouro do Partido Democrático, foi eleito senador em 1934. Sua reputação cresceu nos primeiros anos da Segunda Guerra graças à eficaz liderança de um comitê que verificava os gastos da defesa.

Em novembro de 1944, Truman foi eleito vice-presidente de Franklin D. Roosevelt. Quando Roosevelt sofreu um AVC fatal apenas 82 dias após a eleição, Truman o substituiu. Ele autorizou o uso da bomba atômica contra o Japão em agosto de 1945, forçando sua rendição e levando ao fim o conflito no Pacífico.

Preocupado com a influência política da URSS e seus aliados, Truman adotou uma abordagem intervencionista após a guerra, exemplificada por sua decisão, em 1950, de mandar tropas para defender a Coreia do Sul da invasão da Coreia do Norte comunista. Em 1952, com a popularidade em queda, escolheu não se candidatar à reeleição. Morreu em 1972.

Londrinos e soldados dos EUA dançam nas ruas para festejar o Dia V-E em 8 de maio de 1945. A guerra, porém, não tinha acabado e Churchill falou no mesmo dia sobre "o trabalho árduo e os esforços que temos à frente".

após um breve adiamento mediado por Keitel para permitir que a notícia do cessar-fogo chegasse às unidades alemãs. Àquela altura, porém, a notícia da rendição tinha vazado e multidões alegremente tomaram as ruas em Londres, Nova York e outras cidades. Winston Churchill anunciou que as celebrações do Dia da Vitória na Europa (V-E) continuariam em 8 de maio. Stalin respondeu que na URSS ocorreriam em 9 de maio.

Por toda a Europa ainda reinava o caos. Havia bolsões em combate e milhões de pessoas tinham sido deslocadas. Muitos dos mais de 6 milhões que foram arrastados pelos nazistas para o trabalho escravo tentaram voltar a suas cidades ou povoados a pé, ao lado de outros desterrados, entre eles os sobreviventes de campos de concentração. Os alemães foram marcados e acossados nos territórios antes dominados pelos nazistas. Três milhões de alemães foram expulsos só dos Sudetos tchecos e centenas de milhares levados para campos de trabalhos forçados, conhecidos como gulags, pelos exércitos soviéticos. Enquanto isso, os exaustos soldados das forças Aliadas ocidentais e soviéticas ansiavam por celebrar a vitória e voltar para casa.

Disputa por poder
Os alemães foram derrotados pelos esforços combinados da URSS e dos Aliados ocidentais, mas a tensão entre os vencedores era extrema. Churchill temia que a saída dos EUA da Europa deixasse o continente indefeso contra os soviéticos, com a tirania de Stalin substituindo a de Hitler. Em fevereiro de 1945, quando a derrota alemã parecia certa, Roosevelt, Stalin e Churchill tinham se reunido na Conferência de Yalta, na Crimeia, para discutir, entre outros temas, a reorganização da Europa no pós-guerra. Churchill defendia que os países da Europa oriental, como Polônia e Tchecoslováquia, decidissem o próprio futuro e elegessem governos democráticos, mas Stalin deixou claro que o controle político da Europa central e oriental era essencial à segurança nacional da URSS. Embora Stalin prometesse eleições livres na Polônia, um governo provisório apoiado pelos soviéticos e simpatizante do comunismo estava instalado já em janeiro de 1945.

Controle da Polônia
Em maio, quando as intenções soviéticas ficaram cada vez mais claras, Churchill defendeu a execução da Operação Impensável, uma rápida ofensiva contra o Exército Vermelho para liberar a Polônia enquanto as forças dos EUA ainda estavam na Europa. Harry S. Truman, o novo presidente dos EUA, considerou que atacar os soviéticos exigiria bem mais homens e o envolvimento numa guerra longa e custosa. Ele buscou acomodar mais a questão com Stalin, permitindo-lhe instalar um governo fantoche na Polônia, ainda que isso deixasse o

Foi para isso que entramos em guerra contra a Alemanha – para que a Polônia fosse livre e soberana.
Winston Churchill
Primeiro-ministro do Reino Unido, Conferência de Yalta, 1945

FIM DE JOGO 303

Harry S. Truman, ladeado por Stalin (dir.) e Clement Attlee, primeiro-ministro britânico (esq.), em Potsdam, no fim de julho de 1945. Attlee substituiu Churchill após derrotá-lo na eleição de julho no Reino Unido.

governo paralelo polonês abandonado em seu quartel-general em Londres.

Planos para a Europa no pós-guerra

A Conferência de Yalta havia obtido amplo consenso em muitas áreas, entre elas a divisão da Alemanha em quatro zonas de ocupação a serem controladas por EUA, URSS, Reino Unido e França. Charles de Gaulle, o líder do governo provisório francês, não foi, porém, convidado para essa conferência e a seguinte, que ocorreria em julho de 1945 em Potsdam, a oeste de Berlim. Lá, três líderes Aliados – Truman, Stalin e Churchill – se reuniram para negociar um acordo definitivo para a Europa no pós-guerra.

Stalin, que já sabia da abortada Operação Impensável de Churchill, chegou com disposição confiante. Porém, foi ofuscado por Truman, que, na véspera da conferência, recebera a mensagem "Bebês nascidos satisfatoriamente". Esse era o sinal de que os primeiros testes bem-sucedidos da bomba atômica criada pelo grupo de pesquisa Projeto Manhattan tinham sido realizados em Los Alamos, no estado americano do Novo México.

Churchill percebeu de imediato que os Aliados ocidentais, então, podiam se contrapor a qualquer ameaça soviética. Como espiões soviéticos logo tinham repassado a informação a Stalin, não foi surpresa para ele quando Truman o informou de que os EUA tinham desenvolvido uma nova arma, mais poderosa que qualquer bomba conhecida. Truman se recordou depois de que Stalin apenas disse estar "feliz por ouvir isso", e que esperava que os americanos fizessem "bom uso dela contra os japoneses".

Pelo Acordo de Potsdam, assinado em 1º de agosto, a Alemanha devia ser desarmada, desmilitarizada e dividida nas quatro zonas de ocupação pactuadas em Yalta. Os líderes ocidentais também fizeram planos para desnazificar a sociedade alemã, além de prender e julgar os alemães que tivessem cometido crimes de guerra. Eles formaram um Conselho de Ministros Estrangeiros para negociar tratados em nome da Alemanha e transferiram um considerável território alemão para a Polônia. O acordo deixou basicamente à URSS o controle da maioria da Europa oriental.

Consequências difíceis

A Alemanha e a Itália tinham sido derrotadas e a Europa estava em paz, mas, do outro lado do mundo, o Japão ainda travava combates e se recusava a se render. Por algum tempo, os Aliados ocidentais e a URSS (atraída pela perspectiva de territórios no leste da Ásia) puseram suas diferenças de lado para derrotar os japoneses. Porém, era uma aliança muito difícil, sulcada por diferenças ideológicas e ambições conflitantes. Churchill percebeu os perigos de uma URSS expansionista e, em março de 1946, falou em uma "cortina de ferro" descendo através da Europa. Foi um tiro inicial disparado numa "Guerra Fria" que dividiria a Europa por mais de quatro décadas. ∎

A Alemanha perdeu as terras que tomara na Segunda Guerra e antes dela, além de seu antigo centro de apoio, a Prússia Oriental. As principais potências Aliadas dividiram a Alemanha em quatro zonas, administradas por Estados Unidos, Grã-Bretanha, URSS e França.

Legenda:
- Zona de ocupação britânica
- Zona de ocupação soviética
- Zona de ocupação dos EUA
- Zona de ocupação francesa
- Protetorado do Sarre
- Estado soberano

DEVEMOS DEFENDER ESTA ILHA [...] ATÉ O FIM

O JAPÃO SITIADO
(FEVEREIRO-AGOSTO DE 1945)

EM CONTEXTO

FOCO
Guerra no Pacífico

ANTES
7 dez 1941 Os japoneses bombardeiam Pearl Harbor, levando os EUA à guerra.

Dez 1941 O Japão lança ofensivas contra as Filipinas, Birmânia, Bornéu e Hong Kong.

Fev 1942 Os britânicos entregam o posto avançado de Singapura.

Jun 1942 Forças dos EUA destroem quatro porta-aviões e 248 aviões japoneses na Batalha de Midway, dando fim ao domínio japonês no Pacífico.

Jan 1944 Os Aliados iniciam a retomada da Birmânia.

DEPOIS
2 set 1945 O Japão afinal se rende e é ocupado por forças americanas.

Mai 1947 O Japão se torna uma democracia parlamentar sob nova constituição.

No início de 1945, a Marinha, o Exército e as Forças Aéreas americanas dominavam o Pacífico e o céu sobre ele, mas precisavam tomar as ilhas ao sul do Japão, antes de avançar para o norte e atacar o arquipélago nipônico.

Retomar as Filipinas, em mãos japonesas desde 1942, era a próxima meta. No fim de 1944, forças Aliadas, lideradas pelo general americano Douglas MacArthur, começaram a tomar as ilhas Filipinas, iniciando por Leyte e depois Mindoro, ao sul de Luzon, a ilha principal. A própria Luzon se revelou mais que um obstáculo. A frota de batalha americana sofreu

Veja também: O dilema do Japão 137 ▪ O ataque japonês a Pearl Harbor 138-45 ▪ Avanços japoneses 154-57 ▪ China e Japão na guerra 250-53 ▪ O bombardeio de Hiroshima e Nagasaki 308-11 ▪ O Japão se rende 312-13

Aqui nestas ilhas, uma grande tragédia está prestes a ocorrer. Será uma luta até a morte.
Imprensa japonesa
Janeiro de 1945

ondas de ataques aéreos kamikazes, que danificaram muito os navios de guerra USS *California* e USS *New Mexico*. Em 9 de janeiro de 1945, uma força de invasão americana de 68 mil homens desembarcou no golfo de Lingayen, oeste de Luzon, buscando chegar à capital, Manila, pelo norte. Forças americanas também desembarcaram ao sul e a oeste de Manila, na península de Bataan.

A batalha de Luzon

Os americanos encontraram pouca resistência inicial, pois o comandante das forças japonesas, general Tomoyuki Yamashita, não previra desembarques no golfo Lingayen. Ele dividira seus 262 mil soldados em três grupos – a maioria deles no norte, com só 30 mil protegendo Bataan e as praias do oeste e 80 mil defendendo Manila e o sul. MacArthur queria tomar Manila rapidamente, e três divisões alcançaram a cidade no início de fevereiro.

O comandante naval local de Yamashita, Sanji Iwabuchi, iniciou então uma defesa desesperada da cidade. Os americanos libertaram presos Aliados no campo de concentração de Santo Tomas, em Manila, mas só conseguiram a posse total da cidade após um mês de luta selvagem nas ruas, em que 100 mil cidadãos foram mortos – muitos massacrados pelos japoneses. No fim de maio, a conquista estava em grande parte concluída, mas as forças de Yamashita se entrincheiraram em cavernas e túneis nas colinas no norte da ilha. A luta continuou por meses; Yamashita não se entregou até 2 de setembro, quando o Japão oficialmente se rendeu.

O Japão como objetivo

Em maio, enquanto as forças de MacArthur retomavam as Filipinas, divisões australianas começaram a reocupar Bornéu. Eles conquistaram a ilha no fim de julho, negando aos japoneses uma importante fonte de petróleo, além de uma base aérea crucial. O alvo principal agora era o próprio Japão.

No fim de 1944, as Forças Aéreas dos EUA tinham iniciado um bombardeio estratégico sobre a infraestrutura japonesa. Ele foi realizado por aviões B-29 Superfortress, baseados 2.519 km a sudeste do Japão, nas Ilhas Marianas, capturadas alguns meses antes. O general Curtis LeMay, responsável pela operação no início de 1945, considerou os bombardeiros de precisão diurnos ineficazes, pois, nas altas altitudes exigidas para evitar as defesas aéreas japonesas, os poderosos jatos de ar desviavam as bombas. Além disso, o frequente tempo nublado obscurecia os alvos. Em vez disso, ordenou ataques incendiários noturnos de baixa altitude.

Em 9 de março, mais de 300 aviões B-29 Superfortress rumaram para Tóquio. Bombas incendiárias choveram sobre a cidade, engolfando os prédios em chamas, matando mais de 80 mil pessoas, ferindo mais de 40 mil e deixando 1 milhão sem casa, enquanto o fogo queimava vastas áreas da cidade. Foi o bombardeio »

Soldados dos EUA atiram em posições japonesas em Manila. Diversamente do exército, que obedeceu às ordens de Yamashita de evacuar a cidade, os fuzileiros navais japoneses estavam decididos a lutar até morrer.

306 O JAPÃO SITIADO

mais destrutivo lançado até ali, e as defesas de Tóquio se mostraram totalmente inadequadas. LeMay o julgou muito bem-sucedido, pois as perdas americanas foram leves. Ataques similares atingiram as cidades de Nagoya, Osaka e Kobe ainda em março, e outros mais foram planejados.

Ataque a Iwo Jima

Enquanto ocorriam as operações com bombas incendiárias, uma batalha sangrenta era travada em Iwo Jima, uma faixa de terra estratégica entre as Marianas e o Japão. Com apenas 8 km de extensão, ela não tinha população nativa, mas era usada pelo Japão como base aérea. Defendendo a ilha havia até 20 mil soldados japoneses pesadamente armados, comandados pelo general Tadamichi Kuribayashi, que tinha construído bunkers, centros de comando e postos de guarda de concreto subterrâneos fortificados, ligados por extensos túneis. Com isso, o intenso bombardeio Aliado inicial da ilha teve pouco efeito, e os primeiros fuzileiros a desembarcar, em 19 de fevereiro, sofreram enormes perdas causadas por morteiros, metralhadoras

Boeings B-29 Superfortress bombardeiam Hiratsuka, no Japão, em 1945, em foto registrada da janela de um deles. Seus alvos eram os arsenais navais de munições da cidade e uma fábrica de aviões.

e minas terrestres previamente instaladas pelos japoneses.

Nos dias seguintes, emboscadas e ataques surpresa continuaram a cobrar um pesado preço às dezenas de milhares de soldados americanos envolvidos nos confrontos, que usavam granadas e lança-chamas para repelir as tropas japonesas. Batalhas ferozes foram travadas – quase sem parar – por mais de cinco semanas.

Em 21 de março, as forças americanas afinal explodiram o posto avançado de Kuribayashi – um complexo de túneis ao redor de um desfiladeiro no noroeste da ilha. Poucos dias depois, os sobreviventes japoneses montaram um contra-ataque. Foi a batalha final de Iwo Jima, concluída com a vitória americana em 26 de março. Guerrilheiros japoneses espalhados continuaram, no entanto, a resistir à força de guarnição deixada na ilha, e até 1949 apenas dois haviam se rendido.

Mais de 6.800 americanos morreram no conflito e mais de 19 mil foram feridos. Por sua coragem, 27 fuzileiros navais e marinheiros receberam a Medalha de Honra, a mais alta condecoração militar americana. A maioria dos japoneses lutou bravamente até o fim; só 216 foram aprisionados.

A Batalha de Okinawa

A vitória difícil de Iwo Jima foi um aviso salutar da ferocidade com que os japoneses defenderiam seu país. Dias depois, quando os Aliados atacaram

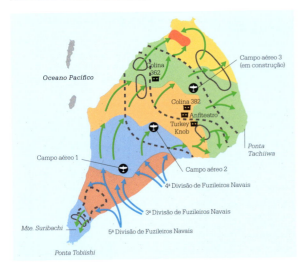

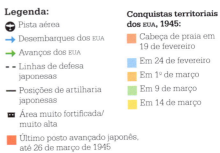

Os fuzileiros navais dos EUA se espalharam por Iwo Jima em cinco semanas, em fevereiro e março de 1945, capturando a ilha em quatro etapas. Em 14 de março, Iwo Jima foi declarada segura e, em 26 de março, os EUA tomaram o último posto avançado japonês.

FIM DE JOGO 307

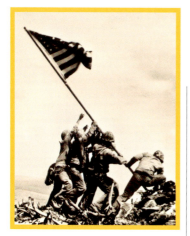

Fuzileiros navais colocam a bandeira americana no monte Suribachi, em Iwo Jima, pela segunda vez. O fotógrafo Joe Rosenthal reencenou o evento, criando uma imagem icônica que lhe valeu o Prêmio Pulitzer.

Tadamichi Kuribayashi

sua ilha mais ao sul, Okinawa, houve uma das mais sangrentas batalhas da guerra no Pacífico.

As forças Aliadas planejavam refrear a reação japonesa com um bombardeio pesado preliminar, para apoiar o desembarque inicial, em 1º de abril, de 50 mil soldados americanos (de uma força total de mais de 180 mil) na costa oeste da ilha. A resistência japonesa foi silenciosa de início, contradizendo o poder latente de 100 mil homens do general Mitsuru Ushijima, à espera em cavernas e bunkers fortificados. Os americanos avançaram, tomando duas bases aéreas naquele dia, e rumaram para o norte da ilha, sofrendo mais de mil mortes, mas ganhando terreno.

No sul, numa área agreste chamada Shuri, confrontos brutais à queima-roupa entre chuvas torrenciais grassaram por mais de onze semanas. A frota Aliada também ficou sob fogo pesado: entre 6 de abril e 22 de junho, sofreu cerca de 1.900 ataques de aviões kamikazes japoneses, que destruíram pelo menos trinta navios de guerra. No entanto, o poderoso encouraçado japonês *Yamato*, numa missão final suicida, foi interceptado e afundado.

No fim da batalha, em 21 de junho, pelo menos 12 mil americanos, mais de 100 mil soldados japoneses e outro tanto de civis de Okinawa tinham morrido. Os Aliados tinham vencido uma batalha difícil, mas o Japão continuava desafiador – sem ideia, até ali, da devastação atômica que o inimigo logo iria desencadear. ∎

A Batalha de Okinawa – o maior assalto anfíbio da guerra no Pacífico – foi também uma das que mais custou vidas humanas – o que lhe valeu o apelido de Tufão de Aço.

Nascido em Nagano, no Japão, em 1891, Tadamichi Kuribayashi, o comandante das tropas japonesas em Iwo Jima, foi poeta e escritor, além de talentoso líder militar. Em 1928, foi para os EUA como adido militar substituto e estudou brevemente na Universidade de Harvard. Nos anos 1930, foi promovido várias vezes.

Em 1944, como comandante da 109ª Divisão do Exército Imperial Japonês, Kuribayashi foi mandado para defender Iwo Jima. Ele ordenou que as posições subterrâneas fossem fortificadas – seria uma ótima defesa contra o efetivo maior das forças americanas, as quais, ao chegarem, em fevereiro de 1945, esperavam vencer a batalha em cinco dias. O objetivo de Kuribayashi era ganhar tempo para o Japão, causando perdas em número suficiente para impedir os EUA de invadirem a ilha principal japonesa. Em 17 de março, quando as forças dos EUA cercaram seu posto avançado, Kuribayashi mandou uma mensagem ao quartel-general japonês, além de três poemas sobre a morte. Uma despedida final por rádio foi recebida em 23 de março. Não se sabe como e quando morreu. Seu corpo nunca foi achado.

MEU DEUS, O QUE FIZEMOS?
O BOMBARDEIO DE HIROSHIMA E NAGASAKI (6-9 DE AGOSTO DE 1945)

EM CONTEXTO

FOCO
Armas nucleares

ANTES
9-10 mar 1945 Um ataque aéreo dos EUA com bombas incendiárias destrói grande parte de Tóquio, matando 100 mil pessoas ou mais.

8 mai 1945 A Alemanha nazista se rende incondicionalmente, encerrando a guerra na Europa.

26 jul 1945 A Declaração de Potsdam exige a rendição imediata do Japão, mas é ignorada.

DEPOIS
15 ago 1945 Os Estados Unidos aceitam a rendição incondicional do Japão.

Jan 1946 As Nações Unidas exigem a eliminação das armas nucleares.

1949 A URSS realiza seu primeiro teste de arma nuclear em Semipalatinsk, no Cazaquistão.

O início da Segunda Guerra coincidiu com os físicos nucleares descobrindo a possibilidade teórica de dividir átomos de urânio, liberando vastas quantidades de energia. Em outubro de 1939, Albert Einstein, o cientista mais reverenciado do mundo, escreveu ao presidente Roosevelt, informando-o que "bombas extremamente poderosas de um novo tipo" poderiam ser construídas.

Quando os EUA entraram na guerra, Roosevelt deu início ao ultrassecreto Projeto Manhattan para construir uma bomba atômica, encabeçado por uma equipe de físicos chefiados por Robert

FIM DE JOGO 309

Veja também: O ataque japonês a Pearl Harbor 138-45 ▪ Pilotos kamikazes 277 ▪ A frente doméstica japonesa 278-79 ▪ Vitória na Europa 298-303 ▪ O Japão sitiado 304-07 ▪ O Japão se rende 312-13

[...] os japoneses estavam prontos a se render e não era necessário atingi-los com aquela coisa terrível.
Dwight D. Eisenhower

Oppenheimer, em Los Alamos, no Novo México. Os desafios científicos e técnicos se mostraram imensos. Alemanha e Japão também criaram programas para a bomba atômica, mas não foram bem-sucedidos. Com capacidade para obter urânio e plutônio físseis e dedicar recursos industriais de larga escala ao projeto (financiado por cerca de 2 bilhões de dólares do governo, sem aprovação do Congresso), só os EUA poderiam transformar a teoria científica em armas utilizáveis.

Todos os envolvidos presumiam que a nova arma estava sendo construída para ser usada. O diretor-geral do Projeto Manhattan, o engenheiro do exército e general Leslie Groves, tinha sido encarregado de fabricar e também usar o novo instrumento. No outono de 1944, ele organizou um grupo aéreo especial com um novo bombardeiro de longo alcance, o Boeing B-29 Superfortress. Liderados pelo coronel Paul Tibbets, os aviadores treinaram com rigor, preparando-se para lançar a bomba assim que disponível. Na primavera de 1945, os B-29 de Tibbets foram mandados para a ilha Tinian, nas Marianas, ao alcance de voo do Japão. Groves levou o projeto adiante, ansioso para que a nova bomba ficasse pronta antes do fim da guerra.

Questões morais

Em maio de 1945, o novo presidente dos EUA, Harry S. Truman – que não fora informado do Projeto Manhattan enquanto vice-presidente –, montou um comitê interino chefiado pelo secretário da guerra, Henry Stimson, para aconselhá-lo sobre questões nucleares. Os membros do comitê estavam cientes das questões morais e políticas relativas ao uso da bomba. A política oficial dos EUA, apesar dos muitos desvios na prática, era evitar o bombardeio deliberado de civis.

Alvos selecionados

Nessa época, um grupo de físicos do Projeto Manhattan baseados em Chicago submeteu um relatório sugerindo alternativas ao uso da bomba atômica contra cidades japonesas. Chamado Relatório Franck – do nome de James Franck, que liderava a equipe –, ele propunha lançar a bomba num local deserto ou dar aos japoneses aviso antecipado de onde seria usada, para que a população pudesse ser evacuada. O comitê interino rejeitou o relatório.

Um comitê de alvo separado, presidido por Groves, selecionou uma lista de cidades a destruir com bombas atômicas. Sua tarefa foi dificultada pelo fato de muitas cidades japonesas já terem sido reduzidas a escombros e cinzas. Hiroshima foi escolhida por ser uma cidade portuária relativamente intacta e com instalações militares, além de ser plana, o que maximizaria a propagação da explosão. Nagasaki estava no fim da lista, pois seu terreno montanhoso foi considerado menos adequado. Cidades na lista »

Jovens mulheres, conhecidas como "Garotas do Calutron", monitoram calutrons (máquinas que separavam isótopos de urânio) nas instalações de enriquecimento de urânio do Laboratório Nacional de Oak Ridge, no Tennessee.

O BOMBARDEIO DE HIROSHIMA E NAGASAKI

Os **físicos** descobrem a **enorme energia gerada pela fissão** – a divisão dos átomos de elementos pesados – e percebem seu **potencial militar**.

Líderes dos EUA, **desesperados para terminar a guerra** no Pacífico, investem dinheiro e recursos no **desenvolvimento da bomba atômica**.

Eles acreditam que a **destruição sem precedentes** causada pela bomba atômica **forçará o Japão a se render**.

reduzida de alvos foram poupadas de ataques convencionais para preservá-las para a bomba atômica.

Planos de invasão

Em 18 de junho, os principais chefes civis e militares se reuniram para discutir como levar a guerra a um desfecho bem-sucedido. A bomba atômica não foi mencionada – a maioria dos presentes não tinha ideia da existência do Projeto Manhattan – e o grupo resolveu atacar o Japão de todos os modos, por mar, ar e terra, para obter a rendição japonesa o mais rapidamente possível. Caso o bloqueio naval e o bombardeio aéreo de cidades não convencessem o Japão a capitular, uma primeira invasão por mar da principal ilha japonesa estava marcada, a princípio para novembro de 1945, seguida, se necessário, de uma segunda onda de desembarques em março de 1946. Os estrategistas militares projetaram que 25 mil soldados dos EUA poderiam perder a vida na primeira operação e 21 mil na segunda. Apesar dessas previsões, quando os líderes militares dos EUA, entre eles o Chefe do Estado-Maior, almirante William D. Leahy, e o general Eisenhower, foram informados em particular da intenção de usar a bomba atômica, reagiram negativamente. O comandante aéreo na região do Pacífico, general Carl Spaatz, exigiu uma autorização escrita do presidente, receando ser responsabilizado pelas consequências. Porém, nenhuma grande urgência foi impressa a qualquer das restrições dos chefes militares à bomba.

Testes e manufatura

Em 16 de julho de 1945, o primeiro teste atômico do mundo foi realizado em Alamogordo, no deserto do Novo México, produzindo uma explosão equivalente a 20 mil toneladas de TNT e gerando temperaturas mais quentes que o núcleo solar. O Projeto Manhattan tinha sido bem-sucedido. A conferência de cúpula dos líderes Aliados em Potsdam começava no dia seguinte. Enfrentando negociações difíceis com o líder soviético, Josef Stalin, em meio a relações EUA-URSS cada vez mais deterioradas, o presidente Truman esperava ganhar poder com a posse da nova arma. Porém, quando contou a Stalin da existência dela, não obteve o efeito esperado. Stalin já sabia tudo sobre a bomba, por meio de espiões soviéticos dentro do Projeto Manhattan.

Enquanto a cúpula de Potsdam prosseguia, os materiais para as primeiras bombas atômicas eram embarcados para Tinian, para montagem. Groves informou a Truman que a primeira bomba, um artefato à base de urânio apelidado de *Little Boy* ("Menininho"), estaria pronto para uso no início de agosto. Uma segunda bomba, baseada em plutônio e chamada de *Fat Man* ("Homem Gordo"), logo se seguiria, com uma terceira a caminho.

Em 26 de julho, os Aliados emitiram uma declaração exigindo a rendição incondicional do Japão. Conhecido como Declaração de Potsdam, o documento fazia vagas ameaças apocalípticas sobre o destino do Japão caso não se rendesse – mas não mencionou especificamente a bomba atômica.

Apelamos ao governo do Japão para que proclame [...] rendição incondicional [...]. A alternativa para o Japão é a pronta e total destruição.
Declaração de Potsdam

FIM DE JOGO 311

Alvos de bombardeio	Estimativa de mortes causadas	
Varsóvia, set 1939	25.800	**O número de mortes** em Hiroshima e Nagasaki excede o das causadas por bombas convencionais nas cidades europeias. Mas o bombardeio incendiário de Tóquio foi o evento mais mortal.
Hamburgo, 24 jul-3 ago 1943	43.000	
Dresden, 13-15 fev 1945	18.000	
Tóquio, 9-10 mar 1945	Pelo menos 100.000	
Dresden, 13-15 abr 1945	De 20.000 a 100.000	
Hiroshima, 6 ago 1945	80.000, subindo a 146.000, com as mortes posteriores por radiação	
Nagasaki, 9 ago 1945	40.000, subindo a 80.000, com as mortes posteriores por radiação	

A resposta japonesa foi evasiva, e interpretada pelos Aliados como uma rejeição desdenhosa. Enquanto isso, no Pacífico, forças japonesas ainda atacavam navios de guerra dos EUA.

Choque duplo

Na manhã de 6 de agosto de 1945, Tibbets decolou de Tinian no controle de um B-29 que apelidou de *Enola Gay*, o nome de solteira de sua mãe. A bordo iam onze outros tripulantes e a bomba *Little Boy*. Acompanhado por outros B-29, o avião chegou a Hiroshima às 8h15 da manhã. Lançada de grande altitude, a bomba explodiu no ar sobre o centro da cidade, liberando um intenso clarão, calor e radiação, seguidos de uma onda de choque que destruiu quase toda construção no raio de 1,6 km a partir do ponto de detonação. Tempestades de fogo deflagradas pela explosão devastaram uma área muito maior da cidade.

Após o bombardeio, Truman fez uma transmissão de rádio anunciando a existência da bomba atômica ao mundo e ameaçando os japoneses com "uma chuva de destruição vinda do ar, como nunca se viu na Terra". Na ausência de uma resposta imediata do governo japonês, a segunda bomba foi lançada três dias depois. O alvo original era a cidade de Kokura, mas o mau tempo forçou os B-29 a se desviarem para Nagasaki. O resultado foi essencialmente o mesmo que em Hiroshima, embora as montanhas da cidade tenham protegido alguns do choque e da radiação.

O total de mortos nos bombardeios de Hiroshima e Nagasaki talvez nunca seja estabelecido com certeza. As estimativas para o dia e os meses seguintes vão de 80 mil a 146 mil mortes em Hiroshima e de 40 mil a 80 mil em Nagasaki – incluindo as causadas por doenças devidas à radiação. A maioria das vítimas eram civis idosos, mulheres e crianças. No dia seguinte ao ataque de Nagasaki, Groves disse a seus superiores que uma terceira bomba estaria pronta para uso por volta de 17 de agosto, mas foi informado de que não seriam lançadas outras sem instruções do presidente. Estava ficando claro que o Japão pretendia se render. ∎

A bomba atômica é lançada sobre Hiroshima. A explosão incendeia o ar ao redor, causando uma bola de fogo que ascende mais de 18 mil metros no ar, criando uma "nuvem de tempestade de fogo".

OS CÉUS NÃO MANDAM MAIS A MORTE
O JAPÃO SE RENDE (15 DE AGOSTO DE 1945)

EM CONTEXTO

FOCO
Vitória Aliada no Pacífico

ANTES
21 jun 1945 Os Aliados vencem a resistência japonesa em Okinawa.

6 ago 1945 A cidade japonesa de Hiroshima é destruída por uma bomba atômica.

9 ago 1945 Uma segunda bomba atômica é lançada sobre Nagasaki. Tropas soviéticas invadem a Manchúria.

DEPOIS
Set 1945 O Comando Supremo das Potências Aliadas ocupa o Japão. Ele desmonta seu exército e começa a reestruturar sua economia.

Abr 1946 Um tribunal militar em Tóquio inicia o julgamento dos líderes japoneses acusados de crimes de guerra.

No início de junho de 1945, os líderes japoneses já sabiam que não podiam vencer a guerra, mas buscavam um meio de evitar a humilhação nacional. O Conselho Supremo de Liderança da Guerra do Japão, um gabinete interno de seis homens, estava dividido entre o partido da "paz" e o da "guerra". Chefiado pelo primeiro-ministro Kantaro Suzuki, o primeiro esperava um acordo com os Aliados, mas sua tentativa de negociar ignorou a realidade do compromisso inabalável dos EUA com uma rendição incondicional. O partido da "guerra" defendia a luta até a morte como algo essencial à sobrevivência espiritual da nação. O imperador Hirohito apoiava a busca de negociações e, ao mesmo tempo, autorizou o planejamento militar da Operação Ketsu-Go, a mobilização em massa de civis japoneses para uma defesa suicida contra a invasão.

Paralisia política
Semanas se passaram enquanto a dividida liderança japonesa se deixava levar por fantasias como uma

---

O Japão tinha a certeza de que **perderia a guerra,** mas seus líderes estavam decididos a **evitar a rendição**.

Quando os EUA **lançaram bombas atômicas** sobre duas cidades japonesas e a URSS se juntou à guerra no Pacífico, a **derrota do Japão pareceu certa**.

Alguns líderes japoneses **queriam continuar lutando** para preservar a honra japonesa, enquanto outros buscavam **a rendição e a paz** para preservar a nação.

FIM DE JOGO

Veja também: O Japão em marcha 44-45 ▪ O ataque japonês a Pearl Harbor 138-45 ▪ A frente doméstica japonesa 278-79 ▪ O Japão sitiado 304-07

Se não agirmos, a raça japonesa vai perecer e serei incapaz de proteger meus súditos.
Imperador Hirohito

paz intermediada pela URSS ou uma súbita vitória militar que convenceria os Aliados a concederem termos favoráveis. Suzuki não respondeu à Declaração de Potsdam de 26 de julho, que ameaçava o Japão com "pronta e total destruição" se não se rendesse. O conselho de guerra continuou travado, com alguns membros prontos para a rendição se o imperador pudesse continuar no trono e outros insistindo que o Japão teria de se manter livre de ocupação. Só o duplo choque do bombardeio de Hiroshima em 6 de agosto e da declaração de guerra ao Japão pela URSS dois dias depois deram fim à paralisia política japonesa.

Em 10 de agosto, depois que os EUA tinham lançado a bomba de Nagasaki, o imperador declarou que o Japão teria de "suportar o insuportável!" e render-se, desde que seu próprio posto fosse respeitado. Os americanos se recusaram a se comprometerem quanto ao futuro de Hirohito, declarando apenas que os japoneses estariam livres para escolher seu próprio governo em alguma data futura.

Em 14 de agosto, Hirohito gravou uma mensagem a ser transmitida no rádio. Oficiais do exército extremistas tentaram dar um golpe, esperando se apoderar da gravação antes da transmissão. Eles falharam e, em 15 de agosto, o povo japonês ouviu a voz de seu imperador pela primeira vez: anunciando a rendição do país. ▪

O general Yoshigiro Umezo assina a rendição incondicional do Japão a bordo do USS *Missouri* na baía de Tóquio, em 2 de setembro de 1945.

Imperador Hirohito

Nascido em 1901, o imperador japonês Hirohito ascendeu ao trono em 25 de dezembro de 1926. Sua era é chamada "Showa" ("Paz Brilhante"). Embora por princípio sua autoridade imperial fosse absoluta, na prática, ele evitava envolver-se em política. Uma exceção ocorreu quando interferiu para reprimir uma tentativa de golpe por oficiais do exército nacionalistas extremistas.

Na Segunda Guerra, os inimigos do Japão o consideravam totalmente responsável pelas agressões do país e pelos crimes de guerra. Há fortes evidências de seu compromisso com a expansão japonesa e seu conhecimento das ações criminosas. O principal ato diretamente atribuível a sua autoridade, porém, foi a decisão de render-se em 1945. Após a guerra, os americanos o encontraram pronto a colaborar na construção de uma monarquia constitucional japonesa. Ele renunciou ao status divino em 1946, cultivando uma imagem modesta e benigna internamente e se tornando um símbolo aceito do Japão amante da paz no pós-guerra, no palco mundial. Morreu no Palácio Aoyama, em Tóquio, em 1989.

PARA SEU AMANHÃ, DEMOS NOSSO HOJE
O CUSTO DA GUERRA

EM CONTEXTO

FOCO
Impacto sobre a humanidade

ANTES
1803-1815 As Guerras Napoleônicas envolvem toda a Europa, ceifando 6 milhões de vidas.

1914-1918 A Primeira Guerra Mundial é o primeiro conflito moderno global, matando 18 milhões de pessoas, entre elas 7 milhões de civis.

DEPOIS
1954-1975 Pelo menos 3,3 milhões de civis e soldados morrem na Guerra do Vietnã.

1998-2003 Na República Democrática do Congo, 5,4 milhões de pessoas morrem na Segunda Guerra do Congo, a maioria de doenças e fome.

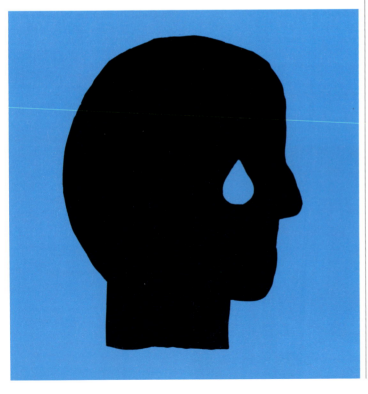

Quando a Segunda Guerra Mundial afinal terminou, as pessoas começaram a avaliar seu custo – e continuam a fazê-lo desde então. O método mais simples considera as vidas perdidas, mas mesmo esse índice não é conhecido com exatidão. O número de mortes militares, sozinho, foi enorme, na maioria de homens jovens com cerca de apenas 23 anos. Quase todas as nações tiveram combatentes – e pelo menos algumas baixas.

Os dados são mais confiáveis nos casos de EUA e Reino Unido. Mais de 400 mil combatentes dos EUA morreram, a maioria no último ano da guerra, após o desembarque do Dia D colocá-los em confronto direto com a Alemanha – quase três quartos das vítimas americanas são desse período. O Reino Unido perdeu um número mais ou menos igual e a Commonwealth também pagou um alto preço, com

FIM DE JOGO

Veja também: A destruição da Polônia 58-63 ▪ Operação Barbarossa 124-31 ▪ O Holocausto 172-77 ▪ A Batalha de Stalingrado 178-83 ▪ China e Japão na guerra 250-53 ▪ O bombardeio de Hiroshima e Nagasaki 308-11

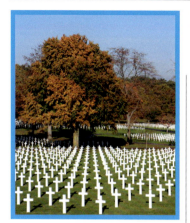

87 mil indianos, 45 mil canadenses e 40 mil australianos mortos, por exemplo. Mais de meio milhão de soldados alemães morreram na Frente Ocidental, mas as maiores perdas do país, de longe, ocorreram na Frente Oriental, onde cerca de 2,3 milhões de soldados alemães pereceram lutando contra o Exército Vermelho. Foi lá que ocorreram as maiores perdas da guerra, entre 1942 e 1943. Na Batalha de Stalingrado, o VI Exército Alemão tomou a cidade, mas foi cercado pelo Exército Vermelho – até 1 milhão de alemães e seus aliados foram mortos, feridos ou capturados. Mas, apesar da vitória, as perdas soviéticas foram ainda maiores naquela que talvez seja a batalha mais mortal da história.

Perdas soviéticas

O custo de vencer a guerra na Europa pesou muito sobre a URSS, que perdeu mais soldados que todos os outros países europeus juntos. O número verdadeiro de perdas soviéticas é ignorado – oficialmente 8,7 milhões, mas acredita-se que o total real seja de quase 11 milhões. As vítimas militares na Europa oriental não se resumem a essas. Cerca de 240 mil soldados poloneses morreram, entre eles 22 mil assassinados pelo exército soviético no massacre de Katyn, em 1940. O total de soldados iugoslavos que morreram é ainda maior.

Na Ásia, o número de vítimas foi igualmente grande. O maior peso recaiu sobre a China, que perdeu até 4 milhões de soldados, e o Japão, com mais de 2 milhões. Na disputa por Okinawa, em 1945, 100 mil soldados japoneses e 50 mil americanos morreram.

Além dos que foram mortos, houve enorme número de feridos em confrontos. Nos exércitos Aliados, para cada soldado morto no campo de batalha, três ficaram tão feridos que não puderam mais participar dos combates. As mortes de japoneses foram ainda mais altas que as dos americanos devido à recusa em se render e porque os hospitais de

O Cemitério e Memorial Americano de Lorraine, em St. Avold, na França, contém 10.489 túmulos – o maior número de sepulturas americanas da Segunda Guerra na Europa.

Seu nome é desconhecido.
Seu feito é imortal.
Túmulo do Soldado Desconhecido, Moscou

campanha americanos eram muito melhores. Muitos dos feridos ficaram com deficiências pelo resto da vida. E os que se recuperavam fisicamente com frequência ficavam mentalmente traumatizados.

Vítimas civis

Mais que qualquer conflito anterior, a Segunda Guerra envolveu enorme »

O número de vítimas militares durante a Segunda Guerra Mundial foi maior entre os soviéticos, mas também houve grandes perdas entre alemães, chineses e japoneses.

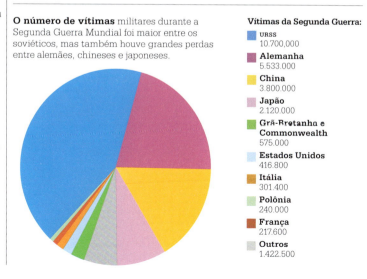

Vítimas da Segunda Guerra:

- **URSS** 10.700.000
- **Alemanha** 5.533.000
- **China** 3.800.000
- **Japão** 2.120.000
- **Grã-Bretanha e Commonwealth** 575.000
- **Estados Unidos** 416.800
- **Itália** 301.400
- **Polônia** 240.000
- **França** 217.600
- **Outros** 1.422.500

316 O CUSTO DA GUERRA

número de civis. Muitos foram enredados diretamente no conflito quando exércitos invadiram suas cidades. Outros se tornaram alvo deliberado de bombardeios aéreos em massa de cidades como Tóquio e Dresden. Muitos mais morreram em campos de trabalhos forçados e de extermínio, por privação deliberada de alimentos, doenças, frio ou coisa pior. As mortes de civis são ainda mais difíceis de quantificar que as militares, mas estimativas grosseiras indicam que, enquanto mais de 20 milhões de combatentes morreram na Segunda Guerra, talvez o dobro de civis tenha perdido a vida. Essa estimativa inclui o terrível número de destinados a assassinato em massa pelos nazistas, que mataram sistematicamente mais de 6 milhões de judeus, ciganos e outros grupos no Holocausto.

O custo de cada nação

A nação mais atingida, em números, foi a URSS, onde o total de mortes civis

> *Os Savichev estão mortos [...]. Todo mundo está morto [...]. Só sobrou Tanya.*
> **Tanya Savicheva**
> Sobrevivente de 14 anos do cerco de Leningrado, em seu diário, 1944

foi quase igual ao de soldados mortos no conflito todo. Alguns deles foram assassinados de modo deliberado – ou foram abandonados para morrer – por seu próprio lado, e muitos mais foram mortos pelos alemães durante a ocupação. Em 2020, o historiador militar russo Mikhail Meltyukhov estimou que os nazistas mataram de 15,9 milhões a 17,4 milhões de civis em território soviético, entre eles pelo menos 1,2 milhão no longo cerco de Leningrado (1941-1944). A China perdeu no mínimo 16 milhões de seus cidadãos – a maioria na ocupação japonesa.

Proporcionalmente, a Polônia sofreu a maior perda; foram quase 6 milhões de pessoas – ou um quinto de sua população. Milhões morreram nos Bálcãs, com a Iugoslávia registrando o maior número de vítimas. A Alemanha perdeu até 3 milhões de cidadãos, muitos devido aos ataques aéreos, que também tiraram a vida de algo entre 240 mil e 900 mil habitantes de cidades japonesas. Já o Reino Unido perdeu cerca de 60 mil civis e a França, 173 mil.

Fome e estupros

Milhões perderam a vida por falta de alimento na URSS, em Java e no Vietnã; na província de Bengala, na Índia; e em Henan, na China. Na Grécia,

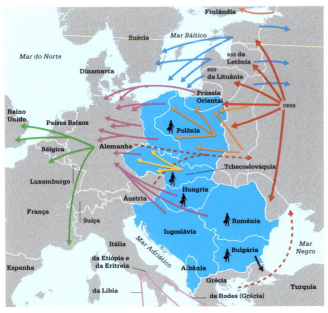

Entre 1945 e 1952, mais de 31 milhões de pessoas emigraram ou foram expulsas, reassentadas ou evacuadas. Assim que a guerra acabou, muitos judeus tentaram emigrar para a Palestina, mas a maior parte foi impedida pelas autoridades britânicas antes da criação do Estado de Israel, em 1948.

Legenda:
- Estados que se tornaram comunistas – 1945-1948

Povos reassentados, evacuados, expulsos ou emigrados
- Russos repatriados à força (5,5 milhões)
- Russos (2,3 milhões)
- Alemães (5,25 milhões)
- Poloneses (4,5 milhões)
- Tchecos (1,95 milhões)
- Reassentados pela Organização Internacional de Refugiados (1 milhão)
- Finlandeses (410.000)
- Italianos (230.000)
- Povos bálticos (200.000 para oeste, 22.000 para leste)
- Turcos (130.000)
- Emigração judaica para Israel 1945-1950 (286.000)

FIM DE JOGO 317

O navio mercante britânico *Mataroa* leva 1.240 refugiados judeus, muitos deles sobreviventes de campos de concentração, para Haifa, na Palestina/Israel, em julho de 1945.

300 mil – 5% da população – morreram de fome durante a ocupação alemã. Tropas de várias nações usaram o estupro como arma de submissão e vingança. Isso ocorreu em especial com o exército alemão na Polônia; o japonês na ocupação da China e do leste asiático; a SS nos campos de concentração; e o Exército Vermelho na invasão da Polônia e da Alemanha. A escala real dessa violência é desconhecida, mas acredita-se que pelo menos 1,4 milhão de mulheres alemãs foram estupradas por soldados do Exército Vermelho em 1945-1946.

Danos emocionais

Um estudo sobre saúde mental no pós-guerra, na Polônia, revelou que de 30% a 40% da população que viveu durante a guerra sofreu de transtorno de estresse pós-traumático. E a Polônia não era de modo nenhum a única.

Quando a guerra acabou, só na Europa 20 milhões de pessoas tinham sido transferidas de lugar. Dois anos após a guerra, 850 mil ainda viviam em campos de refugiados europeus e, entre 1945 e 1952, mais de 31 milhões de pessoas foram reassentadas na tentativa de aplicar as recém--definidas novas fronteiras no continente. Muitos dos desterrados puderam voltar ao lar, mas outros só encontraram devastação – e muitos nunca voltaram para casa, entre eles centenas de milhares de judeus europeus. Dezenas de milhões de crianças perderam anos de escola.

Reconstrução de cidades

Com as indústrias e a agricultura devastadas, e com cidades antes prósperas, como Berlim, Dresden e Tóquio, reduzidas a escombros, reconstruir vidas era uma tarefa colossal. A França estimou o custo total dos danos em três vezes sua renda nacional anual. Na Polônia, 30% das construções foram destruídas, entre elas 60% de suas escolas. Na muito bombardeada Alemanha, 49 das maiores cidades perderam 40% das casas. Taxas acima do comum de leucemia foram registradas entre os moradores das cidades japonesas de Hiroshima e Nagasaki nos anos após o fim da guerra, como resultado dos ataques com bomba atômica de 1945.

A Segunda Guerra foi o conflito mais caro da história, com um custo estimado de 4 trilhões de dólares ou mais. Os que mais gastaram foram os americanos, mas Alemanha, URSS, China e Reino Unido também despenderam muito. Notavelmente, porém, em meio a toda a devastação, as pessoas começaram a apanhar os pedaços e reconstruir suas vidas estilhaçadas. ∎

UNRRA

O presidente Franklin D. Roosevelt estava ciente do enorme problema dos refugiados que estava se desenvolvendo e, em 1943, liderou 44 nações na criação da Administração de Assistência e Reabilitação das Nações Unidas (UNRRA), antecedendo em dois anos a formação das próprias Nações Unidas.

De início, a intenção era que a UNRRA ajudasse apenas cidadãos das nações Aliadas, mas organizações judaicas pressionaram para que atendesse qualquer pessoa forçada a fugir de sua casa. Quando a guerra acabou, a UNRRA teve um papel enorme no reassentamento de refugiados, ajudando, entre eles, 11 milhões de não alemães a voltarem para casa na Alemanha. A UNRRA criou quase oitocentos campos de reassentamento, abrigou mais de 700 mil pessoas e distribuiu itens vitais, comida e remédios no sul e leste europeus. Em 1947, suas funções foram assumidas pela Organização Internacional de Refugiados.

A CIVILIZAÇÃO NÃO PODE TOLERAR QUE TAIS ERROS SE REPITAM
OS TRIBUNAIS DE NUREMBERG E A DESNAZIFICAÇÃO (1945-1949)

EM CONTEXTO

FOCO
Crimes de guerra

ANTES
1474 O cavaleiro borgonhês Peter von Hagenbach é o primeiro oficial comandante a ser condenado por crimes de guerra.

1920 A Liga das Nações cria a Corte Permanente de Justiça Internacional.

1943 A Declaração de Moscou dos Aliados determina que os líderes nazistas sejam julgados.

1944 Os Aliados concordam em criar as Nações Unidas, com um tribunal internacional.

DEPOIS
1961 Adolf Eichmann, o organizador principal do Holocausto, é raptado na Argentina para ser julgado e executado em Israel.

1987 Klaus Barbie é julgado e condenado por deportar judeus.

2017 O tribunal de crimes de guerra iugoslavo condena o presidente sérvio Slobodan Milošević.

Quando a rendição foi afinal assinada e os combates acabaram, os Aliados enfrentaram a questão polêmica do que fazer com os nazistas. Havia um profundo desejo de levar aos tribunais aqueles que tinham iniciado a guerra e trazido tanta dor e sofrimento a muitos. E um desejo ainda mais forte de punir os responsáveis pelo horror do Holocausto.

Em 1943, Roosevelt, Churchill e Stalin se encontraram em Moscou para fazer a Declaração sobre Atrocidades, prometendo punição. Quando a guerra acabou, Churchill queria executar os oficiais de alto escalão imediatamente para evitar o que via como uma encenação

Novas categorias de crime criadas para acusar os líderes nazistas nos Julgamentos de Nuremberg.

Crimes contra a paz: planejar; preparar-se para; e iniciar **guerras de agressão**.

Crimes de guerra: violar as **leis e costumes** internacionais de guerra no **tratamento dado a civis e prisioneiros**.

Crimes contra a humanidade: **ataques** deliberados, sistemáticos e amplos **a uma população civil**.

FIM DE JOGO

Veja também: A Europa nazista 168-71 ▪ O Holocausto 172-77 ▪ Prisioneiros de guerra 184-87 ▪ A destruição de cidades alemãs 287 ▪ Vitória na Europa 298-303 ▪ Consequências 320-27

judicial. Mas Stalin argumentou que eles deveriam receber o devido julgamento e sua visão prevaleceu.

Julgados por novos crimes

Em outubro de 1945, 24 líderes nazistas, entre eles Hermann Göring, foram julgados em Nuremberg, acusados de categorias recém-criadas de transgressão: os crimes contra a paz; de guerra; e contra a humanidade. As audiências ocorreram no Tribunal Militar Internacional. Os nazistas alegaram que não poderiam ser julgados por crimes que não existiam quando os cometeram. Mas no fim, após ouvir os horrores aos poucos revelados ao longo de muitas semanas, o tribunal decidiu que todos, exceto três, eram culpados. Doze foram condenados à morte – Göring já se suicidara – e os demais, a longas sentenças de prisão. Entre dezembro de 1946 e abril de 1949, outros doze tribunais militares (os Tribunais Militares de Nuremberg) julgaram líderes nazistas menos conhecidos.

Se pudermos cultivar [...] a ideia de que [...] fazer a guerra é o caminho para o banco dos réus em vez de honras, teremos obtido algo para assegurar mais a paz.
Robert H. Jackson
Procurador-geral dos EUA nos Julgamentos de Nuremberg, 1945

Os acusados ouvem suas sentenças serem lidas em Nuremberg. Hitler, Himmler e Goebbels se suicidaram na primavera de 1945, antes de poderem ser levados a julgamento.

Alguns alegaram que os julgamentos só praticaram a "justiça do vencedor", pois os Aliados eram culpados de suas próprias atrocidades, como o bombardeio de Dresden. Mas a maioria sentiu que eles foram essenciais para estabelecer o primado do Direito como meio de resolver disputas. E o que era crucial, criaram o precedente da punição legal por crimes de guerra e genocídio.

O futuro da Alemanha

Enquanto isso, os Aliados tentaram eliminar da vida pública os nazistas e o nazismo, em toda a Europa ocupada. A desnazificação foi ampla em seus objetivos, envolvendo tudo, da remoção de publicações nazistas de bibliotecas à certeza de que ex-nazistas fossem tirados de postos importantes. Na recém-formada República Federal da Alemanha, a suástica foi proibida e a defesa de ideias nazistas passou a ser punida com a morte – mas a pena capital foi abolida em 1949.

Era muito difícil estabelecer quem tinha sido nazista ou não, então, em 1949, ao se tornar o primeiro chanceler da nova república alemã, Konrad Adenauer abandonou essa política, favorecendo a reintegração de nazistas à nova ordem, para que o país pudesse avançar. Os Aliados ocidentais, vendo então a URSS como uma ameaça maior, dispuseram-se a concordar com isso. A história do Ocidente nas poucas décadas seguintes mostraria a redenção e o sucesso da Alemanha por meio de políticas inteligentes de americanos, britânicos e franceses, culminando com a queda do Muro de Berlim em 1989. Mas nem todos concordam com essa análise. ▪

PRESERVEM NA PAZ O QUE CONQUISTAMOS NA GUERRA

CONSEQUÊNCIAS

EM CONTEXTO

FOCO
Relações internacionais

ANTES
1815 O Ato Final do Congresso de Viena reorganiza a Europa após as Guerras Napoleônicas. A ideia é alcançar a paz pelo equilíbrio de poder.

1919 Após a Primeira Guerra, o Tratado de Versalhes culpa e pune a Alemanha pela guerra, com efeitos desastrosos de longo prazo.

DEPOIS
1955 A URSS cria o Pacto de Varsóvia, um tratado de defesa com as nações do Bloco Oriental.

1987 O presidente dos EUA, Ronald Reagan, e o líder soviético, Mikhail Gorbatchev, pactuam um tratado sobre o controle de armas nucleares.

1989-1992 A URSS se desintegra, a Alemanha é reunificada e muitos países da Europa oriental e da Ásia central se tornam independentes.

Em agosto de 1945, as armas da Segunda Guerra Mundial ficaram silenciosas. Para muitos dos países vitoriosos, foi um tempo de celebração, e festas de rua aconteceram em Londres, Nova York e Moscou. Mas a excitação não durou muito. Quando todos pararam e olharam ao redor, viram um mundo devastado pela morte, destruição e pessoas expatriadas. As principais cidades alemãs, como Berlim e Dresden, estavam em ruínas. Na URSS, 70 mil povoados e 1.700 cidades tinham sido destruídos. As cidades de Hiroshima e Nagasaki estavam poluídas por radiação letal causada pelas bombas atômicas e, na China, grandes áreas cultiváveis tinham sido eliminadas pelo transbordamento deliberado do rio Amarelo para expulsar tropas japonesas.

Vingança e ruínas

O fim da guerra não trouxe o término imediato do sofrimento. Assassinatos por vingança ocorreram em muitas zonas de guerra anteriores e os ajustes de contas se davam com crueldade e violência. Os soldados soviéticos estupraram milhões de mulheres austríacas e alemãs, vendo-as como espólios de guerra.

> Quase todos os outros povos estão prostrados e indefesos. Eles olham [para os EUA] em busca de ajuda.
> **Lyndon B. Johnson**
> 36º presidente dos EUA (1963-1969), falando em 1947

Na França, dezenas de milhares de mulheres vilipendiadas por terem convivido com alemães durante a guerra tiveram a cabeça raspada publicamente. Mesmo a perseguição aos judeus na Europa não terminou com a queda dos nazistas. Em 2 de julho de 1946, 42 judeus foram mortos na cidade polonesa de Kielce. Muitos judeus fugiram para a Palestina, mas os britânicos, com receio de afastar seus aliados árabes, interceptaram 50 mil refugiados judeus e os aprisionaram em Chipre.

As economias também estavam em frangalhos, com os meios de

Trümmerfrauen removem destroços em torno das ruínas de um salão de cabeleireiro em 1948, como parte da restauração da Alemanha no pós-guerra.

As *Trümmerfrauen*

Uma das imagens mais perenes dos anos pós-guerra é a dos exércitos de *Trümmerfrauen* ("mulheres dos escombros"), de martelo na mão, removendo o entulho das cidades alemãs em ruínas.

Elas são muitas vezes mostradas como símbolo do indomável espírito das mulheres alemãs, por exemplo, em animados cartazes de recrutamento. Há monumentos a elas em muitas cidades alemãs. Essa visão, porém, só é real em parte. Na Alemanha Oriental, grande número de mulheres queria participar do trabalho de reconstrução. Em outros locais, porém, elas eram bem poucas, pois o trabalho com frequência era visto como uma punição (ex-membros do Partido Nazista foram forçados a fazê-lo), embora algumas fossem atraídas pela perspectiva de rações extras. Apesar disso, o milagre econômico alemão garantiu que os danos fossem varridos e o país reconstruído solidamente em tempo notavelmente curto.

FIM DE JOGO 323

Veja também: Fracasso da Liga das Nações 50 ▪ Laços coloniais 90-93 ▪ Vitória na Europa 298-303 ▪ O Japão se rende 312-13 ▪ O custo da guerra 314-17 ▪ Os Tribunais de Nuremberg e a desnazificação 318-19

A Primeira Assembleia Geral das Nações Unidas ocorreu em Londres em 1946, com a presença de representantes de 51 nações. Hoje, seus 193 Estados-membros se reúnem em seu quartel-general na cidade de Nova York.

produção em ruínas e a infraestrutura muito danificada. A fome era geral na Europa e na China e o racionamento continuou mesmo nos países vitoriosos. Ficou claro que a era colonial também terminara. As vitórias do Japão na Ásia destruíram o domínio britânico e francês na região além de qualquer recuperação, e o clamor pela independência da Índia não podia mais ser ignorado. Pedidos de independência na África logo se seguiram.

Domínio americano

Conforme os impérios europeus ruíam, os EUA, que não tinham sofrido os mesmos danos internamente que as nações situadas nas principais zonas do conflito, emergiram da guerra com sua economia e modo de vida intactos. Eles logo ocuparam o vácuo de poder deixado pelas maiores nações europeias, estabelecendo-se como a primeira superpotência do mundo, fortalecida pela posse única de armas atômicas. Com isso, exerceram enorme influência na redefinição da ordem internacional no pós-guerra. Em 1946,

foram uma das forças motrizes a criar a UNICEF – o Fundo de Emergência Internacional para Crianças das Nações Unidas –, para amparar mães e crianças na Europa e na Ásia.

Os EUA também lideraram a criação da Organização das Nações Unidas (ONU) em substituição à fracassada Liga da Nações, apoiados por Churchill e Stalin, na Conferência de Yalta, em fevereiro de 1945. Em San Francisco, em junho de 1945, com a guerra ainda em curso, representantes de cinquenta nações pactuaram a Carta da ONU, comprometida com duas ideias centrais: livrar o mundo do "flagelo da guerra" e reerguer "a fé nos direitos humanos fundamentais".

A Assembleia Geral seria o parlamento da ONU, no qual um representante de cada país-membro votaria as propostas. Porém, o poder real estava no Conselho de Segurança, formado pelas quatro grandes potências – EUA, Grã-Bretanha, URSS e República da China –, às quais se juntou depois a França. Como membros permanentes do Conselho de Segurança, eles liderariam todas

as principais decisões, apesar de acompanhados por seis membros não permanentes, cada um atuando por dois anos. Quatro membros não permanentes extras foram adicionados em 1965. Porém, alguns críticos pensaram que, após os horrores da guerra, só um governo mundial federal seria capaz de manter a paz e que a ONU fracassaria.

Estabilização econômica

Além da ONU, novas organizações financeiras foram formadas para estabilizar a economia global e promover a cooperação econômica. Nos EUA, em julho de 1944, 730 delegados de todas as nações aliadas se reuniram no Mount Washington Hotel, em Bretton Woods, em New Hampshire, para criar o Fundo Monetário Internacional (FMI) e o Banco Internacional para Reconstrução e Desenvolvimento (BIRD), que depois se tornou o Banco »

É preciso criar um governo mundial capaz de resolver conflitos entre nações por meio de decisão judicial.
Albert Einstein
Físico

324 CONSEQUÊNCIAS

Mundial, permitindo a outros países, que viviam dificuldades econômicas de curto prazo, tomar empréstimos. A URSS participou das discussões, mas se recusou a ratificá-las, alegando que essas novas instituições eram apenas órgãos do capitalismo. O FMI começou a operar em Washington, DC, em março de 1947.

Divisões Aliadas

Por fim, uma batalha ideológica entre os EUA e a URSS dividiu os Aliados e estilhaçou qualquer esperança de que a harmonia global pudesse emergir da devastação da guerra. Enquanto forçavam os alemães a se render em Berlim, os exércitos de Stalin já consolidavam brutalmente seu controle sobre a Europa oriental. Apesar das promessas feitas em Yalta de eleições livres e justas, Stalin estava decidido a usar a Europa oriental como uma zona tampão para evitar um ataque do Ocidente à URSS, mesmo se isso significasse bloquear movimentos socialistas democráticos nesses países.

A estratégia de Stalin era simples. Cada Estado da Europa oriental teria um governo fantoche leal, antes de tudo, à URSS, e a economia de cada um deles se vincularia à da URSS. Se o controle soviético fosse ameaçado, cada Estado poderia usar seu próprio exército ou polícia secreta para manter o poder ou chamar o Exército Vermelho para ajudá-lo. Em fevereiro de 1948, um golpe patrocinado pela URSS derrubou o governo da Tchecoslováquia, inserindo-a na esfera soviética. Em três anos, Bulgária, Romênia, Polônia e Hungria também estavam sob o controle soviético; Estônia, Letônia, Lituânia, Belarus e Ucrânia já tinham sido incorporadas ao bloco.

Os Aliados ocidentais estavam inseguros quanto à extensão das ambições de Stalin. A Grécia e a Turquia seriam as próximas? Em 1946, eclodiu uma guerra civil na Grécia entre o governo apoiado pelo Ocidente e forças pró-comunistas. A Grã-Bretanha estava esgotada demais financeiramente para oferecer ajuda, e o presidente dos EUA, Harry Truman, foi convencido de que seu país deveria abandonar a política isolacionista e tomar uma atitude forte intervencionista em questões de política externa. Em março de 1947, ele delineou a Doutrina Truman, segundo a qual os EUA forneceriam assistência política, militar e econômica a todas as nações democráticas sob ameaça de forças autoritárias externas ou internas. Era um compromisso efetivo dos EUA com a tentativa de conter a difusão do comunismo.

O Plano Marshall

Com a Europa ocidental em ruínas, a atração do comunismo era forte. O secretário de Estado dos EUA, George C. Marshall, acreditava que o melhor modo de evitar isso era fornecer ajuda para reconstruir rapidamente as economias despedaçadas. Iniciado em 1948, o Plano Marshall comprometeu os EUA a gastarem 5% de seu PIB na

> Os Estados Unidos devem fazer tudo o que puderem para ajudar o mundo a voltar à vida econômica normal, sem a qual não pode haver estabilidade política e garantia de paz.
> **George C. Marshall**

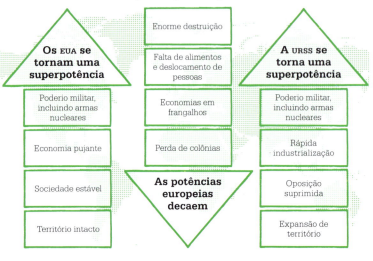

O instável equilíbrio de poder

Após a guerra, houve uma mudança significativa no equilíbrio de poder global. A URSS e os EUA emergiram ambos da guerra como superpotências, enquanto as principais nações europeias experimentaram um declínio em sua influência devido ao impacto da guerra e à perda de suas colônias.

Os EUA se tornam uma superpotência
- Poderio militar, incluindo armas nucleares
- Economia pujante
- Sociedade estável
- Território intacto

As potências europeias decaem
- Enorme destruição
- Falta de alimentos e deslocamento de pessoas
- Economias em frangalhos
- Perda de colônias

A URSS se torna uma superpotência
- Poderio militar, incluindo armas nucleares
- Rápida industrialização
- Oposição suprimida
- Expansão de território

recuperação do continente arruinado. Ele levaria à aplicação de 15 bilhões de dólares na reconstrução de cidades, indústria e infraestrutura. Também removeria barreiras comerciais tanto dentro da Europa como entre o continente e os EUA. A ideia era usar uma base per capita para o auxílio financeiro, com quantidades maiores dadas às principais potências industriais da Alemanha Ocidental, França e Reino Unido, já que eram consideradas vitais para a recuperação. Cada país europeu foi convidado a participar, mas havia uma condição para receber a ajuda: promover eleições livres e justas. A intenção da mensagem era clara e Stalin proibiu seus satélites europeus orientais de tomarem parte no programa.

Começa a Guerra Fria

Stalin ficou perturbado com o nível de ajuda econômica dada à Alemanha e a outros países. Em junho de 1948, as tensões entre a URSS e os Aliados ocidentais explodiram numa crise total em Berlim, quando o Exército Vermelho bloqueou todos os acessos por ferrovia, estrada ou canal aos setores ocidentais da cidade. De repente, 2,5 milhões de pessoas não podiam suprir necessidades básicas. Ao longo de onze meses, os Aliados ocidentais conduziram a maior operação de auxílio aéreo da história, levando cerca de 2,3 milhões de toneladas de suprimentos para Berlim Ocidental. Em março de 1949, a URSS abandonou o bloqueio, mas a Guerra Fria entre Oriente e Ocidente – um longo período de rivalidade entre a URSS, os EUA e seus respectivos aliados – tinha começado.

Em abril de 1949, Bélgica, Grã-Bretanha, Canadá, Dinamarca, França, Islândia, Itália, Luxemburgo, Países Baixos, Noruega, Portugal e Estados Unidos se reuniram em Washington para assinar o Tratado do Atlântico Norte. Era basicamente um pacto de segurança mútua, segundo o qual um ataque militar contra qualquer um dos signatários seria considerado um ataque a todos. A Organização do Tratado do Atlântico Norte (OTAN) seria o cerne da segurança militar ocidental contra a URSS pelos quarenta anos »

George C. Marshall

Nascido na Virgínia em 1880, George C. Marshall entrou no Instituto Militar da Virgínia aos 17 anos e continuou no exército por toda a vida. Ele serviu primeiro nas Filipinas, em 1902, onde logo se tornou comandante. Nos quinze anos seguintes galgou vários postos, dirigindo as operações da primeira divisão dos EUA a entrarem na Primeira Guerra, na França, em 1917. No início da Segunda Guerra, Marshall tinha ascendido a Chefe do Estado-Maior e supervisionou o crescimento militar dos EUA de um pequeno exército de 200 mil homens a bem-equipadas forças terrestres e aéreas com efetivo de 8,3 milhões. Churchill o descreveu como "o organizador da vitória".

Como secretário de Estado a partir de 1947, Marshall concebeu e implantou o Programa de Recuperação Europeia, que ficou conhecido como Plano Marshall. Além da restauração da Europa, o programa ajudou a criar a OTAN, valendo a seu criador o Prêmio Nobel da Paz em 1953. Marshall deixou o cargo em 1949 por problemas de saúde, mas continuou no serviço militar ativo até a morte, em 1959.

Crianças acenam para um avião que lança suprimentos durante o bloqueio de Berlim. Os Aliados ocidentais fizeram 270 mil desses voos na Ponte Aérea de Berlim.

326 CONSEQUÊNCIAS

Durante a Guerra Fria, a Europa foi dividida, em linhas gerais, em Bloco Oriental comunista, sob a influência da URSS, e países da OTAN, alinhados com os EUA. A cidade de Berlim foi separada em duas partes, limitadas pelo Muro de Berlim.

Legenda:
- Pacto de Varsóvia (até 1968)
- Estados da OTAN (1952)
- Nações não alinhadas

japoneses que tinham se rendido para lutar ao lado de suas forças contra os comunistas de Mao Tse-tung. Durante a guerra, milhões de chineses se juntaram ao Exército Vermelho Chinês para expulsar os japoneses. A maioria dos territórios ocupados pelos japoneses agora estava sob controle comunista, e o Exército Vermelho tinha quase 1 milhão de pessoas. Em 1948, o exército comunista, renomeado Exército de Libertação Popular (ELP), derrotou o Kuomintang (KMT) de Chiang numa enorme batalha na campanha de Huaihai, entre 1948 e 1949. Chiang fugiu para Taiwan e, no ano seguinte, Mao declarou a República Popular da China, que se tornou o país comunista mais populoso do mundo.

Uma nova ordem

Entre 1945 e 1960, quase quarenta novos países na Ásia e na África conquistaram a autonomia ou até a plena independência. Em alguns locais, como o Ceilão, renomeado Sri Lanka, o processo foi rápido e ordenado. Em muitos outros, foi alcançado com dificuldade, com as nações recém-independentes muitas vezes caindo nas mãos de juntas militares ou divididas por rivalidades tribais. Em 1947, a inabilidade

seguintes. Quando a Alemanha Ocidental aderiu a ele, em 1955, a URSS respondeu formando de imediato seu próprio acordo de segurança, o Pacto de Varsóvia, unindo-se a Albânia, Bulgária, Tchecoslováquia, República Democrática Alemã (Alemanha Oriental), Hungria, Polônia e Romênia.

A política dos EUA na Ásia

O Plano Marshall é visto como uma das intervenções de política externa mais eficazes dos EUA. Ideias similares definiram sua política na Ásia: punir com severidade excessiva o Japão poderia jogá-lo nos braços do comunismo. O general americano MacArthur fez questão de isentar o imperador Hirohito de culpa pela guerra, para

assegurar a continuidade do governo, e até inocentou a Divisão 731, que conduzira a guerra biológica na China. O Japão e a Alemanha Ocidental logo emergiram como as economias mais dinâmicas do pós-guerra. Como MacArthur, o líder chinês Chiang Kai-shek também temia o comunismo – tanto que tentou recrutar soldados

O dirigente Mao Tse-tung aplaude a Guarda Vermelha em parada militar na praça da Paz Celestial, em Pequim. Mao liderou a República Popular da China comunista até sua morte, em 1976.

FIM DE JOGO 327

A criação de Israel

Desde os anos 1930, um número crescente de judeus se instalou na Palestina administrada pelos britânicos para fugir da perseguição na Europa. Conhecidos como sionistas, eles viam a Palestina como sua pátria ancestral, assim como os palestinos árabes que ali viviam.

Para garantir o apoio árabe na guerra, os britânicos tentaram conter a imigração judaica – até afundando dois navios com imigrantes judeus (o *Patria* em 1940 e o *Struma* em 1942). Após a guerra, a imigração judaica disparou, e um grupo sionista chamado *Lehi* iniciou uma campanha terrorista contra os britânicos. Quando o Holocausto foi revelado, o apoio à criação de um novo Estado judaico cresceu.

Em 1948, as Nações Unidas dividiram a Palestina para criar esse novo Estado. Em 9 de abril, gangues sionistas mataram mais de cem habitantes árabes do vilarejo de Dayr Yasin, e duas semanas depois tomaram o controle de Haifa e Jaffa. Em 14 de maio, os britânicos deixaram a Palestina e foi declarado o Estado de Israel. Exércitos árabes invadiram a Palestina, mas logo foram derrotados por forças israelenses.

A bandeira de Israel inclui as cores azul e branca do manto de oração judaico e a estrela de Davi como emblema central.

britânica na partição da Índia em dois novos países – o Paquistão, de maioria muçulmana, e a Índia, de maioria hindu – deixou cerca de 20 milhões de pessoas no país "errado". Até 2 milhões foram mortas na violência que se seguiu. As lutas por independência de muitos territórios franceses também levaram a duros conflitos e guerras totais – na Argélia, de 1954 a 1962, e na Indochina, de 1946 a 1954.

Sociedades mais justas

Houve eleições livres e justas na maioria das nações da Europa ocidental, com pressão crescente por sociedades com maior apoio social. Mesmo nos prósperos EUA havia clamores por mudança. Grupos marginalizados, entre eles os americanos negros e as mulheres, tinham participado do esforço de guerra com tanta lealdade e heroísmo quanto os demais, e não queriam voltar a ser cidadãos de segunda classe. Em consequência, os anos do pós-guerra viram surgir movimentos transformadores, como a luta pelos direitos civis e o feminismo.

A maioria dos países da Europa caminhou para a social-democracia, destacando o papel do Estado em prover uma rede de segurança social, cuidados de saúde e educação, além de fornecer e gerenciar os serviços básicos e a infraestrutura. O novo governo trabalhista do Reino Unido criou o Serviço Nacional de Saúde para fornecer cuidados de saúde de graça a todos e iniciou um programa de construção de moradia social. Iniciativas similares surgiram em outros países.

Os amplos programas de recuperação e o auxílio social generalizado ajudaram a reconstruir a Europa com rapidez surpreendente.

Em três anos, mesmo a devastada Alemanha estava iniciando seu "milagre econômico" e logo seria o país mais próspero do continente europeu. Vidas estilhaçadas foram recompostas. Cidades arruinadas tiveram os destroços retirados e foram reconstruídas e, vinte anos atrás, a guerra mais catastrófica da história se tornava algo do passado, com uma geração pós-guerra chegando à vida adulta. Mas a Guerra Fria e a ameaça de aniquilação nuclear trouxeram um novo tipo de medo. ■

Durante a Segunda Guerra Mundial, povos colonizados **lutam pela liberação** de países na Europa.

→ Quando França, Bélgica e Países Baixos são **ocupados pela Alemanha**, os povos colonizados percebem que esses países **não são tão poderosos quanto pensavam**.

↓ **Os povos colonizados exigem a independência para si próprios**

ÍNDICE

Números de página **em negrito** indicam tópicos principais de capítulos.

A

A-A, Linha 127
Aachen 275
Abissínia ver Etiópia
Abwehr 60, 202, 203
Achilles, HMS 67
Acordo Naval Anglo-Germânico 56, 67, 110
Áden 118
Adenauer, Konrad 319
Admiral Graf Spee 54, 67
África do Sul, combatentes da 92, 93, 120, 193
África Equatorial Francesa 91
África
 combatentes Aliados da 91-92
 movimentos de independência 323
 ver também norte da África
Afrika Korps 106, 120, 192
Agência África 203
Aitken, comandante Max 96
Ajax, HMS 67
Alam el Halfa, Batalha de 201
Albânia 114, 115, 116, 117, 176, 326
alcateias 109, 112, 113, 216, 219
Alemanha
 alianças diplomáticas 18, 23, 54, 56-7, 60, 61, 68, 88, 110, 115, 126, 131, 132, 145, 148, 180
 Anschluss 17, 47, 168
 antissemitismo 17, **48-49**
 armas-v **264-65**
 ascensão dos nazistas 16-17, **24-29**, 38
 Batalha das Ardenas 207, 275, **280-81**
 Blitzkrieg 55, 61-62, **70-75**
 bombardeio da 191, 206, **220-23**, 264, 284, **287**, 322
 campanha italiana 211, 254, **296-97**
 criação do estado nazista **30-33**
 criptografia 201
 deixa a Liga das Nações 50
 desembarques do Dia D 258-63
 declara guerra aos EUA 108, 140, 145, 148, 255
 desnazificação 303, **318-19**
 desarmamento e desmilitarização 224, 303
 divisão da 46, 288
 economia 16, 18, 26-27, 29, 30, 189-90, 224
 espionagem e inteligência 202, 217
 expansão da 13, **46-47**, 106
 frente doméstica **188-91, 224**
 Grande Alemanha **168-71**
 guerra de submarinos **110-13**
  Guerra Falsa 64-65
 império colonial 16, 19, 36, 90
 invasão Aliada 273, 275, 284, **286**, **288-89**
 invasão da URSS 12, 106-07, 114, 117, **124-31**, 132-33, 168, 169, **178-83**, 196, **232-35**, **266-69**, 286, 288, 300
 invasão/ocupação da Bélgica e dos Países Baixos 54-55, 72, 73, 76, 82, 169, 174, 273
 invasão/ocupação da Dinamarca e da Noruega 54, 65, **69**, 169

invasão/ocupação da França 55, 72, 73-75, 76, **82-87**, 169, 258-63, 272-73
invasão/ocupação da Grécia e da Iugoslávia 106, 116-17, 127
invasão/ocupação da Polônia 12, 30, 46, 54, 56, **58-63**, 64, 72, 108, 168, 169, 271, 288, 300
invasão/ocupação da Tchecoslováquia 17, 47, 51, 56, 64, 169
Julgamentos de Nuremberg **318-19**
norte da África e Mediterrâneo 106, 107, 118-21, 192-95, 196-97, 208-09
poder aéreo 95, 103, 265
pós-guerra 188, 206, 258, 285, 303, 319
preparação para a guerra 66
Primeira Guerra Mundial 16, 18, 19
propaganda 238-40
reconstrução 285, 317, 325
rendição 132, 284, 285, 287, 300, 301, 308
resistência 228, 230-31
retaliações 230
reunificação 319, 322
Tratado de Versalhes 19, 21, 36
vítimas 223, 311, 315, 316
Alemanha Ocidental (República Federal da Alemanha) 46, 285, 288, 300, 325
Alemanha Oriental (República Democrática Alemã) 46, 285, 288, 326
Aleutas, ilhas 163, 164-65
Alexander, marechal de campo Harold 254
Alexandre I da Iugoslávia 38, 115
Aliakmon, Linha 116
alimentos, suprimento de 66, 102, 103, 128, 135, 274, 278, 279, 324
Alpes, Batalha dos **89**
Alsácia-Lorena 46, 169
Amarelo, rio 322
Andaman, ilhas 158
Anders, Władysław **187**
Anielewicz, Mordechai **243**
Anschluss 17, 47, 168, 169, 174
Anticomintern, Pacto 56
antissemitismo 17, 26, 27, 31-32, 33, 38-39, 169, 171, 322
 Holocausto **172-77**
 na França de Vichy 86, 87, 106
 Noite dos Cristais **48-49**
 propaganda 238
Antuérpia 273, 274, 280, 287
Anzio 254, 296
apaziguamento 17, 47, 50, **51**, 64
Apeninos, montes 296
Ardenas 55, 207, 275, 280, 281, 288
Ardenas, Batalha das 207, 275, **280-81**, 286
Argélia 90, 118, 192, 197, 228, 297, 327
ariana, raça 17, 26, 29, 32, 48, 49, 61, 126, 177
Arizona, USS 142
Ark Royal, HMS 109
armas nucleares 12, 131, 284-85, **308-11**, 322, 327
armas-v 98, 203, **264-65**
Arnhem 274
arte, obras roubadas 168, 170
Ártico, oceano 137, **166**, 217
Asdic (sonar), detecção por 217, 219

Associação de Apoio ao Regime Imperial 278
Atenas 114
Athenia, SS 65, 67, 111
Atlântico Norte, Tratado do 325
Atlântico, Batalha do 106, 109, **110-13**, 201, 206, **214-19**
Atlântico, Carta do 108, 225
Atlântico, Muralha do 260
Attlee, Clement 303
Auchinleck, general Claude 120, 193
Aung San 157, 290, 291
Auschwitz-Birkenau 174, 176, 177, 280, 289, 294-95
Austrália 93, 314
 campanha do norte da África 119, 120, 159, 193
 defesa da **159**
 guerra no Pacífico 155, 159, 212, 305
Áustria
 Anschluss 17, 47, 168, 169, 174
 após a Primeira Guerra 16, 38
 nazismo e antissemitismo 38, 48
Austro-Húngaro, Império 16, 18, 19, 36, 38
autodeterminação 16, 21, 285
avanços na medicina 19

B

Ba Maw 157
Babi Yar, massacre de 136
Badaglio, marechal Pietro 89, 211
Bader, Douglas 79
Baía Milne, Batalha da 159
Baku 126
Bálcãs, guerra nos 106, 114-17, 207, 316
Bálcãs, Guerras dos (1912-1913) 18
Banco Mundial 50, 323
Barbie, Klaus 318
Bastogne 280, 281
Bataan, Marcha da Morte de 156, 187
Bataan, península de 156, 305
BBC 240, 241
Beda Fomm, Batalha de 88, 119
Bélgica
 avanço dos Aliados/liberação 273, 275, 286
 Batalha das Ardenas 280-81
 império colonial 90, 91-92
 invasão/ocupação alemã 54-55, 72, 73, 76, 82, 169, 175
 pós-guerra 325
Belgorod 233, 235
Belgrado 114, 116
Belzec 136, 176
Benes, Edvard 51
Bengala, Fome de 93, 316
Bergen-Belsen 176, 177, 295
Beria, Lavrenti 200
Berlim
 Aliados avançam sobre 267, 269, 280, 284, 288-89
 bombardeio de 97, 98, 221, 287, 289, 322
 Ponte Aérea de 325
 queda de 132, 191, 286, 287, 300, 301
 reconstrução 317
 zonas de ocupação 303
Bessarábia 127
Bielorrússia (Belarus) 128, 136, 176, 267-69, 288, 289, 324

Bielski, Partisans **176**
biológica, guerra 252, 326
Bir Hakeim, Batalha de 193
Birmânia 137, 154, 155, 156-57, 207, 284, **290-93**, 304
Birmânia, Estrada de 252, 290, 291
Birmânia, Exército de Independência da 157
Birmânia, ferrovia de 157, 187
Bismarck, afundamento do 106, **109**
Bismarck, Otto von 36
blecaute 100, 101
Bletchley Park 113, 201, 203, 216, 218, 233
Blitz 55, 94, 97, **98-99**, 102, 108, 220, 287
Blitzkrieg 61-62, **70-75**, 95, 228
Bloco Oriental 51, 131, 132, 267, 269, 285, 302-03, 322, 324, 325, 326
Blokhin, Vasili 63
bloqueio naval Aliado 189-90
Bock, coronel-general Fedor von 62, 128
Boêmia 47, 169
Böhme, general Franz 301
Bolchevique, Revolução 19
Bolonha 297
bombardeio
 da Alemanha 191, 206, **220-23**, 264, 284, **287**, 322
 da Grã-Bretanha 55, 94, 97, **98-99**, 102, 108, 220, 287
 do Japão 207, 279, 285, 287, 297, 305-06, 307
 ver também bombas atômicas
bombardeio de área 221, 223
bombardeio de precisão 221-22
bombardeio estratégico 206, 222, 223, 305
bombas atômicas 12, 207, 220, 264, 284-85, 287, 303, **308-11**, 312, 313, 322
Bonhoffer, Dietrich 231
bônus de guerra 149-50
Bór-Komorowski, general Tadeusz 271
Bornéu 304, 305
Bose, Subhas Chandra 157, 158
Bougainville, ilha 213
Bradley, general Omar **273**
brasileiros, combatentes 297
Brauchitsch, general Walter von 77, 131
Braun, Eva 287
Braun, Wernher von 264, **265**
Bretton Woods, Conferência de 50, 323
Brigada Internacional 41
Brüning, Heinrich 29
Bruxelas 273, 280
Bucareste 269
Buchenwald 295
Budapeste 286, 284
Bukovina 127
Bulgária 18, 115, 116, 285, 324, 326
Busch, marechal de campo Ernst 268, 269

C

Cable Street, Batalha de 39
Cabo de Matapan, Batalha do 121
Caen 261, 262
Cairo, Conferência do **225**, 252
câmaras de gás 176, 294, 295
Cambridge, Círculo de 200

ÍNDICE

camisas-negras 23, 39
camisas-pardas (Sturmabteilung – ss) 27, 28, 29, 32, 33
campos de concentração 31, 33, 49, 86, 106, 190, 265, 294, 305, 317
  americanos japoneses em **150**
  japoneses 249
  liberação dos 280, 284, 289, **294-95**
  poloneses em 63, 271
  sobreviventes de 302, 317
  Solução Final 136, 171, **174-77**
campos de reassentamento 317
Canadá
  combatentes 93, 254, 273, 297
  comboios do Atlântico 111
  desembarques do Dia D 261-62, 263
  pós-guerra 325
  vítimas 314
Canaris, almirante Wilhelm 231
Capra, Frank 241
caribenho, regimento 92
Carolinas, ilhas 246, 247
carvão, mineração de 103, 133, 189
Casablanca, Conferência de 196, 210
Caso Azul (Fall Blau) 126, 180
Cáucaso 107, 129, 180
Ceaus,escu, Nicolae 36
Ceilão (Sri Lanka) 326
censura 32, 101, 148, 153, 240, 241
Chamberlain, Neville 51, 64, 220
chamorro, povo 249
Cheka 39
Chelmno 176
cheminots 229
Chennault, coronel Claire 252
Cherbourg 79, 261, 263
Chetniks 231
Chiang Kai-shek 42-43, 225, 250, 251, 252, **253**, 291, 326
China
  comunismo 42-43, 250, **253**, 326
  conflito com o Japão 12, 17, 44-45, 137, 140, 141, 154, 157, **250-53**, 278, 326
  facções em conflito **42-43**
  Guerra Civil Chinesa 250, 253, 326
  pós-guerra 322, 326
  vítimas 315, 316
Chindits 291, 293
Chipre 322
Chirac, Jacques 87
Chuikov, marechal Vassili 181, 287
Churchill, Winston 13, **78**, 92, 115
  Blitz 99
  bombardeio da Alemanha 220, 223
  cúpulas dos Aliados 12, 107, 196, 210, 224, 225, 252, 258, 284, 286, 302, 303, 318, 323
  campanha do norte da África 195, 197
  desembarques do Dia D 258
  Dunquerque 76, 77, 79
  e ajuda dos EUA 108
  e entrada dos EUA na guerra 145
  guerra de submarinos 111, 112, 218
  organização para a guerra total 100, 102
  propaganda 240
  queda da França 83, 84
CIA 200
Ciano, Galeazzo 89
civis
  vítimas 315-16
  ver também frente doméstica; resistência, movimentos de
Clark, general Mark 254, 297
Clausewitz, Carl von 73
Clemenceau, Georges 21
código, falantes de **213**
codificação *ver* criptografia
Codreanu, Corneliu 38
colaboracionistas 87, 136, 150, 171, 229, 230

Colditz 186
Cologne, bombardeio de 221, 287
colonialismo
  impacto da Primeira Guerra Mundial 19, 21
  impacto da Segunda Guerra Mundial **90-93**, 158, 285
  movimentos de independência 13, 285, 323, 326-27
  no sudeste asiático 45, 155-57
Comando Supremo das Potências Aliadas 312
comboios
  do Ártico 137, **166**, 217
  do Atlântico 109, 110-13, 216-19
  do Mediterrâneo 121, 167
Commonwealth 90, 115, 117, 148, 186, 206
comunismo
  atitude nazista em relação ao 31, 126
  China 42-43, 250, 253, 326
  e movimentos de resistência 228, 229
  Estados Unidos 151
  Guerra Fria 64, 324, 326
  Iugoslávia 231
  República Democrática Alemã 288
  URSS 36, 39, 40, 126, 132, 324
Concessão de Plenos Poderes, Lei de (Alemanha, 1933) 31
Condor, Legião 41
Conferência de Wannsee 107, 136, 176
Conferência de Washington 258
Congo Belga 91-92
Congo, Segunda Guerra do 314
Congresso Nacional Indiano 158
Conseil National de la Résistance 229
consequências da Segunda Guerra Mundial **320-27**
Continuação, Guerra da 68
contrainformação 200, 201-02
Coreia 257, 279
Coreia, Guerra da 157
Corredor Polonês 17, 60, 62
Corregidor, Batalha de 156
Corte Permanente de Arbitragem (Haia) 50
Corte Permanente de Justiça Internacional (Haia) 50
Courageous, HMS 65, 67, 111
Coventry, bombardeio de 55
Creta 106, 114, 115, 116-17, 121
crianças 49, 101, 102, 317
crimes de guerra 312, 313, **318-19**
criptografia 13, 110, **113**, 137, 200, **201**, 213, 216-17, 218, 233
croatas 38
Cruz Vermelha Internacional 185, 186
custo da guerra **314-17**

D

Dachau 31, 174, 176, 231, 294, 295
Daladier, Édouard 51
Damasco 123
Darlan, almirante François **197**
Darwin, ataque a 93, 159
Davies, Mickey **99**
Dawes, Plano 16
de Gaulle, general Charles 83, 84, **85**, 90, 91, 197, 228, 229, 230, 273, 303
Declaração de Washington sobre Obras de Arte Confiscadas pelos Nazistas 168
decodificação/decriptação *ver* criptografia
Decoux, vice-almirante Jean 91
Defesa Civil (Reino Unido) 102
Deixe a Índia, campanha 158
democracia europeia 23, **34-39**

Denman, lady Gertrude 103
desembarques do Dia D 76, 82, 202, 203, 207, 222, 230, **256-63**, 272, 280, 281, 286, 300, 301, 314
deserto, guerra no *ver* norte da África
desterrados/expatriados 302, 317, 322
Destruidor de Represas, Ataque 206
Dia Internacional da Lembrança do Holocausto 179
Dien Bien Phu, Batalha de 90
Dieppe, ataque aéreo a **260**
Dinamarca
  invasão/ocupação alemã 54, 65, **69**, 111, 169, 175
  judeus 176
  pós-guerra 325
diplomáticas, alianças **56-57**
  pactos de não agressão 16, 54, 56, 57, 116, 126, 131, 132, 180
ditaduras europeias 34-39
Dnieper, rio 232, 268
Don, rio 180, 181
Dönitz, almirante Karl 112-13, 206, **216**, 218, 219, 285, 301
Donovan, general "Bill Selvagem" 202-03
Doolittle, Ataque 162, 251
Dorsetshire, HMS 109
Dowding, marechal-chefe do ar Hugh 95
Dresden
  bombardeio de 222, 223, 284, 287, 316, 319, 322
  reconstrução 220, 317
Duckworth, vice-almirante H. S. 159
Dunquerque 55, 72, 75, **76-79**, 82, 101, 258, 286
Dyle, Linha 72

E

Ebert, Friedrich 26
Eboué, Félix **91**
Eden, Anthony 83
Egito 106, 107, 118, 119, 192
Eichmann, Adolf 318
Einsatzgruppen 129, 136, 171, 174, 175, 176
Eisenhower, general Dwight D. 254, **258**, 260, 273, 274, 285, 310
Eixo Roma-Berlim, pacto 23
El Alamein
  Primeira Batalha de 193
  Segunda Batalha de 106, 118, 159, 167, 194, 195, 208
Elba, rio 284, 301
Elser, Georg 231
Empréstimo-Arrendamento, Programa 102, 108, 135, 148, 255, 269
enganar o inimigo, operações para 180, 202, 203, 211, 234, 259, 261, 267-68
Enigma 110, **113**, 200, **201**, 216, 217, 219
Eniwetok, Batalha do 247
Enterprise, USS 163, 164
Eritreia 118, 119
escravas sexuais 157
Escritório de Informação de Guerra (OWI) (EUA) 241
Escritório de Serviços Estratégicos (OSS) (EUA) 200, 202-03
Esfera de Coprosperidade da Grande Ásia Oriental 45, 157, 157
eslavos 29, 46, 63, 126, 136, 169, 177
Eslováquia 47, 51, 115
Espanha, fascismo 23, 37, 40, 41
espionagem **198-203**
Essen, ataques a 287
Estados Unidos
  alianças diplomáticas 108, 128
  apoio à China 45

apoio aos Aliados 55, 101-02, 103, **108**, 135, 148
ataque a Pearl Harbor 44, 93, 107, 108, 137, **138-45**, 148, 154, 155, 162, 201, 250, 276, 290, 300, 304
bombardeio do Japão 246
bombas atômicas 284-85, 303, 308-11, 312, 313
campanha da Birmânia 291, 292
campanha do norte da África 197
campanha italiana 254
comboios do Atlântico 110
desembarques do Dia D 258-63
e agressões japonesas na Ásia 140, 141, 251, 252-53
economia 149
e Liga das Nações 50
entram na guerra 17, 107, 108, 144-45, 148, 196-97, 255, 290, 300, 304
espionagem e inteligência 202-03
frente doméstica **146-53**
Frente Ocidental 258-63, 272-73, 275, 280-81
Guerra Fria 325-26
Guerra no Pacífico 159, 162-65, 207, 212-13, 244-49, 276, 284, 304-07
neutralidade e isolacionismo **108**, 148
Plano Marshall 224, 324-25, 326
política do pós-guerra na Ásia 326
política racial 13, 44, 151, 255
pós-guerra 323-25
Primeira Guerra Mundial 18
propaganda 241
tropas na Grã-Bretanha **255**
vítimas 314, 315
esterilização 177
Esteva, almirante Jean-Pierre 208
Estônia 54, 57, 126-27, 171, 269, 324
estupro 191, 300, 317, 322
Etiópia, invasão italiana da 16, 17, 23, 50, 88, 118
étnica, limpeza 136, 169, 171
Europa
  nazista **168-71**
  pós-guerra 285, 302-03, 322-23, 324-25, 327
  vitória na 284, 288, **298-303**
eutanásia 136, 177
evacuação de civis 66, 101, 102
Executiva de Guerra Política (PWE) 240-41
Executiva de Operações Especiais (SOE) 202, 203, 228
Exército das Mulheres no Campo 102, 103
Exército de Liberação Popular (ELP) 231, 326
"exército doméstico" (Grã-Bretanha) 66
Exército Nacional (Polônia) 228-29, 271
Exército Nacional Indiano 158
Exército Nacional Revolucionário (ENR) 251, 252, 253
Exército Vermelho (China) 43, 326
Exército Vermelho (URSS) 54, 107, 123, 126-31, 180-83, 207, 228, 232-35, 239, 266-69, 284, 286, 288-89, 294, 300-301, 302, 315, 317
Exeter, HMS 67
experimentos médicos 177
Expresso Bola Vermelha 273
"Expresso de Tóquio" 213

F

Falaise, bolsão de 263
Falange, partido (Espanha) 41
fascismo
  na Alemanha **26-33**
  na Espanha 41
  na Europa **36-39**
  na Itália **22-23**

330 ÍNDICE

fazendas coletivas 39
FBI 149, 203
Ferrara 297
Filipinas 107, 137, 154, 155-56, 157, 162, 207, 246, 276, 284, 304-05
Finlândia
　Guerra de Inverno 54, **68**
　paz com a URSS 269
Fiume 22
Flossenbürg 295
Foch, general Ferdinand 19
foguetes, tecnologia de 264-65, 268
fome 316-17, 322-23
Fome, Plano 128
Força Aérea dos EUA (USAAF) 152, 191, 207, 217, 218, 221-23, 246, 247, 261, 264, 287, 305-06
Força Aérea Real (RAF) 82, 92, 220
　Batalha da Grã-Bretanha 55, 94-97
　Blitz 98, 99
　bombardeio da Alemanha 206, 220-23, 264, 284, 287, 289
　Frente Ocidental 75, 78, 82, 206, 261, 262
　teatro do Mediterrâneo 115, 121
Força Expedicionária Britânica 64-65, 72, 74, 75, 76-79, 82, 84
Forças Francesas do Interior (FFI) 230
forças-tarefa assassinas 87, 171, 174, 175, 176
França Livre 84, 85, 90, 91, 120, 123, 193, 197, 209
França
　Aliados invasão/desembarques 206-07, 225, 254, **258-63**, 280, 300
　alianças diplomáticas 18, 56-57
　apaziguamento 17, 47, 51, 56, 64
　campanha italiana 297
　declara guerra à Alemanha 54, 300
　Guerra Falsa 64-65
　império colonial 90-91, 122, 137, 285, 323, 327
　invasão/ocupação alemã 72, 73-75, 90, 169, 175, 229
　Itália ocupa territórios na 85, 89
　liberação de **258-63**, **272-73**
　pós-guerra 325
　preparação para a guerra 66
　Primeira Guerra Mundial 18
　queda da 55, 72, 76, **80-87**, 88, 111, 258
　reconstrução 317
　vítimas 315, 316
　ver também Vichy, regime de
França, Batalha da 76
Franck, James/Relatório Franck 309
Franco, Francisco 17, 23, 26, 40, **40-41**
François-Poncet, André 89
Francs-Tireurs et Partisans 229
Frank, Anne **177**
Frederico II (o Grande) da Prússia 46
Frente de Trabalho Alemã (Deutsche Arbeitsfront) 188
frente doméstica
　Alemanha **188-91**, **224**
　Estados Unidos **146-53**
　Grã-Bretanha 66, **100-103**
　Japão **278-79**
　URSS 132-35
Frente Ocidental 206-07
　avanços Aliados (set-dez 1944) **275**
　Batalha da Grã-Bretanha **94-97**
　Batalha das Ardenas **280-81**
　Blitz **98-99**
　Blitzkrieg **72-75**
　bombardeio da Alemanha **220-23**, **287**
　Dunquerque **76-79**
　Guerra Falsa **64-65**
　invasão da Alemanha **286**, **288-89**
　invasão da Dinamarca e da Noruega **69**

liberação da França **256-63**, **272-73**
Operação Market Garden **274**
queda da França **80-87**
vitória na Europa **298-303**
Frente Oriental
　Batalha de Kursk **232-35**
　Batalha de Stalingrado **178-83**
　Luftwaffe 94, 99, 128, 180, 181, 182
　Operação Bagration **266-69**
　Operação Barbarossa 106-07, **124-31**
　virada da maré 207
　vítimas 315
Frente Popular (Espanha) 40, 41
Fromm, Erich 38
Front National 229
fronteiras redefinidas 303, 317
Fuchida, comandante Mitsuo 142
Fundo Monetário Internacional (FMI) 50, 323, 324

G

Galland, coronel Adolf 96
Gallipoli, campanha de 258
Gandhi, Mahatma 92, 93, 158
Gazala, Linha de 107, 193
Gehlen, Reinhard 200
Genebra, Convenções de 184, 185, 186
genocida **136**, **174-77**, **294-95**, 319
George II da Grécia 115
George VI do Reino Unido 167
Gestapo (Geheime Staatspolizei) 32, 33, 49, 87, 97, 202, 230, 270
Gibraltar, estreito de 167, 197
Gilbert, ilhas 206, 212, 246-47
Giraud, Marie-Louise 86
GIS **255**
Goebbels, Joseph 27, 28, 29, 33, 49, 169, **238**, 239-40, 287
Gold, praia 259, 260, 261, 262
Golfo de Leyte, Batalha do 165, 207, **276**, 277, 304
Gorbatchev, Mikhail 322
Göring, Hermann 33, 61, 75, 95, **97**, 170, 182, 224, 270, 319
Gótica, Linha 254, 296
Grã-Bretanha
　alianças diplomáticas 18, 56-57, 108, 110, 123, 128
　apaziguamento 17, 47, 51, 56, 64
　Bálcãs 115, 116, 120, 121
　Batalha do Atlântico 110-13
　Blitz **98-99**, 220
　bombardeio estratégico da Alemanha 206
　campanha da Birmânia 290-93
　combatentes negros 92
　declara guerra à Alemanha 54, 65, 300
　declara guerra ao Japão 290
　desembarques do Dia D 258-63
　dívida nacional 103
　dívidas de guerra 100, 103
　Dunquerque 55, 72, 75, **76-79**
　e Polônia 60
　espionagem e inteligência 202, 203, 259
　fascismo 39
　frente doméstica 66, **100-103**
　Frente Ocidental 69, 272-73, 274
　Guerra Falsa 64-65
　Hitler busca a rendição da 55, 126
　império colonial 90, 92-93, 122, 154, 155, 158, 167, 285, 304, 323, 326-27
　norte da África e Mediterrâneo 118-21, 192-95, 196-97, 208-09, 254, 297
　Oriente Médio 122-23
　pós-guerra 325, 327
　preparação para a guerra 66

Primeira Guerra Mundial 18
produção de aviões 103
propaganda 240-41
tropas da EUA em **255**
vítimas 315, 316
Grã-Bretanha, Batalha da 55, 82, **94-97**, 98
Grande Alemanha **168-71**
Grande Depressão 16, 29, 30, 36, 41, 151, 153, 241
e Mussolini 22, 23, 88, 106
Grande Expurgo (de Stalin) 127, 131
Grande Guerra Patriótica **132-35**
Grécia
　Aliados enganam o Eixo quanto à 211, 259
　combatentes 297
　ditadura militar 36, 38
　fome 316-17
　guerra civil 324
　invasão italiana 114-15, 116
　invasão/ocupação alemã 106, 116-17, 175
Gretton, vice-almirante Peter 219
Grossraum 169
Groves, general Leslie 309, 310, 311
GRU 201-02
Guadalcanal, Batalha de 159, 165, 206, 212-13, 276, 277
Guam 155, 248
Guam, Batalha de 249
Guarda Doméstica (Reino Unido) 100, 102
Guderian, general Heinz 72, 73, 74, 288
Guernica 40
guerra biológica 252, 326
Guerra Civil Espanhola 17, 26, **40-41**, 98
Guerra Civil Russa 21
Guerra de Inverno **68**
Guerra Falsa 54, **64-65**, 100
Guerra Fria 64, 285, 303, **325-26**, 327
guerra total 19, 100, 143
guerrilha, táticas de **228-31**, 291
Gueto de Varsóvia 60, 63, 175
Levante do **242-43**, 271
guetos 175, 176
Guilherme II, cáiser 21
gulags 187, 201, 294, 302
Gustav, Linha 254

H

Haia, Convenções de 184, 185
Haile Selassie I da Etiópia 50, 119
Hamburgo, bombardeio de 206, 223
Harris, Arthur 220, 221, 222, **223**, 287
Hart, Liddell 74
Hatta, Mohammad 157
Hemingway, Ernest 41
Herzner, tenente 60
Hess, Rudolph 27
Heydrich, Reinhard 136, 174, 176
Hillers, Marta 191
Himmler, Heinrich 29, 174, **175**, 202, 294
Hindenburg, Paul von 16, 29, 30, 31, 33
Hirashi, Yamamoto 201
Hirohito, imperador 137, 141, 312, **313**, 326
Hiroshima 264, 284, 285, 287, 309, 311, 312, 313, 317, 322
Hiryu (porta-aviões japonês) 164, 165
Hitler, Adolf
　Aliados enganam 211
　alianças diplomáticas 57
　ambições na URSS 119, 192
　antissemitismo 57
　apaziguamento de 50, **51**, 64
　apoio público a 190-91, 231
　ascensão 16-17, 19, 21, 31, 33, 36, 38
　ascensão dos nazistas **26-29**
　avanço soviético na Alemanha 288
　Batalha da Grã-Bretanha 94, 95, 96, 97

campanha do norte da África 119-20, 194, 195, 209
campanha italiana 206
criação do estado nazista **30-33**
declara guerra aos EUA 12, 144-45
desembarques do Dia D 259, 262, 263
Dunquerque 75, 76, 77, 78
e guerra moderna 61-62, 72, 73
e Mussolini 22, 23, 88, 106
e o povo alemão 188-89, 191
e Rommel 119
esperanças de paz dos Aliados com 65
e Stalin 57, 126
expansão alemã 13, 17, 46, 47, 168, 169
Guerra Civil Espanhola 41
guerra no mar 109, 112, 219
guerra nos Bálcãs 106, 114, 115, 116, 117
invasão da Polônia 60-63, 183
invasão da URSS 106, 107, 126, 127, 130-31, 180, 181-82, 233, 234, 235, 267, 268, 269
Liga das Nações 50
ordens de destruir infraestrutura alemã 191, 224
Oriente Médio 123
propaganda 238
queda da França 84-85
Solução Final 175
suicídio 27, 284, 285, 286, 287, 300
tentativas de assassinato 49, 202, 207, 230-31, **270**
última resistência 280-81
Ho Chi Minh 91
Hollywood 241
Holocausto 107, **172-77**, 318, 327
homossexuais 33, 177
Hong Kong 155, 157, 304
Hood, HMS 106, 109
Hornet, USS 163, 164
Höss, Rudolf 295
Hugenberg, Alfred 29
Hull, Cordell 137, 141, 143
humanidade
　crimes contra a 318, 319
　impacto da guerra na **314-17**
humanitárias, crises **184-87**
Humberto II da Itália 296
Hungria
　antissemitismo 38
　após a Primeira Guerra Mundial 16
　ataque soviético à 266, 284, 288
　como potência do Eixo 26, 115, 268
　Frente Oriental 180, 182
　guerra nos Bálcãs 116
　ocupação alemã da 169, 171
　pós-guerra 325, 324, 326

I

identidades nacionais 36-37
Igreja Católica 32, 41
Igreja Ortodoxa Russa 134
Ilha Savo, Batalha de 212
Ilyushin Il-2 **235**
Império Otomano 18, 19, 114, 118
impérios, desmembramento de 36
Imphal, Batalha de 292-93
independência, movimentos de 13, 90, 323, 326-27
Índia Livre 158
Índia
　campanha da Birmânia 158, 252, 290, 291-93
　contribuição à guerra 92-93, 120, 123, 155, **158**, 297
　independência e partição 90, 158, 293, 326-27
　nacionalismo 157

ÍNDICE 331

ofensiva japonesa na 154, 291-92
vítimas 314
Índia Britânica, combatentes da 92
Índias Orientais Holandesas 107
Indochina
colônias francesas 90-91, 155
invasão/ocupação japonesa 44, 45, 91, 137, 140, 154
Indochina, Guerras da 327
Indonésia 137, 156, 162
indústria do cinema 241
industrial, produção
alemã 189, 223, **224**
americana 150, 151, 152-53
britânica 103
soviética 133, 134-35
intelectualidade, perseguição à 171
inteligência, serviços de **198-203**, 216-17, 259
Inverno, Linha de 211
Irã 122, 123
Iraque 122-23
Islândia 109, 113, 166, 218, 325
Ismay, general Hastings 167
Israel
criação de 48, **327**
refugiados judeus 317
Itália
alianças diplomáticas 23, 56, 57, 88, 115, 145, 148
apoio na Frente Oriental 129, 180, 182
campanha italiana 187, 206, 207, 210, 254, **296-97**
declara guerra à Grã-Bretanha e à França 55, 89, 106, 118, 167
declara guerra à Alemanha 211, 254
declara guerra aos EUA 145, 148
entra na guerra **88-89**, 296
fascismo 16, **22-23**, 36, 37, 40
império colonial 12, 118-19
invasão Aliada da 192, 196, 206, **210-11**, 259, 296, 301
invasão da Albânia 114
invasão da Etiópia 16, 17, 23, 50, 88, 118
invasão da Grécia 106, 114-15, 116, 127
judeus 176
norte da África 88, 89, 106, 118-19, 192, 194, 208, 209
ocupa territórios franceses 85, 89
pós-guerra 325
Primeira Guerra Mundial 18
queda de Roma **254**
regime fantoche 170, 296
rendição aos Aliados 210, 254, 296
República Social Italiana 211
teatro do Mediterrâneo 106, 120-21
vítimas 315
Iugoslávia
avanços soviéticos na 288
criação de 16, 18, 19, 38
ditadura de Tito 36, 228
golpe na 115-16
invasão/ocupação alemã da 106, 116, 117, 127, 175, 231
partisans 114, 207, 228, 231
vítimas 315, 316
Iwabuchi, Sanji 305
Iwo Jima, Batalha de 284, 306

J

Jackson, Robert H. 319
Japão
alianças diplomáticas 26, 56, 115, 145, 148
ataque a Pearl Harbor 12, 44, 93, 107, 108, 137, **138-45**, 148, 154, 155, 159, 162, 201, 250, 276, 278, 290, 300, 304

ataque final ao 303, **304-07**
bombardeio no 207, 285, 287, 297, 305-06, 307
caminho para a guerra 107, **137**
campanha da Birmânia 207, **290-93**
conflito com a China 12, 16, 17, 42, 43, 140, 141, 154, 157, **250-53**, 278, 326
deixa a Liga das Nações 50
economia 207
e Indochina Francesa 91, 137, 140, 154
espionagem 200-201
expansão imperialista 12, 19, **44-45**, 137, **154-57**, **159**, 162, 246, 278, 291, 303
frente doméstica **278-79**
Guerra no Pacífico 107, 162-65, 207, 212-13, 244-49, 276, 284, 311
Hiroshima e Nagasaki 12, 220, 264, 284-85, **308-11**, 312, 313, 317, 322
julgamentos por crimes de guerra 187, 312
ocupação Aliada do 157, 206, 278, 279, 304, 312
ofensiva na Índia 154, 291-92
pilotos kamikases 276, **277**
pós-guerra 304, 326
propaganda 241
redutos de resistência **249**
rendição 140, 154, 157, 220, 253, 278, 279, 285, 287, 308, 311, **312-13**
retirada 293
tratamento dado a cidadãos asiáticos 157
vítimas 315, 316
Jardins da Vitória 66, 102
Java 316
Johnson, Lyndon 273, 322
Juan Carlos I da Espanha 40
judeus
criação de Israel **327**
emigração 174-75
gueto de Varsóvia 60, 63, 175, **242-43**, 271
Holocausto 107, **172-77**
italianos 23
liberação dos campos de extermínio **294-95**
na França de Vichy 86, 87, 106
Noite dos Cristais 17, **48-49**
política nazista em relação aos 17, 27, 29, 31-32, 33, 107, **136**, 169, 171, 238, 239
poloneses 63, 322
pós-guerra 317, 322
refugiados 49, 86, 87, 317, 322
saques contra 170
ver também antissemitismo
Julgamentos de Nuremberg 97, 170, 174, 182, 188, 216, 286, 294, 295, 300, **318-19**
Jukov, marechal Gueorgui 130, **267**, 289
Juno, praia 261-62

K

Kahr, Gustav von 28
kamikazes, pilotos 276, **277**, 305, 307
Kapp, Wolfgang 26
Katyn, massacre de **63**, 201, 202, 315
Keitel, marechal de campo Wilhelm 85, 109, 301-02
Kellogg-Briand, Pacto 16, 108
Kennedy, Joseph P. 51
Kenyon, major Tom 293
Kesselring, marechal de campo Albert 210, 211, 254
Keynes, John Maynard 103
Kharkov, Terceira Batalha de 180, 232
Khrushchev, Nikita 267

Kielce, pogrom de 322
Kiev 128, 129, 232, 266
Kindertransport 49
King George V, HMS 109
King, Mackenzie 93
Kiribati 246
Kirponos, general Mikhail 129
Kleist, Paul von 73, 75
Klemperer, Victor 191
Klopper, general Hendrik 193
Kohima, Batalha de 293
Kokoda, Trilha de 159
Komsomol 134
Konev, marechal Ivan 269
Krebs, general Hans 287
Kriegsmarine 54, 61, 67, 109, 112, 216-19
Kristallnacht ver Noite dos Cristais
Kuomintang (KMT) 42, 43, 250, 251, 252, 253, 326
Kuribayashi, general Tadamichi 306, **307**
Kursk, Batalha de 180, 206, 207, **232-35**, 266, 267, 288
Kwajalein, Batalha de 247

L

lacuna no meio do Atlântico 217, 218, 219
Langsdorff, capitão Hans 67
Leahy, almirante William D. 310
Lebensraum 13, 29, 46, 61, 106, 126, 169
Lécussan, Joseph 87
Leeb, Wilhelm Ritter von 128
Lei do Retorno 48
Lei do Serviço Nacional (Reino Unido) 66
LeMay, general Curtis 305, 306
Lenin, Vladimir 19, 131, 132
Leningrado 54, 128
Leningrado, cerco de **130**, 316
Letônia 38, 54, 57, 126-27, 324
Levante de Varsóvia 60, 207, 228-29, 242, 243, 266, **271**
Levante Espartaquista 26
Ley, Robert 188
Líbano 106, 122
liberdades civis, restrições às 101, 102, 278
Líbia 106, 107, 118, 119, 120, 192
líder, avião 222
Liga Antifascista pela Liberdade do Povo 291
Liga das Nações 44, 148, 246, 318
fracasso da 47, **50**
fundação da 16, 18, 20, 21, 50
Liga Muçulmana 158
Lightoller, Charles Herbert 78
Lincoln, Abraham 184
Lindbergh, Charles **39**
Lindemann, capitão Ernst 109
Linha de Inverno 211
Linlithgow, lorde 92, 158
Little Ships 78-79
Lituânia 47, 50, 54, 57, 126-27, 269, 288, 324
ditadura de Antanas Smetona 37-38
livre comércio 21
Lloyd George, David 21
Londres, a Blitz de 55, 98, 99
Londres, Tratado de 22, 114
Longa Marcha 43
Lorena, campanha da 275
Lublin, Comitê de 286
Luftwaffe 69, 222
Batalha da Grã-Bretanha 55, **94-97**
Blitz **98-99**, 222
Blitzkrieg 73, 74, 75
Dunquerque 77-78, 79
Frente Oriental 94, 99, 128, 180, 181, 182, 267
Guerra Civil Espanhola 17, 98

Lüneburg, charneca de 301
Lütjens, almirante Günther 109
Luxemburgo 82, 175, 325
Luzon, Batalha de 305
Lvov 267, 269

M

MacArthur, general Douglas 155-56, **157**, 213, 285, 304, 305, 326
Madri, queda de 41
Maginot, Linha **65**, 72, 82, 84, 87
Majdanek 176, 294
Makin, Batalha de 212, 246-47
Malásia 107, 137, 154, 155, 162
Malta, cerco de 121, **167**
Manchúria
invasão/ocupação japonesa 12, 16, 44, 50, 137, 250, 278
ocupação soviética 253, 267, 312
Mandalay 293
Maneggon, Marcha de 249
Manhattan, Projeto 303, 308-09, 310
Manila 284, 305
Manstein, general Erich von 72, 232-33
mão de obra, falta de
Alemanha 190, 191
Estados Unidos 150
Japão 279
mão de obra, recrutamento de 229
Mao Tse-tung 42, 43, 250, 251, 253, 326
maquis 230
Mar das Filipinas, Batalha do 165, 248-49, 276
Mar de Coral, Batalha do 107, 154, 159, 162, 163, 165, 201, 212
Mar de Java, Batalha do 156
mar, guerra no
afundamento do Bismarck **109**
ataques a comboios do Ártico **166**
Batalha do Rio da Prata **67**
submarinos, guerra de **110-13**
ver também Atlântico; Mediterrâneo; Pacífico
Mareth, Linha 209
Marianas, ilhas 212, 246, 248, 249, 305, 306
Marinha dos EUA 113, 140-45, 157, 162-65, 276
Marinha Real Canadense 217-18
Marinha Real
Batalha do Atlântico 54, 110-13, 218
Batalha do Rio da Prata 67
comboios do Ártico 166
Dunquerque 78
Noruega 54, 69, 94
teatro do Mediterrâneo 117, 120-21
teatro do Pacífico 155
Marrocos 118, 192, 197, 297
Marshall, George C. 301, 324
Marshall, ilhas 212, 246, 247
Marshall, Plano 149, 224, 286, 324 36, 326
marxismo, nazistas e 26, 29, 31
Masaryk, Jan 51
Matisse, Henri 171
Matteoti, Giacomo 23
Mauthausen 295
McAuliffe, general de brigada Anthony 280-81
Mediterrâneo, guerra no 106, 118, **120-21**, **167**, 196, **210-11**, **254**, 258, **296-97**
Meiktila, Batalha de 293
Mein Kampf (Hitler) 28, **29**, 46, 126, 168, 238
Mellenthin, major-general Friedrich von 62, 73
Memel 47
Menzies, Robert 93

332 ÍNDICE

Merrill, Frank/Merrill's Marauders 291, 292
Messe, general 209
Messina 211
Metaxas, general Ioannis 38, 115
MI5 e MI6 200, 203
Micronésia 246
Midway, Batalha de 107, 159, **160-65**, 201, 212, 304
migrações causadas por guerras 152-53
Mihailovic', coronel Draža 231
Milão 296, 297
Milice 87, 230
Miloševic', Slobodan 318
minas magnéticas 111
Mindoro, Batalha de 304
Ministério da Informação (Reino Unido) 241
Minsk 128, 269
Missouri, uss 285, 313
Mittelbau-Dora 295
Model, marechal de campo Walter 269
Mohammad Pahlevi, xá do Irã 123
Molotov, Linha 127
Molotov, Viatcheslav 57, 137
Molotov-Ribbentrop, Pacto 54, 56, 57, 60, 61, 68, 126
Moltke, Helmuth von 75
Monnet, Jean 83
Montagard, André 86
Monte Cassino, Batalha de 92, 187, 207, 210, 254, 296
Montgomery, tenente-general Bernard 121, 193-94, **195**, 259, 273, 274, 286, 301
Morávia 47, 169
Moscou, Armistício de 269
Moscou, Batalha de 107, 130, 131, 180, 190
Moscou, Conferência de **225**, 318
Mosley, Oswald 39
Moulin, Jean 228, 229-30
Mountbatten, lorde Louis 291, 293
Mouvements Unis de la Résistance 229
"movimento das duas centenas" 134
Movimento Social Italiano 22
Mukden, Incidente de 44, 137, 278
Mulberry, porto pré-fabricado 260, 263
mulheres
  direitos 327
  estupro 191, 300, 317, 322
  movimentos de resistência 231, 243
  na Alemanha 190, 191
  nas Forças Armadas soviéticas 134
  sob o regime nazista 32
  trabalho de guerra 13, 66, 102, **103**, 151, 190, 241, 279
  Trümmerfrauen **322**
  voluntárias 151-52, 190
munições
  dos Aliados 13
  produção alemã 33, 65, 189, **224**
  produção americana 101-02, 151
  produção britânica 101, 103
  produção japonesa 299
  produção soviética 133, 134-35
Munique, Acordo de 17, 47, 51, 56, 57, 64, 270
Murmansk 135
Muro de Berlim
  construção de 285, 300
  queda de 40, 285, 300, 319
Mussolini, Benito 13
  ascensão 16, 22-23, 36, 37, 40
  captura e morte 210, 285, 297
  declara guerra à França e à Grã-Bretanha 55, 106, 118
  declara guerra aos eua 145
  deposto 206
  e Franco 41
  e Hitler 60, 106
  e império colonial 118

e judeus 86
e Malta 167
e República Social Italiana 211
invasão da Etiópia 50
invasão da Grécia 114
Itália entra na guerra 88-89
renúncia 211
transmissões de rádio 240
Mutaguchi, general Renya 291-92
Myitkyina, Batalha de 292

N

nacionalismo
  asiático 45, 156-57, 290, 291
  europeu 18, 36-37
  soviético 134
Nações Unidas 174, 225, 246, 308
  Administração de Assistência e Reabilitação (unrra) 317
  Conselho de Segurança 119
  criação 20, 21, 50, 148, 285, 318, 323
  Unicef 323
Nagasaki 284, 287, 309, 311, 312, 313, 317, 322
Nagumo, almirante Chuichi 141, 144
Nanquim, massacre de 45
Não Alinhado, Movimento 231
Napoleão i, imperador 36, 133
Nápoles 211
nativos, soldados americanos **213**
navegação mercante 67, 110-13, 167, 216
Ne Win, general 290
negros, americanos 151, 152, 153, 255, 273, 327
Nehru, Jawaharlal 92, 93, 158
neofascismo 22
Neuengamme 295
Neutralidade, Leis de (eua, 1935-1939) 108, 148
Nevada, uss 142, 143
Ngakyedauk, Batalha de 292
Nicholson, Harold 101
Nicobar, ilhas 158
Nicolau ii, czar 19
Nimitz, almirante Chester 163, **165**, 246
nkvd 39, 63, 200, 201, 202, 228
Noite das Facas Longas 17, 26, 33
Noite dos Cristais 17, **48-49**, 174, 238
Noite dos Poetas Assassinados 48
Norfolk, hms 109
Normandia, Batalha da 64, **263**
Normandia, desembarques na 82, 195, 207, **258-63**, 268, 272, 280, 286
norte da África
  de Gazala a El Alamein **192-95**
  guerra no 93, 106, 107, **118-21**, 159, 167, 210, 258
  Operação Tocha **196-97**
  vitória no deserto 206, **208-09**
Noruega
  Aliados enganam o Eixo em relação à 259
  governo de Vidkun Quisling 69
  invasão/ocupação alemã 54, 65, **69**, 94, 97, 111, 169, 171, 175, 301
  pós-guerra 325
Nova Grã-Bretanha 159, 212, 213
Nova Guiné 159, 201, **212-13**, 246
Nova Irlanda 213
Nova Zelândia, combatentes da 93, 117, 120, 159, 209, 297
Nuremberg, congressos de 188

O

Oboe, Sistema 222
Oder-Neisse, Linha 168

Ofensiva de Primavera 254
Ogasawara, ilhas 246
Okinawa, Batalha de 277, 284, 285, **306-07**, 312, 315
Oklahoma, uss 142
Okulicki, Leopold 228
Omaha, praia 259, 260, 261, 262, 263
Operação Anel 183
Operação Bagration 207, **266-69**
Operação Barbarossa 58, 106, 114, 117, 123, **124-31**, 132-33, 180, 202, 286, 288
Operação Barclay 211
Operação Capri 209
Operação Carne Moída 211
Operação Cartwheel 213, 246
Operação Cidadela 233, 234-35
Operação Cobra 263
Operação Compasso 119
Operação Crusader 120, 192
Operação Dervish 166
Operação Dínamo 77, 79
Operação Drácula 293
Operação Dragão 258, 272, 275
Operação Edelweiss 180
Operação Erntefest 242
Operação Fagulha 180
Operação Fischreiher 180
Operação Flautista de Hamelin 66
Operação Frühlingswind 208-09
Operação Gomorra 223
Operação Grapeshot 296, 297
Operação Guarda-Costas 259
Operação Hailstone 247-48
Operação Hummer 61
Operação Husky 167, 192, 210, 211, 296
Operação Ichi-Go 252
Operação Impensável 302, 303
Operação Jubileu 260
Operação Ketsu-Go 312
Operação Kremlin 180
Operação Leão-Marinho 94, 96, 97, 99
Operação Liège 263
Operação Lightfoot 194
Operação Market Garden **274**
Operação Meetinghouse 287
Operação Morgenluft 209
Operação Netuno 258-9
Operação Overlord 207, 222, **258-63**, 274
Operação Paperclip 265
Operação Pedestal 167
Operação Pequeno Saturno 183, 232
Operação Pheasant 274
Operação Plutão 260
Operação Rainha 275
Operação Remorse 203
Operação Roundup 258
Operação Sichelschnitt 72-73
Operação Supercharge 194-95
Operação Tempestade 271
Operação Tempestade de Inverno 182
Operação Thunderclap 222-23
Operação Titanic 261
Operação Tocha 118, 167, 192, **196-97**, 203, 208, 209, 258
Operação Tufão 130
Operação U-Go 207, 291-92
Operação Urano 182
Operação Valquíria 270
Operação Weserubung 69
Operação Wilfred 69
Oppenheimer, Robert 308
Oradour, massacre de 230
Orel 233, 235
Organização de Combate Judaico (z'ob) 242, 243
Organização Internacional de Refugiados 317
Organização Todt 189

Oriente Médio 93, **122-23**
Orlando, Vittorio 21, 22
Orwell, George 41
Oster, general Hans 231
Ostland e Ucrânia 169, 170
otan 258, 325
ouro, reservas de
  britânicas 101
  pilhagem nazista de 170-71
Ozawa, almirante Jisaburo 248

P

Pacífico, Guerra no 93, 107, 157, 206, 207
  ataque a Pearl Harbor **138-45**
  Batalha das Ilhas Salomão e Nova Guiné **212-13**
  Batalha de Midway 107, **162-65**
  Batalha de Okinawa 277, 284, 285, **306-07**, 312, 315
  Batalha do Golfo de Leyte **276**, 277
  Japão sob cerco **304-07**
  Pacífico Oeste (nov 1943-ago 1944) **244-49**
  rendição do Japão 253, **312-13**
Pacto de Aço 23, 57, 88
Pacto de Varsóvia 322, 326
pague e leve, política de 108
Países Baixos
  avanço/liberação pelos Aliados 273, 274
  império colonial 107, 154, 156, 162, 285
  invasão/ocupação alemã 54-55, 73, 74, 76, 82, 274
  Inverno da Fome 274
  judeus 175, 177
  pós-guerra 325
Palau 212
Palermo 210
Palestina 122, 123, 174, 322, 327
Pantelleria 210
Papadopoulos, coronel George 36
Papen, Franz von 29, 30
Paquistão 158, 326-27
Paris
  êxodo de 82-83, 84
  liberação 258, 272-73, 275
  ocupação alemã 171, 286
Paris, Conferência de Paz de 18, 20, 42, 44, 50
Paris, Tratados de Paz de 20
Partido Nacional-Socialista dos Trabalhadores Alemães *ver* Partido Nazista
Partido Nazista
  ascensão 16-17, **24-29**, 33
  criação do estado nazista **30-33**
  crimes de guerra **318-19**
  e papel das mulheres 190
  e população doméstica 189
  massacres **136**
  pilhagem 170-71, 189, 295
  política racial 126, 136, 169, 174, 185
Partido Trabalhista (Reino Unido) 327
partisans *ver* resistência, movimentos de
Passo de Kasserine, Batalha do 208-09
Patton, general George S. **281**
Paulo, príncipe da Iugoslávia 115, 116
Paulus, general Friedrich 181, **182**, 183
Pavlichenko, Lyudmila 134
paz
  crimes contra a 318, 319
  na Europa **298-303**
  no Extremo Oriente e no Pacífico 312-13
  preservação no pós-guerra **320-27**
  Primeira Guerra Mundial **20-21**
Pearl Harbor, ataque a 44, 93, 107, 108, 137, **138-45**, 148, 154, 155, 159, 162, 201, 250, 276, 278, 300, 304

ÍNDICE 333

Pedro II da Iugoslávia 115, 116
Pennsylvania, USS 143
Percival, tenente-general Arthur 155
perseguição a sacerdotes 171
pessoas com deficiência 177
Petacci, Claretta 297
Pétain, marechal Philippe 55, 73, 74, 83, 84, 85, 86-87, 197, 258
petróleo, fornecimento de 107, 115, 122, 123, 127, 129, 180, 189, 207
Picasso, Pablo 41
Pilotos Mulheres do Serviço da Força Aérea 152
Piłsudski, marechal Jósef 37
Pireu 116
Planos Quinquenais soviéticos 132, 133
Pó, rio 297
Poderes de Emergência, Lei (de Defesa) dos (Reino Unido, 1939) 100, 101, 102
Poderes de Guerra, Lei (EUA, 1941-1942) 148-49
Polônia
    agressão alemã contra a 17, 47, 54, 56, 57
    após a Primeira Guerra Mundial 16, 19
    avanço soviético através da 269, 280
    campanha de África 120
    combatentes 187, 254, 293, 297
    disputas com a Lituânia 50
    ditadura de Jósef Piłsudski 37
    espionagem e inteligência 200, 201, 203
    Exército de Anders **187**
    governo no exílio 63, 187, 228, 286
    independência 288
    invasão/ocupação alemã 12, 30, 46, 54, 56, **58-63**, 64, 72, 108, 126, 168, 169, 228, 271, 288, 300
    invasão/ocupação soviética 259
    judeus 174, 175, 176, 322
    Levante do Gueto de Varsóvia **242-43**
    massacre de Katyn **63**, 201, 202, 315
    perseguição nazista aos poloneses 177
    pós-guerra 60, 285, 286, 302-03, 324, 326
    projetos soviéticos para a 54, 57, 126, 286
    reconstrução 317
    Revolta de Varsóvia 60, 207, 228-29, **271**
    vítimas 315, 316, 317
Polônia Livre, forças da 63, 263
pombos-correio 169
Port Moresby 159, 201
Portugal
    ditadura de Salazar 37
    pós-guerra 325
Posse, Hans 170
Potsdam, Conferência de 20, 46, 168, 224, 225, 303, 308, 310, 313
Primeira Guerra Mundial 12, **18-19**, 54
    apoio das colônias na 90
    propaganda 238
    tratados de paz 16, **20-21**, 26
    vítimas 314
Primo de Rivera, Miguel 37, 40
Prince of Wales, HMS 109, 155
Prinz Eugen 109
Pripet, pântanos de 269
prisioneiros de guerra **184-87**
    alemães 106, 183, 184, 185, 186, 206, 268
    Aliados 185, 186-87
    do leste europeu 171
    filipinos 184, 187
    fugas 186-87, 203
    indianos 158
    informações obtidas de 186
    italianos 184, 186, 206
    poloneses 186, 187, 271

soviéticos 129, 171, 183, 184, 185, 187
    tratamento alemão dado aos 129, 185, 186-87
    tratamento japonês dado aos 156, 185, 187
prisioneiros políticos 174, 176
propaganda **236-41**
    Aliada 65, 101, 240-41
    antinazista 230
    antissemita 174
    japonesa 241, 278
    nazista **33**, 174, 190, 191, 238-40, 301
    soviética 134
propaganda branca 240
propaganda negra 240
Proteção de Bens Culturais, Ordem para a 254
Protetorado das Ilhas do Pacífico 246
Pujol, Juan (Garbo) 203
Putsch da Cervejaria de Munique 27-28, 30, 49, 170
Puyi, imperador 42

Q

Quandt, família 188
Quênia 118, 119
Quisling, Vidkun 69

R

Rabaul, Batalha de 159, 212
Raciais de Nuremberg, Leis 17, 33, 136, 174
racionamento 66, 100, 101, 102, 135, 148, 149, 189, 278, 323
racismo 38, 61, 126, 151, 152, 153, 168, 171, 177, 185, 255
radar 95-96, 120, 222
radiação 311, 322
Radic', Stjepan 38
Raeder, almirante Erich 69, 112
Ramsay, vice-almirante Bertrand 77, 79
Rangum 290, 293
Rapallo, Tratado de 26
Rashid Ali 122, 123
Rath, Ernst von 49
Ravensbrück 295
Reagan, Ronald 322
rearmamento alemão 17, 26, 46, 188, 224
reconstrução de cidades 317
recrutamento 66, 100, 101, 134, 148, 150-51, 190, 191, 279
refugiados
    alemães 109, 223, 301
    crise do pós-guerra 317
    da Europa ocidental 74
    judeus 49, 86, 87, 317, 322
Reichssicherheitshauptamt (RSHA) 202
Reichstag, incêndio do 26, 31
Reichswehr 27, 32
Reith, sir John 240
relações internacionais **322-27**
Renânia
    desmilitarização 21, 46
    reocupação por tropas alemãs 17, 46, 51
Reno, rio 272, 274, 275, 280, 284, 285, 286
reparações 16, 19, 20, 21, 26, 82
República de Weimar 26, 27, 28, 29, 30, 49
República Democrática do Congo 314
Repulse, HMS 155
resistência, movimentos de 171, **226-31**
    alemães 228, 230-31
    franceses 84, 87, 197, 207, 228, 229-30, 259, 262, 272

gregos 211
    italianos 22, 210, 211, 285, 296, 297
    iugoslavos 114, 207, 228, 231
    Partisans Bielski **176**
    poloneses 207, 228-29, **242-43**, **271**
    soviéticos 129, 268
Revolução de Veludo 51
Revolução Russa 19, 42
Reynaud, Paul 74, 83, 84, 85
Reza Xá Pahlavi do Irã 123
Ribbentrop, Joachim von **57**, 170
Riefenstahl, Leni 238
Rio da Prata, Batalha do **67**
Rochefort, Joseph 163
Röhm, Ernst 32
Rokossovsky, marechal Konstantin 182, 234
Roma 33, 295
    liberação 207, 210
    queda 211, **254**
Romênia
    após a Primeira Guerra Mundial 16
    campos de petróleo 115, 127, 207
    ditadura de Ceaușescu 36
    fascismo na 38-39
    Frente Oriental 129, 180, 182, 183
    guerra nos Bálcãs 115, 116
    invasão soviética de Bessarábia e Bukovina 126, 127
    pós-guerra 285, 324, 326
    une-se aos Aliados 269
Rommel, Erwin 106, 107, 118, **119**, 120, 121, 192-95, 196, 208-09, 260, 270
Roosevelt, Franklin D. 12, 140, 150, 152, **153**
    apoio a Chiang Kai-shek 252-53
    apoio aos Aliados 102, 108, 135, 140, 255
    campanha do norte da África 196, 197
    cúpulas dos Aliados 107, 196, 210, 225, 252, 258, 284, 286, 302, 318
    e antissemitismo alemão 49
    e bomba atômica 308
    e entrada dos EUA na guerra 144, 145, 148
    e propaganda 241
    e UNRRA 317
    morte 285
Rosa Branca, grupo de estudantes 230
Rosenberg, Alfred **170**
Rostov-do-Don 129, 130
Rothermere, lorde 39
Royal Oak, HMS 54, 65, 67, 216
Rundstedt, coronel-general Gerd von 62, 72, 75, 128, 260, 262
Rur, vale do 26, 82
Rússia
    alianças diplomáticas 18
    pogroms 48
    Primeira Guerra Mundial 18
    ver também URSS
Russo-Japonesa, Guerra 44, 141
Ryukyu, ilhas 246

S

Sachsenhausen 295
Sack, Karl 231
Saint-Germain, Tratado de 51
Saipan, Batalha de 249
Salazar, António de Oliveira 37
Salerno 211
Salomão, ilhas 159, **212-13**
samurai 277
Sardenha 211
Sarmiento, Antonio 216
Sarre 21, 26, 46-47, 65
Sartre, Jean-Paul 171
Sauckel, Fritz 224

saúde mental 317
Schacht, Hjalmar 33
Schleicher, general Kurt von 30, 33
Schlieffen, marechal de campo Alfred von 72, 73, 75
Schlieffen, Plano 72
Schmidt, Wulf (Tate) 203
Schober, Johannes 38
Schrecklichkeit 63
Schuschnigg, Kurt von 47
Schwarze Kapelle 230
Schweinfurt, ataque aéreo a 221
Schwerpunkt 72, 73
selva, guerra na **290-93**
Sérvia/sérvios 18, 38
Serviço de Trabalho do Reich (RAD) 190
Serviço de Vigilância Antiaérea 66
Serviço Nacional de Saúde (Reino Unido) 327
Serviços Voluntários das Mulheres Americanas 151
Sicília 121
    desembarques Aliados 88, 167, 192, 196, 206, 208, 210-11, 235, 258, 273, 296
Sidi Rezegh, Batalha de 120
Siedler, Wolf 189, 190-91
Siegfried, Linha 65, 275
Sikorski, general Władysław 63
Singapura, queda de 93, 107, 155, 157, 158, 162, 304
Sino-Japonesas, Guerras
    Primeira 44
    Segunda 45, 154, **250-53**, 290
sionismo 327
Síria 106, 122
Slim, general William **291**, 292-93
Słowikowski, "Rygor" 203
Smersh 202
Smetona, Antanas 37-38
S'migly-Rydz, marechal Edward 62
Smolensk, Batalha de 128, 129, 130, 232
Sobibor 136, 176
social-democracia 327
Solução Final 49, 97, 107, 136, 171, **172-77**, 238
Somália 118, 119
Somme, rio 72, 76, 77, 82
sonar 111, 120
Sorge, Richard 202
Spaatz, general Carl 310
Spears, general Edward 65, 83
Speer, Albert 33, 83, 188, 189, 190, 191, 219, 223, 224
Spitfire 94, 95, 96
SS (Schutzstaffel) 29, 32, 136, 171, 174, 202, 230, 242-43, 317
Stalin, Josef 12, **131**, 228
    aparato de espionagem 201, 202
    Bloco Oriental 180, 302-03, 325
    cúpulas dos Aliados 224, 225, 284, 286, 302, 303, 318, 323, 324
    desembarques do Dia D 258
    e bomba atômica 303
    e Finlândia 68
    e Hitler 54, 57, 126
    e Igreja Ortodoxa Russa 134
    e prisioneiros de guerra 187
    e Tito 231
    expurgos 68, 127, 131, 133
    invasão alemã da URSS 127, 129, 130, 181
    julgamentos por crimes de guerra 318-19
    Operação Bagration 266
    Planos Quinquenais 132, 133
    processo de paz 301-02
    regime na URSS 36, 39, 40
    relações com os EUA 310
    Revolta de Varsóvia 271

334 ÍNDICE

sistema dos gulags 187, 294
Stalingrado, Batalha de 107, 126, **178-83**, 191, 206, 207, 232, 267, 288, 315
Stauffenberg, tenente-coronel Claus von 270
Stilwell, general Joseph 251, 252, 253, 292
Stimson, Henry 309
Stroop, Jürgen 243
Stutthof 295
suástica, símbolo da 33, 319
submarinos
  alemães (U-Boots) 54, 55, 65, 67, 69, 106, 109, **110-13**, 121, 166, 201, 203, 206, **216-19**, 301
  americanos 144, 157, 162, 164, 165, 207, 248, 252
  britânicos 167
  italianos 114
  japoneses 141, 142, 144, 159, 163, 164, 247
submarinos, guerra de 54, 55, 65, 67, 69, 106, 109, **110-13**, 166, 201, 206, **216-19**, 301
Sudão 118
sudeste asiático, invasão japonesa do 137
Sudetos 17, 47, 50, 51, 56, 64, 238, 302
Suez, canal de 92, 118, 121, 122
suicidas, táticas **277**, 307, 312
Sukarno 157
Sun Yat-sen 42, 253
superpotências do pós-guerra 324
Supremo Quartel-General da Força Expedicionária Aliada 258, 301
Suzuki, Kantaro 312, 313
Sword, praia 259, 261, 262
Sydney 159

T

Tailândia 137, 155, 293
Taiwan 43, 252, 326
tanques, guerra de 13, 19, 61, 62, 68, 73-75, 120, 128-29, 181, 182, 191, 194, 206, 207, 208-09, 232-35, 260, 261, 268-69
Taranto, Batalha de 121, 140
Tarawa, Batalha de 206, 212, 246-47
Tchecoslováquia
  formação da 16, 19, 21
  invasão/ocupação alemã 17, 47, 50, 51, 56, 64, 174
  pós-guerra 285, 302, 324, 326
  reparações à 38
  Revolução de Veludo 51
tecnológicos, avanços 19, 73, 75, 78, 96, 113, 216, 217, 218, 221, 222, 259, 264-65
Teerã, Conferência de **225**, 258
Ternos Zoot, Levantes dos (Los Angeles) 153
terra arrasada, política de 129, 191
Testemunhas de Jeová 177
Thoma, general Wilhelm von 75
Tibbets, coronel Paul 309, 311
Tinian, Batalha de 249
Tirpitz 166
Tito, Josip 36, 207, 228, **231**
Tobruk 193, 195
  cerco de 119, 120
Todt, Fritz 189, 224
Toguri Ikoku, Iva "Rosa de Tóquio" **241**
Tojo Hideki, general **45**, 137
Tóquio
  bombardeio de 162, 251, 279, 305-06, 308, 316
  reconstrução de 317

totalitarismo 17, 22-23, 30-33, 38, 39, **40-41**
Toulon 196
trabalho de guerra 66, 102, 150, 151, 153
trabalho forçado 33, 86-87, 171, 176, 177, 187, 188, 190, 224, 265, 279, 294, 302
transtorno de estresse pós-traumático 317
Treblinka 136, 176, 242
Tresckow, major general Henning von 270
trincheiras, guerra de 64
Tripartite, Pacto 26, 56, 115, 145, 148
Tríplice Entente 18
Trípoli 120, 121, 195
Truman, Harry S. 285, **301**, 302, 309, 310, 311
  Conferência de Potsdam 224, 303
  doutrina de Truman 324
Trümmerfrauen **322**
Tunísia 118, 192, 195, 196, 197, 206, **208-09**, 210, 281
Turim 296
Turing, Alan 200, 201
Tuskegee, aviadores 152

U

U-Boots *ver* submarinos
Ucrânia 128, 129, 136, 169, 170, 171, 174, 232, 288, 324
Ultra **201**, 216, 218
Umezo, general Yoshigiro 313
União Militar Judaica (ż zw) 242
União Soviética *ver* URSS
Untermenschen 126
URSS
  ajuda Aliada 135, 166
  antissemitismo 48
  apoio à China 253
  armas nucleares 308
  atrocidades nazistas 136
  Batalha de Kursk 206, 207, **232-35**
  Batalha de Stalingrado 107, **178-83**, 207
  colapso 285, 288, 322
  comunismo 36, 39, 40, 126, 132, 324
  declara guerra ao Japão 285
  alianças diplomáticas 23, 54, 56, 57, 60, 61, 68, 116, 123, 126, 128, 131, 132, 180
  espionagem e inteligência 200, 201-02
  estados satélites 132, 267, 269, 285, 302-3, 322, 324, 325, 326
  frente doméstica **132-35**
  Guerra Civil Espanhola 41
  Guerra de Inverno 54, **68**
  Guerra Fria 325-26
  Grande Guerra Patriótica **132-35**
  gulags 294, 302
  invasão alemã da 12, 106-07, 114, 117, **124-31**, 132-33, 168, 169, 192, 196, 286, 288, 300
  invasão da Alemanha 207, **288-89**
  invasão dos estados bálticos, Bessarábia e Bukovina 126-27
  massacre de Katyn **63**, 201, 202, 315
  movimentos de resistência 129, 268
  Operação Bagration **266-69**
  poder aéreo 235
  pós-guerra 323-24
  projetos em relação à Polônia 54, 57, 126, 286
  propaganda 239
  retaliações 191, 300-301
  vítimas 315, 316
Ushijima, general Mitsuru 307
Utah, praia 259, 261, 262

V

van der Lubbe, Marinus 31
Varsóvia 98, 289
  cerco de 62-63
  ver também Gueto de Varsóvia
Varsóvia, Pacto de 322, 326
Varsóvia, Revolta de 60, 207, 228-29, 242, 243, 266, **271**
Vasilevsky, marechal Aleksandr 267
Vatutin, general Nikolai 235
V-E, Dia 302
Versalhes, Tratado de 16, 17, 19, **20-21**, 26, 27, 29, 32, 36, 46, 47, 50, 51, 108, 148, 224, 322
Vichy, regime de 55, 82, 85-87, 89, 90-91, 93, 106, 122, 123, 137, 170, 171, 196, 197, 208, 229, 230, 258
Victorious, HMS 109
Viena, Congresso de 20, 322
Viet Minh 91
Vietnã 91, 251, 316
Vietnã, Guerra do 273, 314
Vilnius 269
Vistula, Ofensiva de 280, 288
Vístula, rio 269
vítimas 12, 185, **314-17**
Vitor Emanuel III da Itália 296
Vitória, rainha do Reino Unido 158
Vlasov, general Andrei 187
VLR, bombardeiros 217, 218, 219
Volga, rio 180, 181, 183
Vosges, montanhas dos 272

W

Wall Street, quebra 16, 29
Wang Jingwei 251
Wavell, General Archibald 120, 122
Weidling, General Helmuth 287, 300
Wenck, General Walther 301
Werra, Franz von 186
Weygand, Maxime 82, 83, 84
Wilhelm II, Kaiser 21
Wilson, Tenente-general Henry Maitland 115
Wilson, Woodrow 21, 50, 153
Wingate, Major General Orde 291
Wormhoudt, massacre de 186-87

X

Xangai, massacre de 43

Y

Yalta, Conferência de 225, 284, 286, 302, 303, 323, 324
Yamamoto, almirante Isoroku 140-41, 142, 144, 162, 163
Yamashita, general Tomoyuki 155, 305
Yorktown, USS 162, 163, 164
Yuan Shikai, general 42, 43

Z

Zaitsev, Vassili 182
Zhejiang-Jiangzi, campanha de 251-52
Zhou Enlai 42

CRÉDITOS DAS CITAÇÕES

AS SEMENTES DA GUERRA

18 H.G. Wells, escritor britânico

20 Expressão popular

22 Benito Mussolini, ditador italiano

24 Heinrich Himmler, líder da ss

30 Saudação nazista

34 Eric Fromm, filósofo social nascido na Alemanha

40 Francisco Franco, ditador espanhol

42 Sun Yat-sen, estadista chinês

44 Hirozo Mori, financista nacionalista japonês

46 Adolf Hitler, ditador alemão

48 *Jewish Chronicle*, Londres, 1938

50 Haile Selassie I, imperador da Etiópia

51 Neville Chamberlain, primeiro-ministro britânico

A EUROPA VAI À GUERRA

56 Viatcheslav Molotov, político soviético

58 Hermann Göring, político nazista

64 Winston Churchill, primeiro-ministro britânico

66 Folheto de Informação Pública nº 3 do governo britânico, 1939

67 Henry Harwood, oficial naval britânico

68 Oficial finlandês anônimo

69 John Hodgson, da 49ª Divisão de West Riding, exército britânico

70 Heinz Guderian, general do exército alemão

76 Winston Churchill, primeiro-ministro britânico

80 Charles de Gaulle, oficial do exército e estadista francês

88 Benito Mussolini, ditador italiano

90 Winston Churchill, primeiro-ministro britânico

94 Winston Churchill, primeiro-ministro britânico

98 Ernie Pyle, jornalista americano

100 Winston Churchill, primeiro-ministro britânico

A GUERRA SE ALASTRA

108 Franklin D. Roosevelt, presidente dos EUA

109 John Tovey, almirante britânico

110 Otto Kretschmer, capitão de U-Boot

114 Kurt Student, general da Luftwaffe

118 James Palmer, soldado de tanque britânico

122 Archibald Wavell, general britânico

124 Adolf Hitler, ditador alemão

132 Lema soviético

136 Baseado em referências populares ao massacre de Babi Yar

137 Nagano Osami, chefe do Estado-Maior naval japonês

138 Franklin D. Roosevelt, presidente dos EUA

146 Franklin D. Roosevelt, presidente dos EUA

154 *Umi yukaba*, canção militar japonesa

158 Mahatma Gandhi, líder do movimento de independência da Índia

159 John Curtin, primeiro-ministro australiano

160 Chester Nimitz, almirante dos EUA

166 Ivan Maisky, embaixador soviético na Grã--Bretanha

167 Douglas Thompson, escritor

168 Adolf Hitler, ditador alemão

172 Expressão nazista registrada pela primeira vez na Conferência de Wannsee, janeiro de 1942

178 Vassili Chuikov, comandante militar soviético

184 Alistair Urquhart, soldado britânico e prisioneiro de guerra no Japão

188 Albert Speer, ministro de armamentos e produção de guerra do Reich

192 Winston Churchill, primeiro-ministro britânico

196 Franklin D. Roosevelt, presidente dos EUA

198 Winston Churchill, primeiro-ministro britânico

VIRADA DA MARÉ

208 Bernard Montgomery, marechal de campo britânico

210 Oficial de infantaria dos EUA não identificado

212 Kiyotake Kawaguchi, comandante do exército japonês

214 Karl Dönitz, almirante alemão

220 Heinrich Johannsen, testemunha ocular

224 Joseph Goebbels, ministro da Propaganda do Reich

225 Declaração das Três Potências

226 ŻOB, movimento de resistência judaica em Varsóvia

232 Oficial da ss alemão não identificado

236 Cartaz do Conselho de Publicidade de Guerra dos EUA

242 Mordecai Anielewicz, líder judaico, Levante do Gueto de Varsóvia

244 Soemu Toyoda, almirante japonês

250 Lema japonês

254 Franklin D. Roosevelt, presidente dos EUA

255 Howard Whitman, correspondente do *Daily News*

256 Dwight Eisenhower, comandante supremo Aliado na Europa

264 Winston Churchill, primeiro-ministro britânico

266 Vassili Grossman, soldado soviético

270 Claus von Stauffenberg, oficial do exército alemão

271 Hans Thieme, oficial do exército alemão

272 Histórico da 146ª Companhia de Caminhões de Intendência, descrevendo o Expresso Bola Vermelha

274 Roy Urquhart, major-general britânico

275 Oficial do exército britânico não identificado

276 Kimpei Teraoka, comandante da 1ª Frota Aérea japonesa

277 Heiichi Okabe, piloto kamikaze

278 Slogan de propaganda japonês

280 Winston Churchill, primeiro-ministro britânico

FIM DE JOGO

286 Declaração conjunta de Churchill, Roosevelt e Stalin

287 Arthur Harris, comandante da Força Aérea Real britânica

288 Heinz Guderian, chefe de Estado-Maior alemão

290 Instruções operacionais emitidas para o XIV Exército Aliado

294 Alan Rose, sargento do exército britânico

296 Mark Clark, general do exército dos EUA

298 Dwight Eisenhower, comandante supremo Aliado na Europa

304 Tomoyuki Yamashita, general do exército japonês

308 Robert Lewis, copiloto, *Enola Gay*

312 Douglas MacArthur, general do exército dos EUA

314 John Maxwell Edmonds, poeta britânico

318 Robert H. Jackson, juiz da Suprema Corte dos EUA e dos Julgamentos de Nuremberg

320 Douglas MacArthur, general do exército dos EUA

AGRADECIMENTOS

Dorling Kindersley gostaria de agradecer a Mahua Sharma e Sanya Jain pela assistência de projeto; a Ankita Gupta pela assistência editorial; a Shanker Prasad pela editoração eletrônica; à gerente de assistência de pesquisa de imagens Vagisha Pushp; à chefe de editoria de capas Saloni Singh; a Gwion Wyn Jones pela pesquisa adicional; a Bonnie Macleod pelo suporte editorial adicional; a Alexandra Beeden pela revisão; e a Helen Peters pela indexação.

CRÉDITOS DAS IMAGENS

A editora gostaria de agradecer às seguintes pessoas e instituições por gentilmente permitirem a reprodução de suas fotos:

(Abreviaturas: a: em cima; b: embaixo/no rodapé; c: no centro; d: na direita; e: na esquerda; t: no topo)

19 Alamy Stock Photo: Pictorial Press Ltd (bd). Getty Images: API / Gamma-Rapho (te). **20 Alamy Stock Photo:** PA Images. **23 Getty Images:** Albert Harlingue / Roger Viollet Collection. **27 Alamy Stock Photo:** Shawshots (te). **Bridgeman Images:** © Look and Learn (bd). **28 Alamy Stock Photo:** mccool. **29 Alamy Stock Photo:** World History Archive. **31 akg-images. 32 Getty Images:** Keystone / Hulton Archive. **33 Alamy Stock Photo:** Sueddeutsche Zeitung Photo. **37 Alamy Stock Photo:** dpa picture alliance (bd); Scherl / Süddeutsche Zeitung Photo. **38 Alamy Stock Photo:** Scherl / Süddeutsche Zeitung Photo. **39 Alamy Stock Photo:** Alpha Historica (be). **Getty Images:** Popperfoto (td) **40 Getty Images:** Universal History Archive / Universal Images Group. **43 Alamy Stock Photo:** Photo12 / Ann Ronan Picture Library. **45 Alamy Stock Photo:** CPA Media Pte Ltd / Pictures From History (td); World History Archive (bc). **46 Alamy Stock Photo:** Scherl / Süddeutsche Zeitung Photo. **49 Alamy Stock Photo:** History and Art Collection. **50 Alamy Stock Photo:** mccool. **57 Alamy Stock Photo:** Scherl / Süddeutsche Zeitung Photo (bd). **Getty Images:** Bettmann (te). **61 Getty Images:** Hulton-Deutsch Collection / Corbis. **62 Alamy Stock Photo:** Everett Collection Historical. **63 Alamy Stock Photo:** Niday Picture Library. **64 akg-images:** Sammlung Berliner Verlag / Archiv. **65 Alamy Stock Photo:** Everett Collection Historical. **66 Getty Images:** Popperfoto. **67 Alamy Stock Photo:** Trinity Mirror / Mirrorpix. **68 Getty Images:** Keystone-France / Gamma-Keystone. **69 Getty Images:** Hulton Deutsch / Corbis Historical. **72 Getty Images:** Mondadori Portfolio. **74 Alamy Stock Photo:** Everett Collection Inc. **77 Getty Images:** Fox Photos / Hulton Archive. **78 Alamy Stock Photo:** David Cole. **79 Alamy Stock Photo:** World History Archive. **82 Alamy Stock Photo:** mccool. **83 Getty Images:** Jean-Guillaume Goursat / Gamma-Rapho. **84 Alamy Stock Photo:** Prisma by Dukas Presseagentur GmbH / Schultz Reinhard. **85 Alamy Stock Photo:** Pictorial Press Ltd (bd). **Getty Images:** Heinrich Hoffmann / Galerie Bilderwelt (bc). **86 Alamy Stock Photo:** Everett Collection Inc. **87 Alamy Stock Photo:** Shawshots. **88 Alamy Stock Photo:** Scherl / Süddeutsche Zeitung Photo. **89 Getty Images:** SeM / Universal Images Group (te); ullstein bild Dtl. (bd). **91 Getty Images:** Bettmann (te); Keystone-France / Gamma-Keystone (bd). **92 Alamy Stock Photo:** incamerastock / ICP. **95 Alamy Stock Photo:** Lordprice Collection. **97 Getty Images:** Hulton Deutsch / Corbis Historical (bd); ullstein bild Dtl. (te). **98 Alamy Stock Photo:** FL Historical S. **99 Getty Images:** Keystone / Hulton Archive. **101 Alamy Stock Photo:** Scherl / Süddeutsche Zeitung Photo. **102 Alamy Stock Photo:** Trinity Mirror / Mirrorpix. **103 Alamy Stock Photo:** H. Armstrong Roberts / Classicstock (te). Shutterstock.com: Glasshouse Images (bd). **108 Alamy Stock Photo:** Everett Collection Inc. **111 Alamy Stock Photo:** Everett Collection Inc. **113 Alamy Stock Photo:** Albatross. **115**

Alamy Stock Photo: De Luan. **117 Alamy Stock Photo:** Colin Waters (te). **Getty Images:** ullstein bild Dtl. (bd) **119 Alamy Stock Photo:** The Picture Art Collection (bd). **Getty Images:** Albert Harlingue / Roger Viollet (te). **120 Getty Images:** Heinrich Hoffmann / ullstein bild. **121 Alamy Stock Photo:** The Picture Art Collection. **123 Alamy Stock Photo:** Everett Collection Inc (bd). **Imperial War Museum:** Cabinet Office Second World War Official Collection (te). **127 Mary Evans Picture Library:** Sueddeutsche Zeitung Photo. **128 Getty Images:** ullstein bild Dtl. **129 Alamy Stock Photo:** Everett Collection Historical (bd); War Archive (te). **130 Alamy Stock Photo:** Scherl / Süddeutsche Zeitung Photo (be); Sueddeutsche Zeitung Photo (tc). **131 Alamy Stock Photo:** dpa picture alliance (bc). **Getty Images:** Culture Club / Hulton Archive (td). **133 Alamy Stock Photo:** Everett Collection Historical. **134 Alamy Stock Photo:** ITAR-TASS News Agency. **135 Getty Images:** Hulton Archive. **137 Alamy Stock Photo:** CPA Media Pte Ltd / Pictures from History. **140 Alamy Stock Photo:** Granger Historical Picture Archive / Granger, NYC. **141 Alamy Stock Photo:** Granger Historical Picture Archive / Granger, NYC. **142 Alamy Stock Photo:** Niday Picture Library. **144 Alamy Stock Photo:** American Photo Archive (bc); Pictorial Press Ltd (te). **148 Alamy Stock Photo:** PjrStudio. **149 Alamy Stock Photo:** incamerastock / ICP. **150 Alamy Stock Photo:** American Photo Archive. **151 Alamy Stock Photo:** Granger Historical Picture Archive / Granger, NYC. (be); World History Archive (td). **152 Getty Images:** Bettmann. **153 Alamy Stock Photo:** Everett Collection Historical. **155 Alamy Stock Photo:** Everett Collection Inc. **156 Alamy Stock Photo:** Matteo Omied. **157 Alamy Stock Photo:** World History Archive. **158 Getty Images:** Topical Press Agency / Hulton Archive. **163 Alamy Stock Photo:** Chronicle. **165 Alamy Stock Photo:** Scherl / Süddeutsche Zeitung Photo (be). Shutterstock.com: Bob Landry / The LIFE Picture Collection (td). **166 Getty Images:** IWM / Getty Images / Imperial War Museums. **170 Alamy Stock Photo:** Interfoto / Personalities (be). **Getty Images:** De Agostini Picture Library (tc). **171 Alamy Stock Photo:** mccool (bd); US Army Photo (te). **174 Alamy Stock Photo:** World History Archive. **175 Alamy Stock Photo:** Shawshots. **176 Alamy Stock Photo:** Schultz Reinhard / Prisma by Dukas Presseagentur GmbH (bc); Alyssa Schu / ZUMA Press, Inc (te). **177 Alamy Stock Photo:** from the Jewish Chronicle Archive / Heritage Image Partnership Ltd (td). Getty Images: API / Gamma-Rapho (be). **181 Alamy Stock Photo:** Shawshots. **182 Alamy Stock Photo:** Pictorial Press Ltd (bc); Scherl / Süddeutsche Zeitung Photo (te). **183 Getty Images:** Hulton Archive. **185 Getty Images / iStock:** Stefan_Alfonso. **186 Getty Images:** Popperfoto. **187 Alamy Stock Photo:** © Adam Eastland (bd). Getty Images: AFP (tc). **190 Getty Images:** ullstein bild Dtl. **191 Alamy Stock Photo:** Photo12 / Coll-DITE / USIS. **193 Alamy Stock Photo:** World of Triss. **195 Getty Images:** Bettmann (td); Mondadori Portfolio (be). **197 Alamy Stock Photo:** History and Art Collection (te); Trinity Mirror / Mirrorpix (bd). **201 Alamy Stock Photo:** Pictorial Press Ltd. **202 Alamy Stock Photo:** dpa picture alliance. **203 Alamy Stock Photo:** Gary Eason / Flight Artworks (be); Interfoto / History (td). **209 Getty Images:** Three Lions. **210 Alamy Stock Photo:** Shawshots. **211 Alamy Stock Photo:** Granger Historical Picture Archive / Granger, NYC. **213 Alamy Stock Photo:** Alpha Historica (te). **Getty Images:** US Navy (bd). **216 Getty Images:** ullstein bild Dtl. **217 Alamy Stock Photo:** Pictorial Press Ltd. **218 Getty Images:** Universal History Archive / Universal Images Group (td). TopFoto.co.uk: (be). **219 Getty Images:** Historical / Corbis Historical. **221 Getty Images:** Popperfoto. **222 Alamy Stock Photo:** Vernon Lewis Gallery / Stocktrek Images, Inc. **223 Alamy Stock Photo:** Schultz Reinhard / Prisma by Dukas Presseagentur GmbH (be). **Getty Images:** Keystone-France / Gamma-Keystone (td). **224 Getty Images:** Roger

Viollet. **228 Polish National Digital Archive. 230 akg-images:** George (Jürgen) Wittenstein. **231 Alamy Stock Photo:** Pictorial Press Ltd (be). Getty Images: Bettmann (td). **234 Alamy Stock Photo:** Scherl / Süddeutsche Zeitung Photo. **235 Alamy Stock Photo:** Scherl / Süddeutsche Zeitung Photo (te). **Science Photo Library:** Sputnik (bd). **238 Alamy Stock Photo:** David Cole. **239 Alamy Stock Photo:** Shawshots. **241 Alamy Stock Photo:** Everett Collection Inc (td); war posters (bc). **243 Alamy Stock Photo:** Photo12 / Ann Ronan Picture Library. **247 Alamy Stock Photo:** Zuri Swimmer. **248 Alamy Stock Photo:** Pictorial Press Ltd. **249 Alamy Stock Photo:** Everett Collection Inc. **251 Alamy Stock Photo:** CPA Media Pte Ltd / Pictures from History. **252 Getty Images:** Popperfoto. **253 Getty Images:** Keystone-France / Gamma-Keystone. **255 Getty Images:** Fred Ramage / Hulton Archive. **258 Alamy Stock Photo:** Trinity Mirror / Mirrorpix. **259 Bridgeman Images:** © Tallandier. **260 Alamy Stock Photo:** Interfoto / History. **261 Alamy Stock Photo:** Schultz Reinhard / Prisma by Dukas Presseagentur GmbH. **262 Getty Images:** Lt. Handford / Imperial War Museums (bc). **263 Alamy Stock Photo:** World History Archive. **265 Getty Images:** Bettmann (te); Universal History Archive / Universal Images Group (bd). **267 Getty Images:** Keystone / Hulton Archive. **268 Getty Images:** Sovfoto / Universal Images Group (t, be). **269 Getty Images:** Sovfoto / Universal Images Group. **270 Getty Images:** ullstein bild. **273 Alamy Stock Photo:** Granger Historical Picture Archive / Granger, NYC. (td); World History Archive (td). **275 Getty Images:** Bettmann. **276 Getty Images:** Historical / Corbis Historical. **277 Getty Images:** Yasuo Tomishige / The Asahi Shimbun. **279 Alamy Stock Photo:** Shawshots. **281 Alamy Stock Photo:** Interfoto / History (td); Shawshots (be). **287 Alamy Stock Photo:** Shawshots. **289 Alamy Stock Photo:** Chronicle (td). **Getty Images:** Serge Plantureux / Corbis (bc). **291 Alamy Stock Photo:** Everett Collection Inc (bd). **Getty Images:** Hulton Deutsch / Corbis Historical (te). **292 Alamy Stock Photo:** Scherl / Süddeutsche Zeitung Photo. **293 akg-images:** Pictures from History. **295 Alamy Stock Photo:** Vintage_Space (be). **United States Holocaust Memorial Museum:** adaptado de Liberação dos principais campos nazistas, mapa 1944-1945 (td). **297 Alamy Stock Photo:** marka. **300 Bridgeman Images:** Picture Alliance / dpa. **301 Biblioteca do Congresso, Washington,** DC: LC-USZ62-13033. **302 Getty Images:** Photo12 / Universal Images Group. **303 Getty Images:** Photo12 / Universal Images Group. **305 Alamy Stock Photo:** Everett Collection Historical. **306 Alamy Stock Photo:** Shawshots. **307 Alamy Stock Photo:** Archive Image (te); Vintage_Space (be). **Getty Images:** PhotoQuest / Archive Photos (td). **309 Alamy Stock Photo:** DOE Photo. **311 Alamy Stock Photo:** Granger Historical Picture Archive / Granger, NYC. **313 akg-images:** (be). **Alamy Stock Photo:** Everett Collection Historical (td). **315 Alamy Stock Photo:** Immagia. **317 Alamy Stock Photo:** Matteo Omied. **319 Alamy Stock Photo:** Pictorial Press Ltd. **322 Getty Images:** Bettmann. **323 Alamy Stock Photo:** Interfoto / History. **324 Dreamstime.com:** Scorpion26. **325 Alamy Stock Photo:** Granger Historical Picture Archive / Granger, NYC. (td); David Lichtneker (bc). **326 Bridgeman Images:** Sovfoto / UIG. **327 Getty Images:** Atlantide Phototravel.

Todas as outras imagens © Dorling Kindersley.
Para mais informações ver: www.dkimages.com

Conheça todos os títulos da série:

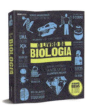